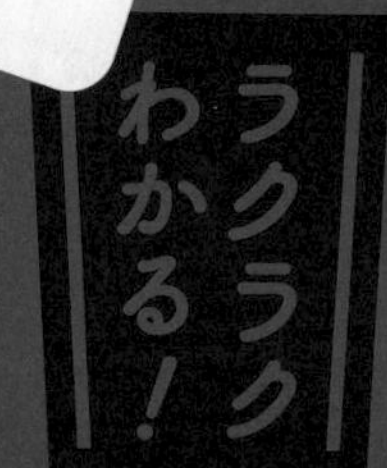

2類 消防設備士 集中ゼミ

改訂2版

オーム社 編

読者の皆さまへ

消防法には、火災により尊い生命や財産が失われてきたことから、その都度、消防関係法令が改正・強化されてきた歴史があります。

改正・強化は今も続いており、特に近年では、防火対象物の用途、規模、利用形態の変化により、大規模建築物に対する規制が一段落し、その時代に適応した小規模建築物への規制強化へとシフトしてきているようです。

消防法の目的は、消防法第１条（目的）に「**火災を予防し、警戒し及び鎮圧し、国民の生命、身体及び財産を火災から保護するとともに、火災又は地震等の災害による被害を軽減するほか、災害等による傷病者の搬送を適切に行い、もって安寧秩序を保持し、社会公共の福祉の増進に資することを目的とする。**」と規定されています。

消防用設備等は、まさに火災に対するこの目的を達成するために設置されるものですが、日常的に使用する生産設備ではないことから、あまり目につくものではなく、また、関係者の生活や業務にも支障をきたさないことから、設備に何らかの不備があったとしても気が付かず、そのまま放置されてしまうことが多いように思われます。

しかしながら、万一火災が発生した場合には、最大限にその機能を発揮し、火災による被害を最小限に抑えなければならないものであることから、消防関係法令に規定されている設置・技術基準に従って計画し、設計、施工を行い、また、維持管理をしなければならないものです。

火災の発生や被害が大きくなる要因として、関係法令違反（法令違反、規制を超えた取扱い等）、不注意（残り火の始末、養生不足、過失等）等があり、法令順守や日常的な維持管理がなされていれば、火災の発生や被害が大きくなるものではなく、何らかの法令違反、不注意、過失等によって被害が大きくなってしまうように思います。

消防用設備等は、日常生活において、目に留まることはあまりありませんが、少し周囲を観る（観察する）と、あらゆるところに設置されています。

例えば、家の中の「消火器」から始まり、一歩街に出てみると、商業施設の中には「消火器」「屋内消火栓設備」「屋外消火栓設備」「スプリンクラー設備」「泡消火設備」「不活性ガス消火設備」「ハロゲン化物消火設備」「自動火災報知設備」「避難設備」等が法令に従って設置されています。

本書で学習する「第２類消防設備士」はこれらの消防用設備等の中で、消火設備に区分されるもので、屋内消火栓設備やスプリンクラー設備では消火することが難しい、火災の種類でいう主にＢ火災（油火災）に適応し、危険物施設や駐車場等に設置される泡消火設備について独占的に工事又は整備が行える資格です。

消防設備士の資格を取得しようとする読者の皆さまは、もちろん業務上資格の取得を必要とする方でもあり、また、消防用設備等に対する関心の高い方で、第２類消防設備士のみではなく、他の類の消防設備士の取得も目指している方々と思います。

消防設備士の資格を取得したとしても、まだまだスタートラインに立っただけで、今後、責任と使命感をもって実務による経験を積み、より深い知識を身につけ、消防用設備等の品質向上の一助となるよう努力して頂きたいと思っています。

最後に、本書で学習された皆さまの一日も早い合格と合格後の社会におけるご活躍を期待しています。

2024年6月

オーム社

本書の特徴

本書は、これまでの参考書とは全く違う発想のもとに編集された受験参考書でありながら、一方では現場で役立つ実務（豆知識等）も要所に配した独創的な構成を特徴としています。以下、その特徴を列記します。

(1) 原則、見開き２ページとして、偶数ページ（左側）に解説、奇数ページ（右側）にはよく出る問題を配置し、左ページで学習した内容をどれだけ理解しているかを、右ページの演習問題で確認できるよう工夫した。

(2) 解説は簡潔明瞭を心がけ、わかりやすい単文形式とし、重要な箇所には「**ゴシック色文字**」を使用し注意を喚起した。また、解説文の随所に、**重要！**というキーワードを挿入し、重点学習部分を明確にした。

(3) 実技試験対策を重視し、実技のページ配分を大きくするとともに、写真やイラストは構造を視覚的に把握できるように配慮した。

(4) 各章（レッスン）の最終ページに、まとめとして「**これは覚えておこう！**」欄を設け、重要なポイントを効率よく理解し、記憶できるよう配慮した。

(5) 各節の右肩に✎マーク（**重要度**）、よく出る問題に顔マーク（**難易度**）を付けてランク付けをした。

　✎✎✎（☺）：よく出題されるので必ず学ぼう（易しいので必ず得点したい）

　✎✎（😐）：比較的出題されやすいので取り組もう（標準的レベル）

　✎（☹）：あまり出題されないができれば取り組もう（難しいが取り組んでおきたい）

(6) 「**解答のテクニック**」を設け、受験者が間違いやすい事例や試験問題の捉え方等を筆者の体験に基づいて解説した。

(7) 「**マメ知識**」を設け、２類消防設備士に付随する情報提供や用語の意味等を実務者の視点で解説した。さらに「**覚え方のヒント！**」を設け、著者の体験等を交え、受験者のサポートを心がけた。

(8) ３学期には模擬試験を配した。筆記試験、鑑別試験分野において豊富な出題数を提供するとともに、最近の出題傾向に沿った過去問で構成してあるため、実戦対策として大いに活用できる内容になっている。

受験ガイダンス

❶ 消防設備士資格の種類

消防設備士の資格には、甲種と乙種があり、下の表に示すように甲種は第１類から第５類まで、乙種は第１類から第７類まであります。甲種は表１の区分に応じて工事と整備（点検を含む）を独占的に行える資格、乙種は整備のみを独占的に行うことができる資格です。

分類	甲種	乙種	独占的に工事又は整備ができる消防設備の区分
1類	☆	☆	屋内消火栓設備、屋外消火栓設備、スプリンクラー設備、水噴霧消火設備等
2類	☆	☆	泡消火設備等
3類	☆	☆	不活性ガス消火設備、ハロゲン化物消火設備、粉末消火設備等
4類	☆	☆	自動火災報知設備、消防機関へ通報する火災報知設備、ガス漏れ火災警報設備
5類	☆	☆	金属製避難はしご、救助袋、緩降機
6類	―	☆	消火器
7類	―	☆	漏電火災警報器

注）これ以外に「甲種特類消防設備士」という資格があります。この資格は特殊な消防設備の工事、整備のための資格であり、以降、この資格についての記述は割愛します。

❷ 受験資格

1. 乙種消防設備士試験

誰でも受験できます。

2. 甲種消防設備士試験

受験資格があり、国家資格又は学歴、経験を必要とします。**詳細は一般財団法人 消防試験研究センターのホームページを参照してください。**

(1) 国家資格等による受験資格

① 甲種消防設備士（試験の一部免除有り）

② 乙種消防設備士免状の交付を受けた後２年以上、工事整備対象設備等の整備の経験を有するもの。

③ 技術士（試験の一部免除有り）

④ 電気工事士（試験の一部免除有り）

⑤ 電気主任技術者（試験の一部免除有り）

⑥ 消防用設備等の工事の補助者として５年以上の実務経験を有する者

⑦ 専門学校卒業程度検定試験規定による専門学校卒業程度検定試験の機械、電気、工業化学、土木又は建築に関する部門の試験に合格された者
⑧ 管工事施工管理士
⑨ 工業高校の教員等
⑩ 無線従事者（アマチュア無線技士を除く）
⑪ 建築士
⑫ 配管技能士
⑬ ガス主任技術者
⑭ 給水装置工事主任技術者
⑮ 消防行政に関わる消防行政の事務のうち、消防用設備等に関する事務について3年以上の実務経験を有する者
⑯ 消防法施行規則の一部を改正する省令の施行前（昭和41年4月21日以前）において、消防用設備等の工事について3年以上の実務経験を有する者
⑰ 昭和41年10月1日前の東京都火災予防条例による消防設備士の者

(2) 学歴による受験資格

① 大学、短期大学、高等専門学校（5年制）、又は高等学校及び中等教育学校において機械、電気、工業化学、土木又は建築に関する学科又は課程を修めて卒業した者
② 外国に所在する学校で、日本における大学、短期大学、高等専門学校又は高等学校に相当するもので、指定した学科と同内容の学科又は課程を修めて卒業した者
③ 大学、専門職大学、短期大学、専門職短期大学、大学院、専門職大学院、高等専門学校（5年制）、専修学校又は各種学校において、機械、電気、工業化学、土木又は建築に関する授業科目を15単位以上修得した者
④ 防衛大学校、防衛医科大学校、水産大学校、海上保安大学校、気象大学校において、機械、電気、工業化学、土木又は建築に関する授業科目を15単位以上修得した者
⑤ 職業能力開発大学校、職業能力開発短期大学校、職業訓練大学校又は職業訓練短期大学校若しくは雇用対策法の改正前の職業訓練法による中央職業訓練所において、機械、電気、工業化学、土木又は建築に関する授業科目を15単位以上修得した者
⑥ 理学、工学、農学又は薬学のいずれかに相当する専攻分野の名称を付記された修士又は博士の学位を有する者

3. 電子申請について

インターネットからの受験申請もできます（以下、「電子申請」といいます）。詳細は一般財団法人 消防試験研究センターのホームページを参照してください。

ただし、以下のように証明書類を必要とする場合等は電子申請できません。書面による申請を行ってください。

・受験資格を証明する書類が必要な場合（電気工事士・電気主任技術者、実務経験、工事補助（設備士）、卒業証書等証明書など）

・科目免除を希望し、資格証明の書類が必要な場合（電気工事士・電気主任技術者、火薬類免状保有者など）

・同一試験日に複数の受験を申請する場合

なお、領収書は発行されません。試験手数料の払込み確認後に送信される「受付完了メール」に記載された領収書になります。経費精算等ができるかどうかは事前にご確認ください。

また、パソコン等の動作環境にも注意してください。

❸ 試験の内容

甲種、乙種ともに筆記試験と実技試験があり、表2のような試験科目と出題数で構成されています。**実技試験は装置等の操作が出題されるのではなく、筆記試験の一種**と考えてよいでしょう。試験形態は、筆記試験が四肢択一式、実技試験は鑑別と製図があり、鑑別は写真やイラストなどを見て**簡単な記述式**で解答します。製図は甲種受験者のみが解答するもので、「**未完成図面の完成**」、「**欠陥探しと手直し**」等があります。筆記試験問題と実技試験問題の両方が同時に配布され、与えられた時間内に解答しなければなりません。どちらを先に解答してもかまいませんが、**筆記試験が合格基準点に達していなければ実技試験は採点されません**。なお、試験問題用紙を持ち帰ることはできません。

試験時間は、**甲種は3時間15分、乙種は1時間45分**です。

1. 試験科目

試験科目（2類消防設備士）			出題数	
			甲種	乙種
筆記	基礎的知識	機械に関する部分	6	3
		電気に関する部分	4	2
	消防関係法令	共通部分	8	6
		2類に関する部分	7	4
	構造、機能及び工事・整備の方法	機械に関する部分	10	8
		電気に関する部分	6	4
		規格に関する部分	4	3
	合　計		45	30
実技	鑑別等		5	5
	製図		2	—

2. 合格基準

（1）筆記試験

筆記試験は科目ごとの出題数の 40％以上、全体では出題数の 60％以上、かつ、実技試験では 60％以上の得点を獲得すれば合格となります。

（2）試験の一部免除

試験の一部免除者は、免除を受けている部分を除いて、60％以上の得点を獲得することが必要です。

3. 試験の一部免除

消防設備士、電気工事士、電気主任技術者、技術士等の有資格者は、申請により試験科目の一部が免除されますが、免除される問題数に応じて試験時間も短縮されます。

（1）消防設備士

取得している資格の種類によって、これから受験する資格の免除科目が決まります。次の表に所有資格ごとの免除科目をまとめてみました。

（2）電気工事士

「基礎的知識」及び「構造・機能及び工事・整備」のうち、電気に関する部分が免除となります。さらに実技試験の「鑑別の一部」が免除となります。

所有資格	これから受験する消防設備士の資格											
	甲 1	甲 2	甲 3	甲 4	甲 5	乙 1	乙 2	乙 3	乙 4	乙 5	乙 6	乙 7
甲 1		●	●	○	○		●	●	○	○	○	○
甲 2	●		●	○	○	●		●	○	○	○	○
甲 3	●	●		○	○	●	●		○	○	○	○
甲 4	○	○	○		○	○	○	○		○	○	●
甲 5	○	○	○	○		○	○	○	○		●	○
乙 1							●	●	○	○	○	○
乙 2						●		●	○	○	○	○
乙 3						●	●		○	○	○	○
乙 4						○	○	○		○	○	●
乙 5						○	○	○	○		●	○
乙 6						○	○	○	○	●		○
乙 7						○	○	○	●	○	○	

注 1）●印：消防関係法令の共通部分と基礎的知識が免除されます。
○印：消防関係法令の共通部分のみ免除されます。
注 2）乙種消防設備士の資格で甲種消防設備士試験科目の免除を受けることはできません。

(3) 電気主任技術者

「基礎的知識」及び「構造・機能及び工事・整備」のうち、電気に関する部分が免除となります。

(4) 技術士

技術士の部門ごとに指定区分の類に応じて、「基礎的知識」及び「構造・機能及び工事・整備」が免除となります。

技術士の部門	指定区分の類
機械部門	第 1、2、3、5、6 類
電気・電子部門	第 4、7 類
化学部門	第 2、3 類
衛生工学部門	第 1 類

4. 試験手数料（非課税）

甲種：6600 円　　乙種：4400 円〔令和 6 年 4 月現在〕

合格への心構え

資格試験には多くの種類がありますが、消防設備士は消防用設備等の工事又は整備が独占的にできる資格です。

ただ、「第2類消防設備士」の合格率は30％を切る年度もあり、難易度は比較的高いといえます。

これは10人受験して合格する人は3人に届かない数字ですが、何もおそれることはなく、読者がその3人に入れるよう十分な準備をすればよいことです。

筆者はこの資格試験を確実に手にするために、経験を元にアドバイスをしたいと思います。

まず、受験される方は「**必ず合格する！**」という意識をもって臨むべきです。「最初だから不合格でも仕方がない」とか「受験費用は自費でないからいいや！」とか考えると、もうその時点であきらめがでてしまい十分な勉強ができず、不合格となる確率が高くなってしまうものです。

その合格を勝ち取るための心構えとして、以下のことをアドバイスします。

●計画的に！

受験する日を決め、科目ごとに受験準備の計画を立て、**自分自身にプレッシャーをかける**。

●細切れの時間を有効に！

合格するまで**時間を有効に使う**。少しの時間でも参考書に目を通す。

●コツコツと！

1日に一つでも覚え、**コツコツと地道**に勉強する。

●書いて覚える！

読んでもなかなか覚えられない場合は、メモ用紙にでも**書いて覚える**。

●何度も繰り返す！

頭に叩き込むために**何度も何度も繰り返す**。

●多くの問題をこなす！

1問でも多くの問題をこなすことで出題パターンに慣れておく。

●わからないことは徹底的に調べる！

理解するには解答を丸暗記するのではなく、どうしてそうなのか！を徹底して調べる。そうして理解しなければ応用問題が解けなくなる。

筆記試験の出題方式は四肢択一であり、「正しいものはどれか」「誤っているものはどれか」で出題されます。また、最近では、問題によっては正解が複数あって「正しいものはいくつあるか」等を選択肢の中から選択する出題形式もあります。この場合は、「正しいもの」「誤っているもの」を判断するためには、すべての選択肢について正誤を判断できる知識が必要となります。

記述内容や規制数値についても何が“正”なのかを判断できなければ正解を導き出せないものです。その判断をするための知識を、徹底して本書で学習しましょう。

実技試験のうち、鑑別試験の出題方式は、泡消火設備を構成する機器及び配管資機材の写真やイラストを示し、名称、設置目的、設置上の注意、機能について問うものです。機会があれば構造図を見て、実機を見て、先輩に聞くことも有効です。

また、製図試験の出題方式は、設備の系統図及び配置図又はそれらの一部を示し、未完成図（系統図、配置図等）を完成させるもの、間違いを指摘するもの、計算式を示して答え（数値、口径、測定値等）を導き出すものが出題されます。

これは、白紙の状態から与えられた条件下で、自分自身で設計し、構成機器の性能・能力を決定する練習を積むことが有効です。

なお、「消防設備士試験準備講習」を受講することも一つの方法ですが、研修等でよくいわれる「湯上がり効果」というものがあります。内容にかかわらず「受験準備講習」を受講しただけでのぼせてしまい「すべて解った気がする」という誤解をしてしまうことをいうらしいです。消防設備士試験準備講習を受講して合格するのであれば誰も苦労はしません。

参考書を読み込み、ポイントをメモし、理解を深め、覚え、復習して確実に自分のものにすることが必要なのです。

本書は、最新の出題傾向も考慮し、2類消防設備士として必要な最低限の知識を盛り込んでいますので、繰り返し学習することで合格する一助になれば幸いです。

目　次

1学期　筆記試験対策

レッスン1　関係法令Ⅰ（共通部分）

レッスン2　関係法令Ⅱ（2類関係）

レッスン3　泡消火設備の構造・規格・機能等

2 学期　実技試験対策

レッスン 1　試験及び点検の方法

レッスン 2　図面鑑別

レッスン 3　写真鑑別

レッスン 4　製図試験

3 学期　模擬試験

1 学期

筆記試験対策

筆記試験は「関係法令」「構造・機能及び工事・整備」「基礎的知識」の３分野で構成されています。

レッスン１ と レッスン２ には関係法令を配置し、レッスン１ では消防設備士１類から７類までの共通部分を、レッスン２ では２類関係に特化して体系的に解説しました。

レッスン３ では泡消火設備の構造・機能等を、レッスン４ では２類関係消火設備として、他の消火設備とも共通する部分を取り上げています。

レッスン５ の「機械に関する基礎的知識」では、水理（流体に関わる知識）と材料力学分野の知識に分けて解説しました。

レッスン６ の「電気に関する基礎的知識」では試験内容と関係が深い電気設備技術基準を中心に幅広く解説しつつも、深入りはさける構成としました。

流体力学や材料力学、そして電気と聞いただけで苦手意識をもつ人が数多く見受けられますので、モチベーション維持のため、本書では基礎的知識を最終の レッスン５ レッスン６ に配置してあります。

解説に際しても、初学者が理解できるようわかりやすい言葉を用いているのが特徴です。

以上のように、筆記試験は広範囲に及ぶので、各レッスンの末尾に「これは覚えておこう」として、ポイントがつかめるように配慮してあります。

レッスン 1 関係法令Ⅰ（共通部分）

法令の共通部分とは、消防設備士 1 類〜7 類までの共通の試験範囲をいいます。その範囲は、消防法、同法施行令及び同法施行規則が大部分ですが、危険物関係の法令（危険物の規制に関する政令及び同規則）からも一部出題されることがあります。

共通部分の出題は、消防設備士が基礎知識として知っておかなければならない事項に重点が置かれています。

よく出題される事項として、例えば、「関係用語」「特定防火対象物」「措置命令」「消防同意」「着工届」「設置届」「定期点検」「型式承認」「型式適合検定」「消防設備士の義務」「免状の書換え・再交付申請」「共同防火管理」「防災規制」「遡及（そきゅう）適用の要件」等があるので項目ごとに整理し、記憶しておく必要があります。

共通部分では、消防設備士が基礎知識として知っておかなければならない事項が重点的に出題されます。
※　本書では以下の略称を使用します。

法：　消防法　　　　（昭和 23 年 法律 第 186 号）
令：　消防法施行令　（昭和 36 年 政令 第 37 号）
規則：消防法施行規則（昭和 36 年 自治省令 第 6 号）

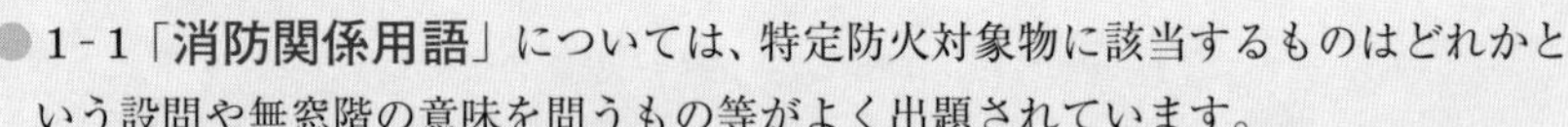

● 1-1「**消防関係用語**」については、特定防火対象物に該当するものはどれかという設問や無窓階の意味を問うもの等がよく出題されています。

● 1-2「**消防の組織と措置命令**」については、命令を発する者、立入検査をする者、そして事前予告、証票提示の必要性等がよく問われます。また、消防団員に関する設問も出題されるので、正確に整理しておく必要があります。

● 1-3「**防火対象物 1**」、1-4「**防火対象物 2**」については、**防火対象物の用途区分、特定防火対象物、複合用途防火対象物及び特定 1 階段等防火対象物**について理解しておくことが必要です。

● 1-5「**消防同意と着工届、設置届**」では、**設置届**については消防設備を設置したときに届出義務のある防火対象物と届出者や期限、**着工届**については、工事に着手するときの届出者と期限等がよく出題されているので混同しないように整理しておく必要があります。

● 1 - 6「**防火管理者及び統括防火管理者**」では、共同防火管理協議会を設置する必要のある防火対象物を理解し、記憶しておくことが必要です。

● 1 - 9「**防火対象物の分割に関する特例**」では、1棟の建築物が複数の防火対象物とみなされる場合とみなされない場合の違いを押さえておく必要があります。

● 1 - 10「**既存不遡及の原則と例外（遡及）規定**」では**遡及適用の要件**もよく出題されます。遡及適用とは、法令が改正されたら、改正前にさかのぼって消防設備の更新・改修等の義務が課せられるという意味です。不特定多数の人が出入りする特定防火対象物等にはその義務があり、厳しい規制が課せられています。ここでは、遡及が適用される場合と適用されない場合があるので、**両者を明確に区別**しておくことが重要です。

● 1 - 11「**消防設備及び防火対象物の点検制度**」では、消防法第 17 条により、消防設備等の**定期点検**を行わなければなりません。ここでは、消防設備士や消防設備点検資格者による点検を必要とする防火対象物とは何か、また、点検の期間はどれだけか、点検の種類にはどのようなものがあるかなどが問われます。定期点検と似て非なるものに**防火対象物点検制度**があります。この両者を混同しないように注意しなければなりません。前者が、消防設備というハード領域の点検であるのに対して、後者は防火管理という観点からの点検、つまり、防火管理が適切に行われているかどうかというソフト領域の点検であることを理解しておく必要があります。

防火対象物点検義務のある施設にはどのようなものがあるかをよく整理し、記憶しておくことも重要です。

● 1 - 12「**検定制度**」では、**検定対象機械器具等**に指定されている機器の範囲、**型式承認**と**型式適合検定**の意味、誰が承認し検定を行うかなどが出題されます。

また、同様に**自主表示対象機械器具等**の範囲等についても整理し、記憶しておくことも必要です。

● 1 - 13「**消防設備士制度**」では、消防設備士の義務に免状の携帯義務、定期講習の受講義務、工事の着工届等があることを整理しておくことが重要です。毎回、必ずといってよいほど出題されている必須事項です。また、**免状の書換え・再交付申請**では、選択問題で間違った事例として、「現住所を変更したら書換え申請をしなければならない」という選択肢がよくありますが、このような設問に引っかからないよう注意が必要です。書換え申請を必要とするのは、「本籍の変更があったときや本名が変わったとき」です。

レッスン1-1 消防関係用語

重要度

消防関係では普段聞き慣れない用語がたくさん出てきます。まずは、消防法（以下「法」）の内容や消防組織のしくみを理解する前に、用語の意味を知っておきましょう。

重要な用語を表1にまとめました。**重要！**

● 表1　重要用語一覧（法第2条ほか）●

関係用語	用語の意味
防火対象物	山林又は舟車（しゅうしゃ）、船きょ若しくはふ頭に繋留された船舶、建築物その他の工作物若しくは**これらに属するもの**をいう（消防法の規制対象となる建築物等であって、消防法施行令別表第一に掲げるもの）。
消防対象物	山林又は舟車、船きょ若しくはふ頭に繋留された船舶、建築物その他の工作物又は**物件**をいう（**消火活動の対象となるすべて**の建築物又は工作物及びこれらの建築物と無関係な物件（例えば、敷地内の立ち木等）を含む幅広いもの）。
関係者	防火対象物又は消防対象物の**所有者**、**管理者**又は**占有者**をいう。
関係のある場所	防火対象物又は消防対象物のある場所をいう。
舟車	船舶安全法第二条第一項の規定を適用しない船舶、端舟、はしけ、被曳船その他の舟及び車両をいう。
消防吏員	消防職員のうち**階級をもつ職員**で、消火、救急、救助、査察等の業務を行う地方公務員をいう。
立入検査	消防職員等が関係のある場所に立ち入り、検査することをいう。
予防査察	**消防吏員**が防火対象物に立ち入り、防火管理や消防設備などに不備がないか点検を行うことをいう。
管理権限者	所有者や賃借事業主等**管理上の権利と責任をもつ者**で、「**権限者**」とは区別される。
無窓階	消火活動上又は避難上**有効な開口部を有していない階**をいう。
非常侵入口表示	火災の際、**公設消防隊の侵入場所を示す表示**で、一辺が20 cmの逆三角形で赤色反射塗料を塗布した標識をいう。
避難階	直接地上へ出られる階（通常は**1階部分**）
直通階段	部屋等を迂回せず直接避難階や地上へ出られる階段
避難階段	**耐火構造**になっている直通階段
特別避難階段	階段の踊り場に**付室**や**バルコニー**を設置した避難階段

※　**管理権限者**とは、消防法上の用語で、「防火対象物の正当な管理権を有する者」をいい、**権限者**とは、一般には「指揮監督する者」という意味で使われます。

よく出る問題

問 1　［難易度 😊😐😞］

消防関係用語の説明として、正しいものは次のうちどれか。

(1)　防火対象物とは、山林又は舟車、船きょ若しくはふ頭に繋留された船舶、建築物その他の工作物又は物件をいう。

(2)　関係者とは、防火対象物又は消防対象物の所有者、管理者又は占有者をいう。

(3)　舟車とは、船舶安全法第二条第一項の規定を適用しない船舶、端舟、はしけ、被曳船その他の舟をいう。

(4)　無窓階とは、避難上又は排煙活動上有効な開口部のない階をいう。

(1) 誤り。防火対象物は、山林又は舟車、船きょ若しくはふ頭に繋留された船舶、建築物その他の工作物若しくはこれらに属するものをいい、消防対象物に含まれます。

(2) 正しい。関係者とは、防火対象物又は消防対象物の所有者、管理者又は占有者をいいます。所有者とは、目的物の使用、収益及び処分をなすことができる全面的な支配権を有する者をいい、不法占拠者も含まれます。

(3) 誤り。舟車とは、船舶安全法第2条第1項の規定を適用しない船舶、端舟、はしけ、被曳船その他の舟及び車両をいいます。

(4) 誤り。無窓階とは、建築物の地上階のうち、消防法施行令で定める避難又は消火活動上有効な開口部を有していない階をいいます（消防法施行令（以下「令」）第10条、消防法施行規則（以下「規則」）第5条の3）。

問 2　［難易度 😊😐😞］

消防関係用語の説明として、誤っているものは次のうちどれか。

(1)　関係のある場所とは、防火対象物又は消防対象物のある場所をいう。

(2)　立入検査とは、消防職員等が防火対象物又は消防対象物に立ち入り、検査をすることをいう。

(3)　直通階段とは、部屋等を迂回せず、直接避難階や地上に出られる階段をいう。

(4)　特別避難階段とは、階段の踊り場に付室やバルコニーを設置していない階段をいう。

(1)(2)(3) 正しい。直通階段とは、その階段だけを通って直接地上に出られる出入口がある階（避難階）に間違うことなく容易に到達することができる階段のことです。

(4) 誤り。特別避難階段とは、階段の踊り場に排煙のための付室やバルコニーを設置したより安全な避難ができる避難階段のことです。

解答　問1－(2)　　問2－(4)

消防の組織と措置命令

重要度

(1) 消防の組織（消防組織法）

わが国の消防行政は、地域別に市町村が中心となって責任を負う制度であり、それぞれの市町村には消防機関として、消防本部、その下部組織として消防署が設置されています。人口規模が一定以上に達しない市町村では、消防機関の代わりに消防団を必ず設置することになっています。また、消防本部を置かない市町村では、市町村長が消防長に代わって命令権者になります。

● 表1　消防機関の長と構成員 ●

消防機関	消防機関の長	構成員
消防本部	**消防長**	消防吏員、職員
消防署	**消防署長**	消防吏員、職員
消防団	**消防団長**	消防団員

(2) 屋外における火災予防上の措置命令（法第3条）

消防長（消防本部を置かない市町村の場合は市町村長）、消防署長、消防吏員は、火災予防上、火遊びや喫煙等の中止、危険物や消火活動上支障のある物件の除去等を命じることができます。ただし、消防団長や消防団員にはこれらの権限はありません。**重要！**

(3) 防火対象物の関係者への命令、立入検査（法第4条～第5条）

消防機関は、防火対象物の関係者に対して、火災予防上の指導を行うとともに、消防設備等の維持管理が適切であるかどうかを判断するために、消防設備点検結果報告書等の資料提出の命令や報告の要求、立入検査を行うことができます。

● 表2　命令権者と立入検査者 ●

関係項目	命令者及び立入検査者
資料提出の命令、報告の要求等	消防長（消防本部を置かない市町村では市町村長）、消防署長 **重要！**
予防査察と物品の除去、整理等の命令	消防吏員 **重要！**
立入検査と質問	消防職員又は消防本部を置かない市町村の消防事務に従事する職員及び**常勤の消防団員** **重要！**

● 表3　立入検査の内容 ●

立入検査	内　容
立入時間	制限なし **重要！**
事前予告	不要 **重要！**
証票の提示	関係者（**従業員を含む**）の請求があったとき提示 **重要！**
守秘義務	知り得た関係者の秘密をみだりに漏らしてはならない。

マメ知識 ➡➡➡「火災」の定義

総務省消防庁が定めた「火災報告取扱要領」には、次のように定義されています。

「火災とは、人の意図に反して発生し若しくは拡大し、又は放火により発生して消火の必要がある燃焼現象であって、これを消火するために消火施設又はこれと同程度の効果のあるものの利用を必要とするもの、又は人の意図に反して発生し若しくは拡大した爆発現象をいう。」

よく出る問題

問 1 ［難易度 😊😐😟］

火災予防上の命令権者と措置命令の関係について、誤っているものは次のうちどれか。

(1)　関係者に対する資料の提出命令 ―――― 消防署長

(2)　立入検査及び質問 ―――― 消防職員

(3)　予防査察及び物品の除去命令 ―――― 消防吏員

(4)　火遊びの中止命令 ―――― 消防団員

(1)(2)(3) 正しい。火災予防上の命令権をもっているのは、消防長（消防本部を置かない市町村にあっては市町村長）、消防署長、消防吏員であり、消防団長や消防団員には命令権はありません。

(4) 誤り。火遊びや喫煙を注意することはできますが、止めるように命令することはできません。

問 2 ［難易度 😊😐😟］

立入検査について、以下の記述のうち、正しいものはどれか。

(1)　立入検査ができる時間は、午前9時から午後5時までの時間内とされている。

(2)　消防本部を置かない市町村長は、消防長や消防署長に代わって、常勤の消防団員に立入検査を命じることができる。

(3)　証票は、関係者からの請求がなくても提示しなければならない。

(4)　立入検査を行う消防職員は、事前予告をしなければならない。

解説

(1) 誤り。立入時間の規定はありません。

(2) 正しい。消防本部を置かない市町村長は、消防長や消防署長に代わって、常勤の消防団員に対して立入検査を命じることができます。ただし、非常勤の消防団員は立入検査権がないので命じることはできません。

(3) 誤り。証票は、関係者（従業員を含む）からの請求があったときに提示すればよいことになっています。

(4) 誤り。立入検査は、事前予告なしに行うことができます。

解答 問1－(4)　　問2－(2)

レッスン 1-3

防火対象物１（消防法施行令別表第１）

重要度 ///

(1) 消防法施行令別表第１（法第17条に規定）

消防法施行令別表第１（以下、「令別表第１」）に掲げる防火対象物を表１に示します。ただし、本表は、学習用に簡略化してあります。詳細は法令集等で確認してください。

よく出る問題

問 1 ［難易度 😊😐😖］

次のうち、特定防火対象物に該当しないものはどれか。

(1)　百貨店
(2)　料理店
(3)　病院
(4)　作業場

特定防火対象物とは、不特定多数の人が出入りする防火対象物と定義され、令別表第１（表１）の赤文字部分を指しています。(1)～(3) は特定防火対象物です。(4) の作業場は、特定防火対象物ではありません。

問 2 ［難易度 😊😐😖］

次のうち、すべてが特定防火対象物であるものはどれか。

(1)　映画館、百貨店、博物館
(2)　キャバレー、ダンスホール、テレビスタジオ
(3)　ホテル、診療所、幼稚園
(4)　展示場、図書館、重要文化財

(1) は、博物館が特定防火対象物ではありません。
(2) は、テレビスタジオが特定防火対象物ではありません。
(3) は、すべて特定防火対象物です。
(4) は、図書館、重要文化財が特定防火対象物ではありません。

マメ知識 ➡➡➡「待合、料理店、飲食店」の違い

「待合」は料亭、茶屋等、芸妓その他遊芸人等を招致して客に遊興又は飲食をさせる営業施設であるのに対し、「料理店」は飲食物を提供するとともに、客を接待する従業員を置いています。「飲食店」は飲食物を提供するけれども、客の接待は行いません。

解答 問１－(4)　　問２－(3)

表１　令別表第１（概略）

項		防火対象物の例
(1)	イ	**劇場、映画館、演芸場、観覧場**
	ロ	**公会堂、集会場**
(2)	イ	**キャバレー、カフェー、ナイトクラブ**
	ロ	**遊技場、ダンスホール**
	ハ	**風俗営業等を営む店舗**
	ニ	**カラオケボックス**
(3)	イ	**待合、料理店**
	ロ	**飲食店**
(4)		**百貨店、マーケット、物品販売店舗、展示場**
(5)	イ	**旅館、ホテル、宿泊所**
	ロ	寄宿舎、下宿、共同住宅
(6)	イ	**病院、診療所、助産所**
	ロ	**特別養護老人ホーム等介護を要する高齢者施設 救護施設、乳児院、障害児入所施設、障害者支援施設**
	ハ	**介護を要しない高齢者施設、更生施設、助産施設、身体障害者福祉センター**
	ニ	**幼稚園、特別支援学校**
(7)		小学校、中学校、高等学校、大学、各種学校
(8)		図書館、博物館、美術館
(9)	イ	**蒸気浴場、熱気浴場**
	ロ	イ以外の公衆浴場
(10)		車両の停車場、船舶や航空機の発着場
(11)		神社、寺院、教会
(12)	イ	工場、作業場
	ロ	映画スタジオ、テレビスタジオ
(13)	イ	自動車車庫、駐車場
	ロ	飛行機の格納庫
(14)		倉庫
(15)		前各項に該当しない事業場
(16)	イ	**複合用途防火対象物のうち、その一部が特定用途に供されているもの**
	ロ	イ以外の複合用途防火対象物
(16の2)		**地下街**
(16の3)		**準地下街**
(17)		重要文化財

・**赤文字は「特定防火対象物」**です。（**重要！** レッスン１-４参照）
・(6) 項は、身体的又は知的弱者のための施設です。特に (6) 項ロは介護を要する人のための施設、(6) 項ハは介護を要しない人の施設と覚えておきましょう。**重要！**
・(9) 項イの蒸気浴場、熱気浴場とは「サウナ」のことです。(15) 項の代表例として「事務所ビル」があります。(16) 項には「雑居ビル」等が含まれます。

レッスン 1-4

防火対象物 2（特定防火対象物等）

重要度

防火対象物の中でも**不特定多数**の人々が利用する施設や**知的弱者**、**身体的弱者**等を収容する施設を**特定防火対象物**と位置付け、厳しい防火管理が求められています。それに対して、学校や事務所等、特定防火対象物以外の防火対象物もあります。以降、本書では、それらの防火対象物を**非特定防火対象物**として区別します。特定防火対象物の中でも特に注意しなければならないものとして、**介護を要する人たちを収容する特定防火対象物、複合用途防火対象物、特定 1 階段等防火対象物**があります。重要！

(1) 介護を要する人たちを収容する特定防火対象物〈(6) 項ロ〉

この特定防火対象物は、令別表第 1 で（6）項ロに分類され、介護を要するため一段と厳しい規制が設けられています。例えば、他の特定防火対象物であれば、収容員数が 30 人以上で防火管理者を必要としますが、(6) 項ロに限り、10 名以上で防火管理者の選任義務があります。近年、特別養護老人ホーム等の火災で、逃げ遅れによる犠牲者が連続して発生したことが教訓となっているようです。

これに対して、(6) 項ハは老人デイサービスセンターや更生施設など介護を要しない人たちの施設であるため、通常の特定防火対象物と同じ扱いとなっています。

(6) 項ロは介護を要する人たちの施設、(6) 項ハは介護を要しない人たちの施設と覚えておきましょう。

(2) 複合用途防火対象物

同じ建物の中に**複数の用途を含んでいる防火対象物**を複合用途防火対象物といいます。つまり、用途の違う複数のテナントが同居しているビル（雑居ビル等）がそれに該当しますが、これには 2 種類があり、一つは事務所と図書館の同居等特定以外の用途に限られている場合で、令別表第 1 の（16）項ロに分類されます。しかし、その中に特定用途、例えば、事務所ビルの中にレストランが一つでも入っていればそのビル全体が特定防火対象物とみなされ、令別表第 1 では（16）項イに分類されます。この場合、用途（特定用途及び非特定用途）ごとに一つの防火対象物として、消防設備の設置基準が適用されます。

(3) 特定 1 階段等防火対象物

防火対象物には **2 方向避難**の原則があります。すなわち、避難階又は地上に直接通じる避難階段を 2 か所以上設置しなければなりません。しかし、特定防火対象物なのに避難階段が 1 か所しかない建築物もあり、そのような施設には一段と厳しい規制がかけられています。これを**特定 1 階段等防火対象物**といいます。非特定防火対象物は避難階段が一つしかなくてもこれに該当しません。また、特定防火対象物であっても、外階段の場合は一つでもよいことになっています。

よく出る問題

問 1 ［難易度 😊 😐 😣］

複合用途防火対象物に関する説明として、正しいものはいくつあるか。

A：診療所が入っている高齢者社会福祉施設は、特定防火対象物である。

B：レストランが一つだけ入っている事務所ビルは、特定防火対象物に該当しない。

C：複数の事務所がテナントとして入っている事務所ビルは、特定防火対象物である。

D：風俗営業店が入っている小規模の雑居ビルは特定防火対象物に該当する。

(1)　一つ

(2)　二つ

(3)　三つ

(4)　四つ

解説

各選択肢は複合用途防火対象物の説明ですが、特定用途の施設（特定防火対象物）が入っている場合と、入っていない場合があります。前者が令別表第１の（16）項イに分類され、ビル全体が特定防火対象物とみなされます。後者も複合用途防火対象物ですが、（16）項ロに分類され、特定防火対象物とはみなされません。

(1) 正しい。診療所も高齢者社会福祉施設も特定防火対象物なので、特定防火対象物としてみなされます。

(2) 誤り。事務所ビルでもレストランは特定防火対象物なので、建物全体が特定防火対象物とみなされます。

(3) 誤り。事務所は特定防火対象物ではないので、複数の事務所が入っていても特定防火対象物とはみなされません。

(4) 正しい。風俗営業店は特定防火対象物なので、特定防火対象物とみなされます。

問 2 ［難易度 😊 😐 😣］

特定１階段等防火対象物に関する説明として、誤っているものは次のうちどれか。

(1)　内階段が一つしかない集会場は、特定１階段等防火対象物である。

(2)　内階段が二つある病院は、特定１階段等防火対象物に該当しない。

(3)　内階段が一つしかない図書館は、特定１階段等防火対象物に該当しない。

(4)　内階段がなく、外階段が一つだけの映画館は、特定１階段等防火対象物である。

解説

特定１階段等防火対象物とは、内階段が一つしかない特定防火対象物をいいます。外階段の場合は一つだけでも避難上の安全性が高いので、特定防火対象物であってもそれには該当しません。また、非特定防火対象物は、内階段が一つしかなくても該当しません。

(1) (2) (3) 正しい。

(4) 誤り。

解答 問１－(2)　　問２－(4)

消防同意と着工届、設置届

重要度

(1) 消防同意（法第 7 条）

建築物の工事に着手しようとする者は、建築主事、特定行政庁又は指定検査機関（以下、「建築主事等」という）に対して建築確認申請をします。建築主事等が審査して適法と認められれば、消防長、消防署長又は消防本部を置かない場合は市町村長（以下、消防長等）へ同意を求めます。消防長等は審査の結果、消防法上適法と認めれば 7 日以内（一般住宅は 3 日以内）に建築主事等へ同意を与えます。これを**消防同意**といいます。違法と判定されれば不同意となります。この同意、不同意は建築主事を介して建築主へ通知されます。

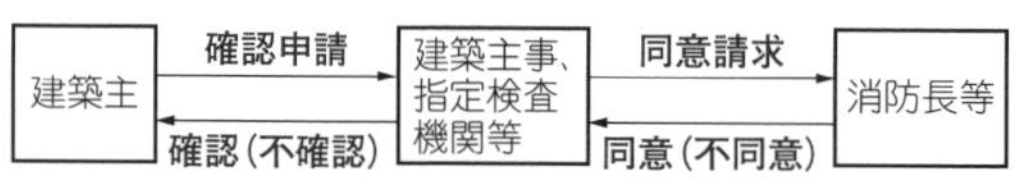

● 図 1　消防同意の流れ ●

(2) 着工届、設置届

① 着工届（法第 17 条の 14）

消防用設備等の設置や改修工事を行う場合、**工事に着手しようとする 10 日前までに**、**甲種消防設備士**が着工届を提出します（表 1）。

● 表 1　着工届と設置届 ●

着工届		設置届	
届出者	**甲種消防設備士**	届出者	**関係者**
期限	**工事の 10 日前まで**	期限	**工事完了後 4 日以内**
届出先	消防長、消防署長等	届出先	消防長、消防署長等

② 設置届（法第 17 条の 3 の 2、令第 35 条、規則第 31 条の 3）

延べ床面積 300 m² 以上の特定防火対象物及び非特定防火対象物の**関係者**は、消防用設備等を設置後、**工事が完了した日から 4 日以内**に設置届を提出しなければなりません。

以下の防火対象物は、延べ床面積に関係なく必ず設置届を要します。

a）特定 1 階段等防火対象物　b）要介護施設〈(6) 項ロ〉　c）カラオケボックス等〈(2) 項ニ〉　d）ホテル等〈(5) 項イ〉　e）(6) 項（イ、ハ）、(16) 項イ、(16 の 2) 項、(16 の 3) 項

※　上記 e）は、利用者を入居又は宿泊させる場合に限ります。

消防長等は設置届のあった消防用設備等の検査を実施し、合格すれば検査済証を発行します。

よく出る問題

問 1 [難易度]

消防同意に関する説明として、誤っているものは次のうちどれか。

(1)　消防同意とは、建築確認時、消防長等が消防法上の審査を行い、適法であれば同意を与えることをいう。

(2)　建築主は、建築主事へ確認申請を行う。

(3)　建築主は、消防長等へ消防同意の申請を行う。

(4)　消防本部を置かない市町村では、市町村長が消防同意を行う。

解説　消防同意の手続きに関する設問です。消防同意を求める者は、建築主ではなく建築主事です。間違えやすいので注意が必要です。

問 2 [難易度]

消防用設備等の着工届に関して、次のうち、消防法上正しいものはどれか。

(1)　甲種消防設備士は、工事着手の10日前までに消防長又は消防署長へ届け出る。

(2)　関係者は、工事着手後10日以内に消防長等へ届け出る。

(3)　関係者は、工事着手の10日前までに消防長等へ届け出る。

(4)　消防本部を置かない市町村では、甲種消防設備士が工事着手の2週間前までに市町村長へ届け出る。

解説　着工届は、甲種消防設備士が工事に着手しようとする10日前までに、消防長又は消防署長へ届け出ます。

問 3 [難易度]

消防用設備等の設置届に関して、次のうち、消防法上正しいものはどれか。

(1)　延べ床面積300 m² 以上の映画館の関係者は、工事完了後4日内に届出を出す。

(2)　延べ床面積500 m² 以上の図書館の関係者は、工事完了後4日内に届出を出す。

(3)　延べ床面積300 m² 以上の特定1階段等防火対象物の関係者は、工事完了後4日内に届出を出す。

(4)　設置届は、甲種消防設備士が工事完了後4日以内に届出を出す。

延べ床面積300 m² 以上の防火対象物の関係者は、工事完了後4日以内に消防長又は消防署長へ届け出て検査を受けなければなりません。また、特定1階段等防火対象物の関係者は、延べ床面積に関係なく、必ず届け出る必要があります。

解答　問1－(3)　　問2－(1)　　問3－(1)

防火管理者及び統括防火管理者

重要度

(1) 防火管理者（法第8条）

防火管理者の資格は講習会等で取得することができ、甲種と乙種があります。甲種防火管理者は、防火対象物の規模に関係なく無制限に選任できますが、乙種防火管理者の選任は収容人員、延べ面積に制限があります。なお、準地下街、アーケード、山林等には防火管理者は必要としません。

① 防火管理者の選任を必要とする防火対象物 **重要！**

a） 令別表第1（6）項ロに該当する要介護施設等 → **収容人員10人以上**

b） 令別表第1（6）項ロ以外の特定防火対象物 → **収容人員30人以上**

c） **非特定防火対象物** → **収容人員50人以上**

② 防火管理者の業務

a） 消防計画の作成

b） 消防計画に基づく消火、通報、避難訓練の実施

c） 消防用設備等の点検・整備

d） 火気の使用、取扱いに関する監督

e） その他、防火管理上必要な業務

(2) 統括防火管理者（法第8条の2）

管理について権限が分かれている、つまり、**管理権限者が複数存在する防火対象物**では、防火管理の統一性を図るため、**共同防火管理協議会**を設置しなければなりません。これを**共同防火管理**といいます。例えば、消火訓練や通報、避難訓練、あるいは消防設備の定期点検などは統一的に実施しないと意味をなしません。

さらに、防火・防災管理を強化するため、**統括防火管理者**の選任が義務付けられています。共同防火管理協議会の設置と統括防火管理者の選任義務がある防火対象物は、以下のとおりです。**重要！**

① 高さ**31 mを超える**高層建築物

② 地上3階建て以上、収容人数10名以上の令別表第1（6）項ロに該当する**要介護施設**

③ 地上3階建て以上、収容人数30名以上の**特定用途を含む**複合用途防火対象物

④ 地上5階建て以上、収容人数50名以上の**特定用途を含まない**複合用途防火対象物

⑤ **地下街**

⑥ **準地下街**

よく出る問題

問 1 ［難易度 😊😐😞］

防火管理者の選任義務のない防火対象物は、次のうちどれか。

(1)　収容人員が 30 人以上のレストラン

(2)　収容人員が 15 人の特別養護老人ホーム（令別表第 1（6）項ロ）

(3)　準地下街

(4)　収容人員が 53 人の工場

防火管理者の選任義務に関する設問です。特定防火対象物は 30 人以上、非特定防火対象物は 50 人以上で選任義務が発生するという原則をまず覚えましょう。

次は例外です。(2) の特別養護老人ホームなどの要介護施設（令別表第 1（6）項ロ）は最も規制が厳しく、収容人員が 10 名以上で選任義務が発生します。

(3) の準地下街は、特定防火対象物の一つですが、防火管理者を必要としない点に注意する必要があります。

問 2 ［難易度 😊😐😞］

共同防火管理及び統括防火管理者の選任の必要のない防火対象物は、次のうちどれか。

(1)　地下街

(2)　準地下街

(3)　高さ 33 m の高層建築物

(4)　地上 3 階建て収容人員 20 人で、1 階部分がコンビニエンスストアの事務所ビル

管理権限者が複数存在する防火対象物では、共同防火管理協議会を設置しなければなりません。その義務がある防火対象物は

①　高さ 31 m を超える高層建築物

②　地下街

③　準地下街

④　特定用途を含む複合用途防火対象物（3 階以上で収容人員 30 名以上）

⑤　特定用途を含まない複合用途防火対象物（5 階以上で収容人員 50 名以上）

⑥　(6) 項ロの要介護施設（3 階以上で収容人員 10 名以上）

の 6 施設です。

(4) は、特定用途を含む複合用途防火対象物ですが、収容人員が 20 名なので共同防火管理は必要としません。

解答　問 1 －(3)　　問 2 －(4)

レッスン 1-7 防炎規制(内装制限)と危険物の規制

重要度

(1) 防炎規制（内装制限）とは（法第8条の3）

以下に掲げる防火対象物では、カーテンやカーペット、舞台のどん帳等**火災発生時に延焼しやすい物品は、不燃性、難燃性の素材で加工**しなければならない等、一定の防炎性能が要求されます。これを**防炎規制**（**内装制限**）といいます。重要！

① 防炎規制の義務がある防火対象物

a) **特定防火対象物**（地下街、準地下街を含む）

b) **高さ 31 m を超える**高層建築物

c) **工事中の建築物等**

d) **テレビスタジオ、映画スタジオ**

② 防炎対象物品

a) **カーテン** b) **布製のブラインド** c) **暗幕、どん帳** d) **じゅうたん等**

e) **舞台**で使用する大道具の**合板** f) **工事用シート**

(2) 危険物施設（法第10条～）

消防法で定められた危険物には6種類あり、火災や爆発の危険性が高いという共通の性質があります。品名ごとに指定数量が定められ、指定数量以上の危険物は、製造所や貯蔵所、取扱所等でなければ取り扱うことができません。指定数量（法令で品名ごとに定められている数量）は、少ないほど危険性が高いということを意味しています。

① 製造所等の設置と変更

製造所等の設置や変更を行うときは、あらかじめ**市町村長の許可**を受ける必要があります。

消防庁ではないことに注意！

② 危険物施設の保安管理体制

危険物施設は、**危険物保安監督者を選任**し、危険物施設の保安の監督をさせなければなりません。**保安監督者は6か月以上の実務経験**を有する**甲種危険物取扱者**又は**乙種危険物取扱者**の中から選任されます。

③ 危険物施設の警報設備

指定数量の10倍以上の危険物を貯蔵し、取り扱う危険物施設は、以下の**警報設備**の**いずれかが必要**です。重要！

a) 自動火災報知設備

b) 拡声装置

c) 非常ベル

d) 消防機関へ通報できる装置

e) 警鐘

よく出る問題

問 1 ［難易度 😊😐😟］

防炎規制の対象とならない防火対象物は、次のうちどれか。

（1）　高さ 31 m を超える高層建築物
（2）　工事中の建築物
（3）　テレビスタジオ
（4）　重要文化財

防炎規制とは、火災発生時に延焼しやすいカーテンなどを防炎仕様、すなわち不燃性、難燃性の素材で加工することをいいます。その規制の対象となる防火対象物は、（1）（2）（3）のほかに特定防火対象物があります。重要文化財にはその義務はありません。

問 2 ［難易度 😊😐😟］

防炎仕様にしなければならない物品に該当しないものは、次のうちどれか。

（1）　舞台で使用する大道具用木製の角材
（2）　工事用シート
（3）　じゅうたん
（4）　暗幕、どん帳

（1）木製の角材は防炎仕様の必要はありません。必要があるのは大道具用の合板です。防炎仕様必要品は、（2）（3）（4）のほかに、布製ブラインドがあります。

問 3 ［難易度 😊😐😟］

危険物施設に対する消防法の規制に関して、誤っているものはいくつあるか。

A：指定数量以上の危険物を製造所、取扱所等以外で取り扱った。
B：危険物施設を設置するにあたって、管轄する市長の許可を受ける前に工事に着手した。
C：危険物施設の変更申請書を所轄の消防長へ提出した。
D：ガソリンスタンドで、乙種 4 類の危険物取扱者の資格をもつ実務経験 2 年の従業員を危険物保安監督者として選任した。

（1）　一つ
（2）　二つ
（3）　三つ
（4）　四つ

（1）指定数量以上の危険物は、製造所等で取り扱わなければなりません。
（2）危険物施設は許可を受ける前に工事に着手できません。
（3）提出先は消防長ではなく、市町村長です。
（4）選任要件は、甲種又は乙種危険物取扱者で経験年数が 6 か月以上なので正しいです。

解答　問 1 －（4）　問 2 －（1）　問 3 －（3）

レッスン 1-8 消防用設備等の体系

重要度

消火設備とは、一般的に消防・消火活動の用に供する設備の総称として用いられています。消防法令上では、消防用設備等のうちの**消防の用に供する設備**に定義されています。

消防用設備等は、消防法第１条で「**国民の生命、財産を火災から保護する**。」と目的が示されているとおり、その社会的役割は非常に重要なもので、防火対象物に応じた設備を消防法令に基づき正しく設置するとともに、十分な機能を発揮するため**日常的に点検整備を行い維持管理**していくことが求められています。消防法令上の体系は、細かくみると以下のようになります（図１）。

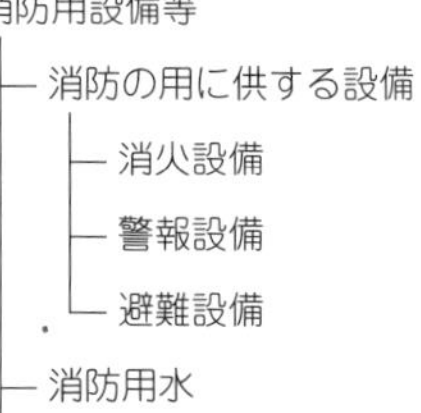

図１　消防用設備等の体系の概要

体系をまとめた表は、**表紙裏（表見返し左）**に掲載しています。

- **消防用設備等**（法第 17 条第１項）：消防の用に供する設備、消防用水、消火活動上必要な施設
- **消防の用に供する設備**（令第７条第１項）：消火設備、警報設備、避難設備
- **消火設備**（令第７条第２項）：消火器及び簡易消火用具（水バケツ、水槽、乾燥砂、膨張ひる石又は膨張真珠岩）、屋内消火栓設備、スプリンクラー設備、水噴霧消火設備、**泡消火設備**、不活性ガス消火設備、ハロゲン化物消火設備、粉末消火設備、屋外消火栓設備、動力消防ポンプ設備
- **警報設備**（令第７条第３項）：自動火災報知設備、ガス漏れ火災警報設備、漏電火災警報器、消防機関へ通報する火災報知設備、警鐘、携帯用拡声器、手動式サイレンその他の非常警報器具及び非常警報設備（非常ベル、自動式サイレン、放送設備）
- **避難設備**（令第７条第４項）：すべり台、避難はしご、救助袋、緩降機、避難橋その他の避難器具、誘導灯及び誘導標識
- **消防用水**（令第７条第５項）：防火水槽又はこれに代わる貯水池その他の用水
- **消火活動上必要な施設**（令第７条第６項）：排煙設備、連結散水設備、連結送水管、非常コンセント設備及び無線通信補助設備
- **必要とされる防火安全性能を有する消防の用に供する設備等**（令第７条第７項）：令第 29 条の４第１項の規定に基づき必要とされる防火安全性能を有する消防の用に供する設備等（具体的な設備は省令で定められています）

よく出る問題

問 1　[難易度]

消防の用に供する設備の中で、消火設備に該当するものは次のうちどれか。

(1)　乾燥砂
(2)　防火水槽
(3)　連結散水設備
(4)　排煙設備

解説

(1) 乾燥砂は「簡易消火用具」に分類され、消火設備の一種です。
(2) 防火水槽は消防用水
(3)(4) は、消火活動上必要な施設に分類され、消火設備ではありません。

問 2　[難易度]

消防の用に供する設備の中で、消防設備士でなくても工事・整備が行えるものは、次のうちどれか。

(1)　屋内消火栓設備
(2)　消火器
(3)　動力消防ポンプ
(4)　水噴霧消火設備

解説

(3) 動力消防ポンプは、消防設備士でなくても工事・整備を行うことができます。

問 3　[難易度]

消火活動上必要な施設に該当しないものは、次のうちどれか。

(1)　放送設備
(2)　非常コンセント設備
(3)　排煙設備
(4)　連結散水設備

解説

消火活動上必要な施設は、火災の際、公設の消防隊が使用する設備です。

(1) は警報設備です。

該当するものは (2)(3)(4) に加えて、連結送水管、無線通信補助設備があります。

連結送水管は、消防自動車のホースを連結する送水口と放水口で構成され、公設の消防隊が消火活動を行うもので、無線通信補助設備は無線の電波が届かない場所に設置されます。

解答　問１－(1)　　問２－(3)　　問３－(1)

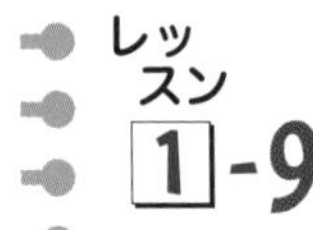

防火対象物の分割に関する特例

重要度

消防用設備は「**棟単位**」で設置するのが原則です。しかし、以下のようなケースでは、棟単位の原則から除かれます。**重要！**

(1) 開口部のない耐火構造の壁や床で仕切られている場合（令第８条）

外観上は１棟でも、内部を開口部（ドア等）のない耐火壁で仕切られていれば、消防法では**防火対象物が２棟ある**とみなされ、消防設備の設置要件が変わってきます。例えば、図１のような事例が該当します。

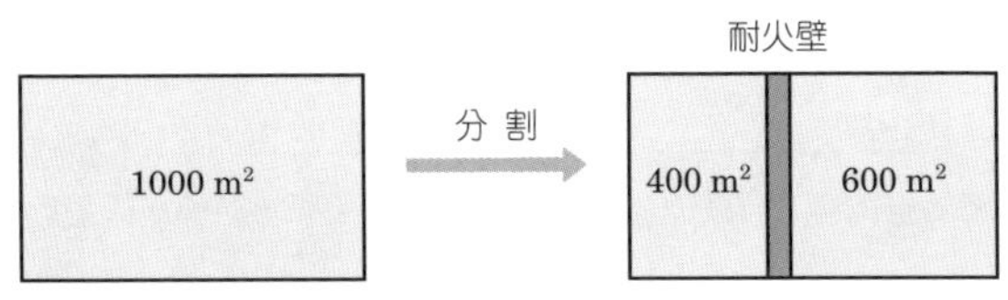

● 図１　分割特例の例 ●

(2) 複合用途防火対象物の設置単位

複合用途防火対象物は、複数の用途が混在している防火対象物なので、外観は１棟でも、**用途別に別の防火対象物**とみなされ、それぞれの用途に適合する消防設備を設置しなければなりません。図２の場合、１階から３階までは特定用途、４階から６階は非特定用途ですから、**それぞれの床面積を算出して**、適合する消防設備を設置しなければなりません。**重要！**

6F	事務所
5F	事務所
4F	事務所
3F	レストラン
2F	レストラン
1F	マーケット

● 図２　用途別１棟の例 ●

ただし、以下の消防設備は**用途別に分割すると防災上、支障があるので、共通の消防設備として１棟単位で設置します。** **重要！**

スプリンクラー設備　自動火災報知設備　ガス漏れ火災警報設備
漏電火災警報設備　非常警報設備　避難器具　誘導灯

(3) 地下街

地下街は用途が分かれていても、**地下街全体が一つの防火対象物**とみなされ、消防設備の基準が適用されます。

(4) 渡り廊下で二つの防火対象物を接続する場合

原則として、**１棟の防火対象物**とみなされます。

よく出る問題

問 1　［難易度 😊😐😠］

本来一つの防火対象物が、二つの防火対象物とみなされるのは、次のうちどれか。

(1)　開口部のない耐火構造の壁で分割して2区画とした。
(2)　開口のある耐火構造の壁で分割して2区画とし、開口部には防火戸を設けた。
(3)　開口のある耐火構造の壁で分割して2区画とし、開口部には防火戸を設け、施錠した上でドレンチャー設備を設置した。
(4)　共同住宅の一角に耐火構造で区画された店舗を設け、その出入口を共同住宅の玄関内に設置した。

本来一つの防火対象物が、二つの防火対象物としてみなされるためには、壁又は床を開口部のない耐火構造としなければなりません。開口部を設けると、たとえ特定防火設備（防火戸、防火シャッターなど）を設置しても、二つの防火対象物とはみなされません。施錠やドレンチャー設備を設けても同様です。(4) の場合も、店舗の出入口と玄関が共用なので完全に区画されている状態ではなく、別の防火対象物とはみなされません。

ドレンチャー設備とは、防火設備の一種で、開口部に延焼防止のために設けます

問 2　［難易度 😊😐😠］

複合用途防火対象物における消防設備を、共通の消防設備として1棟単位で設置しなければならないものに該当しないものは、次のうちどれか。

(1)　スプリンクラー設備
(2)　自動火災報知設備
(3)　大型消火器
(4)　誘導灯

消防用設備等は原則として、棟単位に設置しますが、次の例外もあります。

・開口部のない耐火構造の床又は壁で区画されている
・複合用途防火対象物
・地下街
・渡り廊下などで防火対象物を接続した場合

本問の複合用途防火対象物は、用途別に違う防火対象物とみなされ、それぞれに適合した消防設備を設置しなければなりません。しかし、消防設備の中には、用途ごとに分割すると統一的な消火活動や避難活動がとれなくなるおそれがあるので、以下①～⑦の消防設備は1棟単位で設置します。

①　スプリンクラー設備　②　自動火災報知設備　③　ガス漏れ火災警報設備
④　漏電火災警報設備　⑤　非常警報設備　⑥　避難器具　⑦　誘導灯

(3) 消火器は、用途別に設置します。

解答 問1－(1)　問2－(3)

レッスン 1-10 既存不遡及の原則と例外（遡及）規定

重要度

遡及とは、消防設備等の規格が変わった場合、さかのぼって既存の防火対象物に適用するという意味です。しかし、法令が変わるごとに消防設備の改修を義務付けると設置者に大きな経済的負担がかかります。

そこで、法令が変わっても既存の消防設備を設置している防火対象物には適用しない、これを**既存不遡及の原則**といいます。しかし、例外もあります。これが**例外（遡及）規定**です。まず、**不遡及の原則が適用**されるのは**非特定防火対象物**であり、**遡及**されるのは**特定防火対象物**であることを頭に入れておきましょう。**重要！**

しかし、非特定防火対象物であっても、以下の事項に該当する場合は**遡及の適用**を受けます（法第 17 条の 2 の 5）。**重要！**

① 消防用設備等が改正前の法令に**違反**していた場合

② 関係者が自発的に改修等をした結果、改正後の法令に**適合するに至った**場合

③ 法令の改正後、大規模増改築、修繕、模様替えを行った結果、以下に該当する場合

a） 床面積 **1000 m² 以上**又は従前の延べ床面積の **2 分の 1 以上の増改築**

b） 主要構造物である**壁について過半の大規模修繕、模様替え**を行ったとき

④ **既存不遡及の原則**は、すべての消防用設備が対象ではなく、それほど経済的負担がかからないものや政令で定められたものは、常に現行の法令に適合させる義務があります。以下の消防用設備がそれに該当します。

b）は壁に限ります。屋根、床等は該当しません

漏電火災警報設備	避難器具	消火器・簡易消火器具
自動火災報知設備	誘導灯・誘導標識	非常警報器具又は非常警報設備
二酸化炭素を放射する不活性ガス消火設備		

マメ知識 ➡➡➡ 地下街、準地下街、地下階、どう違う？

準地下街の概念がわからないという声をよく聞きますが、ここで地下街も含めて、それらの意味を整理しておきましょう。

地下街とは、道路・駅前広場、都市公園等の公共用地の地下に店舗・地下道があるものをいいます。東京駅八重洲口の地下にある八重洲地下街などが該当します。それに対して、店舗部分がビルの地階、それに面する道路部分だけが公共用地という場合があり、これを**準地下街**といいます。また、**地下階**とは、店舗・道路ともに民有地の場合をいいます。ビルの地下全体が飲食店街というケースや、いわゆるデパ地下などがこれに該当します。

「すべてが公共用地で構成されていれば地下街」、「民有地と公共用地が合体していれば準地下街」、「民有地だけなら地下階」と考えたほうがわかりやすいでしょう。

よく出る問題

問 1 ［難易度 😊 😐 😟］

消防用設備等の規格が改正になっても、従前の消防設備をそのまま使用できる防火対象物は、次のうちどれか。

(1)　中学校　　(2)　マーケット
(3)　カラオケボックス　　(4)　幼稚園

解説　設問は「既存不遡及の原則」に関するものです。**特定防火対象物は「遡及される」、非特定防火対象物は「遡及されない」**と覚えておきましょう。

問 2 ［難易度 😊 😐 😟］

消防用設備等の規格が改正された後、改正後の規格に適応させなければならない防火対象物は、次のうちどれか。

(1)　改正後、延べ床面積 2000 m² の図書館で閲覧室を 800 m² 改築した。
(2)　改正後、小学校で主要構造部である屋根部分の大規模修繕を行った。
(3)　改正後、延べ床面積 1500 m² の寺院で 600 m² の増改築を行った。
(4)　改正前から消防法の法令に違反していた事務所ビル

解説　非特定防火対象物であっても、以下の事項に該当する場合は、遡及の適用を受けます。

①　改正前の法令に違反していた場合
②　自発的に改修した結果、改正後の法令に適合するに至った場合
③　法令の改正後、大規模増改築を行った場合
　a)　1000 m² 以上の増改築
　b)　延べ床面積の 2 分の 1 以上の増改築
　c)　主要構造部である「壁」の大規模増改築

(2) は「壁」ではなく、「屋根」の大規模修繕ですので、遡及対象とはなりません。

問 3 ［難易度 😊 😐 😟］

非特定防火対象物であっても既存遡及する設備として、正しいものはいくつあるか。

A：自動火災報知設備
B：屋内消火栓設備
C：非常警報設備
D：誘導灯、誘導標識
E：二酸化炭素を放射する不活性ガス消火設備

(1)　一つ　　(2)　二つ　　(3)　三つ　　(4)　四つ

解説　屋内消火栓設備は、遡及の対象から除外されています。

解答　問 1 －(1)　　問 2 －(4)　　問 3 －(4)

レッスン 1-11

消防設備及び防火対象物の点検制度

重要度

(1) 消防用設備等の定期点検（法第 17 条の 3 の 3）

消防用設備等は、消防法で定期的に点検し、消防長又は消防署長へ報告することが義務付けられています。点検には、**機器点検**と**総合点検**があり、前者は外観点検を含む簡易な機能点検で 6 か月以内ごとに 1 回、後者は消防用設備の全部若しくは一部を作動させ、総合的な機能を確認するもので、1 年以内ごとに 1 回実施します。消防用設備等は消防設備士でなければ点検できないものではなく、点検だけなら「消防設備点検資格者」でも点検することができます。さらに、延べ床面積 1000 m^2 未満の防火対象物は、特定 1 階段等防火対象物を除き、資格を有しない防火対象物の関係者でも点検することができます。 重要！

表 1　資格者に点検させなければならない防火対象物と点検・報告期間

対象となる防火対象物		機器点検	総合点検	消防長等への報告
特定防火対象物	1000 m^2 以上	6 か月ごと	1 年ごと	1 年ごと
非特定防火対象物	1000 m^2 以上			3 年ごと
特定 1 階段等防火対象物	すべて			1 年ごと

※　非特定防火対象物は、「消防長が指定するもの」という条件が付きます。

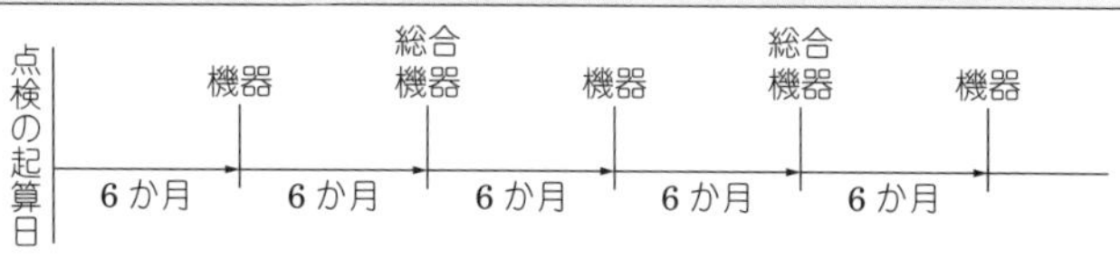

※　点検の起算日を、「完成検査を受けた日」か「防火対象物の使用開始日」とするかは、所轄消防署に確認する必要があります。

図 1　定期点検の周期

(2) 防火対象物点検（法第 8 条の 2 の 2、令第 4 条の 2 の 2、規則第 4 条の 2 の 4）

防火対象物点検は、消防用設備等の点検と間違いやすいので注意が必要です。本来、この項目は、レッスン 1-6 の「**防火管理**」の範疇ですが、あえてここに記載しました。消防用設備等の定期点検は、設備の機能を点検するもので、いわゆるハード部分の点検です。それに対して、防火対象物点検は、「建物内の防火管理が適切に実施されているかどうか」を点検するもので、ソフト部分の点検です。例えば、避難階段に物品が山積みされているようでは適切な防火管理とはいえません。

点検が必要な防火対象物は、**特定 1 階段等防火対象物**及び**収容人員 300 人以上の特定防火対象物**です。点検できる資格者は、**防火対象物点検資格者**で、**1 年に 1 回点検**して消防長等へ報告します。 重要！

よく出る問題

問 1 ［難易度 😊😐😖］

消防用設備等の定期点検に関して、法令に違反していないのは、次のうちどれか。

(1)　延べ床面積 300 m^2 の飲食店（特定1階段等防火対象物）の定期点検を、店主が実施した。

(2)　非特定防火対象物の定期点検を3年に1回実施している。

(3)　非特定防火対象物の定期点検結果を3年に1回、消防長等へ報告している。

(4)　延べ床面積 1200 m^2 の幼稚園において、防火管理者である園長が自動火災報知設備の点検を行った（特定1階段等防火対象物には該当しない）。

(1) 特定1階段等防火対象物は、面積に関係なく消防設備士等に点検させなければなりません。

(2)(3) 報告は3年に1回、定期点検は、総合で1年ごと、機器で6か月ごとに必要です。

(4) 延べ床面積 1000 m^2 を超えているので、消防設備士等に点検させなければなりません。

問 2 ［難易度 😊😐😖］

消防用設備の定期点検に関する説明として、誤っているものは次のうちどれか。

(1)　特定防火対象物は、定められた周期内に機器点検と総合点検を実施しなければならない。

(2)　非特定防火対象物の定期点検結果報告は、求められたときだけ報告すればよい。

(3)　特定1階段等防火対象物は、必ず消防設備士等の有資格者に点検させなければならない。

(4)　総合点検では、消防用設備の全部若しくは一部を作動させて、総合的な機能を確認する。

消防設備定期点検のしくみを正しく理解しておきましょう。

問 3 ［難易度 😊😐😖］

防火対象物点検に関する説明として、正しいものは次のうちどれか。

(1)　防火対象物点検は、消防設備が正常に機能するかどうかを点検するものである。

(2)　防火対象物点検は、防火管理が適切に行われているかどうかを点検するものである。

(3)　防火対象物点検を消防設備士の有資格者が実施している。

(4)　防火対象物点検を実施しなければならない施設は、収容人員が300人以上の特定1階段等防火対象物と特定防火対象物である。

防火対象物点検は、防火管理の適否を点検するもので消防設備定期点検ではありません。特定1階段防火対象物は、収容人員に関係なく、特定防火対象物は収容人員300人以上で点検義務があります。点検の有資格者は、消防設備士ではなく、防火対象物点検資格者です。

解答 問1－(3)　　問2－(2)　　問3－(2)

レッスン 1-12 検定制度

重要度

(1) 検定（法第21条の2）

消防用設備等に使用される機械器具等は、火災のとき、国が定めた技術上の機能を充分に発揮するものでなければなりません。それらが要求される水準にあるかどうかを審査するのが検定制度です。検定制度には**型式承認**と**型式適合検定**の2段階があり、型式適合検定に合格した機械器具等には**合格の表示**が付されます。この合格の表示がついていないものの販売や使用は禁止されています。

(2) 型式承認（法第21条の3～法第21条の4）

消防用設備等に使用する**検定対象機械器具等**を開発・商品化するときは、まず型式承認の審査を受け承認されなければなりません。型式に関わる形状などが総務省令で定める**技術上の規格**に適合しているかどうかについて**総務大臣**が審査します。重要！

(3) 型式適合検定（法第21条の7～法第21条の8）

型式適合検定は、型式承認の審査に合格したものと**同一形状**であるかどうかについて検査するものです。型式適合検定は、**日本消防検定協会**又は総務大臣の登録を受けた**検査機関（登録検定機関）**が行います。重要！

(4) 検定対象機械器具等（2類関係は赤文字） 重要！ **（令第37条・41条）**

検定対象品目は

① 消火器

② 消火器用消火薬剤

③ **泡消火薬剤**

④ **閉鎖型スプリンクラーヘッド**

⑤ **流水検知装置**

⑥ 感知器・発信機

⑦ **一斉開放弁**

⑧ 中継器

⑨ 受信機

⑩ 住宅用防災警報器

⑪ 金属製避難はしご

⑫ 緩降機

の12品目となっています。

また、自主表示対象品として、動力消防ポンプ、消防用ホース、消防用吸管、消防用結合金具、エアゾール式簡易消火具、漏電火災警報器の6品目が指定されています。

検定対象機械器具等の表示の様式を**表紙裏（表見返し右）**の表にまとめています。

よく出る問題

問 1 ［難易度 😊😐😣］

消防用設備等に使用する検定対象機械器具等を開発し、商品化しようとするときに受ける型式承認の審査を行う者として、正しいものは次のうちどれか。

(1)　都道府県知事
(2)　市町村長
(3)　総務大臣
(4)　日本消防検定協会

型式承認は、総務省令で定める技術上の規格に適合しているかどうかについて総務大臣が審査します。

問 2 ［難易度 😊😐😣］

型式適合検定に関する説明として、正しいものは次のうちどれか。

(1)　型式適合検定は、型式承認を受けたものと同一の性能であるかどうかについて検査する。
(2)　型式適合検定は、型式承認を受けたものと同一の形状であるかどうかについて検査する。
(3)　日本消防検定協会だけが型式適合検定を行う。
(4)　総務大臣の登録を受けた検査機関だけが型式適合検定を行う。

型式適合検定は、型式承認を受けたものと同一の形状であるかどうかについて、日本消防検定協会又は総務大臣の登録を受けた検査機関が行います。

問 3 ［難易度 😊😐😣］

泡消火設備を構成する機器で型式適合検定を必要としないものは、次のうちどれか。

(1)　泡消火薬剤
(2)　一斉開放弁
(3)　流水検知装置
(4)　泡放出口

泡放出口は、検定対象機械器具等ではありませんので、型式適合検定を必要としません。ただし、泡放出口のうち、フォームヘッドについては、使用する泡消火薬剤との相性があるため、「性能評定品」の対象となっています。

解答　問1－(3)　　問2－(2)　　問3－(4)

レッスン 1-13 消防設備士制度

重要度 ///

(1) 消防設備士とは（法第17条の5～）

消防設備士とは、レッスン1-8「消防用設備等の体系」で説明した「消防の用に供する設備」の工事や整備を行う資格です。消防設備士には甲種と乙種の2種類があり、甲種は**工事と整備**（点検を含む）、乙種は**整備**（点検を含む）のみの業務を独占的に行うことができます。詳細は「受験ガイダンス」（p.vi～x）を参照してください。

(2) 消防設備士の義務 重要！

① **誠実業務**：消防設備士は誠実に業務を行わなければなりません。

② **免状の携帯義務**：消防設備士は作業中免状を携帯しなければなりません。

③ **受講義務**：消防設備士は資格取得後、一定の期間ごとに講習の受講義務があります。免状の交付を受けた日から最初の**4月1日を起点として2年以内**に受講し、それ以降は**5年**ごとに受講しなければなりません。

それを怠ると**免状の返納命令**の対象になります。

消防設備士の業務に従事していなくても受講義務があります

④ **免状の書換え申請**：本籍の変更等、記載事項に変更があった場合には、都道府県知事（免状を交付した知事だけではなく**勤務地、居住地の知事**でもよい）へ書換え申請をしなければなりません。**現住所**は免状に記載されていないので**変更申請は不要**です。

⑤ **免状の再交付**：免状を亡失、滅失、汚損又は破損した場合には、**免状を交付した知事**あてに再交付申請をすることができます。また、再交付を受けた後、亡失した免状を発見した場合には、**発見した日から10日以内**に免状の再交付をした都道府県知事に提出しなければなりません。

(3) 消防設備士の業務範囲

消火栓設備を例にあげると、消火ポンプや消火栓箱の設置工事は甲種消防設備士、消防用ホース等の部品交換、機能調整は甲種又は乙種消防設備士の業務範囲です。**乙種消防設備士の業務範囲は点検のほか、機能にかかわらない設備の補修や機能調整、部品の交換**等です。

(4) 資格がなくてもできる設備

消防設備士の資格がなくてもできる設備の範囲は、**連結送水管、連結散水設備、動力消防ポンプ設備**等です（レッスン1-8表1参照）。重要！

よく出る問題

問 1 ［難易度］

消防設備士免状に関する説明として、誤っているものは次のうちどれか。

(1)　消防設備士は誠実に業務を行わなければならない。
(2)　消防設備士は作業中、免状を携帯しなければならない。
(3)　現住所の変更があった場合、都道府県知事へ免状の書換え申請をしなければならない。
(4)　免状の返納命令に違反した者は罰金又は拘留に処せられることがある。

解説　(3) 誤り。免状には現住所の記載事項がないので、現住所の変更は書換え申請の必要はありません。

問 2 ［難易度］

消防設備士免状に関する説明として、正しいものは次のうちどれか。

(1)　免状を紛失したら、居住地の都道府県知事へ再交付の申請をしなければならない。
(2)　紛失した免状を発見した場合、発見した日から 10 日以内に免状を再交付した都道府県知事へ届けなければならない。
(3)　免状の交付を受けた都道府県以外で消防設備士としての業務を行ってはならない。
(4)　免状の交付を受けた日から 1 年以内に、以降は 5 年以内に受講しなければならない。

解説

(1) 誤り。免状の再交付申請先は、居住地の都道府県知事ではなく、免状を交付した都道府県知事です。
(2) 正しい。紛失した免状を発見した場合の届出先は、免状を再交付した都道府県知事でなくてもかまいません。
(3) 誤り。消防設備士の免状は全国どこでも通用します。
(4) 誤り。初回の講習は免状取得後、最初の 4 月 1 日から 2 年以内です。

問 3 ［難易度］

消防設備士でなければ工事・整備ができない設備の組合せとして、誤っているものは次のうちどれか。

(1)　自動火災報知設備　―　ガス漏れ火災警報設備　―　漏電火災警報器
(2)　屋内消火栓設備　―　パッケージ型消火設備　―　粉末消火設備
(3)　泡消火設備　―　不活性ガス消火設備　―　動力消防ポンプ設備
(4)　救助袋　―　緩降機　―　消火器

解説　(3) の動力消防ポンプ設備は消防設備士でなくても工事や整備ができます（レッスン 1-8 表 1 参照）。

解答　問 1 －(3)　　問 2 －(2)　　問 3 －(3)

これは覚えておこう!

レッスン1の重要事項のまとめ

① **消防対象物と防火対象物**：前者は消防の対象、後者は消防法の規制対象
② **関係者**：防火対象物の所有者、管理者、占有者
③ **無窓階**：消火活動上又は避難上有効な開口部を有していない階
④ **火災予防上の命令権者**：消防長、消防署長、消防吏員
⑤ **立入検査者**：消防署職員、消防署を置かない市町村では**常勤の消防団員が代行**
⑥ **特定防火対象物**：不特定多数の人や知的弱者、身体的弱者が利用する施設
⑦ **消防同意**：同意を求める者は建築主事等、同意を与える者は消防長等
⑧ **着工届**：甲種消防設備士が着工10日前までに届出
⑨ **設置届**：関係者が設置後4日以内に届出（延べ床面積300 m² 以上で届出義務）
⑩ **防火管理者**：特定防火対象物は収容人員30人以上、非特定防火対象物は収容人員50人以上、要介護施設（6）項ロは10人以上で選任義務
⑪ **統括防火管理**：共同防火管理協議会の設置義務がある防火対象物は、高さ31 m を超える高層建築物、3階建て以上で10名以上の要介護施設等、3階建て以上で30名以上の特定用途を含む複合用途防火対象物、5階建て以上で50名以上の複合用途防火対象物、地下街、準地下街
⑫ **防災規制を受ける防火対象物**：特定防火対象物、高さ31 m を超える高層建築物、工事中の建築物、テレビスタジオ、映画スタジオ
防炎対象物品は、カーテン、布製ブラインド、暗幕、どん帳、じゅうたん等
⑬ **危険物施設の警報設備**：指定数量の10倍以上で警報設備の設置義務
⑭ **防火対象物の分割に関する特例**：開口部のない耐火壁等で仕切れば別の防火対象物、複合用途は用途別に別の防火対象物、地下街は全体が一つの防火対象物、渡り廊下で接続する場合は一つの防火対象物
⑮ **不遡及の要件**：特定防火対象物ではないこと、法令に違反していないこと
法改正後の大規模改修が1000 m² 未満、延べ床面積の2分の1未満
自動火災報知設備、非常警報器具、消火器、避難器具は不遡及要件には非該当
⑯ **点検制度**：機器（6か月ごと）、総合（1年ごと）、1000 m² 以上で消防設備士、消防設備点検資格者が点検、無資格者の点検は1000 m² 未満
⑰ **検定制度**：検定対象機械器具等は、「閉鎖型スプリンクラーヘッド」「一斉開放弁」「泡消火薬剤」「流水検知装置」
⑱ **消防設備士の義務**：免状携帯義務、受講義務、免状の書換え、紛失届等
⑲ **免状の申請**：書換え申請は都道府県知事、再交付申請は交付した都道府県知事

レッスン 2 関係法令Ⅱ（2類関係）

関係法令Ⅱでは、消防設備士２類に関係する部分を学習します。２類の関係法令はそれほど範囲が広くないので、学習しやすいでしょう。２類に関係する法令は、令第13条及び第15条の設置基準、規則第18条の技術基準になります。

毎回のように出題されているのは、泡消火設備を設置する防火対象物又はその部分、泡消火設備の種類、放射区域、泡放出口による放射量、移動式の泡消火設備です。また、危険物施設の泡消火設備についても出題されていますので、学習しておく必要があります。

２類に関係する関係法令の出題は、令第13条、15条及び規則第18条から重点的に出題されます

● 2-1「**泡消火設備の適応する防火対象物又は部分**」については、防火対象物又はその部分についてその**用途、階層と床面積による泡消火設備の適応の要否**を問うもの等がよく出題されていますので、これらの組合せで覚えておくことが重要です。

● 2-2「**固定式泡消火設備 1**」については、**設置方式による種類、泡の膨張率による種別及び泡放出口の種別**について学習しておきます。

● 2-3「**固定式泡消火設備 2**」では、泡消火設備を設置する部分によって、一の**放射区域**について規定がありますので、整理して覚えておきましょう。また、**泡水溶液量の算出**については、防火対象物の用途又はその部分によって使用できる泡放出口の種類、放射量に関係する設問も多く出題されていますので、組合せを理解して、正確に整理しておく必要があります。

● 2-4「**移動式泡消火設備**」では、移動式の泡消火設備に該当する膨張率、設置基準についてポイントを覚えておきましょう。

● 2-6「**危険物施設の消火設備**」では、危険物施設の種類、危険物施設に適応する消火設備の組合せを覚えてください。危険物施設に設置する消火設備の区分については、**第1種**から**第5種**まで区分されているので、各消火設備が何種に区分されているかも覚えておきましょう。また、**著しく消火困難な危険物施設**に対する消火設備についても学習しておくことが必要です。

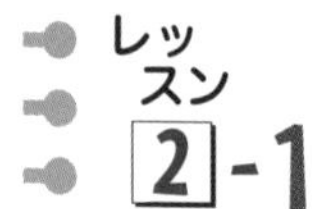

泡消火設備の適応する防火対象物又は部分

重要度

泡消火設備の適応する防火対象物（令第13条関係）又はその部分は、表1に示すとおりです。重要！

(1) 泡消火設備等の設置を要する防火対象物の床面積等

表1の○印が付いている消火設備のうち、いずれかを設置しなければなりません。

(2) 泡消火設備等の省略

表1の指定可燃物（可燃性液体類を除く）を貯蔵し、又は取り扱う建築物その他の工作物にスプリンクラー設備を設置したときは、その有効範囲の部分について、該当する消火設備の設置を省略することができます。

よく出る問題

問 1 ［難易度 😊😐😞］

防火対象物のうち、建物の構造、面積、可燃物の取扱量に関係なく、泡消火設備を設置しなければならないものは、次のうちどれか。

(1) 駐車するすべての車両が同時に屋外に出ることができる構造のものを除く駐車場
(2) 指定可燃物を貯蔵する倉庫
(3) 飛行機又は回転翼航空機の格納庫
(4) 車両交通上の道路に使用される部分

解説

(1) 階数、面積により設置の要否が判断されます。
(2) 貯蔵量が指定数量の1000倍以上であれば設置しなければなりません。
(3) 飛行機又は回転翼航空機の格納庫は構造、面積に関係なく泡消火設備を設置しなければなりません。
(4) 面積によって設置の要否が判断されます。

問 2 ［難易度 😊😐😞］

駐車するすべての車両が同時に屋外に出ることができる構造以外の駐車場のうち、泡消火設備を設置しなければならないものは、次のうちどれか。

(1) 5階で床面積が150 m² の駐車場
(2) 3階で床面積が300 m² の駐車場
(3) 1階で床面積が400 m² の駐車場
(4) 地階で床面積が150 m² の駐車場

解説

(1)(4)は、地階又は2階以上のものは200 m² 以上が設置対象となるので、設置対象とはなりません。

(2)は200 m² 以上が設置対象となります。(3)は500 m² 以上が設置対象となります。

解答 問1 −(3)　問2 −(2)

● 表１　泡消火設備の設置対象物 ●

<table>
<tr><th colspan="3">防火対象物又はその部分</th><th>床面積等</th><th>特定駐車場用泡消火設備</th><th>泡消火設備</th><th>水噴霧消火設備</th><th>不活性ガス消火設備</th><th>ハロゲン化物消火設備</th><th>粉末消火設備</th></tr>
<tr><td colspan="3">令別表第１（13）項ロの飛行機又は回転翼航空機の格納庫</td><td>—</td><td></td><td>○</td><td></td><td></td><td></td><td>○</td></tr>
<tr><td rowspan="10">令別表第１に示す防火対象物の部分</td><td colspan="2">屋上部分の回転翼航空機又は垂直離着陸航空機の発着の用に供されるもの</td><td>—</td><td></td><td>○</td><td></td><td></td><td></td><td>○</td></tr>
<tr><td rowspan="2">道路※1の用に供される部分</td><td>屋上部分</td><td>600 m² 以上</td><td rowspan="2"></td><td rowspan="2">○</td><td rowspan="2">○</td><td rowspan="2">○</td><td rowspan="2"></td><td rowspan="2">○</td></tr>
<tr><td>それ以外の部分</td><td>400 m² 以上</td></tr>
<tr><td rowspan="2">自動車の修理又は整備の用に供される部分</td><td>地階又は２階以上の階※2</td><td>200 m² 以上</td><td rowspan="2"></td><td rowspan="2">○</td><td rowspan="2"></td><td rowspan="2">○</td><td rowspan="2">○</td><td rowspan="2">○</td></tr>
<tr><td>１階</td><td>500 m² 以上</td></tr>
<tr><td rowspan="4">駐車の用に供される部分 **重要！**</td><td>地階又は２階以上の階※2</td><td>200 m² 以上</td><td rowspan="4">★</td><td rowspan="4">○</td><td rowspan="4">○</td><td rowspan="4">○</td><td rowspan="4">○</td><td rowspan="4">○</td></tr>
<tr><td>１階※2</td><td>500 m² 以上</td></tr>
<tr><td>屋上部分※2</td><td>300 m² 以上</td></tr>
<tr><td>昇降機等の機械装置により車両を駐車させる構造のもの</td><td>収容台数10台以上</td></tr>
<tr><td colspan="9" style="display:none"></td></tr>
<tr><td colspan="2" rowspan="4">指定可燃物
※令別表第１に掲げる建築物その他の工作物で、指定可燃物を危政令別表第４で定める数量の**1000倍以上**貯蔵し、又は取り扱うもの</td><td colspan="2">綿花類、木毛、かんなくず等</td><td></td><td>○</td><td>○</td><td>△</td><td></td><td></td></tr>
<tr><td colspan="2">石炭、木炭等</td><td></td><td>○</td><td>○</td><td></td><td></td><td></td></tr>
<tr><td colspan="2">可燃性固体類、可燃性液体類等</td><td></td><td>○</td><td>○</td><td>○</td><td>○</td><td>○</td></tr>
<tr><td colspan="2">木材加工品、木くず</td><td></td><td>○</td><td>○</td><td>△</td><td>△</td><td></td></tr>
</table>

★：床面から天井までの高さが10 m以下のものに限られています。
△：全域放出方式のものに限定されています。
※１：車両の交通のために使用されるもので、総務省令で定めるものに限ります。
※２：屋上部分を含み、駐車するすべての車両が同時に屋外に出ることができる構造の階を除きます。

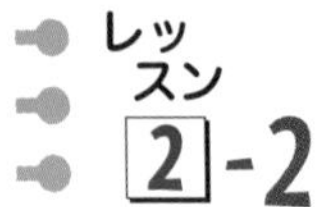

固定式泡消火設備 1

重要度

泡放出口、配管、混合装置、火災感知装置、加圧送水装置、泡消火剤貯蔵槽等が固定されている設備を固定式泡消火設備といいます。

固定式泡消火設備の泡放出口は、防火対象物の形状、構造、性質、数量又は取扱いの方法により、標準放射量で防護対象物の火災を有効に消火できるように、必要な個数を適当な位置に設けることとされています。

(1) 泡消火薬剤の種類

泡消火薬剤は、規格省令「泡消火薬剤の技術上の規格を定める省令」に適合した検定品を使用しなければなりません。泡消火薬剤の規格省令には、**たん白泡消火薬剤**、**合成界面活性剤泡消火薬剤**、**水成膜泡消火薬剤**の3種類があります。

(2) 膨張比及び泡放出口の種別

泡消火設備は、**膨張比**又は**泡放出口**の種別によって設備方式が決定されます。

膨張比とは、発生した泡の体積を、泡を発生するのに要する**泡水溶液**（泡消火薬剤と水との混合液（希釈容量濃度：3％又は6％）をいう）の体積で除した値をいい、**低発泡**と**高発泡**に区分されます。

● 表1 膨張比による泡放出口の種別 ●

膨張比による泡の種別		泡放出口の種別
低発泡	**膨張比が20以下の泡**	**泡ヘッド**
高発泡	**膨張比が80以上1000未満の泡**	**高発泡用泡放出口**

(3) 泡放出口による設置基準

● 表2 泡ヘッドの設置基準（1）●

泡ヘッドの種類	防火対象物又は部分	
フォームヘッド	**道路、自動車の修理（整備）及び駐車の用に供される部分**	**指定可燃物を貯蔵又は取り扱う防火対象物は、いずれかを設置**
フォーム・ウォーター・スプリンクラーヘッド	**令別表第1（13）項ロ又は防火対象物の屋上部分で航空機の発着の用に供される部分**	

※ 令別表第1（13）項ロ：飛行機又は回転翼航空機の格納庫をいいます。

● 表3 泡ヘッドの設置基準（2）●

泡ヘッドの種類	設置基準
フォームヘッド	**床面積 $9\,m^2$ につき、1個以上のヘッドを設ける。**
フォーム・ウォーター・スプリンクラーヘッド	**床面積 $8\,m^2$ につき、1個以上のヘッドを設ける。**

よく出る問題

問 1 ［難易度 😊😐😖］

固定式泡消火設備の膨張比に関する説明として、誤っているものは次のうちどれか。

(1)　膨張比が 20 以下のものを、低発泡という。

(2)　膨張比が 21 以上 80 未満のものを、中発泡という。

(3)　膨張比が 80 以上 1000 未満のものを、高発泡という。

(4)　高発泡用泡放出口の膨張比による種別には、第 1 種、第 2 種及び第 3 種がある。

解説　(1)(3)(4) 正しい。(2) 誤り。中発泡という分類はありません。

問 2 ［難易度 😊😐😖］

固定式泡消火設備の泡放出口に関する説明として、誤っているものは次のうちどれか。

(1)　泡ヘッドには、フォームヘッド、フォーム・ウォーター・スプリンクラーヘッドがある。

(2)　道路、自動車の修理若しくは整備又は駐車の用に供される部分には、フォームヘッドを設ける。

(3)　飛行機又は航空機の格納庫、防火対象物の屋上部分で航空機の発着の用に供される部分には、フォーム・ウォーター・スプリンクラーヘッドを設ける。

(4)　指定可燃物を貯蔵又は取り扱う防火対象物に設置する泡放出口は、フォームヘッドを設けなければならない。

解説　(1)(2)(3) 正しい。

(4) 誤り。指定可燃物を貯蔵又は取り扱う防火対象物に適応する泡放出口は、フォームヘッドあるいはフォーム・ウォーター・スプリンクラーヘッドのどちらでもよい。

問 3 ［難易度 😊😐😖］

固定式泡消火設備の泡放出口の設置基準に関する説明として、正しいものは次のうちどれか。

(1)　フォームヘッドは、床面積 8 m² につき 1 個以上のヘッドを設ける。

(2)　フォーム・ウォーター・スプリンクラーヘッドは、床面積 8 m² につき 1 個以上のヘッドを設ける。

(3)　フォームヘッドは、防護面積 9 m² につき 1 個以上のヘッドを設ける。

(4)　フォーム・ウォーター・スプリンクラーヘッドは、防護面積 9 m² につき 1 個以上のヘッドを設ける。

解説　(1)(3)(4) 誤り。

(2) 正しい。フォームヘッドは床面積 9 m² に 1 個以上、フォーム・ウォーター・スプリンクラーヘッドは床面積 8 m² に 1 個以上で、防護面積ではありません。

解答　問 1 －(2)　　問 2 －(4)　　問 3 －(2)

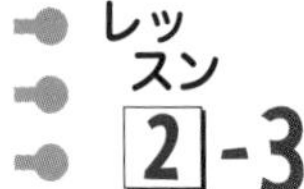

固定式泡消火設備 2

(1) 放射量

泡消火設備は、防火対象物の用途、泡消火薬剤の種類により放射量が異なります。

● 表 1　泡水溶液の放射量 ●

防火対象物又は部分	泡消火薬剤の種類	床面積 1 m² 当たりの放射量
道路、自動車の修理・整備及び駐車に供される部分	たん白泡	**6.5 ℓ/min**
	合成界面活性剤泡	**8.0 ℓ/min**
	水成膜泡	**3.7 ℓ/min**
指定可燃物を貯蔵又は取り扱う防火対象物	たん白泡	**6.5 ℓ/min**
	合成界面活性剤泡	
	水成膜泡	

※　フォーム・ウォーター・スプリンクラーヘッドの**標準放射量**は、消防法施行規則第 32 条により、**75 ℓ/min** と規定されています。

(2) 放射区域

泡消火設備は、放射区域について面積制限が設けられており、表 2 のとおりです。

● 表 2　泡消火設備の放射区域 ●

防火対象物又はその部分	一の放射区域の面積
道路の用に供される部分	**80 m² 以上 160 m² 以下**
その他の防火対象物又はその部分	**50 m² 以上 100 m² 以下**

(3) 泡水溶液量の算出

● 表 3　泡水溶液量の算出基準 ●

泡ヘッドの種類	防火対象物又は部分	泡水溶液量の算出基準
フォームヘッド	道路の用に供される部分	床面積 80 m² の区域
	駐車の用に供される部分	不燃材料で造られた壁又は天井面より 0.4 m 以上突き出したはり等により区画された床面積が最大となる区域（突き出したはり等がない場合は床面積 50 m² の区域）
	その他の防火対象物又はその部分	床面積が最大となる放射区域
フォーム・ウォーター・スプリンクラーヘッド	令別表第 1（13）項ロ又は防火対象物の屋上部分で航空機の発着の用に供される部分	床面積又は屋上部分の面積の 3 分の 1 以上の部分で標準放射量
	指定可燃物を貯蔵又は取り扱う防火対象物又はその部分	床面積 50 m² の部分で標準放射量

泡水溶液の量は、表３に示す泡ヘッドの種類ごとに、規定された区域に設置されたすべてのヘッドを開放した場合に、表１に定める放射量又は標準放射量で**10分間放射**できる量に、配管を満たすに要する泡水溶液の量が必要となります。

なお、水源水量は、泡水溶液量をつくるのに必要な量以上の量となります。

よく出る問題

問 1 ［難易度 😊😐😣］

固定式泡消火設備の泡ヘッドの放射量に関する説明で、誤っているものは次のうちどれか。

(1)　道路の部分で、たん白泡消火薬剤を使用する場合、床面積 1 m^2 あたりの放射量は 6.5 ℓ/min である。

(2)　指定可燃物を貯蔵し、又は取り扱うものにあっては、泡消火薬剤の種類にかかわらず、床面積 1 m^2 あたりの放射量は 6.5 ℓ/min である。

(3)　フォーム・ウォーター・スプリンクラーヘッドを使用する場合、ヘッド１個あたりの放射量は 75 ℓ/min である。

(4)　駐車場で水成膜泡消火薬剤を使用する場合、床面積 1 m^2 あたりの放射量は 8.0 ℓ/min である。

解説

(1)（2)（3）正しい。

(4)　誤り。駐車場で水成膜泡消火薬剤を使用する場合、床面積 1 m^2 あたりの放射量は、3.7 ℓ/min です。

問 2 ［難易度 😊😐😣］

固定式泡消火設備の放射区画に関する説明について、誤っているものはいくつあるか。

A：道路の用に供される部分の一の放射区域の面積は、60 m^2 以上 120 m^2 以下である。

B：自動車の整備場に設ける泡消火設備の一の放射区域の面積は、50 m^2 以上 100 m^2 以下である。

C：駐車場に設ける泡消火設備の一の放射区域の面積は、50 m^2 以上 100 m^2 以下である。

D：指定可燃物を貯蔵し、又は取り扱う部分の一の放射区域の面積は、50 m^2 以上 100 m^2 以下である。

(1)　一つ

(2)　二つ

(3)　三つ

(4)　四つ

(1)　誤り。道路の用に供される部分の一の放射区域の面積は、80 m^2 以上 160 m^2 以下と規定されています。

(2)（3)（4）正しい。

解答 問１－(4)　　問２－(1)

レッスン 2-4 移動式泡消火設備

重要度

移動式泡消火設備は、固定式泡消火設備の泡放出口に泡ノズルを使用する設備で、人が泡ノズルをもって消火活動を行う設備をいいます。

(1) 移動式泡消火設備の設置基準

① **火災のとき著しく煙が充満するおそれのある場所に設けるものは、固定式のものとされ、移動式の泡消火設備は人が操作するものであることから、操作者が火災に巻き込まれることを防ぐため、移動式は設置することができません。**

また、屋上部分に設けられるものを除き、道路の用に供される部分にあっても固定式の泡消火設備を設置することとされています。

② 移動式泡消火設備の設置基準と放射量

移動式泡消火設備は、**2個（ホース接続口が1個の場合は1個）の泡ノズルを同時に使用した場合、表1**に示すとおりの性能を必要とします。

● 表1　設置基準と放射量 ●

防火対象物又はその部分	ノズル1個あたりの放射量	放射時間
道路、自動車の修理若しくは整備、駐車の用に供される部分	**100 ℓ/min**	**15 min**
その他の防火対象物又はその部分	**200 ℓ/min**	

③ **移動式泡消火設備のホース接続口**

移動式の泡消火設備のホース接続口は、**防火対象物の各部分から一のホース接続口までの水平距離が、15 m 以下**となるように設けます。

④ **移動式泡消火設備の消防用ホースの長さ**

移動式の泡消火設備の消防用ホースは、消防庁長官の定める基準に適合（自主表示対象機械器具）するもので、ホースの長さは、ホース接続口からの水平距離が15 mの範囲内の各部分に**有効に放射できる長さ**とされています。

(2) 移動式泡消火設備の泡放射用器具を格納する箱

① 移動式の泡消火設備の泡放射用器具を格納する箱は**ホース接続口から3 m 以内**の距離に設けます。

② 移動式の泡消火設備の泡放射用器具を格納する箱の表面には「**移動式泡消火設備**」と表示します。

③ 移動式の泡消火設備の泡放射用器具を格納する箱の**上部には赤色の灯火**を設けます。

よく出る問題

問 1 ［難易度 😊😐😞］

移動式泡消火設備に関する説明として、誤っているものは次のうちどれか。

(1)　移動式の泡消火設備に用いる泡消火薬剤は、低発泡のものに限ること。

(2)　火災のとき著しく煙が充満するおそれのある場所に設けるものは、固定式のものとすること。

(3)　道路に供される部分で、屋上部分に設けられるものは、固定式の泡消火設備を設けること。

(4)　移動式の泡消火設備のホース接続口は、防護対象物の各部分からの水平距離が 15 m 以下となるように設けること。

解説　(1)(2)(4) 正しい。(3) 誤り。道路に供される部分には固定式の泡消火設備を設けることとされていますが、屋上部分に設けられるものは、移動式の泡消火設備を設けることができることとされています。

問 2 ［難易度 😊😐😞］

移動式の泡消火設備の設置に関する説明として、誤っているものは次のうちどれか。

(1)　移動式の泡消火設備に設置する消防用ホースは、消防庁長官の定める基準に適合するものであること。

(2)　移動式の泡消火設備消防用ホースの長さは、15 m とすること。

(3)　移動式の泡消火設備の泡放射用器具を格納する箱には、移動式泡消火設備と表示すること。

(4)　移動式の泡消火設備の泡放射用器具を格納する箱は、ホース接続口から 3 m 以内に設けること。

解説　(1)(3)(4) 正しい。(2) 誤り。移動式の泡消火設備消防用ホースの長さは、ホース接続口からの水平距離が 15 m の範囲内の各部分に有効に放射できる長さと規定されています。

問 3 ［難易度 ］

移動式の泡消火設備に関する説明として、正しいものは次のうちどれか。

(1)　道路の部分に設置する一の移動式の泡消火設備の放射量は、200 ℓ/min である。

(2)　移動式の泡消火設備の放射時間は、10 分間である。

(3)　駐車場に設置する一の移動式の泡消火設備の放射量は、100 ℓ/min である。

(4)　道路、自動車の修理・整備場、駐車場以外に設置する一の移動式の泡消火設備の放射量は、100 ℓ/min である。

解説　(1) は 100 ℓ/min、(2) は 15 分、(3) 正しい。(4) は 200 ℓ/min

解答　問 1 －(3)　　問 2 －(2)　　問 3 －(3)

レッスン 2-5

高発泡用泡放出口

重要度

高発泡用泡放出口を用いる泡消火設備は、**全域放出方式**のものと**局所放出方式**に区分され、また、泡放出口の膨張比により第1種から第3種まで区分されます。

(1) 全域放出方式：全域放出方式とは、火災の発生した防護対象物が設置されている防護区画の開口部を原則として閉鎖し、高発泡を放射することにより防護対象物を泡で覆い消火を行う方式です。

① 防護対象物による泡水溶液放出量を表1に示します。

● **表1 防護対象物と泡放出口の膨張比による泡水溶液放出量** ●

防火対象物又はその部分	膨張比による種別	冠泡体積 1 m³あたりの泡水溶液放出量
令別表第一（13）項ロ（飛行機又は航空機の格納庫）	**第1種（膨張比 80 以上 250 未満）**	2.00 ℓ/min
	第2種（膨張比 250 以上 500 未満）	0.50 ℓ/min
	第3種（膨張比 500 以上 1000 未満）	0.29 ℓ/min
自動車の修理若しくは整備、駐車の用に供される部分	第1種	1.11 ℓ/min
	第2種	0.28 ℓ/min
	第3種	0.16 ℓ/min
ぼろ及び紙くず、可燃性固体又は可燃性液体を貯蔵又は取り扱う防火対象物	第1種	1.25 ℓ/min
	第2種	0.31 ℓ/min
	第3種	0.18 ℓ/min
指定可燃物を貯蔵又は取り扱う防火対象物	第1種	1.25 ℓ/min

② **冠泡体積**（かんぽう）とは、防護対象物の**最高位より 0.5 m 高い位置**までの体積をいいます。

● **図1 冠泡体積** ●

③ 泡放出口は、一の防護区画の**床面積 500 m² ごとに1個以上**有効に設置します。

④ 泡放出口は、防護対象物の**最高部より上部**に設置します。

⑤ 泡水溶液の量は、**冠泡体積 1 m³ につき、第1種：0.04 m³、第2種：0.013 m³、第3種：0.008 m³** のほか、**配管を満たすに要する泡水溶液の量**が必要となります。

⑥　泡の放出を停止するための装置を設けることが必要です。

(2)　局所放出方式

局所放出方式は、高発泡の泡を防護対象物に直接放射して消火を行う方式です。

①　局所放出方式の泡放出口は、防護対象物が相互に隣接する場合で、かつ、延焼のおそれのある場合にあっては、当該延焼のおそれのある範囲内の防護対象物を一の防護対象物とします。

②　局所放出方式の泡放出口の泡水溶液放出量は、表2のとおりです。

● 表2　泡放出口の泡水溶液放出量 ●

防護対象物	防護面積 1 m^2 あたりの放射量
指定可燃物	3 ℓ/min
その他のもの	2 ℓ/min

局所放出方式の防護面積は、当該防護対象物を外周線（**防護対象物の最高位の高さの3倍の数値又は1mのうち大なる数値を当該防護対象物の各部分からそれぞれ水平に延長した線をいう**）で包囲した部分の面積をいいます。

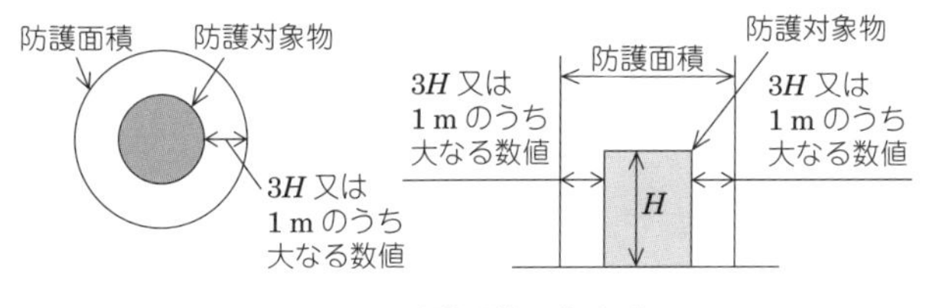

● 図2　防護面積の算出 ●

防護面積の求め方を覚えておきましょう！

③　泡水溶液の量は、床面積が最大となる放出区域に表2で定める放出量で**20分間**放出できる量に加え、**配管を満たすに要する泡水溶液の量**が必要となります。

(3)　泡消火薬剤の貯蔵量

泡消火薬剤の貯蔵量は必要泡水溶液量に**希釈容量濃度**を乗じて得た量以上の量とします。

よく出る問題

問 1 ［難易度 😊 😐 😟］

高発泡泡放出口の膨張比に関する説明として、誤っているものは次のうちどれか。

(1)　泡の膨張比が80以上1000未満のものを高発泡といい、高発泡用泡放出口を用いる。
(2)　高発泡用泡放出口の膨張比による種別には、第1種と第2種及び第3種がある。
(3)　第2種の泡放出口は、膨張比が300以上500未満の泡をいう。
(4)　第3種の泡放出口は、膨張比が500以上1000未満の泡をいう。

(3)　第2種の泡放出口は、膨張比が250以上500未満の泡をいいます。

解答　問1－(3)

危険物施設の消火設備

重要度

危険物は一般に引火しやすく、燃焼すると消火が困難という性質があり、危険物の性質、消火の困難性に応じて適応する消火設備が第１種から第５種まで区分されています。

(1) 危険物施設の消火設備の種類と設置基準

● 表１　消火設備の種類 ●

消火設備の区分	消火設備の種類
第１種消火設備	屋内消火栓設備、屋外消火栓設備
第２種消火設備	スプリンクラー設備
第３種消火設備	水蒸気消火設備、水噴霧消火設備、**泡消火設備**、不活性ガス消火設備、ハロゲン化物消火設備、粉末消火設備
第４種消火設備	大型消火器
第５種消火設備	小型消火器、乾燥砂、膨張ひる石、水バケツ、水槽

● 表２　消火の困難性と適応する消火設備 ●

消火困難性の区分	適応する消火設備
著しく消火困難な製造所等（危規則第 33 条） 重要！	**第１種から第３種のいずれか１種＋第４種＋第５種**
消火が困難なもの（危規則第 34 条）	第４種＋第５種
上記以外のもの（危規則第 35 条）	第５種消火設備

※　危規則：危険物の規制に関する規則（昭和 34 年 総理府令 第55号）

● 表３　消火設備の設置基準 ●

種別	設置基準
第１種	階ごとに、各部からホース接続口までの水平距離は 屋内消火栓の場合：25 m 以下、屋外消火栓の場合：40 m 以下
第２種	各部分からスプリンクラーヘッドまでの水平距離は 1.7 m 以下
第３種	**放射能力に応じて有効に設ける。**
第４種	防護対象物までの歩行距離は 30 m 以下
第５種	防護対象物までの歩行距離は 20 m 以下 （ただし、給油取扱所、地下タンク貯蔵所、移動タンク貯蔵所等は有効に消火できる位置とする）

マメ知識 ➡➡➡ 危険物施設等に適応する消火設備の詳細は？

危険物施設等に適応する消火設備の区分の詳細については、防火対象物の区分に危険物の類（危険物の規制に関する政令別表第3）による「適応性を示したもの」が、危険物の規制に関する政令別表第5に記載されていますので、参照してください。

よく出る問題

問 1 ［難易度 😊😐😞］

危険物施設に適応する消火設備として、以下の組合せのうち、誤っているものはどれか。

(1)　第1種消火設備 ―――― 屋内消火栓設備、屋外消火栓設備
(2)　第2種消火設備 ―――― スプリンクラー設備、泡消火設備
(3)　第3種消火設備 ―――― 不活性ガス消火設備
(4)　第4種消火設備 ―――― 大型消火器

(1)(3)(4) 正しい。第3種消火設備には、そのほかに水蒸気消火設備、水噴霧消火設備、泡消火設備、ハロゲン化物消火設備、粉末消火設備があります。

(2) は誤り。第2種消火設備は、スプリンクラー設備のみ該当します。泡消火設備は、第3種消火設備に区分されます。

問 2 ［難易度 😊😐😞］

危険物施設に設ける消火設備と設置基準の組合せで、誤っているものは次のうちどれか。

(1)　屋内消火栓設備の各部からホース接続口までの歩行距離 ―― 25 m 以下
(2)　スプリンクラーヘッドから各部までの水平距離 ―― 1.7 m 以下
(3)　大型消火器から防護対象物までの歩行距離 ―― 30 m 以下
(4)　小型消火器から防護対象物までの歩行距離 ―― 20 m 以下

解説

(2)(3)(4) 正しい。

(1) 誤り。ホース接続口までの距離は水平距離です。

問 3 ［難易度 😊😐😞］

著しく消火困難な製造所等に設置する消火設備の種類として正しいものは次のうちどれか。

(1)　第1種、第2種及び第3種の消火設備を設置した。
(2)　第2種及び第3種の消火設備を設置した。
(3)　第3種及び第4種の消火設備を設置した。
(4)　第3種、第4種及び第5種の消火設備を設置した。

(1)(2)(3) 誤り。

(4) は正しい。著しく消火困難な製造所等に設置する消火設備は、第1種、第2種、第3種のいずれか1種と第4種、及び第5種を設置しなければなりません。

解答　問1 −(2)　　問2 −(1)　　問3 −(4)

これは覚えておこう！

レッスン２の重要事項のまとめ

① **泡消火設備の適応する防火対象物又はその部分**：p. 33 の表 1 参照

・自動車の修理又は整備の用に供される部分

・駐車の用に供される部分

・指定可燃物

② **泡消火薬剤の膨張比による区分、泡放出口の種類、放射区域、放射量、設置基準**

	ヘッド区分	防火対象物／その部分	設置基準	放射量〔ℓ/min/m²〕		放射時間
泡ヘッド	フォームヘッド	道路、自動車の整備（修理）、駐車の用	床面積 9 m² に 1 個以上	たん白	6.5	10 min
				界面	8.0	
				水成膜	3.7	
		指定可燃物		たん白	6.5	
				界面		
				水成膜		
	フォーム・ウォーター・スプリンクラーヘッド	令別表第 1（13）項ロ（屋上部分で航空機の発着の用）	床面積 8 m² に 1 個以上	ヘッド 1 個あたり、標準放射量（75 ℓ/min）× 10 min		
		指定可燃物				

③ **移動式泡消火設備の適応する防火対象物、設置基準、放射量、放射時間**

p. 38 の表 1 参照

同時開栓数：最大 2 個（ホース接続口が 1 個の場合は 1 個）

設置基準：防火対象物の各部分から一のホース接続口までの水平距離が 15 m 以下

④ **高発泡用泡放出口の設置対象物又はその部分と膨張比の区分**

p. 40 の表 1 参照

設置基準：泡放出口は 500 m² ごとに 1 個以上、冠泡体積は防護対象物の最高位より＋0.5 m、泡の放出を停止する装置を設けることが必要

防護面積 1 m² あたりの放射量：p. 41 の表 2 参照

⑤ **危険物施設の消火設備**：p. 42 の表 1、表 2 参照

レッスン 3 泡消火設備の構造・規格・機能等

レッスン3では、泡消火設備の構造、規格、機能等について学びます。

2類の消防設備士として多く手がける設備は低発泡の固定式泡消火設備が中心となるので、低発泡の固定式設備を重点的に学んでおいたほうがよいでしょう。とはいえ、移動式、高発泡、危険物施設の泡消火設備についても過去に何問か出題されているので、ポイントとなる点は学習しておきましょう。また、問題には、レッスン2で学んだ事項を理解していないと解けない問題が多くありますので、確実に頭に入れておきましょう。

泡消火設備の構造・規格（規定）・機能については、消防法第17条の防火対象物に設置される設備について、重点的に出題されます。

- 3-1「**固定式泡消火設備の構成**」では全体の構成はもちろんのこと、加圧送水装置、泡消火薬剤混合装置、流水検知装置、一斉開放弁、火災感知装置、泡ヘッド、手動起動弁等の構造、規格、機能等について覚えておきましょう。
- 3-2「**移動式泡消火設備の構成**」については、移動式泡消火設備の種類及び構成、泡ノズルの放射量、放射時間、設置方法等について学習します。
- 3-3「**高発泡泡消火設備の構成**」については、高発泡泡消火設備の構成及び高発泡用泡放出口の種類について学習しておきましょう。
- 3-4「**危険物施設の泡消火設備**」については、代表的な屋外タンク貯蔵所に設置される泡消火設備について、その構成、混合方式、泡放出口の種類等について覚えておきましょう。
- 3-5「**特定駐車場用泡消火設備**」については、固定泡消火設備の違いと設置対象、構成機器による設備種類について学習しておきましょう。
- 3-6「**泡消火薬剤の種類・規格**」については、「泡消火薬剤の技術上の規格を定める省令」の内容について学習しておきましょう。
- 3-7「**泡消火薬剤・水源水量の必要量**」では、必要量の求め方を覚えておきましょう。
- 3-8「**泡消火薬剤混合装置の種類**」では、混合方式の種類について覚えておきましょう。
- 3-9「**泡放出口の種類・構造**」では、泡放出口の種類と構造について学習しておきましょう。

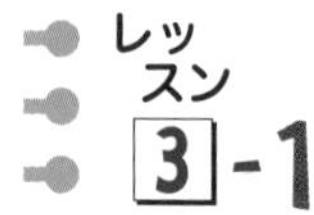

レッスン 3-1 固定式泡消火設備の構成

重要度

固定式泡消火設備は、水源、加圧送水装置、泡消火薬剤混合装置（貯蔵槽と混合器からなる）、流水検知装置、一斉開放弁、火災感知装置、泡放出口、配管・弁類等から構成されています（図1）。この構成については、確実に覚えておきましょう。重要！

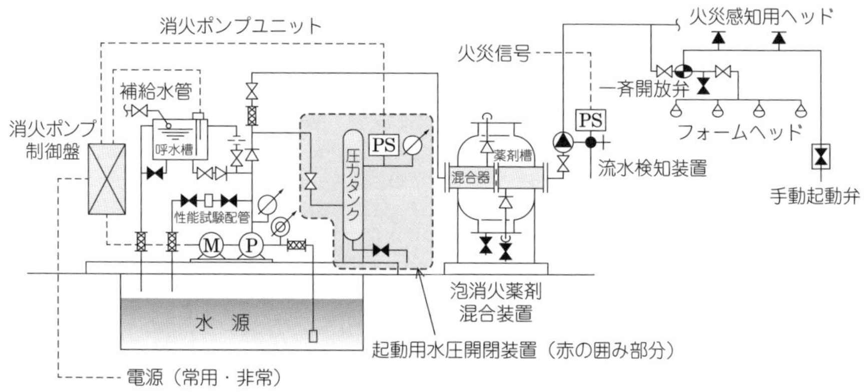

● 図1 固定式泡消火設備の構成例 ●

① 泡消火薬剤の貯蔵場所は、点検に便利で、**火災の際の延焼、衝撃による損傷、薬剤の変質のおそれがない場所**に設置することとされています。

② 泡消火設備には、**非常電源**（レッスン4-7参照）を附置することとされています。

③ 一斉開放弁の二次側のうち、金属製のものには**亜鉛めっき等による防食処理**を施すこととされています。

④ 起動装置には、自動式と手動式があります。

a） **自動式起動装置**

感知器の作動、閉鎖型スプリンクラーヘッドの作動又は火災感知用ヘッドの作動に連動して、加圧送水装置、一斉開放弁及び泡消火薬剤混合装置を起動できるもの。

b） **手動起動装置**

・直接操作又は遠隔操作により、加圧送水装置、一斉開放弁及び泡消火薬剤混合装置が起動できるもの

・二以上の放射区画を有する場合は、**放射区域を選択**できるものであること。

・起動装置の操作部は、火災のとき容易に接近することができ、かつ、**床面からの高さが 0.8 m 以上 1.5 m 以下**の箇所に取り付けること。

・起動装置の操作部には、**有機ガラス等による有効な防護措置**が施されていること。

・起動装置の操作部及びホース接続口には、その直近の見やすい箇所にそれぞれ**起動装置の操作部及び接続口である旨の表示**を設けること。

よく出る問題

問 1　［難易度 😊😐😞］

固定式の泡消火設備に関する説明として、誤っているものは次のうちどれか。

(1)　泡ヘッドには、フォームヘッドとフォーム・ウォーター・スプリンクラーヘッドがある。

(2)　火災感知装置には、閉鎖型スプリンクラーヘッドを用いなければならない。

(3)　泡消火薬剤貯蔵槽は、火災の延焼、衝撃による損傷、薬剤の変質のおそれがない場所に設置しなければならない。

(4)　一斉開放弁の二次側に配管用炭素鋼鋼管を使用する場合は、亜鉛めっき等による防食処理を施さなければならない。

(1)(3)(4) 正しい。

(2) 火災感知装置には、必ずしも閉鎖型スプリンクラーヘッドを用いる必要はありませんが、一般的には閉鎖型スプリンクラーヘッドが用いられています。

問 2　［難易度 😊😐😞］

固定式の泡消火設備の起動方式に関する説明として、誤っているものは次のうちどれか。

(1)　起動方式には自動式と手動式がある。

(2)　自動式の起動装置は、火災感知用ヘッドの作動と連動して、加圧送水装置、一斉開放弁及び泡消火薬剤混合装置が作動し、泡を放射するものである。

(3)　手動式の起動装置は、直接操作又は遠隔操作により、加圧送水装置、一斉開放弁及び泡消火薬剤混合装置が作動し、泡を放射するものである。

(4)　手動式起動装置の操作部は、火災のとき容易に接近することができ、かつ、床面からの高さが 1.8 m 以下の箇所に設置しなければならない。

解説

(1)(2)(3) 正しい。

(4) は、床面からの高さが 0.8 m 以上 1.5 m 以下です。

問 3　［難易度 😊😐😞］

固定式の泡消火設備の構成機器のうち、必要でないものは次のうちどれか。

(1)　泡放出口

(2)　加圧送水装置

(3)　泡消火薬剤撹拌装置

(4)　泡消火薬剤混合装置

(1)(2)(4) 正しい。

(3) の泡消火薬剤撹拌装置は必要としません。

解答　問 1 －(2)　　問 2 －(4)　　問 3 －(3)

レッスン 3-2 移動式泡消火設備の構成

重要度

(1) 移動式泡消火設備の構成

移動式泡消火設備には、泡消火薬剤混合装置を泡放射用器具格納箱内部に設置する「内蔵型」と固定式泡消火設備のように、泡消火薬剤混合装置を共用する方式の「別置型」があります。

① 内蔵型の構成例

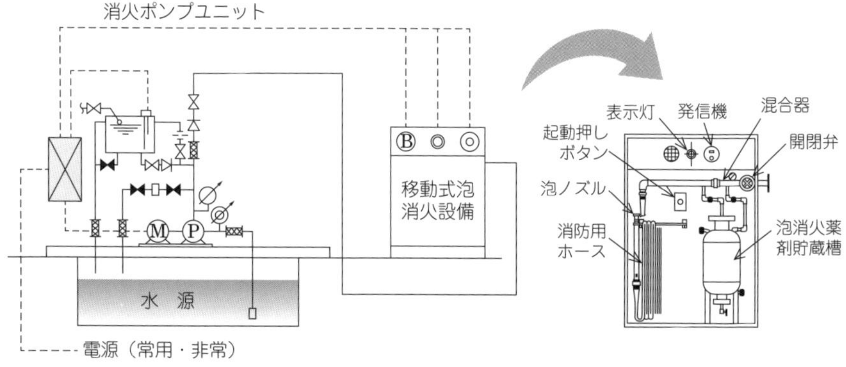

● 図1 移動式泡消火設備（内蔵型）の構成例 ●

② 別置型の構成例

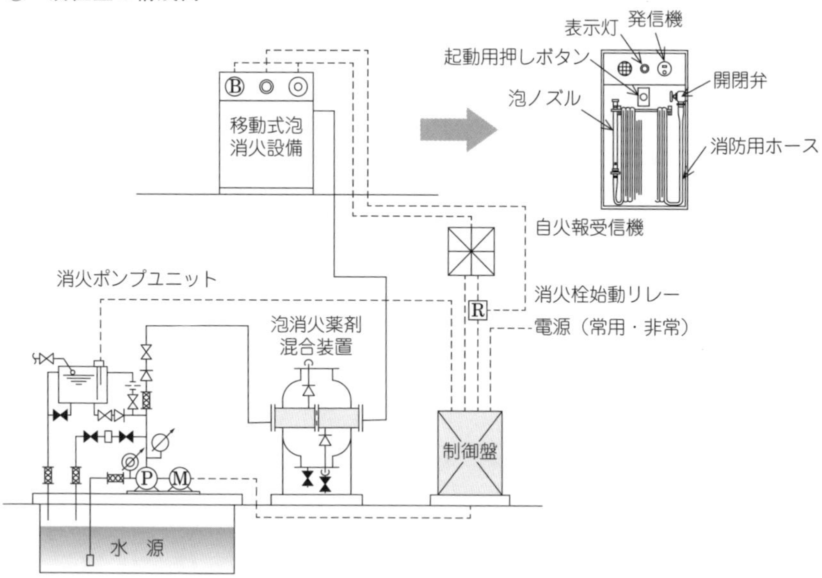

● 図2 移動式泡消火設備（別置型）の構成例 ●

マメ知識 ➡➡➡ 泡放射用器具とは？

泡放射用器具とは、消防用ホース、泡ノズル、フォームタワー、ピックアップチューブ等をいいます。

よく出る問題

問 1 ［難易度 😊😐😟］

移動式泡消火設備に関する説明として、正しいものは次のうちどれか。

(1)　移動式の泡消火設備は、設備全体が移動できるものをいう。

(2)　化学消防自動車は、移動式の泡消火設備である。

(3)　泡の放射部分を固定し、その他の部分を移動方式としたものである。

(4)　泡を放射する部分が移動でき、その他の部分が固定されたものである。

(1)(2)(3) 誤り。(4) 正しい。移動式の泡消火設備は、泡を放射する部分（泡ノズル）が操作者によって移動でき、そのほかの部分は固定されています。

問 2 ［難易度 😊😐😟］

移動式の泡消火設備の設置に関する説明について、正しいものは次のうちどれか。

(1)　駐車場に設置する移動式の泡消火設備は、水平距離 25 m で防護できるように設置しなければならない。

(2)　駐車場に設置する移動式の泡消火設備の泡ノズルの放射量は、毎分 100 ℓ でなければならない。

(3)　駐車場に設置する移動式の泡消火設備の泡ノズルの放射量は、毎分 200 ℓ でなければならない。

(4)　駐車場に設置する移動式の泡消火設備の放射時間は 10 分間である。

(1)(3)(4) 誤り。(1) は水平距離 15 m、(3) は毎分 100 ℓ、(4) は 15 分間です。

問 3 ［難易度 😊😐😟］

移動式の泡消火設備の水源水量を算出する場合の同時使用個数について、誤っているものは次のうちはどれか。

(1)　ホース接続口が 1 個の場合は 1 個

(2)　ホース接続口が 2 個の場合は 2 個

(3)　ホース接続口が 3 個の場合は 2 個

(4)　ホース接続口が 4 個の場合は 3 個

ホース接続口が 2 個以上設置されていても最大 2 個で、1 個の場合は 1 個です。

解答　問 1 −(4)　　問 2 −(2)　　問 3 −(4)

1学期 ➡ 筆記試験対策　2学期 ➡ 実技試験対策　3学期 ➡ 模擬試験

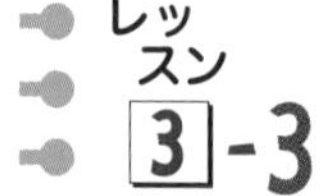

レッスン 3-3 高発泡泡消火設備の構成

重要度

高発泡用泡放出口を用いる泡消火設備（以下、**高発泡泡消火設備**という）は、泡放出口に高発泡用泡放出口を用いたもので、**全域放出方式**と**局所放出方式**があります。図1に全域放出方式の構成例を示します。

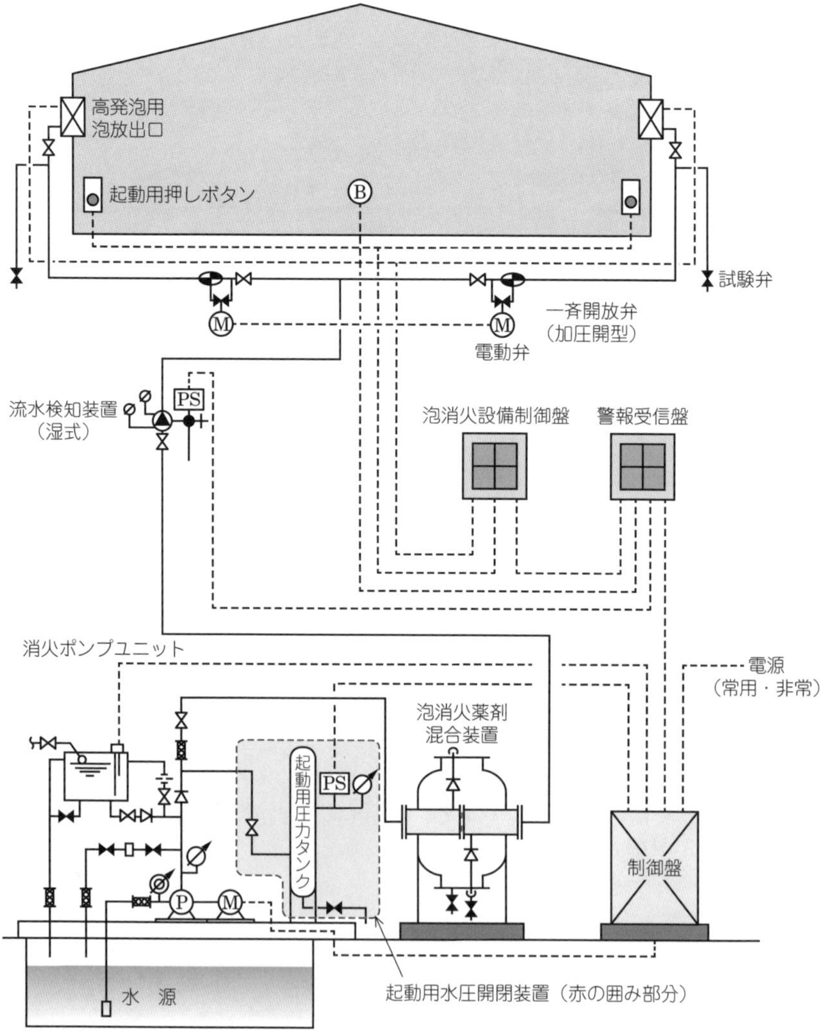

● **図1　高発泡泡消火設備（全域放出方式）の構成例** ●

よく出る問題

問 1 ［難易度 😊😐😣］

高発泡泡消火設備に関する説明として、誤っているものは次のうちどれか。

(1)　全域放出方式とは、防護区画を閉鎖し、区画全域で均一に泡放出口から高発泡の泡を放射することにより消火する方式をいう。

(2)　局所放出方式とは、火災そのものに対して泡放出口から高発泡の泡を放射し、消火する方式をいう。

(3)　冠泡体積とは、防護対象物の最高位より 1.0 m 高い位置までの体積をいう。

(4)　高発泡泡消火設備に使用する泡消火薬剤は、合成界面活性剤泡消火薬剤である。

解説

(1) (2) 正しい。

(3) 誤り。防護対象物の最高位より 0.5 m 高い位置までの体積をいいます。

(4) 正しい。高発泡泡消火設備に使用されている泡消火薬剤のほとんどが合成界面活性剤泡消火設備です。

問 2 ［難易度 😊😐😣］

全域放出方式の高発泡用泡放出口に関する説明として、誤っているものは次のうちどれか。

(1)　泡放出口は、膨張比により第１種、第２種に区分される。

(2)　アスピレーター型高発泡泡放出口とは、泡水溶液が放出される圧力で空気を吸い込んで、発泡させるものである。

(3)　ブロアー型泡放出口とは、送風機により空気を送り込み、発泡させるものである。

(4)　泡放出口は防護対象物の最高位より上部に設置する。ただし、泡を押し上げる能力がある場合、防護対象物の高さに応じた高さでよい。

解説

(1) 誤り。泡放出口は、膨張比により第１種、第２種、第３種に区分されます。

問 3 ［難易度 😊😐😣］

局所放出方式の高発泡泡消火設備の泡水溶液の放出量について、正しいものは次のうちどれか。

(1)　指定可燃物を防護対象物とする場合は、防護面積 1 m² あたり毎分 2 ℓ である。

(2)　指定可燃物を防護対象物とする場合は、防護面積 1 m² あたり毎分 3 ℓ である。

(3)　指定可燃物以外を防護対象物とする場合は、防護面積 1 m² あたり毎分 4 ℓ である。

(4)　指定可燃物以外を防護対象物とする場合は、防護面積 1 m² あたり毎分 5 ℓ である。

解説

(1) (3) (4) 誤り。指定可燃物以外を防護対象物とする場合は、防護面積 1 m² あたり毎分 2 ℓ です。

(2) 正しい。

解答　問１－(3)　　問２－(1)　　問３－(2)

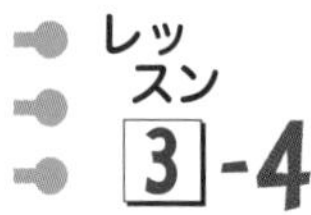

危険物施設の泡消火設備

重要度

危険物施設の泡消火設備は第３種に区分されています。特に代表的な泡消火設備について、その構成例を図１に示します。

(1) 屋外タンク貯蔵所向け泡消火設備

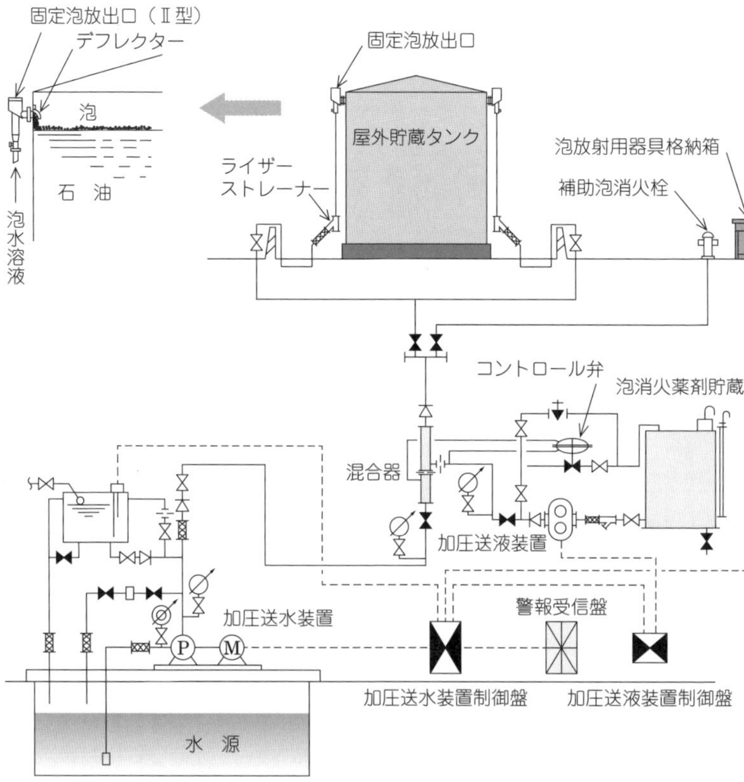

● 図１　屋外タンク貯蔵所向け泡消火設備の構成例 ●

(2) 屋内に設置する移動式泡消火設備の泡消火栓

① 建築物の階ごとに一のホース接続口までの水平距離が 25 m 以下に設置すること。

② 各階の出入口付近に１個以上設置すること。

(3) 屋外に設置する移動式泡消火設備の泡消火栓

① 防護対象物の各部分から一のホース接続口までの水平距離が 40 m 以下に設置すること。

② ホース接続口の設置個数が１の場合は２個とすること。

よく出る問題

問 1　[難易度 😊😐😖]

屋外タンク貯蔵所に設置する泡消火設備に関する説明として、誤っているものは次のうちどれか。

(1)　泡放出口には固定式泡放出口を設置する。
(2)　固定式泡放出口には上部注入方式と底部注入方式がある。
(3)　屋外貯蔵タンクの防油堤の外周には、補助泡消火栓を設置しなければならない。
(4)　上部注入方式の泡放出口は、屋外貯蔵タンク内部の油面に直接泡を放出しなければならない。

解説

(1)(2)(3) 正しい。
(4) 誤り。屋外貯蔵タンクの内部には、デフレクターが設けられており、泡放出口から放出された泡をタンク側面に沿って油面に静かに流動展開させる必要があります。

問 2　[難易度 😊😐😖]

危険物施設向け移動式の泡消火設備を屋内に設ける場合について、正しいものは次のうちどれか。

(1)　危険物貯蔵所においては、各階の出入口付近に1個以上設置すること。
(2)　屋内に設けるものは、特に出入口付近に設置する必要はない。
(3)　危険物貯蔵所においては、地上階の出入口付近に2個以上設置すること。
(4)　建築物の階ごとに、一のホース接続口までの水平距離が15 m以下に設置する。

解説

(1) 正しい。
(2)(3)(4) 誤り。屋内に設置する移動式の泡消火設備は、一のホース接続口までの水平距離が25 m以下に設置します。

問 3　[難易度 😊😐😖]

危険物施設向け移動式の泡消火設備を屋外に設ける場合について、正しいものは次のうちどれか。

(1)　防護対象物の各部分から一のホース接続口までの水平距離が15 m以下に設置する。
(2)　防護対象物の各部分から一のホース接続口までの水平距離が25 m以下に設置する。
(3)　ホース接続口の設置個数が1の場合は、1個設置する。
(4)　ホース接続口の設置個数が1の場合は、2個設置する。

解説

(1)(2) 誤り。防護対象物の各部分から一のホース接続口までの水平距離が40 m以下に設置します。
(3) 誤り。
(4) 正しい。移動式の泡消火設備を屋外に設置する場合、ホース接続口の設置個数が1の場合は2個設置しなければなりません。

解答　問1－(4)　　問2－(1)　　問3－(4)

特定駐車場用泡消火設備

重要度

(1) 設置対象

特定駐車場用泡消火設備とはスプリンクラー設備と泡消火設備が混在したような設備で、閉鎖型泡水溶液ヘッドを用いることにより、一斉開放弁、火災感知用ヘッド、泡ヘッドが必要なく、火災部分を中心とした限定された範囲に自動的に泡水溶液を放射することができ、設備全体の簡素化が図れる設備です。設置できる防火対象物は令別表第1に掲げる防火対象物の駐車場の用に供される部分で、表1のとおりです。

● 表1　特定駐車場用泡消火設備の設置対象物 ●

駐車場の区分	階　数	床面積	床面から天井までの高さ
駐車場の存する階 (屋上部分を含み、駐車するすべての車両が同時に屋外に出ることができる構造の階を除く)	地階又は2階以上	200 m^2 以上	10 m 以下
	1階	500 m^2 以上	
	屋上部分	300 m^2 以上	
昇降機等の機械装置により車両を駐車させる構造のもの	—	収容台数 10台以上	

(2) 構　成

特定駐車場用泡消火設備には、構成機器により、以下の種類があります(**裏表紙の裏(裏見返し左)**の図参照)。

① **単純型平面式**

閉鎖型泡水溶液ヘッドのみを用いる特定駐車場用泡消火設備をいいます。

② **感知継手開放ヘッド併用型平面式**

閉鎖型泡水溶液ヘッド、開放型泡水溶液ヘッド及び感知継手(つぎて)を用いる特定駐車場用泡消火設備をいいます。

③ **感知継手泡ヘッド併用型平面式**

閉鎖型泡水溶液ヘッド、泡ヘッド及び感知継手(つぎて)を用いる特定駐車場用泡消火設備をいいます。

④ **一斉開放弁開放ヘッド併用型平面式**

閉鎖型泡水溶液ヘッド、開放型泡水溶液ヘッド、火災感知用ヘッド及び一斉開放弁を用いる特定駐車場用泡消火設備をいいます。

⑤ **一斉開放弁泡ヘッド併用型平面式**

閉鎖型泡水溶液ヘッド、泡ヘッド、火災感知用ヘッド及び一斉開放弁を用いる特定駐車場用泡消火設備をいいます。

⑥　**機械式泡消火設備**

特定駐車場のうち、昇降機等の機械装置により車両を駐車させる構造の部分において、閉鎖型泡水溶液ヘッド、開放型泡水溶液ヘッド、火災感知用ヘッド、一斉開放弁及び感知継手を用いる特定駐車場用泡消火設備をいいます。

マメ知識 ➡➡➡ 感知継手とは

特定駐車場における火災感知と同時に内蔵する弁体を開放し、開放型泡水溶液ヘッド又は泡ヘッドに泡水溶液を供給する継手のことをいいます。右図のように、火災感知と泡水溶液の放射を分割する必要がある場所に用いるものです。

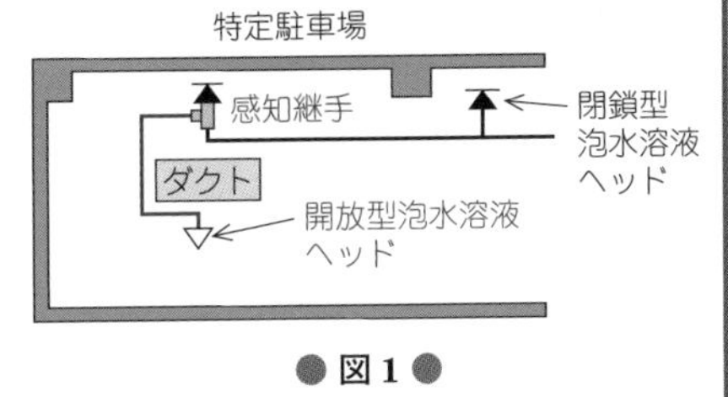

図１

よく出る問題

問 1 ［難易度 😊😐😞］

屋上部分を含み、駐車するすべての車両が同時に屋外に出ることができる構造の階を除く駐車場において、特定駐車場用泡消火設備の設置対象となるものは、次のうちどれか。

(1)　地階で床面積 100 m²、高さ 5 m の駐車場
(2)　1 階で床面積 500 m²、高さ 10 m の駐車場
(3)　屋上部分で床面積 200 m²、高さ 5 m の駐車場
(4)　昇降機等を用いる駐車場で、収容台数が 8 台、高さ 5 m の駐車場

解説　(1)(3)(4) 対象外。(2) は、500 m²、10 m であるので対象となります。

問 2 ［難易度 😊😐😞］

特定駐車場用泡消火設備の構成に関する説明について、誤っているものは次のうちどれか。

(1)　単純型平面式特定駐車場用泡消火設備とは、閉鎖型泡水溶液ヘッドのみを用いる設備をいう。
(2)　感知継手開放ヘッド併用型平面式とは、閉鎖型泡水溶液ヘッド、開放型泡水溶液ヘッド及び感知継手を用いる設備をいう。
(3)　感知継手泡ヘッド併用型平面式とは、閉鎖型泡水溶液ヘッド、泡ヘッド及び感知継手を用いる設備をいう。
(4)　一斉開放弁泡ヘッド併用型平面式とは、閉鎖型泡水溶液ヘッド、泡ヘッド及び一斉開放弁を用いる設備をいう。

解説　(1)(2)(3) 正しい。(4) は、火災感知用ヘッドも構成機器に入ります。

解答　問 1 －(2)　　問 2 －(4)

レッスン 3-6

泡消火薬剤の種類・規格

重要度 ✐✐✐

泡消火設備に使用する泡消火薬剤は、規格省令「泡消火薬剤の技術上の規格を定める省令（昭和50年自治省令第26号）」に適合した検定品を用いなければなりません。

(1) 泡消火薬剤の種類

泡消火薬剤には表1に示す種類があります。

● 表1 泡消火薬剤の種類と特徴 ●

泡消火薬剤の種類	特徴
たん白泡消火薬剤	動物性たんぱく質を加水分解したものを基剤とするもので、他の泡消火薬剤より耐熱性に優れているが、粘性が大きいため、泡の流動性に劣る。主に危険物タンクの泡消火設備に使用される。
合成界面活性剤泡消火薬剤	合成界面活性剤を基剤とするもので、経年変化が少ないが、泡の安定性、耐熱性、耐油汚染性が劣るため、ほかの泡消火薬剤より消火性能が低く定められている。流動性及び展開性にも優れており、主に高発泡用泡放出口で使用される。
水成膜泡消火薬剤	フッ素系の界面活性剤を基剤とする泡消火薬剤で、流動性に優れ、油面上に水成膜を生成し、安定性が高く長時間にわたって再着火を防止する。主に駐車場の泡消火設備に使用される。

(2) 泡消火薬剤の性状及び発泡性能

泡消火薬剤の性状（主な性状のみ）を表2に、**発泡性能**を表3に示します。

● 表2 泡消火薬剤の性状 ●

		たん白泡	合成界面活性剤泡	水成膜泡
使用温度範囲		−5℃（耐寒用：−10℃、超耐寒用：−20℃）以上30℃以下		
比重		1.10以上1.20以下	0.90以上1.20以下	1.00以上1.15以下
粘度		400 cst以下	200 cst以下	
水素イオン濃度		6.0以上7.5以下	6.5以上8.5以下	6.0以上8.5以下
引火点		60℃以上		
発泡性能	膨張率（標準発泡ノズル又は装置による）	6倍以上	500倍以上	5倍以上
	25％還元時間	1分以上	3分以上	1分以上

※ 発泡性能については、消防用設備の試験基準・点検基準では、表3のとおりとされています。

● 表3 試験基準・点検基準の発泡性能 ●

		たん白泡	合成界面活性剤泡	水成膜泡
発泡性能	膨張率	**5倍以上**		
	25％還元時間	**1分以上**	**30秒以上**	**1分以上**

よく出る問題

問 1　［難易度］

泡消火薬剤に関する説明について、誤っているものは次のうちどれか。

(1)　たん白泡消火薬剤は、主に危険物タンクの泡消火設備に使用されるもので、動物性たんぱく質を加水分解したものを基剤とし、耐熱性に優れ、粘性が大きいため、泡の流動性が劣る。

(2)　合成界面活性剤泡消火薬剤は、主に高発泡用泡放出口で使用されるもので、合成界面活性剤を基剤とするもので、経年変化、泡の安定性、耐熱性、耐油汚染性、流動性及び展開性が劣る。

(3)　水成膜泡消火薬剤は、主に駐車場の泡消火設備に使用されるもので、フッ素系の界面活性剤を基剤とするもので、流動性に優れ、油面上に水成膜を生成し、安定性が高く長時間にわたって再着火を防止することができる。

(4)　泡消火薬剤の使用温度範囲は、耐寒用、超耐寒用を除き、－5℃以上 30℃以下である。

解説　(1)(3)(4)正しい。(2)誤り。合成界面活性剤泡消火薬剤は、主に高発泡用泡放出口で使用され、合成界面活性剤を基剤とするもので、経年変化が少ないが、泡の安定性、耐熱性、耐油汚染性が劣るため、消火性能は低いが、流動性及び展開性に優れています。

問 2　［難易度］

泡消火薬剤に関する説明について、誤っているものは次のうちどれか。

(1)　たん白泡、合成界面活性剤及び水成膜泡消火薬剤の引火点は、60℃以上である。

(2)　たん白泡消火薬剤の比重は、1.1 以上 1.2 以下である。

(3)　合成界面活性剤泡消火薬剤の粘度は、400 cst 以下である。

(4)　水成膜泡消火薬剤の水素イオン濃度は、6.0 以上 8.5 以下である。

解説　(1)(2)(4)正しい。
(3)誤り。合成界面活性剤泡消火薬剤及び水成膜泡消火薬剤の粘度は、200 cst 以下です。

問 3　［難易度］

設備設置後又は点検時の膨張率及び 25％還元時間の組合せとして、正しいものは次のうちどれか。

(1)　たん白泡消火薬剤の場合は、膨張率 6 倍以上、25％還元時間 1 分以上である。

(2)　たん白泡消火薬剤の場合は、膨張率 5 倍以上、25％還元時間 30 秒以上である。

(3)　水成膜泡消火薬剤の場合は、膨張率 6 倍以上、25％還元時間 30 秒以上である。

(4)　水成膜泡消火薬剤の場合は、膨張率 5 倍以上、25％還元時間 1 分以上である。

解説　(1)(2)(3)誤り。(4)正しい。膨張率は 5 倍以上、25％還元時間は、合成界面活性剤泡消火薬剤のみ 30 秒以上です。

解答　問 1 －(2)　　問 2 －(3)　　問 3 －(4)

レッスン 3-7 泡消火薬剤・水源水量の必要量

重要度

(1) 泡消火薬剤の必要量

泡消火薬剤の必要量は、必要とする泡水溶液量と希釈容量濃度によって求められます。

また、水源水量も必要とする泡水溶液量と放射（放出）時間によって求めることができます。

① 泡ヘッドの場合の必要泡消火薬剤量

フォームヘッドの場合：$FL = (QF \times 10 + QP) \times Rf$

フォーム・ウォーター・スプリンクラーヘッドの場合：$FL = (hf \times 75 \times 10 + QP) \times Rf$

FL：必要泡消火薬剤量〔ℓ〕

QF：対象面積に設置されたすべてのフォームヘッドを開放した場合の放射量〔ℓ/min〕

hf：対象面積に設置されたフォーム・ウォーター・スプリンクラーヘッドの個数〔個〕

QP：配管内を満たすに要する泡水溶液量〔ℓ〕

Rf：泡消火薬剤の希釈容量濃度（3％の場合は0.03、6％の場合は0.06）

② 移動式の場合の必要泡消火薬剤量

$FL = (QF \times 15 \times N + QP) \times Rf$

FL：必要泡消火薬剤量〔ℓ〕

QF：防火対象物による泡ノズル1個あたりの放射量〔ℓ/min〕

N：同時に使用する泡ノズルの個数〔個〕

QP：配管内を満たすに要する泡水溶液量〔ℓ〕

Rf：泡消火薬剤の希釈容量濃度（3％の場合は0.03、6％の場合は0.06）

各式を覚えて
おきましょう！

③ 高発泡泡放出口の場合の必要泡消火薬剤量

全域放出方式の場合：$FL = \{(V \times Qf \times 1000) + QW + QP\} \times Rf$

局所放出方式の場合：$FL = (Qq \times 20 + QP) \times Rf$

FL：必要泡消火薬剤量〔ℓ〕

V：冠泡体積〔m^3〕

Qf：泡放出口の種別に応じた冠泡体積1 m^3あたりの泡水溶液の量〔m^3/m^3〕

Qq：床面積が最大となる放射区域に設けられるすべての放出口を同時に開放した場合の放射量〔ℓ/min〕

QW：開口部に対する泡水溶液量〔ℓ〕　※　自動閉鎖装置を設けた場合は0とする。

QP：配管内を満たすに要する泡水溶液量〔ℓ〕

Rf：泡消火薬剤の希釈容量濃度（3％の場合は0.03、6％の場合は0.06）

(2) 水源水量の必要量

水源水量の必要量は次式で求められます。

$$Q = FL\left(\frac{1-Rf}{Rf}\right)$$

Q：水源水量〔ℓ〕、FL：必要泡消火薬剤量〔ℓ〕

Rf：泡消火薬剤の希釈容量濃度（3％の場合は0.03、6％の場合は0.06）

よく出る問題

問 1 ［難易度 😊 😐 😟］

一放射区域の面積が 81 m² の駐車場に 1 個あたりの放射量が 35 ℓ/min のフォームヘッドを 9 個設置した泡消火設備に、3％の水成膜泡消火薬剤を使用した場合の必要な泡消火薬剤量として、正しいものは次のうちどれか。ただし、配管内を充満させるために必要な泡水溶液量は、65 ℓ とする。

(1)　約 50 ℓ　　(2)　約 100 ℓ　　(3)　約 150 ℓ　　(4)　約 200 ℓ

解説

必要泡消火薬剤の量は、$FL = (QF \times 10 + QP) \times Rf$ より、次式で求められます。

$FL = (35 \times 9 \times 10 + 65) \times 0.03 \fallingdotseq 97 \fallingdotseq 100$　〔ℓ〕

問 2 ［難易度 😊 😐 😟］

自動閉鎖装置が設けられている冠泡体積が 1000 m³ の全域放出方式の高発泡泡消火設備に必要な 3％泡消火薬剤量として、正しいものは次のうちどれか。ただし、高発泡用泡放出口は第 3 種、配管内を充満させるために必要な泡水溶液量は 100 ℓ とする。

(1)　約 250 ℓ　　(2)　約 300 ℓ　　(3)　約 350 ℓ　　(4)　約 400 ℓ

解説

泡消火薬剤量は、$FL = \{(V \times Qf \times 1000) + QW + QP\} \times Rf$ から求められます。第 3 種の高発泡用泡放出口の冠泡体積 1 m³ あたりの泡水溶液量は 0.008 m³ であり、自動閉鎖装置が設けられているので QW は 0 となることから、次式で求められます。

$FL = \{(1000 \times 0.008 \times 1000) + 0 + 100\} \times 0.03 \fallingdotseq 250$　〔ℓ〕

問 3 ［難易度 😊 😐 😟］

駐車場に設置した 3％水成膜泡消火薬剤を使用した泡消火設備に必要な泡消火薬剤量が 100 ℓ であった場合の水源水量として、正しいものは次のうちどれか。

(1)　約 1650 ℓ　　(2)　約 3250 ℓ　　(3)　約 4850 ℓ　　(4)　約 6500 ℓ

解説

水源水量は、$Q = FL\left(\frac{1-Rf}{Rf}\right)$ より、$Q = 100\left(\frac{1-0.03}{0.03}\right) \fallingdotseq 3250$ ℓ となります。

解答　問 1 －(2)　　問 2 －(1)　　問 3 －(2)

レッスン 3-8

泡消火薬剤混合装置の種類

重要度

泡消火薬剤混合装置は、指定された希釈容量濃度（3％又は6％）の泡水溶液を生成するもので、泡消火薬剤貯蔵槽、混合器、配管・弁類から構成され、使用する泡消火薬剤、設備種類によって適切なものが選択されます。

一般的にプレッシャープロポーショナー方式（圧送式）は建築物の駐車場に、プレッシャープロポーショナー方式（圧入式）及びプレッシャーサイドプロポーショナー方式は危険物施設に、ポンププロポーショナー方式は消防自動車に、ラインプロポーショナー方式は移動式の泡消火設備に使用されます（図1～図4）。

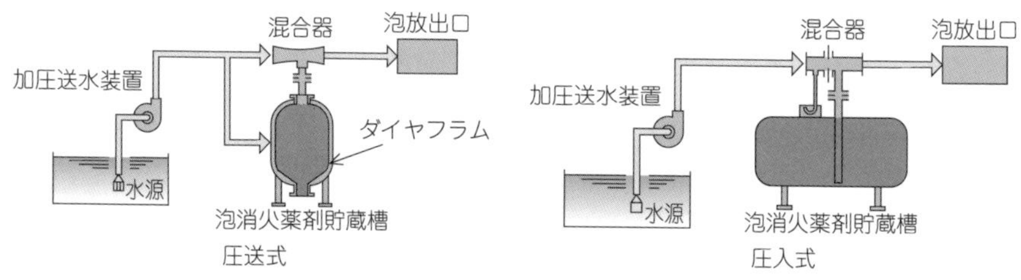

● 図1　プレッシャープロポーショナー方式 ●

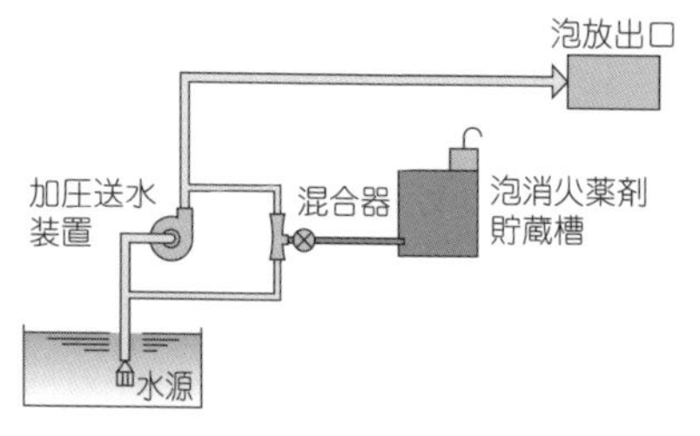

● 図2　ポンププロポーショナー方式 ●

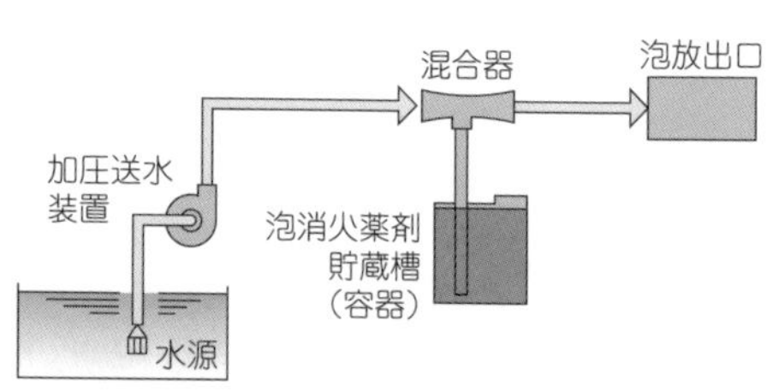

● 図3　ラインプロポーショナー方式 ●

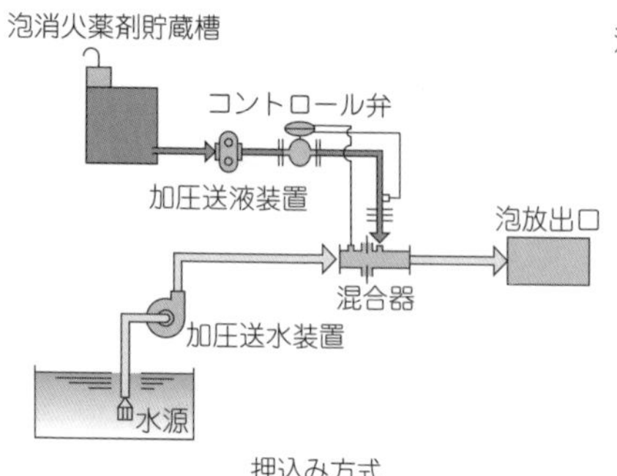

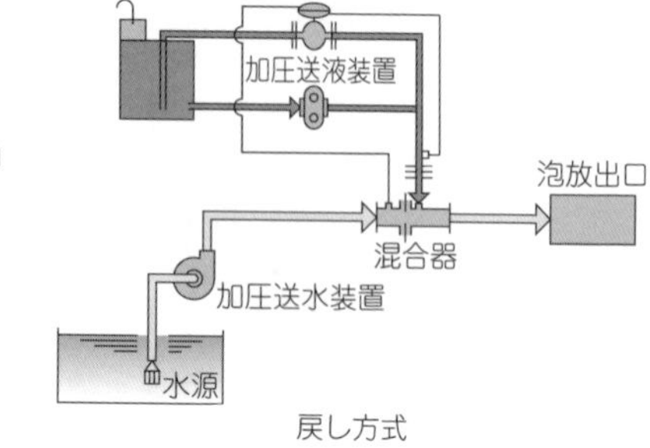

● 図4　プレッシャーサイドプロポーショナー方式 ●

よく出る問題

問 1 ［難易度 😊😐😖］

泡消火薬剤混合装置に関する説明について、誤っているものは次のうちどれか。

(1)　送水管の途中に混合器を設け、水を泡消火薬剤貯蔵槽内に送り込み、泡消火薬剤との置換と混合器に生じる泡消火薬剤吸込みの作用によって、流水中に泡消火薬剤を混合させ、指定濃度の泡水溶液とするものをプレッシャープロポーショナー方式という。

(2)　加圧送水装置（消火ポンプ）の吐出側と吸込側にバイパス管を設け、バイパス管の途中に設けられた混合器にポンプ吐出水の一部を通し、混合器の調量弁でその吸込量を調節し、泡消火薬剤貯蔵槽からポンプ吸込側に泡消火薬剤を吸引して、指定濃度の泡水溶液とするものをポンププロポーショナー方式という。

(3)　送水管の途中に混合器を設け、泡消火薬剤を流水中に吸引し、指定濃度の泡水溶液とするものをラインプロポーショナー方式という。

(4)　送水管の途中に混合器を設け、泡消火薬剤貯蔵槽から加圧送水装置で泡消火薬剤を圧送し、指定濃度の泡水溶液とするものをプレッシャーサイドプロポーショナー方式という。

(4) 泡消火薬剤貯蔵槽から泡消火薬剤を圧送するものは、加圧送液装置（原液ポンプ）です。

問 2 ［難易度 😊😐😖］

泡消火薬剤混合装置で、泡消火薬剤を混合するために専用の加圧装置を設置する混合方式として、正しいものは次のうちどれか。

(1)　プレッシャーサイドプロポーショナー方式
(2)　プレッシャープロポーショナー方式
(3)　ポンププロポーショナー方式
(4)　ラインプロポーショナー方式

(2)(3)(4) の方式は、泡消火薬剤専用の加圧装置は必要としません。

問 3 ［難易度 😊😐😖］

泡消火薬剤混合装置で、希釈容量濃度を調整するために専用の調量弁を設け、ポンプ吸込側に泡消火薬剤を吸引させる混合方式として、正しいものは次のうちどれか。

(1)　ラインプロポーショナー方式
(2)　ポンププロポーショナー方式
(3)　プレッシャープロポーショナー方式
(4)　プレッシャーサイドプロポーショナー方式

(2) 正しい。調量弁をメータリングコック（バルブ）ともいいます。

解答　問1－(4)　　問2－(1)　　問3－(2)

泡放出口の種類・構造

重要度

(1) 泡ヘッド

① フォームヘッド

フォームヘッドは、泡水溶液がヘッド内を通過する際に空気を吸い込んで、デフレクター及び金網により発泡し、適切な放出パターン（円状又は半円状）並びに発泡倍率を形成できる構造となっています。

フォームヘッドは、規格省令は定められていませんが、泡消火薬剤との組合せによって性能が変わるため、使用される泡消火薬剤との組合せにより性能が確認されたもの（性能評定品）を選定する必要があります。

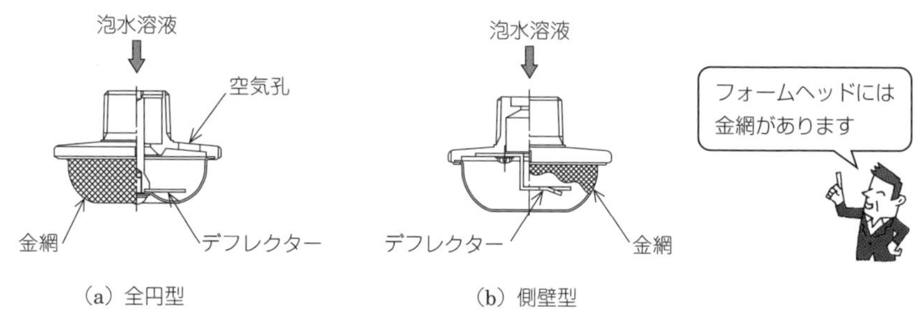

● 図1　フォームヘッドの例 ●

② フォーム・ウォーター・スプリンクラーヘッド

フォーム・ウォーター・スプリンクラーヘッドは、フォームヘッドと開放型スプリンクラーの機能を有しており、泡水溶液がヘッド内を通過する際に空気を吸い込み、発生した泡をデフレクターで散布するもので、スプリンクラーヘッドの構造に似ており、泡を発生するための空気吸込口が付いています。

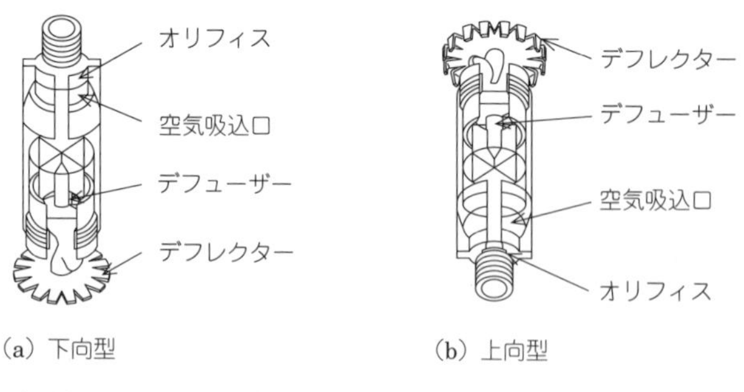

● 図2　フォーム・ウォーター・スプリンクラーヘッドの例 ●

(2) 泡ノズル

泡ノズルは、泡水溶液にノズル部で空気を吸い込み、撹拌させて発泡するものです。

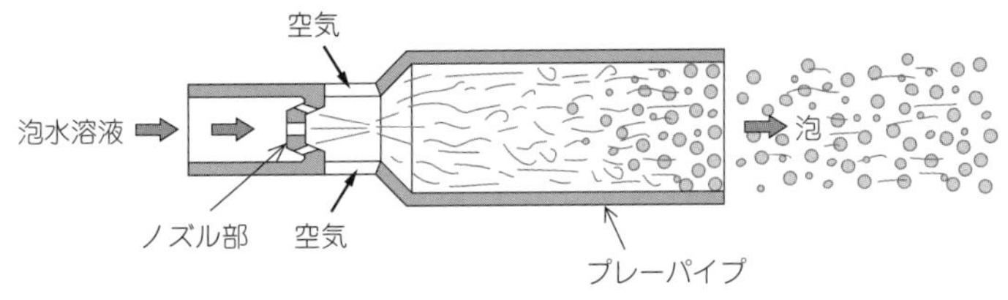

● 図３　泡ノズル概念図 ●

(3) 高発泡用泡放出口

高発泡用泡放出口は、ハウジング、スプレーノズル及び発泡ネットで構成されており、泡を発泡させるための空気の取入れ方法によって、アスピレーター型とブロアー型に区分されます。

①　アスピレーター型

アスピレーター型は、低発泡の泡放出口の機構と同様で、泡水溶液がスプレーノズルから放射される際に減圧域を発生し、空気をハウジング内に吸い込む方式です。

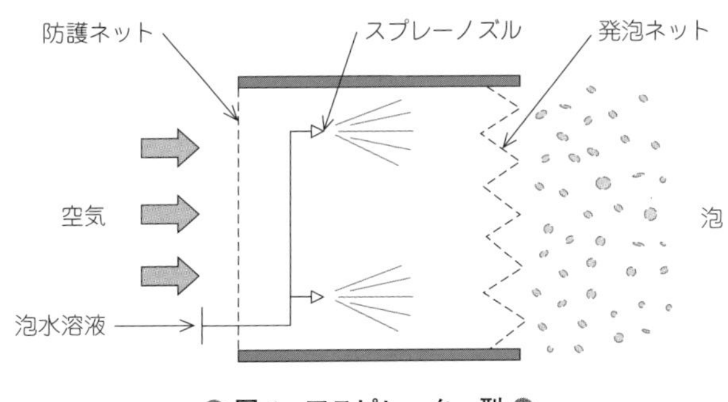

● 図４　アスピレーター型 ●

② ブロアー型

ブロアー型はファン又はブロアー等の送風機によってハウジング内に空気を強制的に送り込む方式であり、送風機の駆動源には水流、モータ又はエンジン等が使用されます。

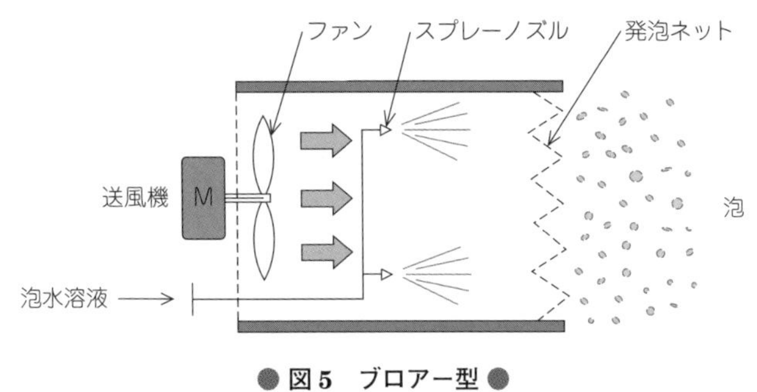

●図5　ブロアー型●

(4) 屋外貯蔵タンク用固定泡放出口

屋外貯蔵タンク向け**固定泡放出口**は、**上部注入方式**と**底部注入方式**に区分され、タンクの形状により、Ⅰ型、Ⅱ型、Ⅲ型、Ⅳ型、特型に区分されます。

Ⅰ型、Ⅱ型、特型は上部注入方式に、Ⅲ型、Ⅳ型は底部注入方式に使用されます。

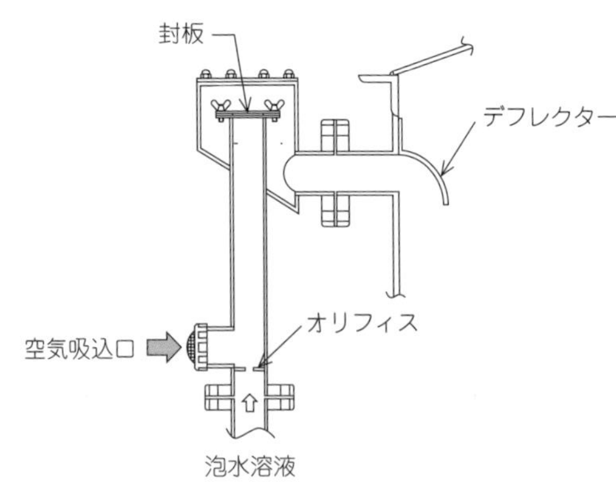

●図6　固定式泡放出口（Ⅱ型）例●

よく出る問題

問 1 ［難易度 😊😐😠］

泡放出口に関する説明について、誤っているものは次のうちどれか。

(1)　泡ヘッドには、フォームヘッド及びフォーム・ウォーター・スプリンクラーヘッドがある。

(2)　フォーム・ウォーター・スプリンクラーヘッドは、空気泡を用いる泡消火設備に使用されるヘッドであり、閉鎖型スプリンクラーヘッドと泡ヘッドとしての性能をもっている。

(3)　高発泡用泡放出口は、アスピレーター型とブロアー型があり、防護対象物によって適切な型式の放出口及び膨張比が選択される。

(4)　危険物タンクに設置される固定泡放出口は、上部泡注入法と底部泡注入法があり、上部泡注入法には、Ⅰ型、Ⅱ型、特型の泡放出口が規定されている。

(1)（3)（4）正しい。

(2) 誤り。フォーム・ウォーター・スプリンクラーヘッドは、開放型スプリンクラーヘッドと泡ヘッドとしての性能をもっています。

問 2 ［難易度 😊😐😠］

泡放出口に関する説明について、誤っているものは次のうちどれか。

(1)　フォームヘッドには、下向型と上向型がある。

(2)　フォーム・ウォーター・スプリンクラーヘッドの発泡機構は、フォームヘッドと異なるものである。

(3)　補助泡消火栓は、3 個（3 個未満のときは、その個数）のノズルを同時に使用した場合、放射圧力が 0.35 MPa 以上であって、毎分 400 ℓ 以上で放射できるものであること。

(4)　Ⅱ型固定式泡放出口の内部には、タンク内危険物の蒸気が配管内に入り込まないための封板（ベーパーシール）が設けられている。

(1) 誤り。フォームヘッドには下向型（円状放射）と側壁型（半円状放射）があり、上向型はありません。

(2)（3)（4）正しい。

解答 問 1 －(2)　　問 2 －(1)

これは覚えておこう！

レッスン3の重要事項のまとめ

① **固定式泡消火設備**：構成している機器の種類（レッスン3-1の図1）、起動方式、設置規定、配管の接続箇所等について理解しておく。また、手動式起動装置の操作部：床面からの高さが **0.8 m 以上 1.5 m 以下**は必ず覚えておく。

② **移動式泡消火設備**：泡消火薬剤混合装置を泡放射器具格納箱内部に設置する内蔵型（p.48の図1）と泡消火薬剤混合装置を共有する別置型（p.48の図2）がある。

③ **高発泡泡消火設備**：設備構成（p.50の図1）

④ **危険物製造所等の泡消火設備**：屋外タンク貯蔵所向け泡消火設備の構成例（p.52の図1）について理解しておく。

屋内に設置する移動式泡消火設備：水平距離25 m以下、各階の出入口に1個以上

屋外に設置する移動式泡消火設備：水平距離40 m以下、ホース接続口の設置個数が1の場合は2個

⑤ **特定駐車場用泡消火設備**：設置対象となる駐車場の階数、床面積、高さについて覚えておく（p.54の（1））。

⑥ **泡消火薬剤**：種類は、たん白泡、合成界面活性剤、水成膜泡消火薬剤。性状は、各泡消火薬剤について、使用温度範囲、比重、粘度、水素イオン濃度、引火点、発泡性能（膨張率、25％還元時間）についてよく覚えておく。特に発泡性能については、泡消火薬剤の規定と試験・点検基準の違いを間違わないように理解しておく。

⑦ **泡消火薬剤・水源水量の必要量**：泡放出口の種類による計算式を覚えておく。水源水量は、泡消火薬剤の必要量が計算できれば希釈容量濃度により求めることができる。

⑧ **泡消火薬剤混合装置**：各泡消火薬剤混合装置の構成（p.60の図1～図4）について理解しておく。

⑨ **泡放出口**：泡放出口の種類、構造、性能（p.62～p.64の図1～図6）について覚えておく。

レッスン 4 その他の２類関係消防用設備等

レッスン４では、その他の２類関係の共通項目等について学びます。
２類の消防設備士として知っておかなければならない他の類と共通する項目である、「加圧送水装置」「流水検知装置」「一斉開放弁」「消防用ホース・結合金具」「配管・管継手・バルブ類」「非常電源設備」「総合操作盤」についても出題されていますので学習しておく必要があります。

各類に共通する機器・設備についてその種類・規格（規定）・機能が重点的に出題されます。

- 4-1「**加圧送水装置 1 （種類・構成）**」、4-2「**加圧送水装置 2 （性能）**」は、水系消火設備に共通な事項ですので、「加圧送水装置の基準」の内容について学習しておきましょう。
- 4-3「**流水検知装置の種類・構造・規格・機能**」については、「流水検知装置の技術上の規格を定める省令」の内容及び構造について学習しておきましょう。
- 4-4「**一斉開放弁の種類・構造・規格・機能**」については、「一斉開放弁の技術上の規格を定める省令」の内容及び構造について学習しておきましょう。
- 4-5「**消防用ホース・結合金具の構造・規格・機能**」については、「消防用ホースの技術上の規格を定める省令」、「消防用ホースに使用する差込式又はねじ込み式の結合金具及び消防用吸管に使用するねじ式の結合金具の技術上の規格を定める省令」の内容について学習しておきましょう。
- 4-6「**配管・管継手・バルブ類**」については、関係法令で規定されているもの並びに基本的なことについて学習しておきましょう。
- 4-7「**非常電源**」については、消防用設備には、必ず非常電源設備が必要となります。非常電源設備の種類、容量、設置基準等について学習しておきます。
- 4-8「**配線**」については、耐火配線、耐熱配線の仕様、各機器間の配線基準について学習しておきましょう。
- 4-9「**総合操作盤**」については、一定規模以上の防火対象物には総合操作盤の設置が必要となりますので、泡消火設備に必要な表示・警報などについて覚えておきましょう。

レッスン 4-1 加圧送水装置1（種類・構成）

重要度 ///

加圧送水装置は、「加圧送水装置の基準（平成9年消防庁告示第8号）」に適合した「認定品」を設置しなければなりません。

加圧送水装置には、高架水槽方式、圧力水槽方式及びポンプ方式がありますが、本書では、最も多く使用されているポンプ方式を中心に学習します（**裏表紙の裏（裏見返し右）**参照）。

(1) 高架水槽方式の加圧送水装置

落差を利用して送水のための圧力を得る方式の加圧送水装置で、水槽、制御盤、水位計、排水管、溢水用排水管、補給水管、マンホール等で構成されています。

(2) 圧力水槽方式の加圧送水装置

水槽に加えられた圧力を利用して送水を行う方式の加圧送水装置で、水槽、圧力計、水位計、制御盤、排水管、補給水管、マンホール等で構成されています。なお、圧力水槽の水量は、体積の$\frac{2}{3}$以下であることと規定されていますが、加圧用ガス容器の圧力を利用する場合は除かれています。

(3) ポンプ方式の加圧送水装置

回転する羽根車により与えられた運動エネルギーを利用して送水するための圧力を得る方式の加圧送水装置で、ポンプ、電動機、制御盤、呼水装置、水温上昇防止用逃し配管、ポンプ性能試験装置、起動用水圧開閉装置（圧力タンク、圧力スイッチ、圧力計等）、バルブ類、フート弁、圧力計及び連成計などで構成されています（図1）。

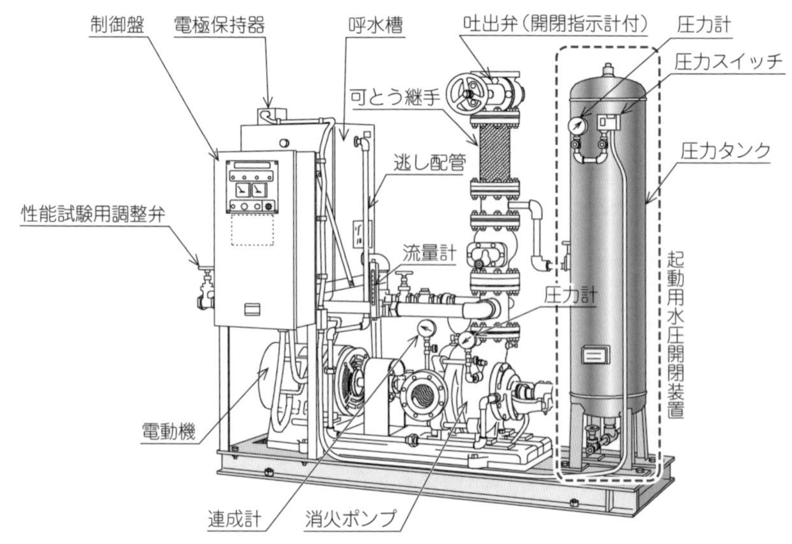

● 図1 ポンプ方式の構成例 ●

よく出る問題

問 1　［難易度 😊😐😞］

加圧送水装置に関する説明について、誤っているものは次のうちどれか。

(1)　高架水槽方式は、落差を利用して圧力を得る方式で、制御盤は必要ない。
(2)　圧力水槽方式は、水槽に加えられた圧力を利用して送水を行う方式である。
(3)　ポンプ方式は、回転エネルギーを利用して圧力を得る方式である。
(4)　ポンプ方式の原動機は、電動機によるものとする。ただし、危険物施設を除く。

(1) 誤り。補給水ポンプ運転制御、満水警報等の制御・表示・警報を行う制御盤が必要となります。
(2) (3) (4) 正しい。危険物施設以外に設置する泡消火設備のポンプの原動機は、電動機に限定されています。

問 2　［難易度 😊😐😞］

ポンプ方式の加圧送水装置の附属装置等に関する説明について、誤っているものは次のうちどれか。

(1)　水源の水位がポンプより低い場合は、呼水装置を設ける。
(2)　ポンプには吐出側に圧力計、吸込側に連成計を設ける。
(3)　ポンプの吐出側直近部分の配管には、ポンプ側から止水弁及び逆止弁を設ける。
(4)　ポンプの吸水管は、ポンプごとに専用に設ける。

解説

(1) (2) (4) 正しい。
(3) 誤り。逆止弁の不備が発生した場合に配管内の水を排水せずに交換できるよう、ポンプ側から逆止弁、止水弁の順で設置します。

問 3　［難易度 😊😐😞］

ポンプ方式の加圧送水装置の附属装置等に関する説明について、誤っているものは次のうちどれか。

(1)　ポンプは専用とすること。
(2)　ポンプには定格負荷運転時の性能を試験するための配管設備を設けること。
(3)　ポンプには締切運転時における水温上昇防止のための逃し配管を設けること。
(4)　加圧送水装置は、直接操作によってのみ停止できるものであること。

(1) 誤り。他の消火設備の性能に支障を生じない場合は、併用又は兼用することができます。
(2) (3) (4) 正しい。

解答　問１－(1)　　問２－(3)　　問３－(1)

レッスン 4-2

加圧送水装置 2（性能）

重要度

消火設備に使用されるポンプ方式の加圧送水装置には、ほかの設備にはみられない特徴的な性能規定が設けられています。

(1) 揚程曲線（吐出量及び全揚程） 重要！

揚程曲線を図 1 に示します。

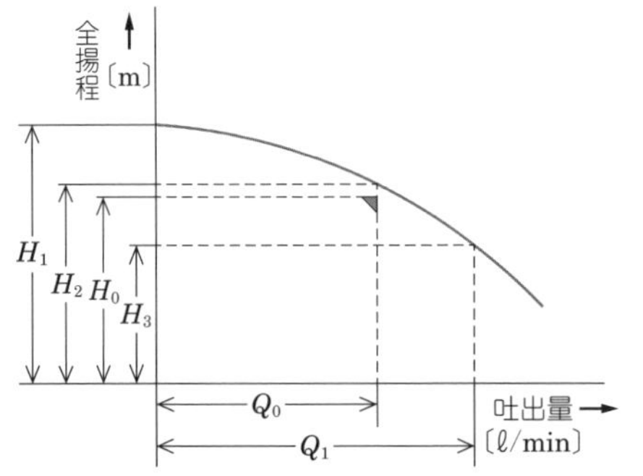

揚程曲線上の基準

$0.65 \leqq \frac{H_3}{H_2}$、$\frac{H_1}{H_2} \leqq 1.4$、$1.0 \leqq \frac{H_2}{H_0} \leqq 1.1$

Q_0：定格吐出量〔ℓ/min〕
Q_1：Q_0 の 150％吐出量〔ℓ/min〕
H_0：設計上の全揚程〔m〕
H_1：締切全揚程〔m〕
H_2：Q_0 における揚程曲線上の全揚程〔m〕
H_3：Q_1 における揚程曲線上の全揚程〔m〕

● 図 1　揚程曲線の基準 ●

(2) 電動機に関する規定

① 電動機は、「定格出力連続運転」又は「**定格出力の 110％で 1 時間運転**」した場合に機能に異常を生じないこと。

② 交流電動機の始動方式は、直入れ始動（出力が 11 kW 以上で低圧電動機であるものを除く）、スターデルタ始動、クローズドスターデルタ始動、リアクトル始動、コンドルファ始動、二次抵抗始動その他これらに類するもので、電磁式スターデルタ始動方式のものは、停止中において、電動機巻線に電圧を加えないものであること。

③ ポンプの運転中に常用電源が停電し、**復旧した場合に再操作することなく再起動**できること。

(3) 附属装置等に関する規定

① **圧力タンクの容量は 100 ℓ 以上**とする。ただし、ポンプ吐出側主配管に設ける**止水弁の呼び径が 150 以下の場合には 50 ℓ 以上**とすることができる。

② 圧力タンクには、圧力計、起動用水圧開閉器（圧力スイッチ）、試験用排水弁を設けること。

③ **呼水槽の有効水量は 100 ℓ 以上**とする。ただし、**フート弁の呼び径が 150 以下の場合には、50 ℓ 以上**とすることができる。

④ 呼水槽の減水警報装置は、呼水槽の貯水量が**有効水量の $\frac{1}{2}$ となる前に音響警報を発信**すること。

(4)　附属装置の配管等に関する規定

① 呼水装置の**補給水管は呼び 15 以上**、**溢水用排水管は呼び 50 以上**、**呼水管は呼び 40 以上**とする。

② 水温上昇防止用逃し配管は、**ポンプ吐出側逆止弁の一次側から取り出し**、ポンプの運転中常時呼水槽に放水するもので、**オリフィス及び止水弁が設けられていること**。

③ ポンプ性能試験装置の配管は、**ポンプの吐出側の逆止弁の一次側から取り出し**、流量計は、差圧式のもので、**定格吐出量を測定すること**ができること。

④ 圧力タンクの配管は、**ポンプ吐出側逆止弁の二次側から取り出し**、**管の呼び 25 以上で止水弁を設けること**。

よく出る問題

問 1　[難易度 😊😐😣]

ポンプ方式の加圧送水装置の性能に関する説明について、誤っているものは次のうちどれか。

(1)　定格吐出量における全揚程は、設計上の全揚程の 100 %以上 150 %以下でなければならない。

(2)　定格吐出量の 150 %における全揚程は、定格揚程の 65 %以上であること。

(3)　締切運転時の全揚程は、定格全揚程の 140 %以下であること。

(4)　電動機は、「定格出力連続運転」又は「定格出力の 110 %で 1 時間運転」した場合に機能に異常を生じないこと。

解説　(1) 誤り。定格吐出量における全揚程は、設計上の全揚程の 100 %以上 110 %以下でなければならないと規定されています。(2) (3) (4) 正しい。

問 2　[難易度 😊😐😣]

ポンプ方式の加圧送水装置に設置される附属装置に関する説明について、誤っているものは次のうちどれか。

(1)　圧力タンクの容量は、ポンプ吐出弁の呼び径が 150 以下の場合には、50 ℓ 以上とすることができる。

(2)　呼水槽の有効水量は、100 ℓ 以上とする。ただし、フート弁の呼び径が 150 以下の場合には 50 ℓ 以上とすることができる。

(3)　ポンプ性能試験装置の配管は、ポンプの吐出側の逆止弁の一次側から取り出すこと。

(4)　呼水槽の減水警報は、呼水槽の貯水量が有効水量の $\frac{1}{3}$ となる前に音響警報を発信すること。

(1) (2) (3) 正しい。(4) 誤り。呼水槽の減水警報は、呼水槽の貯水量が有効水量の $\frac{1}{2}$ となるまでに音響警報を発信することとされています。

解答　問 1 − (1)　　問 2 − (4)

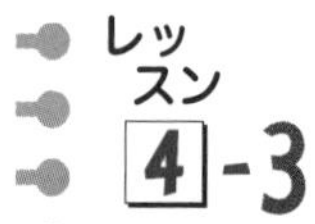

流水検知装置の種類・構造・規格・機能

重要度

(1) 自動警報装置と流水検知装置の区分

自動警報装置とは、泡消火設備やスプリンクラー設備などの自動消火設備において、設備の作動を知らせるものです。自動警報装置は、発信部と受信部から構成されます(図1)。流水検知装置はそのうちの発信部にあたり「流水検知装置の技術上の規格を定める省令（昭和58年自治省令第2号)」に適合したものでなければなりません。

泡消火設備の自動警報装置は、一斉開放弁の開放により配管内に流水現象が生じ、流水検知装置が開放すると発信部（圧力スイッチ）が作動し、受信部に表示・警報を行うものです。

自動警報装置の発信部には、流水検知装置と圧力検知装置があり、流水検知装置は、湿式（自動警報弁型、作動弁型、パドル型)、乾式、予作動式に区分されていますが、泡消火設備に使用する流水検知装置は、主として湿式流水検知装置の自動警報弁型（図2)と作動弁型（図3）が使用されます。

本書では、湿式流水検知装置の自動警報弁型について記載することにします。なお、圧力検知装置は現在市場において製品化されたものはありません。

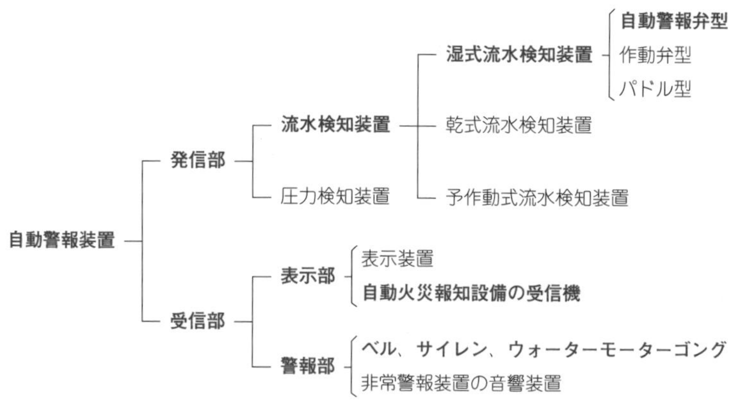

● 図1 自動警報装置の構成 ●

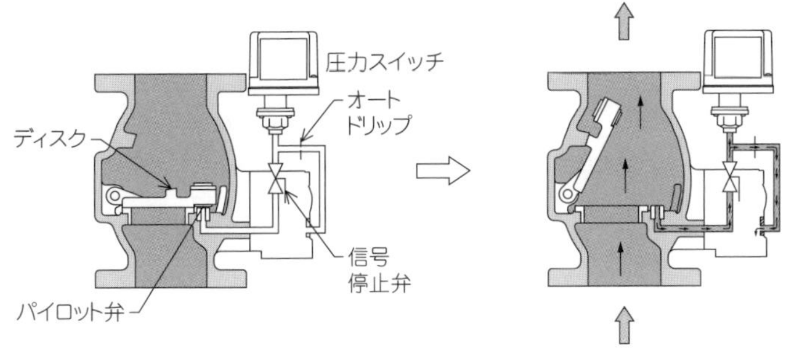

● 図２　自動警報弁型の構造例（左は監視時、右は作動時）●

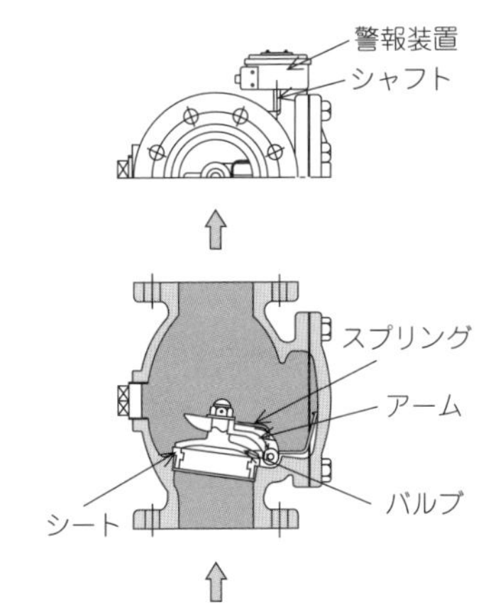

● 図３　作動弁型の構造例 ●

(2) 構造・機能

流水検知装置は以下の条件を満たしていなければなりません。

① 加圧送水装置を起動させるものにあっては、**逆止弁構造を有すること**。

② 感度調整装置は、露出して設けられていないこと。

③ 使用圧力範囲内の圧力及び検知流量定数（流水現象として検知し、信号又は警報の作動を制御するための流量）に応じて、規定の流水量で**流水開始後１分以内に連続して信号又は警報を発し**、かつ、流水停止の場合は信号又は警報が停止すること。

④ **流速 4.5 m/s の加圧水等を流水した場合に連続して信号又は警報を発し**、かつ、流水停止の場合に信号又は警報が停止すること。

⑤ 最低使用圧力における不作動流量（信号又は警報を発しない本体内の最大の流水量として定められたもの）で流水を開始しても信号又は警報を発しないこと。

⑥ 一次側に**瞬間的な圧力変動が生じた場合に連続して信号又は警報を発しない**こと。

(3) 最高使用圧力の範囲と耐圧力

● 表1　最高使用圧力の範囲と耐圧力 ●

呼び	最高使用圧力の範囲〔MPa〕	耐圧力〔MPa〕	耐圧時間
10 K	1.0 以上 1.4 以下	**2.0**	2 分間
16 K	1.6 以上 2.2 以下	3.2	

(4) 圧力損失

湿式流水検知装置の圧力損失は、内径に応じた流水量（表2）を流した場合、**0.05 MPa 以内**でなければなりません。

● 表2　内径に応じた流水量 ●

内径〔mm〕	流水量〔ℓ/min〕	内径〔mm〕	流水量〔ℓ/min〕
25	130	80	1350
32	200	100	2100
40	350	125	3300
50	550	150	4800
65	900	200	8500

(5) 表　示

次の事項を見やすい箇所に消えないように表示する必要があります。

① 湿式、乾式又は予作動式の別
② 種別及び型式番号
③ 製造者名又は商標
④ 製造年
⑤ 製造番号
⑥ 内径、呼び及び使用圧力範囲
⑦ 直管に相当する長さで表した圧力損失値
⑧ 二次側に圧力の設定を必要とするものにあっては、圧力設定値
⑨ 不作動水量（湿式流水検知装置のみ）
⑩ 流水方向を示す矢印
⑪ 取付け方向
⑫ 構成部品の組合せ
⑬ 検知流量定数 50 のものにあっては「50」、60 のものにあっては「60」

よく出る問題

問 1 ［難易度］

流水検知装置に関する説明として、誤っているものは次のうちどれか。

(1)　呼び 10 K の流水検知装置の耐圧力は 2.1 MPa で、耐圧時間は 2 分間である。

(2)　検知流量定数とは、流水現象として検知し、信号又は警報の作動を制御するための流量をいう。

(3)　流速 4.5 m/s の加圧水等を流水した場合に連続して信号又は警報を発し、かつ、流水停止の場合に信号又は警報が停止すること。

(4)　最低使用圧力における不作動流量で流水を開始しても信号又は警報を発しないこと。

(1) 誤り。耐圧力は 2.0 MPa です。

(2)（3)（4) 正しい。

問 2 ［難易度］

湿式流水検知装置の圧力損失に関する説明として、誤っているものは次のうちどれか。

(1)　内径 65 mm の湿式流水検知装置の圧力損失は、900 ℓ/min の流量を流した場合、0.05 MPa 以内でなければならない。

(2)　内径 100 mm の湿式流水検知装置の圧力損失は、2100 ℓ/min の流量を流した場合、0.05 MPa 以内でなければならない。

(3)　湿式流水検知装置の圧力損失は、内径に応じた流水量を流した場合、0.05 MPa 以内でなければならない。

(4)　湿式流水検知装置の圧力損失は、最大流量を流した場合、0.05 MPa 以内でなければならない。

解説

(4) 誤り。最大流量ではなく、内径に応じた流量です。

(1)（2)（3) 正しい。

問 3 ［難易度］

流水検知装置に表示しなければならない事項として、誤っているものは次のうちどれか。

(1)　種別及び型式番号

(2)　内径、呼び及び最高使用圧力

(3)　流水方向を示す矢印

(4)　検知流量定数

(2) 誤り。最高使用圧力ではなく使用圧力範囲です。

(1)（3)（4)　正しい。

解答　問 1 －(1)　　問 2 －(4)　　問 3 －(2)

レッスン 4-4

一斉開放弁の種類・構造・規格・機能

重要度 ///

(1) 一斉開放弁の区分

一斉開放弁は、**泡消火設備、水噴霧消火設備、スプリンクラー設備の開放型や放水型に使用**するもので、**放水する区画ごとに設置し、常時閉止の状態にあり、起動装置の作動により開放**します。

一斉開放弁は、弁の作動原理により、**減圧型と加圧型**があり、設置例の多い低発泡の固定式泡消火設備では、通常、減圧型が使用されています。

一斉開放弁は「一斉開放弁の技術上の規格を定める省令（昭和50年自治省令第19号）」に適合するものとされ、検定品を使用しなければなりません。なお、この省令では配管との接続部の内径が300 mmを超えるものは除かれています。

(2) 構造・機能

① 弁体は**常時閉止の状態**にあり、起動装置の作動により開放すること。

② **弁体を開放した後に通水が中断した場合でも、再び通水できること。**

③ **起動装置を作動させた場合に、15秒（内径が200 mmを超えるものにあっては、60秒）以内に開放**しなければならない。

④ 流速4.5 m/s（内径が80 mm以下のものにあっては、6.0 m/s）の加圧水等を30分間通水した場合に機能に支障を生じないこと。

減圧型一斉開放弁の構造・機能を図1に、加圧型一斉開放弁の構造・機能を図2にそれぞれ示します。

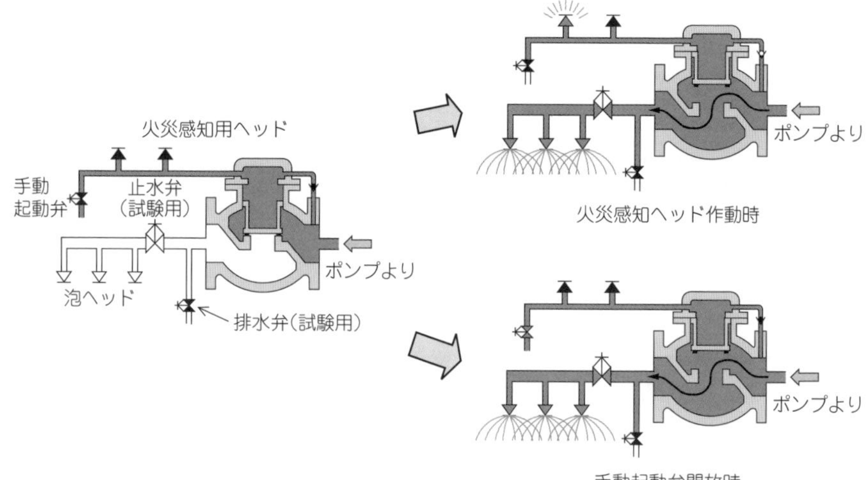

● 図1　減圧型一斉開放弁の構造・機能 ●

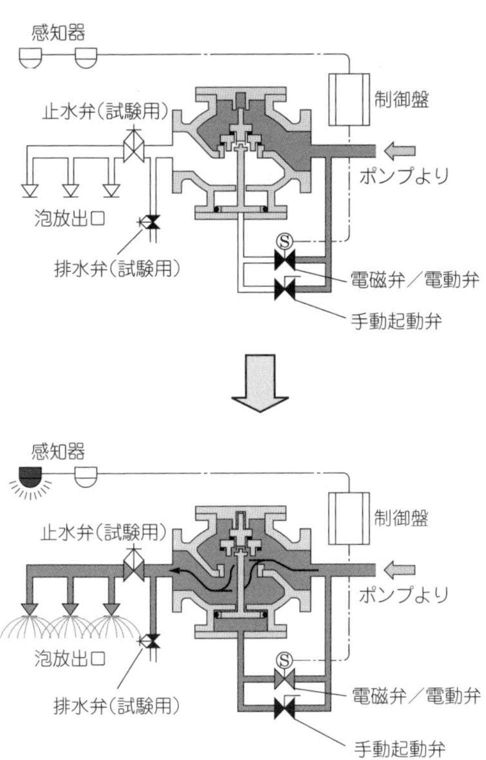

● 図２　加圧型一斉開放弁の構造・機能 ●

(3) 最高使用圧力の範囲と耐圧力

一斉開放弁の一次側（本体への流入側のこと）の最高使用圧力の範囲と弁箱の耐圧力は表１のとおりです。

● 表１　最高使用圧力の範囲と耐圧力 ●

呼び	最高使用圧力の範囲〔MPa〕	耐圧力〔MPa〕	耐圧時間
10 K	1.0 以上 1.4 以下	**2.0**	2 分間
16 K	1.6 以上 2.2 以下	3.2	
20 K	2.0 以上 2.8 以下	4.0	

※　上記の圧力（耐圧力の値）を 2 分間加えた場合に、漏水、変形、損傷又は破壊を生じないこと

(4) 弁座耐圧、弁座漏れ

一斉開放弁の呼び圧力と弁座耐圧、および弁座漏れは、表2のとおりです。

● 表2　弁座耐圧、弁座漏れ ●

呼び	弁座耐圧（※1）		弁座漏れ（※2）	
	耐圧力〔MPa〕	耐圧時間	耐圧力〔MPa〕	耐圧時間
10 K	2.0	2分間	1.5	2分間
16 K	3.2		2.4	
20 K	4.0		3.0	

※1　変形、損傷又は破壊を生じないこと
※2　漏水を生じないこと

(5) 表　示

次の事項を見やすい箇所に消えないように表示する必要があります。

① 種別及び型式番号
② 製造者名又は商標
③ 製造年
④ 製造番号
⑤ 内径、呼び及び一次側の使用圧力範囲
⑥ 直管に相当する長さで表した圧力損失値
⑦ 流水方向を示す矢印
⑧ 取付け方向

よく出る問題

問 1 ［難易度 😊😐😞］

一斉開放弁に関する説明として、誤っているものは次のうちどれか。

(1)　一斉開放弁の弁体は常時閉止の状態にあり、起動装置の作動により開放すること。
(2)　一斉開放弁の起動方式には、感知器を起動装置として使用することはない。
(3)　一斉開放弁の弁体を開放した後に通水が中断した場合でも、再び通水できること。
(4)　一斉開放弁の起動装置を作動させた場合に、15 秒（内径が 200 mm を超えるものにあっては、60 秒）以内に開放しなければならない。

(1) (3) (4) 正しい。
(2) 誤り。一斉開放弁の自動式の起動装置には、自動火災報知設備の感知器、閉鎖型のスプリンクラーヘッド又は火災感知用ヘッドが使用されます。

問 2 ［難易度 😊😐😞］

一斉開放弁に表示すべき事項として、誤っているものは次のうちどれか。

(1)　製造者名又は商標
(2)　取付方向
(3)　流れ方向
(4)　種別及び届出番号

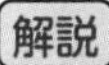

(1) (2) (3) 正しい。
(4) 誤り。検定対象機械器具等は型式番号を表示します。

解答　問 1 －(2)　　問 2 －(4)

レッスン 4-5 消防用ホース・結合金具の構造・規格・機能

重要度

消防用ホースは、「消防用ホースの技術上の規格を定める省令（平成 25 年総務省令第 22 号）」、結合金具は、「消防用ホースに使用する差込式又はねじ式の結合金具及び消防用吸管に使用するねじ式の結合金具の技術上の規格を定める省令（平成 25 年総務省令第 23 号）」に適合する**自主表示対象機械器具**を使用しなければなりません。

(1) 消防用ホースの種類

① 消防用平ホース

ジャケットにゴム又は合成樹脂の内張りをした消防用ホース（消防用濡れホース及び消防用保形ホースを除く）をいい、主に一般的な使用に適しています（図 1）。

コーティング
よこ糸
たて糸
ジャケット
ライニング（内張り）

● 図 1　消防用平ホースの構造 ●

② 濡れホース

ホースの内張りに無数の小さな穴が空いており、送水時にこの穴から水が沁み出しホースジャケットの表面を濡れた状態にするホースで、主に林野火災・筒先用等の使用に適しています（図 2）。

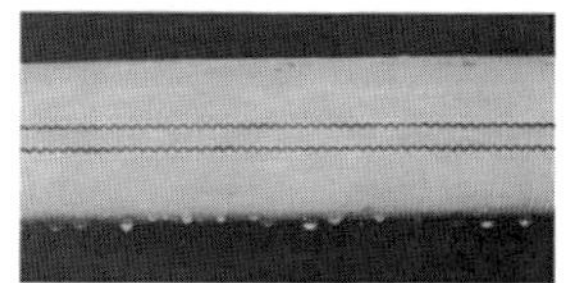

● 図 2　消防用濡れホースの例 ●

③ 消防用保形ホース

横糸に剛性の高いモノフィラメント（釣糸のようなもの）を使用し、常に丸い形状を保ったホースで、主に易操作性 1 号消火栓など、1 人で操作する消火栓類に使用されています（図 3）。

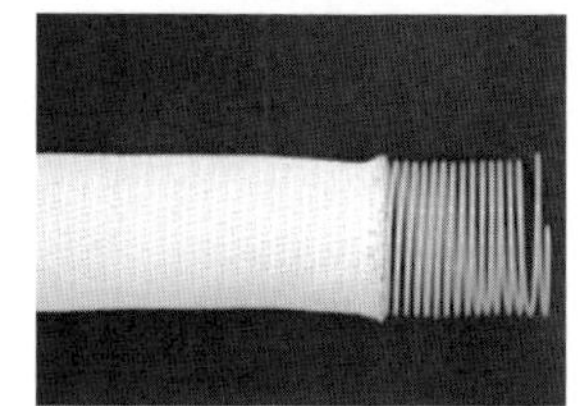

● 図 3　消防用保形ホースの構造 ●

④ 大容量泡放水砲用ホース

石油コンビナート等災害防止法施行令第 13 条第 3 項に規定する大容量泡放水砲用防災資機材等としての用途にのみ用いられるものです。

(2) 耐圧試験

水圧を 5 分間加えた場合、破断、糸切れ、噴水、漏水等を生じないこと。耐圧試験は表 1 に示すとおりです。

(3) 使用圧

折れ曲がった部分のない状態における消防用ホースに通水した場合の常用最高使用水圧をいいます。

● 表 1　消防用ホースの使用圧と耐圧圧力 ●

使用圧	耐圧試験圧力〔MPa〕			
	まっすぐにした状態		折り曲げた状態	
	平ホース	保形ホース	平ホース	保形ホース
0.7	1.5	1.5	1.0	1.5
0.9	1.8	—	1.3	—
1.0	—	2.0	—	2.0
1.3	2.5	—	1.8	—
1.6	3.2	3.2	2.2	3.2
2.0	4.0	4.0	2.8	4.0

(4) 表　示

消防用ホースには、下記の事項を見やすい箇所に容易に消えないように表示します。

① 消防用である旨　② 製造者名又は商標

③ 製造年　④ 届出番号

⑤ 呼称　⑥ 「使用圧」という文字及び使用圧

⑦ 保形ホースにあっては最小曲げ半径

(5) 結合金具

結合金具は、消防用ホースを接続するもので、差込式とねじ式があります。図４は一般的に使用されている差込式で差し口（雄）と受け口（雌）があり、流れ方向は差し口から受け口になります。

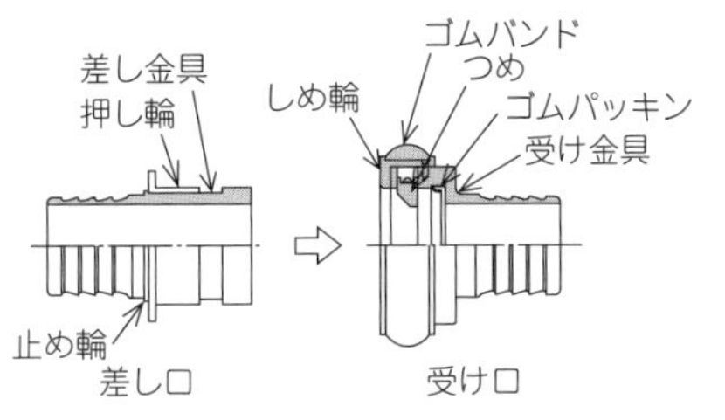

図４　差込式結合金具の構造

よく出る問題

問 1　［難易度 😊😐😞］

消防用ホースに関する説明として、誤っているものは次のうちどれか。

(1) ゴム引きホースとは、ジャケットにゴムの内張りをした消防用ホースをいう。

(2) 平ホースとは、ジャケットにゴム又は合成樹脂の内張りをした消防用ホース（消防用濡れホース及び消防用保形ホースを除く）をいう。

(3) 濡れホースとはホースジャケットの表面を濡れた状態にして使用するホースをいう。

(4) 保形ホースとは、常に丸い形状を保ったホースで、主に易操作性１号消火栓など、１人で操作する消火栓類に使用されている。

解説　(1) 誤り。現在、ゴム引きホースという区分はありません。
(2) (3) (4) 正しい。

問 2　［難易度 😊😐😞］

消防用ホースの表示項目として、誤っているものは次のうちどれか。

(1) 消防用である旨

(2) 製造者名又は商標

(3) 型式番号

(4) 呼称

解説　(3) 誤り。自主表示対象機械器具等は、型式番号ではなく、届出番号です。

解答　問１－(1)　　問２－(3)

レッスン 4-6

配管・管継手・バルブ類

重要度 ✎✎✎

泡消火設備に使用する配管、管継手、バルブ類は、日本工業規格に定められているものと、金属製のものにあっては、これらと同等以上の強度、耐食性のあるもの、合成樹脂製の管・管継手にあっては、気密性、強度、耐食性、耐候性及び耐熱性のあるものとして、消防庁長官が定める基準に適合するもの（認定品等）が使用されます。

(1) 配　管

配管については、規則第 12 条第 1 項第 6 号ニに規定されています（表 1）。

● 表 1　配管材料 ●

規格番号	規格名称	記号	備　考
JIS G 3442	水配管用亜鉛めっき鋼管	SGPW	
JIS G 3448	一般配管用ステンレス鋼鋼管	—	
JIS G 3452	配管用炭素鋼鋼管	SGP	亜鉛めっき管を「白管」、めっきなしを「黒管」という。
JIS G 3454	圧力配管用炭素鋼鋼管	STPG	スケジュール管であり、Sch40 以上（高圧部分に用いる）
JIS G 3459	配管用ステンレス鋼鋼管	SUS-TP	スケジュール管であり、Sch10 以上（高圧部分に用いる）

※　スケジュール（Sch）番号 $= \dfrac{\text{管に作用する内圧}}{\text{材料の許容圧力}} \times 1000$ で表されます。

(2) 管継手

管継手については規則第 12 条第 1 項第 6 号ホに規定されており、フランジ式、突合せ溶接式、ねじ込み式、差込溶接式に分類されます。よく用いられている継手を図 1 に示します。

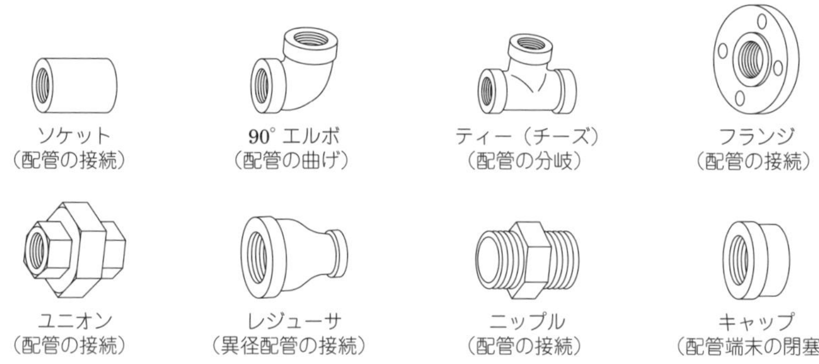

● 図 1　よく用いられる管継手（ねじ込み式）の例 ●

(3) バルブ類

バルブ類については、規則第12条第1項第6号トに規定されており、仕切弁（ゲート弁）、玉形弁（グローブ弁）、逆止弁（チャッキ弁）、ストレーナ等があります。

① 仕切弁 **重要!**

仕切弁（しきり）は、止水弁又はゲートバルブとも呼ばれ、**流水抵抗が少なく**、弁を開放したときスピンドルが上昇する**外ねじ式**、上昇しない**内ねじ式**があり、**流量調整には不向き**で、全開又は全閉で使用します。仕切弁は**流れ方向は限定されません**。

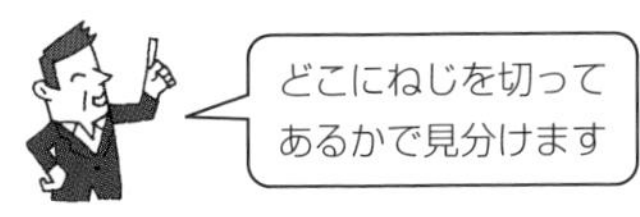

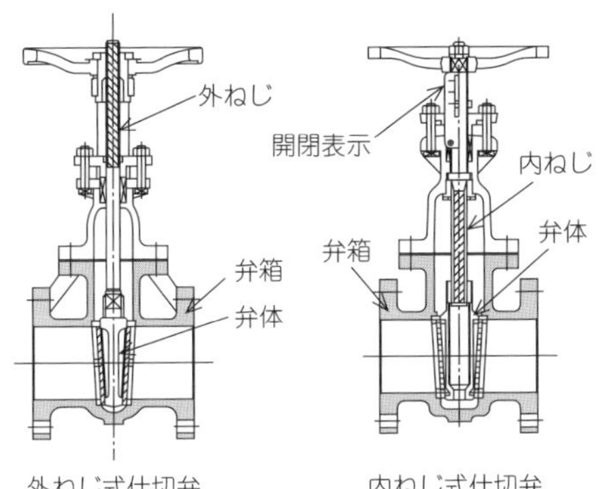

● 図2　仕切弁 ●

② 玉形弁 **重要!**

玉形弁（たまがた）は、グローブバルブとも呼ばれ、**流量調整に適した弁**で、液体が弁体内をS字状に流れるため、**流水抵抗が大きくなり**、**流れ方向が限定されます**。

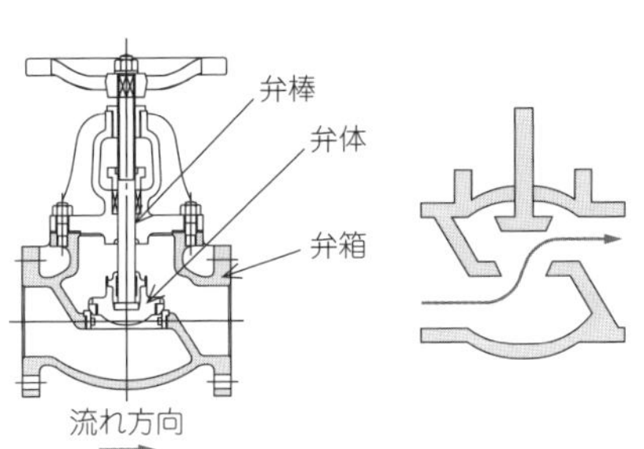

● 図3　玉形弁 ●

③ 逆止弁 **重要!**

逆止弁（ぎゃくし）は、チャッキバルブとも呼ばれ、逆流を止めるために用います（**流れ方向が限定されます**）。逆止弁には、**スイング式とリフト式**があり、スイング式は垂直配管では逆止機能が働かないので下向きに設置できず、リフト式は構造上、垂直配管には設置できません。

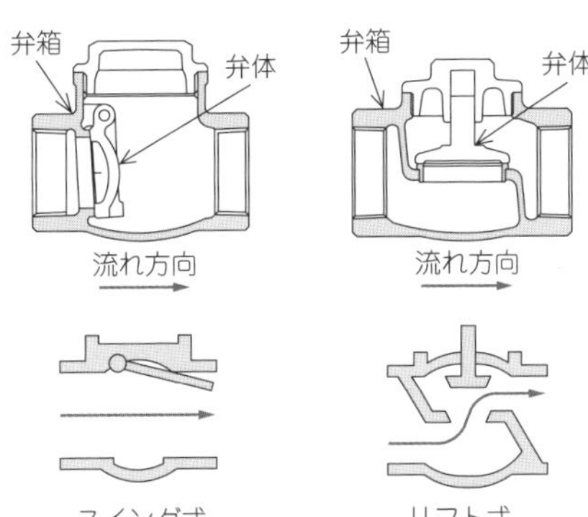

● 図4　逆止弁 ●

④　バタフライ弁 **重要！**

バタフライ弁は、**流水抵抗が少ないにもかかわらず、流量調整が可能で、流れ方向も限定されません**。さらに、**設置スペースも少なくて**済みます。

バタフライ弁の中でもフランジの間に挟み込んで使用するウェハータイプが多く使用されます

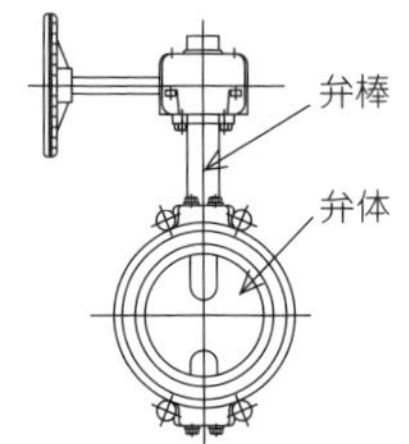

● 図5　バタフライ弁 ●

(4)　その他の配管に関する規定

①　配管は専用とすること。

②　**開閉弁又は止水弁にあっては開閉方向を、逆止弁にあっては流れ方向を表示した**ものとすること。

③　配管の耐圧力は加圧送水装置の**締切圧力の 1.5 倍以上の水圧**に耐えるものとする。

④　加圧送水装置の**吐出側直近部分の配管には逆止弁及び止水弁を設ける**こと。

⑤　一斉開放弁の**二次側のうち金属製のものには亜鉛めっき等による防食処理**を施すこと。

よく出る問題

問 1　［難易度 😊😐😞］

管継手に関する説明について、誤っているものは次のうちどれか。

(1)　ティーは、配管を分岐する部分に使用される。

(2)　レジューサは、同口径の配管を接続する部分に使用される。

(3)　ソケットは、同口径の配管を接続する部分に使用される。

(4)　ユニオンは、分解する必要のある同口径の配管を接続する部分に使用される。

解説

(2) 誤り。レジューサは、配管口径を変える接続部分に使用されます。

(1) (3) (4) 正しい。

問 2　［難易度 😊😐😞］

泡消火設備の配管に使用する鋼管の規格番号と規格名称の組合せについて、誤っているものは次のうちどれか。

(1)　JIS G 3442 ――――― 水配管用亜鉛めっき鋼管

(2)　JIS G 3448 ――――― 一般配管用ステンレス鋼鋼管

(3)　JIS G 3452 ――――― 圧力配管用炭素鋼鋼管

(4)　JIS G 3459 ――――― 配管用ステンレス鋼鋼管

(1) (2) (4) 正しい。

(3) 誤り。JIS G 3452 は配管用炭素鋼鋼管で、圧力配管用炭素鋼鋼管は JIS G 3454 です。

問 3 [難易度 😊😐😞]

日本産業規格（JIS）に定める配管記号のうち、配管用炭素鋼鋼管の記号として、正しいものは次のうちどれか。

(1)　SUS - TP　(2)　SGP　(3)　STPG　(4)　SGPW

解説

(1) (3) (4) 誤り。

(2) 正しい。配管用炭素鋼鋼管は SGP で表されます。

問 4 [難易度 😊😐😞]

泡消火設備の配管に関する説明について、誤っているものは次のうちどれか。

(1)　配管の耐圧力は、最高使用圧力の 1.5 倍以上の水圧に耐えるものとする。

(2)　一斉開放弁の二次側のうち金属製のものには亜鉛めっき等による防食処理を施すこと。

(3)　開閉弁又は止水弁にあっては開閉方向を、逆止弁にあっては流れ方向を表示したものとすること。

(4)　加圧送水装置の吐出側直近部分の配管には、逆止弁及び止水弁を設けること。

解説

(2) (3) (4) 正しい。

(1) 誤り。配管の耐圧力は、加圧送水装置の締切圧力の 1.5 倍以上の水圧に耐えるものとすると規定されています。

問 5 [難易度 😊😐😞]

バルブ類に関する説明について、誤っているものは次のうちどれか。

(1)　仕切弁には、外ねじ式と内ねじ式があり、全開又は全閉で使用される。

(2)　玉形弁は流量調整に適したバルブで、流れ方向が限定されている。

(3)　逆止弁にはスイング式とリフト式があり、スイング式は構造上、垂直配管には設置できない。

(4)　バタフライ弁は流量調整ができ、流れ方向も限定されていない。

解説

(3) 誤り。垂直配管に設置できないのはリフト式です。

(1) (2) (4) 正しい。

解答　問 1 －(2)　問 2 －(3)　問 3 －(2)　問 4 －(1)　問 5 －(3)

非常電源

重要度

泡消火設備には、電源系統や配線系統のトラブル（停電等）に備えて、常用電源が喪失したとき自動的に電源供給ができる非常電源を設置しなければなりません。

(1) 泡消火設備に適応する非常電源の種類と必要容量

● 表1　泡消火設備に適応する非常電源の種類と必要容量 ●

設備の種類	非常電源の種類					容量〔min〕
	非常電源専用受電設備	自家発電設備（マイクロガスタービンを含む※2）	蓄電池設備		燃料電池設備	
			ナトリウム・硫黄電池 レドックスフロー電池	左記以外		
泡消火設備	※1	○	○	○	○	30

※1　延べ面積 1000 m² 未満の特定防火対象物又は特定防火対象物以外の防火対象物に限る。
※2　蓄電池設備を有しているものに限る。

(2) 非常電源の概要

①　非常電源専用受電設備

常用電源から非常用として分岐されている電源で、低圧、高圧、特別高圧があり、電力会社側の停電時には供給されません。

②　自家発電設備

ディーゼルエンジンやガスタービンを動力として発電機を駆動し、電源を供給します。常用電源が停電してから**電圧確立及び投入までの時間は 40 秒以内**とされています。

③　蓄電池設備

鉛蓄電池、アルカリ蓄電池、リチウムイオン電池、ナトリウム・硫黄電池及びレドックスフロー電池があります。

● 表2　蓄電池の単電池あたりの公称電圧 ●

	鉛蓄電池	アルカリ蓄電池	ナトリウム・硫黄電池	レドックスフロー電池
公称電圧／単電池あたり	2 V	1.2 V	2 V	1.3 V

④　燃料電池設備

水素と酸素を電気化学反応させ、電気を発生させます。常用電源が停電してから**電圧確立及び投入までの時間は 40 秒以内**とされています。

(3) 保有距離

非常電源からの安全上必要な距離（保有距離）は、表3のとおりです。

表3　保有距離（抜粋）

非常電源の種類	保有距離		備　　考
低圧専用受電設備（配電盤）	操作面（前面）	1.0 m 以上	操作面が相互に面する場合は 1.2 m 以上
	点検面	0.6 m 以上	高圧又は特別高圧の場合で、キュービクル式以外のオープン式の場合は 0.8 m 以上
自家発電設備	操作面（前面）	1.0 m 以上	
	点検面	0.6 m 以上	
	相互間	1.0 m 以上	発電機及び原動機本体
燃料電池設備	操作面（前面）	1.0 m 以上	
	点検面	0.6 m 以上	屋外の場合、建築物等と相対する部分は 1.0 m 以上
蓄電池設備	操作面（前面）	1.0 m 以上	
	点検面	0.6 m 以上	
	列の相互間	0.6 m 以上	架台の高さが 1.6 m を超える場合は 1.0 m

よく出る問題

問 1　［難易度 😊😐😣］

非常電源に関する説明として、誤っているものはどれか。

(1)　非常電源専用受電設備は、常用電源から非常用として分岐されている。

(2)　自家発電設備は、ディーゼルエンジンやガスタービンを動力として発電機を駆動し、電源を供給し、常用電源が停電してから電圧確立及び投入までの時間は 60 秒以内とされている。

(3)　蓄電池設備は、鉛蓄電池、アルカリ蓄電池、リチウムイオン電池、ナトリウム・硫黄電池及びレドックスフロー電池がある。

(4)　燃料電池設備は、水素と酸素を電気化学反応させ、電気を発生させるものである。

解説　(1) (3) (4) 正しい。(2) 誤り。常用電源が停電してから、電圧確立及び投入までの時間は 40 秒以内とされています。

問 2　［難易度 😊😐😣］

非常電源設備からの安全上必要な距離（保有距離）について、次の組合せのうち誤っているものはどれか。

(1)　非常電源専用受電設備：キュービクル式の場合、操作面は 1 m 以上確保する。

(2)　自家発電設備：点検のための距離は 0.6 m 以上確保する。

(3)　蓄電池設備：架台の高さ 1.0 m の場合、列の相互間は 1.0 m 以上確保する。

(4)　燃料電池設備：キュービクル式の場合の操作面は、1.0 m 以上確保する。

解説　(1) (2) (4) 正しい。(3) 誤り。架台の高さが 1.6 m を超える場合のみ 1.0 m です。

解答　問 1 −(2)　　問 2 −(3)

レッスン 4-8

配　線

重要度

泡消火設備に使用する電気機器間を接続する配線は、**耐火配線**、**耐熱配線**、及び一般配線に区分されます。

(1) 配線区分

泡消火設備の配線区分は、図1のとおりです。

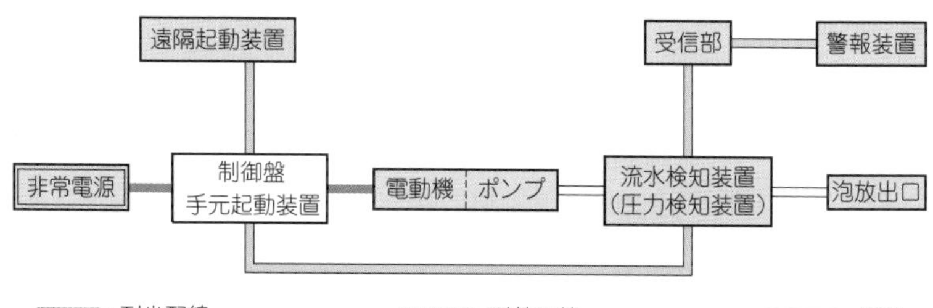

※　① 非常電源専用受電設備の場合は、建物引込点から規制される。
　　② 蓄電池設備を機器に内蔵する場合は、機器の電源配線を一般配線とすることができる。

● 図1　泡消火設備の配線区分 ●

(2) 配線種類と施工方法

泡消火設備の配線種類と施工方法は、表1に示すとおりです。

● 表1　配線の種類及び施工方法 ●

配線の種類	施工方法
600 V2 種ビニル絶縁電線 アルミ外装ケーブル クロロプレン外装ケーブル 四ふっ化エチレン絶縁電線 シリコンゴム絶縁電線 架橋ポリエチレン絶縁電線	**【耐火配線】** 金属管、合成樹脂管等に左欄の電線を収め、**耐火構造の壁、床等に埋設（金属管：10 mm 以上、合成樹脂管：20 mm 以上）**する。 **MI ケーブルは耐火電線なので埋設は不要**、通常のケーブル工事による。 **【耐熱配線】** 金属管、可とう電線管、金属ダクト等に左欄の電線を収めるか、**ケーブル工事（不燃性ダクト布設に限る）**による。 **合成樹脂管工事は不可。**
耐火電線（平成9年消防庁告示第10号） **耐熱電線**（平成9年消防庁告示第11号） **MI** ケーブル	ケーブル工事などにより施工されていること。

MI ケーブルは埋設不要。合成樹脂管は耐熱配線には使用不可！

よく出る問題

問 1　［難易度 😊 😐 😟］

配線区分に関する説明について、誤っているものは次のうちどれか。

(1)　非常電源と制御盤間の配線は、耐火配線としなければならない。
(2)　制御盤と流水検知装置間の配線は、耐熱配線としなければならない。
(3)　制御盤と遠隔起動装置及び表示灯間の配線は耐火配線としなければならない。
(4)　制御盤と電動機間の配線は、耐火配線としなければならない。

解説

(1)(2)(4) 正しい。

(3) 誤り。制御盤と遠隔起動装置及び表示灯間の配線は耐熱配線とします。消防法施行規則第18条第4項第7号（第12条第1項第5号準用）により、操作回路又は灯火の回路の配線は、耐熱配線とするよう規定されています。

問 2　［難易度 😊 😐 😟］

次の配線種類と施工方法で、耐火配線に該当するものは次のうちどれか。

(1)　HIV ケーブルを金属管に収め、露出配線とした。
(2)　MI ケーブルを電線管に収めず、ケーブル工事にて施工した。
(3)　架橋ポリエチレン絶縁電線を金属管に収め、壁露出配線とした。
(4)　シリコンゴム絶縁電線を合成樹脂管に収め、床上露出配線とした。

解説

(2) MI ケーブルは耐火電線なので、ケーブル工事にて施工することができます。

(1)(3)(4) は、いずれも耐火構造の壁又は床に埋設しなければなりません。

問 3　［難易度 😊 😐 😟］

次の配線種類と施工方法で、耐熱配線に該当しないものは次のうちどれか。

(1)　クロロプレン外装ケーブルを可とう電線管に収めて施工した。
(2)　600 V2 種ビニル絶縁電線を金属ダクトに収めて施工した。
(3)　架橋ポリエチレン絶縁電線を合成樹脂管に収めて施工した。
(4)　シリコンゴム絶縁電線を不燃性ダクト内にケーブル工事にて施工した。

解説

(3) は合成樹脂管に収めているので耐熱配線には該当しない。

(1)(2)(4) は、いずれも耐熱配線に該当します。

解答　問 1 －(3)　　問 2 －(2)　　問 3 －(3)

レッスン 4-9 総合操作盤

重要度

総合操作盤とは、消防用設備等の種別に応じ、該当する消防用設備等に関する監視、操作等を行う機能を有する設備であり、「総合操作盤の基準（平成16年消防庁告示第7号）」に適合するものをいいます。

(1) 設置対象物

① 延べ面積50000 m² 以上の防火対象物

② 地階を除く階数が15以上で、かつ、延べ面積が30000 m² 以上の防火対象物

③ 延べ面積1000 m² 以上の地下街

④ 消防長又は消防署長が火災予防上必要と認めて指定するもの

・地階を除く階数が11以上で、かつ、延べ面積が10000 m² 以上の防火対象物

・地階を除く階数が5以上で、かつ、延べ面積が20000 m² 以上の特定防火対象物

・地階の床面積の合計が5000 m² 以上の防火対象物

(2) 総合操作盤の構成

総合操作盤は、自動火災報知設備の受信機を有し、複数の消防用設備、防災設備等及び一般設備等に係る監視、操作等が防災CPU及び防災表示装置等と一体として機能するもので、表示部、警報部、操作部、制御部、記録部及び附属装置から構成されます。

(3) 総合操作盤の機能

総合操作盤の機能は、維持管理機能、表示機能、警報機能、操作機能、情報伝達機能、制御機能、記録機能、消防活動支援機能、運用管理支援機能等があります。

● 表1　泡消火設備の表示、操作、警報項目 ●

項目	内容
表示項目	ア　放射区域図 イ　流水検知装置の作動した放射区域 ウ　加圧送水装置の作動状態 エ　加圧送水装置の電源断の状態 オ　呼水槽の減水状態 カ　水源水槽の減水状態 キ　総合操作盤の電源の状態 ク　感知器の作動の状態（専用のものに限る。） ケ　連動断の状態（自動火災報知設備等の作動と連動して起動するものに限る。）
操作項目	警報停止
警報項目	ア　流水検知装置の作動状態 イ　加圧送水装置の電源断の状態 ウ　減水警報（呼水槽又は水源水槽）

(4) 泡消火設備の表示、操作、警報項目

泡消火設備の表示、操作、警報項目（移動式のものを除く）について表１にまとめます。

よく出る問題

問 1　[難易度]

総合操作盤の設置対象となる防火対象物のうち、誤っているものは次のうちどれか。

(1)　延べ面積 2000 m^2 の地下街
(2)　地上 20 階建て、延べ面積 9000 m^2 の共同住宅
(3)　延べ面積 60000 m^2 の事務所ビル
(4)　地上 5 階建て、延べ面積 20000 m^2 の劇場で、消防長が必要と認めたもの

解説

(1)(3)(4) は設置対象となります。

(2) は消防長が火災予防上必要があると指定するものにも含まれないので設置対象外となります。

問 2　[難易度]

総合操作盤の設置に関し、消防長又は消防署長が火災予防上必要と認めて指定した場合に設置しなければならない防火対象物に該当しないものは、次のうちどれか。

(1)　地階の延べ面積が 7000 m^2 の百貨店
(2)　地上 6 階建て、延べ面積 20000 m^2 の病院
(3)　地上 11 階建て、延べ面積 10000 m^2 の学校
(4)　地上 15 階建て、延べ面積 30000 m^2 の商業ビル

解説

(1)(2)(3) は該当します。

(4) は、法令上設置しなければならない防火対象物となるので、該当しません。

問 3　[難易度]

泡消火設備に関する総合操作盤の表示・操作・警報項目として、誤っているものは次のうちどれか。

(1)　表示項目として呼水槽の満水状態
(2)　操作項目として警報停止
(3)　警報項目として流水検知装置の作動状態
(4)　表示項目として流水検知装置の作動した放射区域

解説

(1) 誤り。呼水槽の表示項目は減水状態です。

(2)(3)(4) 正しい。

解答　問１－(2)　　問２－(4)　　問３－(1)

1学期 ➡ 筆記試験対策　2学期 ➡ 実技試験対策　3学期 ➡ 模擬試験

これは覚えておこう！

レッスン４の重要事項のまとめ

① **加圧送水装置の種類**：高架水槽方式、圧力水槽方式、ポンプ方式がある。
- ・ポンプ方式の構成（p.68 の図 1）
- ・性能規定（p.70 の図 1）の理解
- ・電動機に関する規定（p.70 の（2））、附属装置に関する規定（p.70 ～ p.71 の（3）、（4））について覚えておく。

② **流水検知装置**：種類、構造、機能について理解しておく。

③ **一斉開放弁**：種類（減圧型と加圧型）、構造について理解しておく。開放方法として、手動起動弁、感知器、火災感知ヘッド（閉鎖型スプリンクラーヘッド）がある。

④ **消防用ホース・結合金具**：消防用ホースの種類、表示、結合金具の種類、各部の名称を覚えておく。

⑤ **配管・管継手・バルブ類**：配管の種類（規格番号、規格名称、記号）、管継手（名称と使用目的）、弁類の種類、流れ方向、設置上の注意点について理解しておく。

⑥ **非常電源設備**：非常電源の種類、容量、保有距離については必ず覚えておく。（p.86 の表 1 及び p.87 の表 3）。自家発電設備の電源確立及び投入までの時間は 40 秒以内。

⑦ **配線**：泡消火設備の各機器間に使用する配線の種類、耐熱・耐火配線とするための施工方法については出題頻度が高いので、必ず覚えておく（p.88 の図 1、表 1）。

⑧ **総合操作盤**：設置対象物は必ず覚えておく。
- a） 延べ面積 50000 m^2 以上の防火対象物
- b） 地階を除く階数が 15 以上で、かつ、延べ面積が 30000 m^2 以上の防火対象物
- c） 延べ面積 1000 m^2 以上の地下街
- d） 消防長又は消防署長が火災予防上必要と認めて指定するもの
  - ・地階を除く階数が 11 以上で、かつ、延べ面積が 10000 m^2 以上の防火対象物
  - ・地階を除く階数が 5 以上で、かつ、延べ面積が 20000 m^2 以上の特定防火対象物
  - ・地階の床面積の合計が 5000 m^2 以上の防火対象物

レッスン 5 機械に関する基礎的知識

機械又は電気に関する基礎知識 10 問のうち、機械分野から 6 問が出題されます。いずれも基礎的知識を問う問題が中心ですから、あまり深入りせず、基本事項を軸に幅広く理解し記憶しておきましょう。

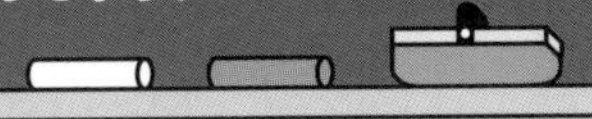

- 5-1「**水理 1（流体の性質）**」については、密度と比重、比重量の違いなど、試験では間違いやすい単位がよく出題されます。
- 5-2「**水理 2（流体に関する諸法則①）**」については、絶対圧力とゲージ圧力の違い、圧力と水頭の関係など、水理の基本を学びます。
- 5-3「**水理 3（流体に関する諸法則②）**」の中で、「連続の原理」等は計算問題としても出題されることがあるので要注意です。ベルヌーイの定理は流体力学では重要な定理ですが、計算問題よりも式の意味を問う形で出題されます。
- 5-4「**水理 4（ベルヌーイの定理の応用）**」については、ベルヌーイの定理を応用したピトー管、ベンチュリ管などの測定器と流量測定の原理を学びます。また、配管の入口形状と摩擦損失の関係はよく出題されるので注意が必要です。
- 5-5「**水理 5（流体に生じる諸現象及びポンプの動力）**」は、水理の中心であり、最も出題頻度が高いです。繰り返し学習し、理解を深めておきましょう。
- 5-6「**機械材料 1（金属材料）**」については、合金の特性、黄銅と青銅の違いなどが中心で、こちらも出題の定番です。
- 5-7「**機械材料 2（熱処理と溶接）**」については、鋼材の熱処理が重要です。熱処理の種類と方法、目的のほか、溶接箇所の欠陥の判定についても出題されます。
- 5-8「**荷重と応力、ひずみ**」については、特に応力の意味を理解することが大切です。計算問題として出題されることもあります。
- 5-9「**応力とひずみの関係**」については、「応力 - ひずみ線図」に関する内容が繰り返し出題されています。そのほか、フックの法則、ポアソン比、許容応力と安全率、材料の疲れ、クリープなど出題頻度の高い項目が多いです。
- 5-10「**力とモーメント**」については、まずベクトルの意味、次にベクトルの合成の方法を理解することが重要です。曲げモーメントでは「$M = lF$」を用いた簡単な計算問題として出題されることもあります。
また、「はりにかかる曲げモーメントの図形」では、1 点に集中する集中荷重、全長に均等にかかる等分布荷重が「曲げモーメント図」という形で出題されます。

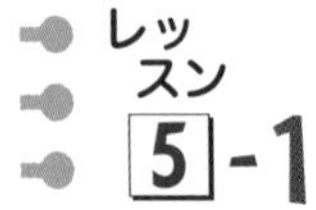

水理 1（流体の性質）

重要度

水理学とは、水の物理的挙動を研究対象とする学問です。泡消火設備も水系消火設備なので、水の物理的性質の基本事項について学習します。

(1) 流体の物理的性質

① 流体とは液体及び気体をいい、固体と異なり自由に変形します。

② 液体は、温度や圧力により若干の体積変化が生じますが、通常の状態では無視できる範囲です。すなわち、水は圧縮できない流体（**非圧縮性液体**）です。

③ 液体には**粘性**（粘り気）や**表面張力**（表面積を小さくしようとする性質）があり、流体の流れやエネルギー損失などに影響を及ぼします。

④ 流体のうち、主として消火に使用される水は、その状態における性状を表す場合に、静水（静止している水）と動水（流れている水）に区分されます。

(2) 流体の密度と比重量 重要！

① **密度**：液体の単位体積あたりの**質量**のことで、ρ〔kg/m^3〕で表します。

② **比重量**：液体の単位体積あたりの**重量**のことで、γ〔N/m^3〕で表します。

③ 密度と比重量の関係：$\boldsymbol{\gamma = \rho g}$〔$\boldsymbol{g = 9.8\ \mathrm{m/s^2}}$〕

N：ニュートン（力の単位）

④ **比体積**：液体の単位質量当たりの**体積**のこと。V〔m^3/kg〕で表します。

⑤ 比体積と密度の関係：$\boldsymbol{V = \dfrac{1}{\rho}}$ で表され、**比体積は密度の逆数**です。

⑥ 水の密度：1 気圧で **4℃のとき密度は最大**となり、$\rho = 1000$ kg/m^3 です。

(3) 比　重

比重は、**4℃の水の密度と同体積の物質の密度**を比較した値をいい、単位はありません。

$$\text{比重} = \frac{\text{物質の質量}}{\text{同体積の 4 ℃における水の質量}}$$

(4) 液体の粘性

流体が流れるとき、流体自体の摩擦による抵抗力（接線応力又はせん断応力という）が働きます。この性質を粘性といい、その大きさを粘度といいます。粘度は流体の粘りの度合いであり、粘性率、粘度係数ともいいます。

動粘度 ν とは、粘性係数 μ を水の密度 ρ で除したもの $\left(\nu = \dfrac{\mu}{\rho}\right)$ をいいます。

マメ知識 ➡➡➡ 質量と重量の違い

質量は物質の絶対的な量であり、例えば、地球外の天体でも同じ値を示します。これに対して重量は引力が作用する力です。地球上であれば、ほぼ質量＝重量ですが、引力が地球の $\frac{1}{6}$ の月面上では、質量は変わらないのに重量は地上の $\frac{1}{6}$ になります。

よく出る問題

問 1　［難易度 😊😐😞］

流体の密度と比重量及び比体積の定義について、正しいものは次のうちどれか。

(1)　密度とは、液体の単位体積あたりの重量をいい、単位は〔kg/m³〕で表す。
(2)　比重量とは、液体の単位体積あたりの質量をいい、単位は〔N/m³〕で表す。
(3)　密度 ρ と比重 γ の関係は、$\rho = \gamma g$（$g = 9.8$ m/s²）で表すことができる。
(4)　比体積とは、液体の単位質量あたりの体積をいい、単位は〔m³/kg〕で表す。

(1) 誤り。重量ではなく質量です。(2) 誤り。質量ではなく重量です。
密度は質量（単位は kg）、比重量は重量（単位は N）と覚えておきましょう。
(3) 誤り。$\rho = \gamma g$ ではなく、$\gamma = \rho g$ です。(4) 正しい。

問 2　［難易度 😊😐😞］

水の性質に関する説明として、誤っているものは次のうちどれか。

(1)　水の密度は、1気圧で4℃のとき密度は最大となり、1000 kg/m³ である。
(2)　物体の比重は、4℃の水の密度と同体積の物質の密度を比較した値をいう。
(3)　物体の比重は、$\dfrac{\text{物体の質量}}{\text{同体積の4℃の水の質量}}$ で表すことができ、単位をもっている。
(4)　水の性質として非圧縮性がある。

解説

(1)(2)(4) は正しい。
(3) 誤り。比重には単位はありません。ただし、比重量の単位は〔N/m³〕です。

問 3　［難易度 😊😐😞］

流体の粘度に関する説明として、誤っているものは次のうちどれか。

(1)　液体には、粘性や表面張力があり、流体のエネルギー損失などに影響を及ぼす。
(2)　流体が流れるとき、流体自体の摩擦による抵抗力を粘性という。
(3)　粘度は流体の粘性の大きさを表す指標であり、粘性率あるいは粘性係数ともいう。
(4)　動粘度 ν とは、粘性係数 μ に水の密度 ρ を乗じたものをいう。

(1)(2)(3) 正しい。(4) 誤り。動粘度 ν は、粘性係数 μ を密度 ρ で除したもの $\left(\nu = \dfrac{\mu}{\rho}\right)$ です。

解答　問1－(4)　　問2－(3)　　問3－(4)

レッスン 5-2

水理 2（流体に関する諸法則①）

重要度 

(1) ボイル・シャルルの法則

$PV = RT$ で表される式で、理想気体における圧力 P、体積 V、絶対温度 T の関係を表したものです（R は気体定数で常に一定）。

上式から、$R = \dfrac{P_1 V_1}{T_1} = \dfrac{P_2 V_2}{T_2} =$ 一定

P_1、V_1、T_1 は変化前、P_2、V_2、T_2 は変化後の状態を表します

絶対温度（単位 K：ケルビン）とは、地上で存在する最低温度（273℃）を基準とし、これを絶対 0 度とします。摂氏温度 t〔℃〕を絶対温度で表すと、$t + 273$〔K〕です。

(2) 圧　力

静止している水中の任意の 1 点における圧力はすべての方向に等しく、密閉容器内に存在する水の一部に加えた圧力は、ほかのすべての部分に等しく伝わります。上面を大気に開放した容器（図 1）において、水深が h〔m〕のとき、水中の底面に働く全圧力 P を式で表すと

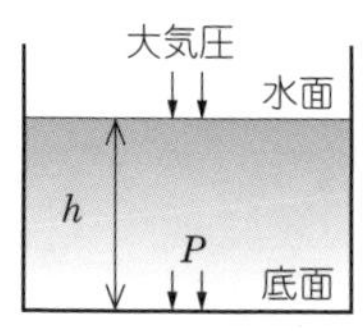

● 図 1 ●

$P = \gamma h$ + 大気圧

（γ：水の単位体積あたりの重量（比重量））

となります。なお、圧力には**絶対圧力**と**ゲージ圧力**があり、絶対圧力 P_0 とは、完全真空を基準とした圧力であり、ゲージ圧力 P_y とは標準大気圧を基準とした圧力で、圧力計に現れる圧力です。両者の関係は、**$P_0 = P_y$ + 大気圧**（≒ 0.1 MPa）で表すことができます。

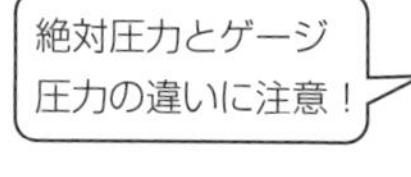

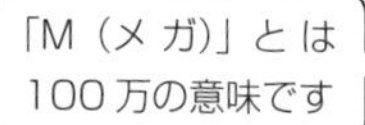

※　0.1 MPa = 10 万 Pa（パスカル）≒ 1.0 kg/cm²

（標準大気圧 1 気圧 ≒ 0.1 MPa ≒ 1.0 kg/cm²）

(3) 圧力と水頭

圧力の大きさは、水の高さで表すことができ、水柱の場合には水頭（ヘッド）といいます。圧力 P と水頭 h の関係は、$h = \dfrac{P}{\gamma}$（γ は比重量）で表されます。

(4) 圧力と水銀柱

水銀を満たしたガラス管を水銀容器に立てるとガラス管内の上部に真空の空間ができて釣り合います。これをトリチェリの実験といい、標準大気圧（1 気圧）を水銀柱の高さで表すと 760 mm となります（図 2）。水銀の代わりに水を入れると、その高さは 10.33 m となります。

1 気圧 = 760 mmHg（Hg：水銀柱）

= 10.33 mAq（Aq：アクア：水頭）

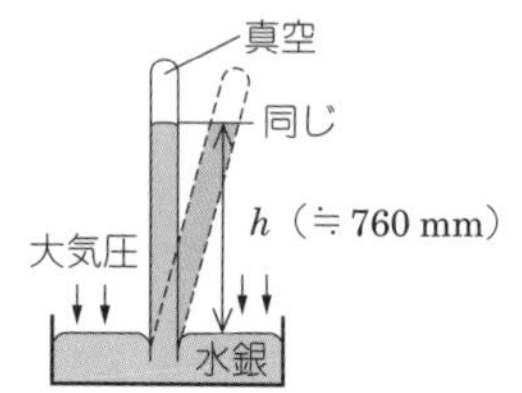

● 図 2　トリチェリの実験 ●

よく出る問題

問 1　［難易度 😊😐😟］

絶対圧力とゲージ圧力に関する説明として、誤っているものは次のうちどれか。

(1)　絶対圧力は、真空を基準とした圧力である。
(2)　ゲージ圧力は大気圧を基準とした圧力である。
(3)　絶対圧力からゲージ圧力を差し引くと大気圧になる。
(4)　圧力計に表れる圧力は絶対圧力を示している。

解説　(1)(2)(3) 正しい。
(4) 誤り。圧力計に表れる圧力はゲージ圧力です。

問 2　［難易度 😊😐😟］

水頭に関する説明として、誤っているものは次のうちどれか。

(1)　圧力を水の高さ（水柱）で表すことを水頭という。
(2)　標準大気圧を水頭で表すと、1033 mm となる。
(3)　標準大気圧を水銀柱で表すと、760 mm となる。
(4)　圧力 P と水頭 h の関係は、$h = \frac{P}{\gamma}$ で表すことができる。

解説　(1)(3)(4) 正しい。
(2) 誤り。1033 mm ではなく、10.33 m です。

問 3　［難易度 😊😐😟］

理想気体において、変化前の体積、圧力、温度がそれぞれ 10 m³、0.2 MPa、20 ℃、変化後の体積と圧力が 8 m³、0.3 MPa であったとき、変化後の温度に最も近いものは、次のうちどれか。

(1)　60 ℃　　(2)　80 ℃　　(3)　100 ℃　　(4)　120 ℃

解説　ボイル・シャルルの法則により

$$\frac{0.2 \times 10}{20 + 273} = \frac{0.3 \times 8}{T}$$

が成立するので

$$(0.2 \times 10) \times T = 293 \times (0.3 \times 8)$$

したがって、$2T = 703.2$。$T \fallingdotseq 352$ と求まります。

ただし、これは絶対温度ですから

摂氏温度 $= 352 - 273 = 79$〔℃〕

となります。

解答　問 1 −(4)　　問 2 −(2)　　問 3 −(2)

レッスン 5-3

水理3（流体に関する諸法則②）

重要度

(1) パスカルの原理 重要！

密閉された容器内で、液体の一部に圧力を加えると、同じ強さの圧力で液体の各部に伝わります。シリンダA、シリンダBの断面積をそれぞれ S_A〔m²〕、S_B〔m²〕、加わるピストンの力を F_A〔N〕、F_B〔N〕とすると

$$S_A F_B = S_B F_A$$

が成り立ちます。これを**パスカルの原理**といいます。

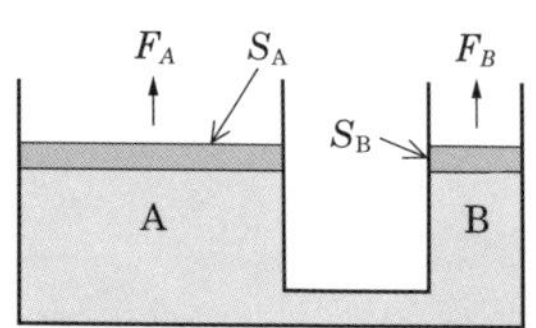

● 図1　パスカルの原理 ●

(2) アルキメデスの原理

液体中の物体は、その排除した液体の重量だけ、上向きの力を受けて軽くなります。この力を浮力といいます。浮力の大きさは、物体が排除した液体の重さに等しいことを**アルキメデスの原理**といいます。

浮力の大きさ $F = V\rho g$ 〔N〕

（V：物体が排除した水の体積、ρ：水の密度、g：重力の加速度）

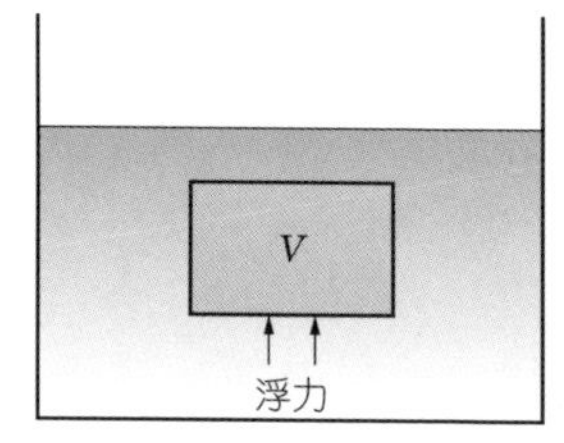

● 図2　アルキメデスの原理 ●

(3) 連続の式 重要！

流管の断面積が小さいところ（A_2）では流速が速く、断面積の大きいところ（A_1）では逆に流速が遅くなります。しかし、流れる流量はどちらも同じです。

これを**連続の式**といいます。

流量 Q = 流速×断面積 $= v_1 A_1 = v_2 A_2$

(4) ベルヌーイの定理 重要！

同じ流れの中にある流体のもつ運動エネルギー、圧力エネルギー、位置エネルギーの総和は一定（変わらない）であることを**ベルヌーイの定理**といいます。

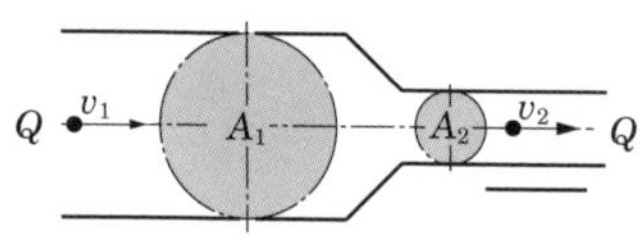

● 図3　連続の式 ●

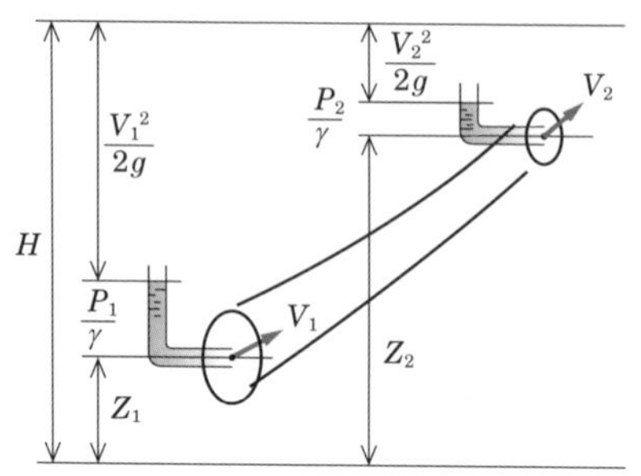

● 図4　ベルヌーイの定理 ●

$$\frac{V_1^2}{2g}+\frac{P_1}{\gamma}+Z_1=\frac{V_2^2}{2g}+\frac{P_2}{\gamma}+Z_2=一定$$

（V_1、V_2：流速、P_1、P_2：圧力、Z_1、Z_2：高さ）

試験では、式の意味が問われます。

$\frac{V_1^2}{2g}$、$\frac{V_2^2}{2g}$ は**速度水頭**、$\frac{P_1}{\gamma}$、$\frac{P_2}{\gamma}$ は**圧力水頭**、Z_1、Z_2 は**位置水頭**を表します。**重要！**

よく出る問題

問 1　［難易度 😊😐😞］

レッスン 5-3 の図 1 において、$S_A=5\ \mathrm{m}^2$、$S_B=2\ \mathrm{m}^2$、$F_A=10\ \mathrm{N}$ とするとき、F_B の値は次のうちどれか。ただし、ピストン A、B の力は釣り合っているものとする。

(1)　2 N　　(2)　4 N　　(3)　6 N　　(4)　8 N

パスカルの原理から、$S_AF_B=S_BF_A$ に数値を代入すると

$5\times F_B=2\times 10$

したがって、$F_B=20\div 5=4\ \mathrm{N}$ となります。

問 2　［難易度 😊😐😞］

レッスン 5-3 の図 3 において、$A_1=2\ \mathrm{m}^2$、$v_1=3\ \mathrm{m/s}$、$A_2=0.5\ \mathrm{m}^2$ とするとき、流速 v_2 の値は次のうちどれか。

(1)　6 m/s　　(2)　8 m/s　　(3)　10 m/s　　(4)　12 m/s

解説

連続の式 $v_1\times A_1=v_2\times A_2$ に数値を代入すると

$2\times 3=0.5\times v_2$

よって、$v_2=6\div 0.5=12\ \mathrm{m/s}$ となります。

問 3　［難易度 😊😐😞］

ベルヌーイの式「$\frac{V_1^2}{2g}+\frac{P_1}{\gamma}+Z_1=\frac{V_2^2}{2g}+\frac{P_2}{\gamma}+Z_2=一定$」において、各項の式を説明する内容として、正しいものは次のうちどれか。

(1)　$\frac{V^2}{2g}$ は速度水頭、$\frac{P}{\gamma}$ は圧力水頭、Z は位置水頭を表す。

(2)　$\frac{V^2}{2g}$ は圧力水頭、$\frac{P}{\gamma}$ は速度水頭、Z は位置水頭を表す。

(3)　$\frac{V^2}{2g}$ は位置水頭、$\frac{P}{\gamma}$ は圧力水頭、Z は速度水頭を表す。

(4)　$\frac{V^2}{2g}$ は速度水頭、$\frac{P}{\gamma}$ は位置水頭、Z は圧力水頭を表す。

解説

(1) 正しい。式の意味をよく覚えておきましょう。

解答　問 1 －(2)　　問 2 －(4)　　問 3 －(1)

レッスン 5-4

水理4（ベルヌーイの定理の応用）

重要度 ✎✎✎

(1) ベルヌーイの定理を応用した測定器 重要！

ベルヌーイの定理を応用した測定器には、以下の三つの流量計があります。

いずれも原理は、流路に圧力の高い部分と低い部分を設け、それらの圧力差を検出して流量を算出するというものです。

① **ピトー管流量計**（図1）：マノメーターの一端を上流側に設け、他端を配管へ接続して流速を測定し、流速から流量を算出します。

② **ベンチュリ管流量計**（図2）：管の断面積を一部縮小することで流速を増加させ、低速部よりも低い圧力を発生させ、それらの圧力差（水頭差）から流量を測定します。

③ **オリフィス流量計**（図3）：管の途中にオリフィスを挿入し、前後の圧力差から流量を測定します。

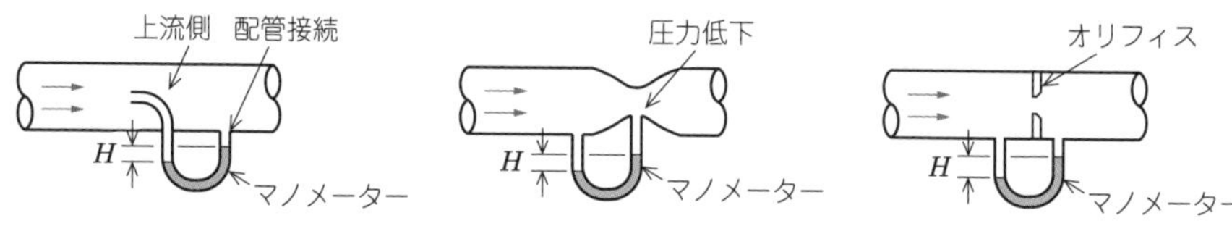

● 図1 ピトー管流量計 ●　● 図2 ベンチュリ管流量計 ●　● 図3 オリフィス流量計 ●

(2) トリチェリの定理 重要！

水槽の側壁からオリフィスを介して流体を大気中に流出すると、流体の位置エネルギーが速度エネルギーへ変換され、そのときの流速は次式で表すことができます。

流速 $v = \sqrt{2gh}$ 〔m/s〕（g：9.8 m/s）

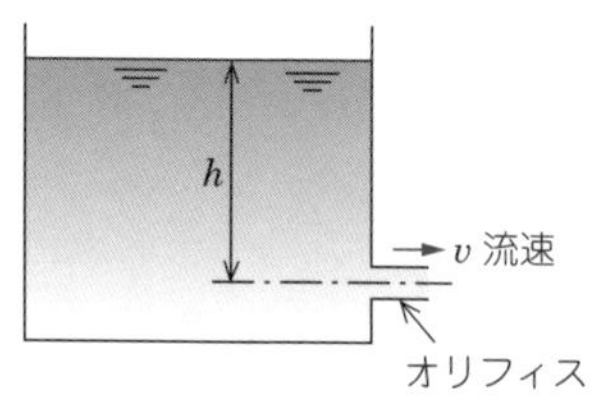

● 図4 トリチェリの定理 ●

(3) 流出口の形状による摩擦損失係数 重要！

水槽から流体が流れ出るとき、流出口の形状により流れの抵抗が大きく異なります。これには、**流出口形状の摩擦損失係数**（表1）が関係しています。

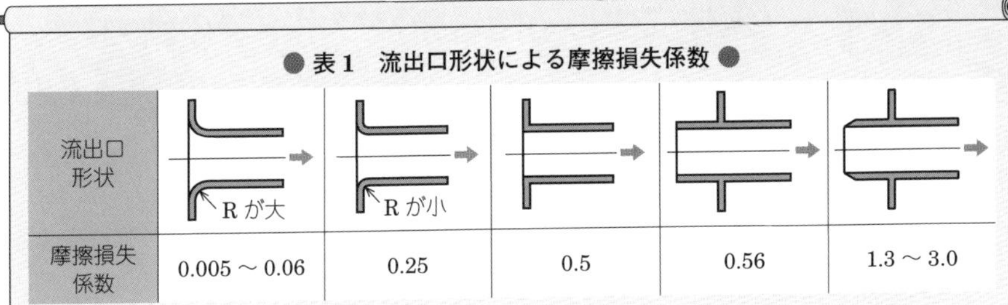

● 表1　流出口形状による摩擦損失係数 ●

流出口形状	Rが大	Rが小			
摩擦損失係数	0.005 ～ 0.06	0.25	0.5	0.56	1.3 ～ 3.0

よく出る問題

問 1 ［難易度 😊😐😞］

ベルヌーイの定理を応用した流量計に該当しないものは、次のうちどれか。

(1)　オリフィス流量計　　(2)　容積型流量計
(3)　ピトー管流量計　　(4)　ベンチュリ管流量計

解説

(1)(3)(4) 該当する。

(2) 該当しない。容積型流量計は、流体のエネルギーにより回転子を回転させ、その回転数から流量を算出するもので、ベルヌーイの定理を応用したものではありません。身近な例では水道メータがあります。

問 2 ［難易度 😊😐😞］

図は、各水槽に接続した配管の流出口形状を示している。摩擦損失係数の小さい順に並べたものの組合せとして、正しいものは次のうちどれか。ただし、管の内径と流速 v は等しいものとする。

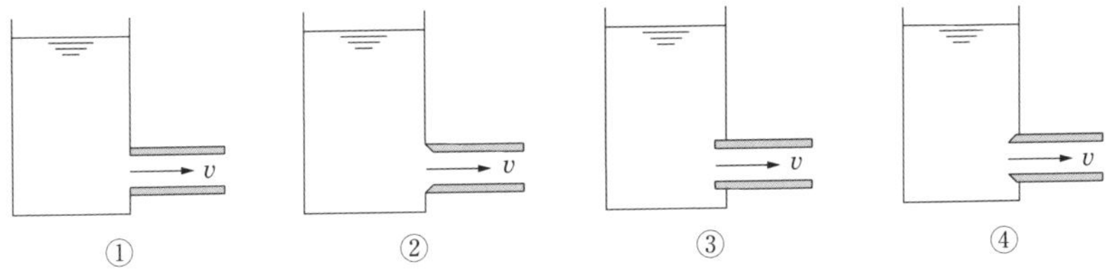

(1)　② → ① → ④ → ③
(2)　① → ② → ③ → ④
(3)　② → ① → ③ → ④
(4)　② → ③ → ① → ④

解説

(1)(2)(4) 誤り。

(3) 正しい。流出口の形状のみ小さい順に頭に入れておきましょう。

解答　問1 －(2)　　問2 －(3)

レッスン 5-5

水理5（流体に生じる諸現象及びポンプの動力）

(1) 流体中に発生する有害諸現象 重要！

流体には、主に次の三つの有害現象が発生することがあります。

① ウォーターハンマー（**水撃現象**）：配管中に大きな圧力波が生じ、衝撃音を発する現象です。発生する原因としては、以下があります。

・弁を**急に開閉**したとき

・管の断面積が急に変化する場所等で**流れが急変**するとき

・**流速が速い**とき

② キャビテーション：流体内の圧力が低下する場所には、水中の空気が分離し、局部的な蒸発とともに**気泡が発生**します。その気泡がポンプの性能低下や損傷の原因となります。原因として以下があげられます。

・ポンプの流量調整を**吐出弁ではなく吸入弁**で行ったとき

・水源の水位が低い、又は水位が下がったとき

③ サージング現象：渦巻きポンプや送風機に発生する現象です。運転中、**管内の圧力、流量が周期的に変動**して、振動が激しく、運転が不安定になる状態をいいます。**低流量域での運転中**、あるいは送風機でダンパーを急閉したりするときに発生しやすくなります。

(2) 摩擦損失 重要！

配管内を流体が流れるときに、管内壁面と流体の接触面で抵抗が生じ、圧力が低下して流量を減少させる力が働きます。これを摩擦損失といい、水頭で表します。

摩擦損失水頭 $H = \lambda \dfrac{L}{d} \dfrac{V^2}{2g}$ 〔m〕

（λ：摩擦損失係数、g：9.8 m/s^2）

上式より、次の関係が得られます。

① 摩擦損失は、**管の長さ L に比例**する。

② 摩擦損失は、**管の内径 d に反比例**する。

③ 摩擦損失は、**流速の2乗 V^2 に比例**する。

(3) ポンプの軸動力 重要！

軸動力 $P = k\dfrac{0.163HQ}{\eta}$ 〔kW〕

（H：全揚程〔m〕、Q：吐出量〔m^3/min〕、η：ポンプ効率（0.4 〜 0.8）、k：伝達係数（1.1 〜 1.2））

よく出る問題

問 1　［難易度 😊😐☹］

流体中に生ずる有害現象に関する説明として、誤っているものは次のうちどれか。

(1)　ウォーターハンマーは、弁を急激に開閉したときに生じやすい。
(2)　サージングは、ポンプや送風機を低流量域で運転したときに生じやすい。
(3)　キャビテーションは、ポンプ運転中、吸入弁で流量を調整するときに生じやすい。
(4)　キャビテーションは、ポンプ運転中、吐出弁で流量を調整するときに生じやすい。

(4) 誤り。キャビテーションは、吸入弁で流量を調整するときに発生します。
(1) (2) (3) は正しい。

問 2　［難易度 😊😐☹］

流体の摩擦損失に関する説明として、正しいものは次のうちどれか。

(1)　配管の長さが2倍になれば、摩擦損失は4倍になる。
(2)　流速が $\frac{1}{2}$ になれば、摩擦損失も $\frac{1}{2}$ になる。
(3)　摩擦損失係数が $\frac{1}{2}$ になれば、摩擦損失は2倍になる。
(4)　配管の内径が2倍になれば、摩擦損失は $\frac{1}{2}$ になる。

(1) 誤り。4倍ではなく2倍です。
(2) 誤り。流速の2乗に比例するから、$\frac{1}{2}$ ではなく $\frac{1}{4}$ になります。
(3) 誤り。摩擦損失係数が $\frac{1}{2}$ になれば、摩擦損失も $\frac{1}{2}$ になります。
(4) 正しい。内径が2倍になれば、摩擦損失は反比例するので $\frac{1}{2}$ になります。

問 3　［難易度 😐😐☹］

吐出量 2 m^3/min、全揚程 50 m のポンプの軸動力として、正しいものは次のうちどれか。ただし、伝達係数＝1.2、ポンプ効率＝0.7 とする。

(1)　22 kW　　(2)　28 kW　　(3)　36 kW　　(4)　40 kW

解説

軸動力を求める公式に設問の数値を代入すると

$$\text{軸動力}\ P = 1.2 \times \frac{0.163 \times 50 \times 2}{0.7} \fallingdotseq 28\ \text{〔kW〕}$$

となります。流量の単位を変えて出題される場合もあるので、単位を合わせることに注意が必要です。

解答　問1－(4)　　問2－(4)　　問3－(2)

レッスン 5-6 機械材料1（金属材料）

重要度 ///

(1) 炭素鋼の性質

炭素鋼は、鉄に少量の炭素（0.02～2.0％程度）が含まれた合金で、一般構造用材料として広く使用されています。炭素の量が鋼材の性質に大きく影響し、炭素含有量が増すほど硬度も増します。炭素含有量が0.3％以下のものを低炭素鋼（軟鋼）と呼びます。

(2) 合金と特性 重要！

合金は使用目的に沿った特性とするために、主要金属にほかの金属や非金属を添加し溶かし合わせてつくるものであり、次のような特性があります。

① 成分金属の色や割合とは**関係のない色を示す**ことが多い。
② **融点**は、主要金属より**低く**なり、**鋳造性が増す**。
③ **比重**は、混合比率から**算出された比重**になる。
④ **鍛造性**は、主要金属より**低下**する。
⑤ **強度及び硬度**は、主要金属より**向上**する。
⑥ **熱及び電気の伝導率**は、主要金属より**やや低下**する。
⑦ **耐食性**は**向上**する。

(3) 銅合金の種類 重要！

銅合金には主に次の2種類があります。

① 黄銅（真鍮（しんちゅう））：**銅と亜鉛**の合金で耐食性がよく、機械的性質に優れている。
② 青銅：**銅とすず**の合金で、機械的性質に優れ、**鍛造用合金**として適する。
　a) りん青銅（せいどう）：**青銅にりん**を添加した合金で、**弾力性に優れ**ている。
　b) 砲金（ほうきん）：**青銅に亜鉛**を添加した合金で、**鍛造性に優れ**ている。

(4) 合金鋼（特殊鋼）

合金鋼（特殊鋼）は、炭素鋼にほかの元素を添加した合金です。強度が増し、耐摩耗性、耐食性が増すなど、機械的性質が向上します。添加する元素には、ニッケル、クロム、モリブデン等があり、ステンレス鋼（炭素鋼＋ニッケル＋クロム）がよく知られていますが、合金鋼以外にも、はんだ（鉛＋すず）、ニクロム線（ニッケル＋クロム）、ジュラルミン（アルミニウム＋銅＋マグネシウム＋マンガン）等の合金があります。重要！

(5) 鋳　鉄

鋳鉄（ちゅうてつ）は、鉄に炭素が2～6.67％含まれた合金であり、耐摩耗性、耐食性、鋳造性に優れ、圧縮強さは大きいが衝撃に弱いという欠点があります。

(6) 複合材料

複合材料とは、ガラス繊維、炭素繊維等を樹脂で固めたものであり、一般にプラスチック材料と比べて強度が高く、金属材料より軽いという特徴があり、FRP（繊維強化プラスチック）、FRM（繊維強化金属）、FRC（繊維強化セラミックス）等があります。

よく出る問題

問 1　[難易度 😊😐😞]

炭素鋼と鋳鉄の性質に関する説明について、正しいものは次のうちどれか。

(1)　炭素鋼とは、炭素を 0.02 ～ 5 %程度含む鉄の合金をいう。
(2)　炭素含有量が、3 %以下のものを低炭素鋼（軟鋼）という。
(3)　炭素鋼は、炭素含有量が増すほど硬度が低下する。
(4)　鋳鉄は、鉄に炭素が 2 ～ 6.67 %含まれた合金であり、耐摩耗性、耐食性、鋳造性に優れ、圧縮強さは大きいが衝撃に弱いという弱点がある。

(1) 誤り。炭素の含有量は 0.02 ～ 2 %程度です。
(2) 誤り。3 %ではなく 0.3 %です。
(3) 誤り。炭素含有量が増すほど硬度が増します。
(4) 正しい。

問 2　[難易度 😊😐😞]

合金の特性に関する説明として、誤っているものは次のうちどれか。

(1)　融点は主要金属より低くなり、鋳造性が増す。
(2)　強度及び硬度は、主要金属より向上する。
(3)　合金の色は、成分金属の色や割合と関係する。
(4)　耐食性は向上する。

(1)(2)(4) は正しい。
(3) 誤り。合金の色は、成分金属の色とは関係ありません。

問 3　[難易度 😊😐😞]

銅合金に関する説明として、誤っているものは次のうちどれか。

(1)　黄銅は、銅と鉛の合金で、耐食性がよく機械的性質に優れている。
(2)　青銅は、銅とすずの合金で、機械的性質に優れ、鋳造用合金として適している。
(3)　りん青銅は、青銅にりんを添加した合金で、弾力性に優れている。
(4)　砲金は、青銅に亜鉛を添加した合金で、鋳造性に優れている。

(1) 誤り。黄銅は銅と鉛の合金ではなく、銅と亜鉛の合金です。
(2)(3)(4) 正しい。

解答　問 1 －(4)　　問 2 －(3)　　問 3 －(1)

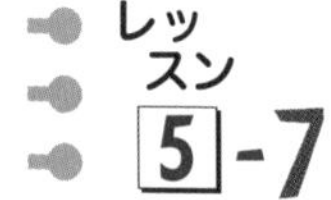

機械材料２（熱処理と溶接）

(1) 鋼材の熱処理 重要！

鋼材は熱処理によって、目的に沿った性質にすることができます（表１）。

● 表１　鋼材の熱処理 ●

熱処理の種類	熱処理の方法	熱処理の目的
焼入れ	高温から水又は油により**急冷**する。	**強度**、**硬度**を増す。
焼戻し	焼入れした鋼を 150 ～ 600℃に再加熱し、**徐々に冷却**する。	**粘り強さ**を付加する。
焼なまし	高温加熱し、一定時間保ってからきわめて**徐々に冷却**する。	**加工性**を増すために軟化する。
焼ならし	加熱後冷却し、大気中で**自然冷却**する。	組織の標準化や**ひずみを除去**する。

● 表２　被覆アーク溶接の欠陥と原因 ●

欠陥名	概念図	原　因
クラック		溶接電流が高い、開先形状の不良、溶着部の強度不足
ブローホール		溶接電流が高い、溶接棒の湿気、溶着部の急激な凝固、開先部の汚れ
スラグ巻込み		溶接電流が低い、溶着部の急激な凝固、運棒法の不適
アンダーカット		溶接電流が高すぎる
オーバーラップ		溶接電流が低い
溶込み不良		溶接電流が低い、運棒法の不適、開先形状の不良
クレーター		最終点における運棒の切り方による

(2) 溶　接

溶接には、冶金的接合法の一つで、母材の一部を加熱して溶かし、溶融金属を形成し、冷えて固まることで母材どうしが接合する**溶融溶接**、低融点の金属を金属表面に流し込んで固める**ろう付け法**、金属板を重

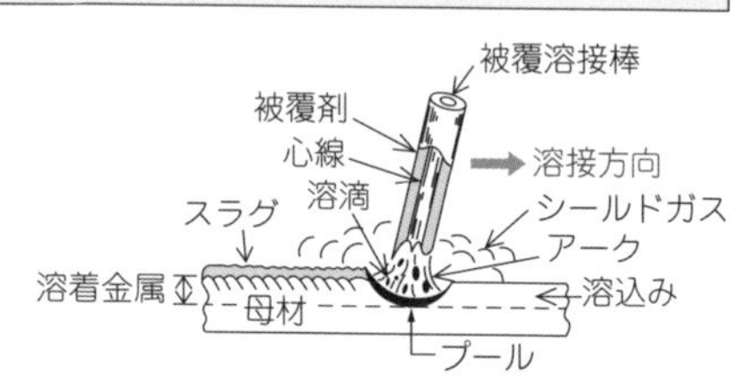

● 図１　被覆アーク溶接法 ●

ねて強く押し付け、摩擦熱等で一部を溶融させる**圧接法**があります。溶融溶接法には**アーク溶接法**、**ガス溶接法**、プラズマ溶接法等ありますが、表２は、一般的に使用されているアーク溶接法のうち、**被覆アーク溶接**の欠陥の種類について記載しています。

よく出る問題

問 1 [難易度]

鋼材の熱処理の種類と方法及び目的の組合せとして、正しいものは次のうちどれか。

	種　類	方　法	目　的
(1)	焼入れ	高温から水又は油により急冷	粘り強さを付加
(2)	焼戻し	焼入れした鋼を再加熱し徐冷	強度、硬度を増す
(3)	焼なまし	長時間高温状態後、徐冷	加工性を増すための軟化
(4)	焼ならし	高温状態後、冷気で徐冷	組織の標準化、ひずみ除去

解説　(1) 誤り。目的が間違っています。「強度、硬度を増す」が正しい。(2) 誤り。目的が間違っています。「粘り強さを付加」が正しい。(3) 正しい。(4) 誤り。方法が間違っています。「冷気で徐冷」ではなく「自然冷却」が正しい。

問 2 [難易度]

「焼入れ」に関する説明として、正しいものは次のうちどれか。

(1) 強度、硬度を増すため、高温から水又は油により急冷する。

(2) 粘り強さを付加するため、焼入れした鋼を再加熱し、徐々に冷却する。

(3) 加工性をよくするため、高温加熱し、一定時間保ってからきわめて徐々に冷却する。

(4) 組織の標準化、ひずみを除去するため、加熱後冷却し、大気中で自然冷却する。

解説　(1) 正しい。

(2) (3) (4) 誤り。それぞれ、焼戻し、焼なまし、焼ならしに該当します。

問 3 [難易度]

溶接部分の「クラック」の発生原因として、該当しないものは次のうちどれか。

(1) 溶接電流が高い

(2) 開先形状の不良

(3) 溶着部の強度不足

(4) 溶接部の急激な凝固

解説　(1) (2) (3) は該当する。

(4) 該当しない。溶接部の急激な凝固を起こすと「ブローホール」が発生します。

解答　問１－(3)　　問２－(1)　　問３－(4)

レッスン 5-8 荷重と応力、ひずみ

(1) 荷重の種類

荷重とは物体に働く力をいい、働く方向によって五つの種類があります。

① 引張(ひっぱり)荷重　：材料を引き伸ばすように働く力
② 圧縮荷重　：材料を押し縮めるように働く力
③ せん断荷重：材料を切断するように働く力
④ 曲げ荷重　：材料を曲げるように働く力
⑤ ねじり荷重：材料をねじるように働く力

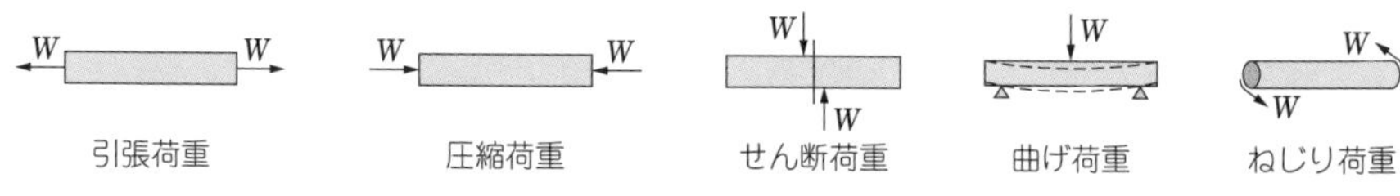

● 図1　荷重の種類（W は荷重）●

(2) 応　力

物体に荷重が加わると、その荷重に抵抗して物体に**応力**が生じます。応力とは物体内に生じる**単位面積あたりの荷重**であり、荷重が作用面に対して垂直方向であれば**垂直応力**、作用面に対して並行であれば**せん断応力**と呼びます。

$$\text{垂直応力}\ \sigma = \frac{\text{荷重}\ W}{\text{断面積}\ A} \qquad \text{せん断応力}\ \tau = \frac{\text{荷重}\ W}{\text{せん断応力面の面積}\ A}$$

(3) ひずみ

物体に荷重が働くと、その内部に応力が生じ、外形的に変形が生じます。この変形量のもとの長さに対する割合を**ひずみ**又はひずみ度といいます。

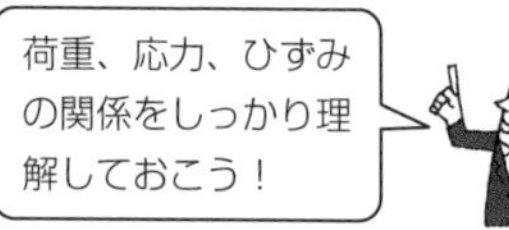

① **縦ひずみ**：長さ l の棒に荷重 W を加えて長さが l_0 になったとすると、変形量 λ の値は $\lambda = l_0 - l$ です。この場合のひずみ ε_1（縦ひずみ）は、

$$\varepsilon_1 = \frac{l_0 - l}{l} = \frac{\lambda}{l}$$

② **横ひずみ**：直径の縮小比 ε_2（横ひずみ）は、

$$\varepsilon_2 = \frac{d - d_0}{d}$$

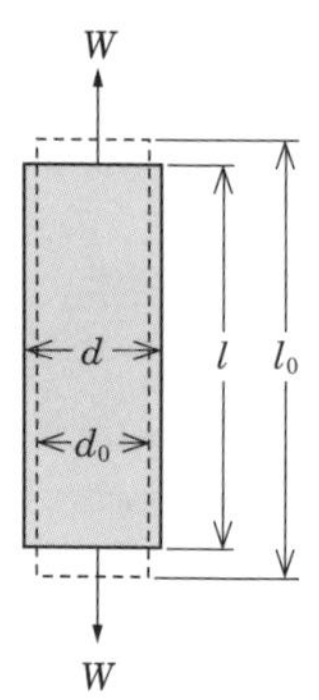

● 図2　ひずみの説明図 ●

よく出る問題

問 1 ［難易度 ☺ 😐 ☹］

荷重に関する説明について、正しくないものは次のうちどれか。

(1)　引張荷重とは、材料を引き伸ばすように働く力である。

(2)　せん断荷重とは、材料をねじ切るように働く力である。

(3)　曲げ荷重とは、材料を曲げるように働く力である。

(4)　圧縮荷重とは、材料を押し縮めるように働く力である。

解説

(1)(3)(4) は正しい。

(2) 誤り。せん断荷重は材料を切断するように働く力です。

問 2 ［難易度 ☺ 😐 ☹］

直径 10 mm の鋼棒 4 本で、重さ 5000 N の空調機を天井から吊り下げているとき、鋼棒 1 本あたりにかかる応力として、最も近いものは次のうちどれか。

(1)　16 N/mm^2　(2)　0 N/mm^2　(3)　135 N/mm^2　(4)　270 N/mm^2

解説

鋼棒 1 本あたりにかかる荷重は、$\frac{5000}{4} = 1250$ N です。

この荷重を鋼棒の断面積で除すと応力となります。断面積$=\frac{\pi D^2}{4}$（D は直径）ですから

$$\frac{3.14 \times 100}{4} = 78.5 \text{〔mm}^2\text{〕}$$

となります。したがって

$$\text{応力} = \frac{1250}{78.5} \fallingdotseq 16 \text{〔N/mm}^2\text{〕}$$

と求まります。

問 3 ［難易度 ☺ 😐 ☹］

丸棒を引っ張った結果、50 cm のものが 52 cm になった。この場合のひずみの値として、正しいものは次のうちどれか。

(1)　0.02　(2)　0.04　(3)　0.96　(4)　1.04

解説

$$\text{ひずみ}\,\varepsilon = \frac{\text{変形量}}{\text{もとの長さ}} = \frac{2}{50} = 0.04$$

なので、(2) が正しい。

解答　問 1 －(2)　問 2 －(1)　問 3 －(2)

レッスン 5-9 応力とひずみの関係

重要度

(1) 鋼材の応力とひずみの関係 重要!

鋼材に荷重を加えると応力とひずみが現れ、その関係は図1で表すことができます。

① 点Oから点Aまでを**比例限度**といいます。

比例限度とは、応力とひずみが比例（直線）関係にある範囲をいいます。

② 点Bは荷重を取り除けばもとの長さに戻る限界点で、これを**弾性限界**といいます。

③ 点C～点Dの間は、荷重を増加しなくてもひずみのみが増加する（応力は増加しない）範囲で、点Cを**上降伏点**、点Dを**下降伏点**といいます。

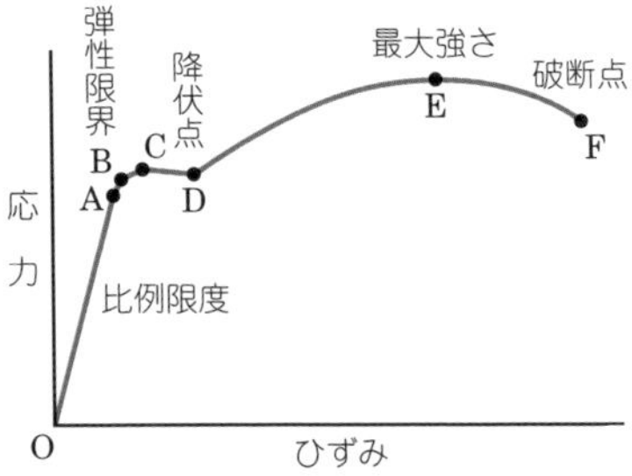

④ さらに荷重を加えると、ひずみは曲線的に増加し、点Eで荷重は最大となり、この点を**最大強さ（引張強さ、極限強さ）**といいます。この先は荷重を増加しなくてもひずみが増加し、**点Fで破断**（破壊）します。

弾性限界
降伏点
最大強さ
破断点
応力
比例限度
ひずみ
O A B C D E F

● 図1 応力-ひずみ線図 ●

(2) 応力とひずみにかかわる諸法則 重要!

① **フックの法則**：比例限度内では、応力とひずみは比例関係にあり、これをフックの法則といい、直線のグラフで表すことができます。

σ（応力）＝E（弾性係数）×ε（ひずみ）

ここで、Eは比例定数で**ヤング率**ともいいます。

② **ポアソン比**：横ひずみと縦ひずみの比をポアソン比といい、弾性限度内では一定の値を示します。

$$\text{ポアソン比} = \frac{\text{横ひずみ}}{\text{縦ひずみ}} = \frac{\varepsilon_2}{\varepsilon_1}$$（ポアソン比の逆数をポアソン数といいます）

(3) 許容応力と安全率 重要!

応力が材料の**弾性限度**を超えると、**永久ひずみ**を起こして寸法にくるいが生じてしまうので通常は応力が**比例限度内**になるように設計します。この応力の最大値を**許容応力**といい、材料の最大強さがこの許容応力の何倍であるかを示す値を**安全率**といいます。

$$\text{安全率} = \frac{\text{最大強さ}}{\text{許容応力}}$$

(4) 材料の疲れ、クリープ現象等

① **材料の疲れ**：弾性限度内の荷重であっても振動などの**繰返し荷重が長時間加わる**と材料に疲れが生じ破壊します。このような破壊を**疲れ破壊**といいます。

② **脆性破壊**：材料に切欠き部（鋭利な部分）があると、そこに応力が集中して破壊することがあります。これを脆性破壊といいます。

③ **クリープ現象**：高温環境下で時間経過とともにひずみが徐々に増加し、永久ひずみが生じる現象をクリープ現象といいます。

よく出る問題

問 1 ［難易度 😊😐☹］

応力-ひずみ曲線（p.110の図1）に関する説明について、誤っているものは次のうちどれか。

(1) 点Aまではひずみと応力は比例する。
(2) 点Bは応力を除くとひずみがもとに戻る限度である。
(3) 点Cは破断点である。
(4) 点Eは応力の最大値を示している。

解説
(1)(2)(4)は正しい。
(3)誤り。点Cは破断点ではなく上降伏点です。破断点は点Fとなります。

問 2 ［難易度 😊😐☹］

応力とひずみに関する諸法則の説明について、誤っているものは次のうちどれか。

(1) 比例限度内では、応力とひずみは正比例関係にあり、直線で表すことができる。
(2) 比例限度内では、応力 σ = 弾性係数 E × ひずみ ε の関係式が成り立ち、これをフックの法則という。
(3) ポアソン比の逆数をポアソン数という。
(4) ポアソン比は、比例限度内では一定の値を示す。

解説
(1)(2)(3)は正しい。
(4)誤り。比例限度内ではなく、弾性限度内で一定の値を示します。

問 3 ［難易度 😊😐☹］

許容応力、最大強さ及び安全率に関する説明として、正しいものは次のうちどれか。

(1) 許容応力とは、材料が永久ひずみなどを起こさないよう、許しうる最大の応力をいう。
(2) 許容応力とは、安全率に最大強さを乗じたものである。
(3) 最大強さは、許容応力を安全率で除したものである。
(4) 安全率は、許容応力を最大強さで除したものである。

解説
(1)正しい。
(2)(3)(4)誤り。安全率とは最大強さを許容応力で除した値です。

解答 問1－(3)　問2－(4)　問3－(1)

レッスン 5-10 力とモーメント

重要度

(1) ベクトルと合力

① **ベクトル**：ベクトルとは、**大きさと方向をもつ量**です。力には大きさと方向があるので、ベクトルで表すことができます。

② **合力**：合力とは二つの力（f_1、f_2）を**合成した力**です。図1に示すように、二つのベクトルをそれぞれ1辺として平行四辺形を作図し、対角線を引くとそれが合力になります。

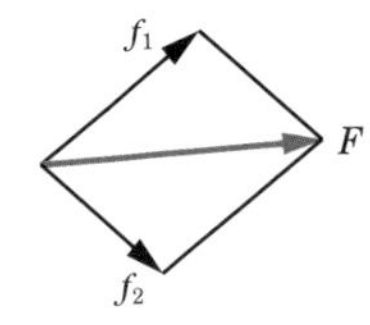

図1　合力の作図

(2) モーメントと力の釣り合い

① モーメント：モーメントとは、物体を回転させようとする力のことで、トルクともいいます。

② 力の釣り合い：図2のように、片持ち支持はりの先端に力が働き、静止している状態を釣り合いといいます。このとき、支点にかかるモーメントMは、$M = lF$で表すことができます。**重要！**

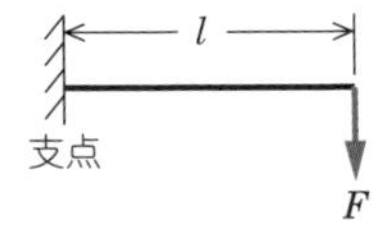

図2　力の釣り合い

(3) はりにかかる曲げモーメントの図形 **重要！**

はりの種類には、両端支持はり（単純はり）、両端固定はり、片持ち支持はり等があり、それらに作用する荷重には、ある1点に集中する集中荷重、全長に均等にかかる等分布荷重があります。両端支持はり、両端固定はり、片持ち支持はりにかかる曲げモーメント図を、集中荷重、等分布荷重に分けて表すと図3のようになります。

図の線分（縦線）が長いほど、かかるモーメントが大きいことを表しています。

集中荷重の曲げモーメント図は三角形、等分布荷重の曲げモーメント図は、その三角形を曲線状に変形したものになります。**重要！**

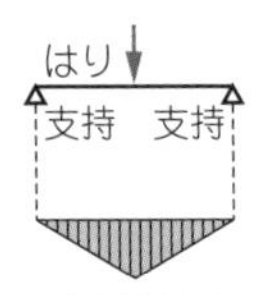

両端支持はりに集中荷重

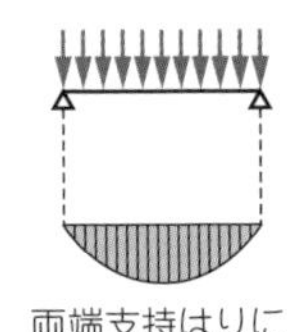

両端支持はりに等分布荷重

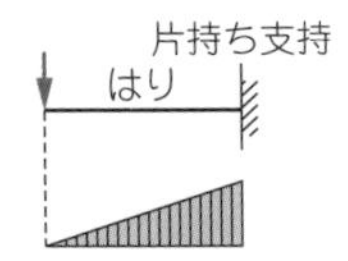

片持ち支持はりに集中荷重

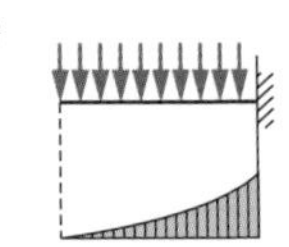

片持ち支持はりに等分布荷重

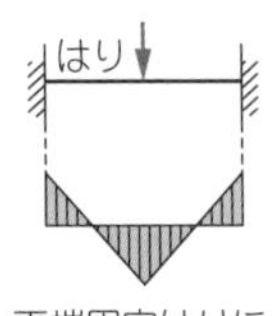

両端固定はりに集中荷重

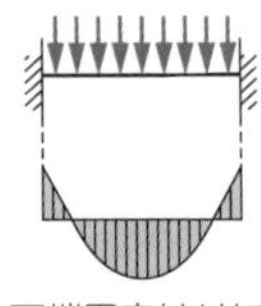

両端固定はりに等分布荷重

図3　はりにかかる曲げモーメント図

よく出る問題

問 1　［難易度 😊😐😞］

図のようなベクトルを表す図で、点Oに働く F_1、F_2、F_3 の合力として、正しいものは次のうちどれか。ただし、OABC、OBDE は平行四辺形とする。

(1)　$\overrightarrow{OC}$
(2)　$\overrightarrow{OB}$
(3)　$\overrightarrow{OE}$
(4)　$\overrightarrow{OD}$

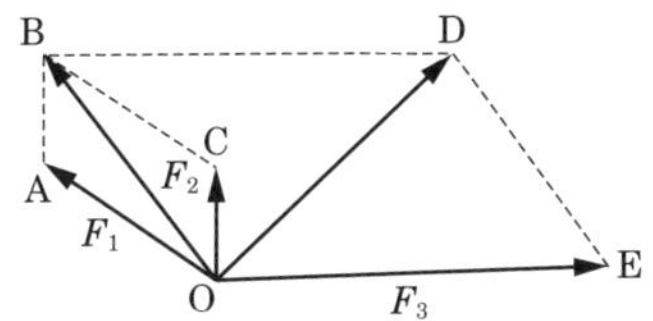

解説　まず、ベクトル $\overrightarrow{OA}$、$\overrightarrow{OC}$ による平行四辺形 OABC の対角線 $\overrightarrow{OB}$ は $\overrightarrow{OA}$、$\overrightarrow{OC}$ の合力です。

次に、ベクトル $\overrightarrow{OB}$ と $\overrightarrow{OE}$ で平行四辺形 OBDE の対角線 $\overrightarrow{OD}$ は $\overrightarrow{OB}$、$\overrightarrow{OE}$ の合力です。これが F_1、F_2、F_3 の合力となります。

問 2　［難易度 😊😐😞］

図のように、ナットにスパナをかけて締め付ける場合に、モーメント（トルク）の値として、正しいものは次のうちどれか。

(1)　2 N·m
(2)　18 N·m
(3)　20 N·m
(4)　180 N·m

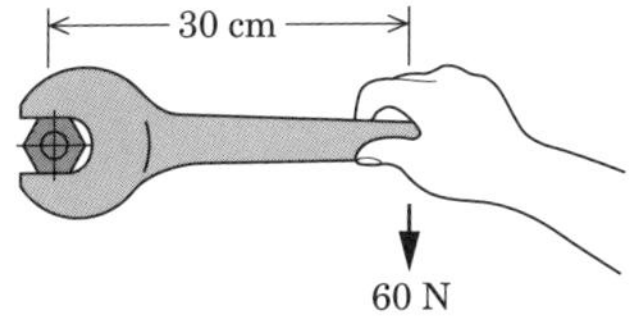

解説　モーメントは、支点（ナットの中心）からの距離と加える力の積で表されます。したがって、次の式で求められます。

モーメント（トルク）$= 0.3 \times 60 = 18$　〔N·m〕

問 3　［難易度 😊😐😞］

両端固定はりの中心に上方から集中荷重をかけたときの曲げモーメント図として、正しいものは次のうちどれか。

(1)　図形 A
(2)　図形 B
(3)　図形 C
(4)　図形 D

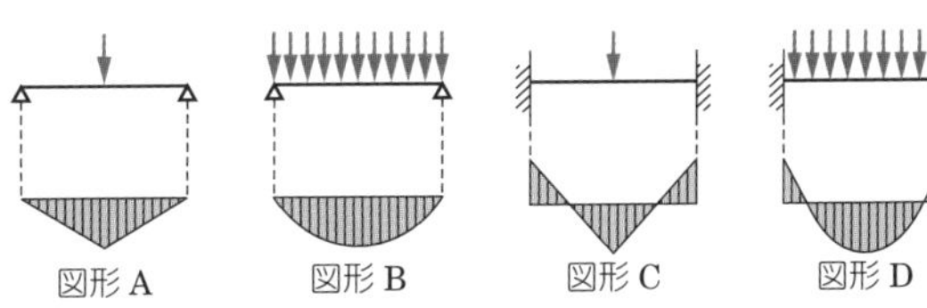

解説　p.112 の図 3 を参照してください。

解答　問 1 －(4)　　問 2 －(2)　　問 3 －(3)

これは覚えておこう！

レッスン５の重要事項のまとめ

① **単位**

・密度ρ：単位体積あたりの質量〔kg/m^3〕

・比重量γ：単位体積当たりの重量〔N/m^3〕

・密度と比重量の関係：$\gamma = \rho g$（$g = 9.8$ m/s^2）

・比体積v：単位質量あたりの体積〔m^3/kg〕

・比体積と密度の関係：$v = \dfrac{1}{\rho}$

② **水の密度**：1 気圧で 4℃のとき最大となり、$\rho = 1000$ kg/m^3

③ **比重**：4℃の水と同体積の物質の密度を比較した値（単位はない）。

④ **液体の粘性**：流体自体の摩擦による抵抗力（せん断応力）を粘性といい、その大きさを粘度（粘性率、粘性係数）という。動粘度vとは、粘性係数μを水の密度ρで除したもの$\left(v = \dfrac{\mu}{\rho}\right)$をいう。

⑤ **絶対圧力とゲージ圧力**：絶対圧力P_0とは、完全真空を基準とした圧力、ゲージ圧力P_gとは大気圧を基準とした圧力で圧力計に表れる圧力をいう。両者の関係は

$P_0 = P_g +$ 大気圧（≒ 0.1 MPa）

⑥ **連続の式**：流量 $Q =$ 流速×断面積 $= v_1A_1 = v_2A_2$

⑦ **ベルヌーイの定理**：$\dfrac{V^2}{2g}$ = 速度水頭、$\dfrac{P}{\gamma}$ = 圧力水頭、Z = 位置水頭を表す。

⑧ **ベルヌーイの定理の応用**

・ピトー管流量計：流体の流速を測定する。

・ベンチュリ管流量計：流体の流れを絞り圧力の高低差を発生し、その圧力差（水頭差）から流量を測定する。

・オリフィス流量計：円管の途中に小さな穴の開いた円板（オリフィス）を挿入し、前後の圧力差から流量を測定する。

⑨ **流速 v と水頭 h の関係**：$v = \sqrt{2gh}$ 〔m/s〕（$g = 9.8$ m/s^2）

⑩ **流体の摩擦損失水頭の公式**：$H = \lambda \dfrac{L}{d} \dfrac{V^2}{2g}$ 〔m〕

⑪ **ポンプの軸動力の公式**：軸動力 $P = k \dfrac{0.163HQ}{\eta}$ 〔kW〕

⑫ **ウォーターハンマー**：弁を急に開閉したときや、管の断面積が急に変化する場所などで流体の流れが急変するとき大きな圧力波が生じ、衝撃音を発する現象をいう。

⑬ **キャビテーション**：流体内の圧力が低下する場所では、水中の空気が分離し、局部的な蒸発とともに気泡が発生してポンプ性能を低下、損傷させる現象をいう。

⑭ **サージング現象**：ポンプや送風機などを低流量域で運転中、管内の圧力、流量が定期的に変動する現象をいう。振動が激しく、運転が不安定になる。

⑮ **合金の特性**

・色：合金の混合比率とは無関係となる。

・融点：低下し鋳造性が増す。

・比重：混合比率より算出できる。

・鍛造性：低下する。

・強度及び硬度：向上する。

・熱及び電気の伝導率：やや低下する。

・耐食性：向上する。

⑯ **黄銅（真鍮）**：銅と亜鉛の合金で、耐食性がよく機械的性質に優れている。

⑰ **青銅**：銅とすずの合金で、機械的性質に優れ、鋳造用合金に適する。

・りん青銅：青銅に「りん」を添加した合金で、弾力性に優れている。

・砲金：青銅に亜鉛を添加した合金で、鋳造性に優れている。

⑱ **合金鋼（特殊鋼）**：強度が増し、耐摩耗性、耐食性が増す。ステンレス鋼は、炭素鋼にニッケルとクロムを添加した合金で、はんだは鉛とすずの合金である。

⑲ **鋼材の熱処理**：

・焼き入れ：高温から水又は油により急冷し、強度、硬度を増す。

・焼き入れした鋼を再加熱し徐冷し、粘り強さを付加する。

・長時間高温状態後徐冷し、軟化することにより加工性を増す。

・高温状態から大気中に自然冷却し、組織の標準化、ひずみを除去する。

⑳ **応力**：物体内に生じる単位面積あたりの荷重をいう。

㉑ **鋼材の応力とひずみの関係**

・比例限度：応力とひずみが比例（直線）関係にある限界をいう。

・弾性限度：荷重を取り除けばもとの長さにもどる限界をいう。

・降伏点　：荷重を増さなくてもひずみだけが増加する点をいう。

・最大強さ：応力-ひずみ線図における最大応力をいう。

㉒ **フックの法則**：比例限度内では、応力とひずみは正比例関係にあり、これをフックの法則という。

$$応力 = 弾性係数 \times ひずみ$$

㉓ **ポアソン比**：

$$ポアソン比 = \frac{横ひずみ}{縦ひずみ}$$（弾性限度内では一定の値をとる）

㉔ **許容応力と安全率**：許容応力とは、設計上許しうる応力の最大値で、通常は比例限度内に設定する。安全率とは材料の最大強さが許容応力の何倍であるかを示す尺度をいう。

$$安全率 = \frac{最大強さ}{許容応力}$$

㉕ **材料の疲れ**：繰返し荷重が長時間加わると、材料に疲れが生じ、破壊する現象をいう。
㉖ **クリープ**：高温環境下でひずみが徐々に増加し、永久ひずみが生じる現象をいう。
㉗ **曲げモーメントの式**：

曲げモーメント $= M = lF$　（l：支点までの距離、F：先端にかかる力）

㉘ **はりにかかる曲げモーメントの図形**：ある1点に集中する荷重を集中荷重、全長に均等にかかる荷重を等分布荷重という。モーメント図は集中荷重で三角形、等分布荷重はその三角形が曲線上で表される。

覚え方のヒント！　モーメント図理解のコツは、集中荷重の3パターンを先に覚え、等分布荷重はそれぞれ曲線化するだけです。

マメ知識 ➡➡➡ ねじの欠陥と原因

消火設備の金属配管の接続には、フランジ接続、溶接接続、ねじ接続が使用されます。また、最近ではハウジング継手を使用した接続も行われています。

ここでは最も多く使用されているねじ接続に関連して、ねじの欠陥について紹介します。

●表　ねじの欠陥例と原因●
（日本金属継手協会「正しいねじ込み配管の手引」より引用）

欠陥名	状　態	概念図	原　因
多角ねじ	ねじの外形が多角形になっている		・パイプが変形 ・パイプ切断面の傾斜が大きい ・チェーザ（ねじ切り機の歯）の切れ味が悪い ・ねじ切り機のハンマチャックの爪が摩耗又は欠けている
屈折ねじ	先端に平行部のねじがある		ねじ切り機のチェーザ幅以上に長くねじを切った
山やせ	ねじ山が全体的にやせている		・ねじ切り機への食いつきが悪いのを無理に押し込んだ ・ダイヘッドの溝番号とチェーザ番号の違い ・同一組でないチェーザを使用 ・パイプの切断面の傾斜が大きい
むしれ山かけ	ねじがむしれていたり、かけている		・チェーザ（ねじ切り機の歯）の切れ味が悪い ・チェーザのねじ底の詰り ・切削油不足又は劣化 ・切削油に水が混入
偏肉	ねじ形状（肉厚）が全体的にゆがんでいる		・パイプの変形 ・パイプの切断面の傾斜が大きい ・ねじ切り機のハンマチャックの爪が摩耗又は欠けている ・ねじ切り機の芯ずれ

レッスン 6 電気に関する基礎的知識

本試験では、機械と電気に関する基礎知識 10 問のうち、電気分野から4問が出題されます。
いずれも基礎知識を問う問題が中心です。

- 6-1「**オームの法則**」は、出題頻度のかなり高い項目です。
- 6-2「**静電気、動電気、クーロンの法則**」では、静電気の性質が重要です。
- 6-3「**物質の電気的性質と抵抗**」については、導体と半導体の違い、導電率の高い順位、抵抗の公式などが中心で、いずれも出題頻度の高い項目です。
- 6-4「**電磁気**」については、磁力線と磁界、強磁性体と非磁性体、右ねじの法則、フレミングの左手の法則などを中心に解説してあります。
- 6-5「**合成抵抗**」、6-6「**コンデンサと合成静電容量**」では、直列接続と並列接続の合成の考え方が抵抗と静電容量では逆転することに注意します。
- 6-7「**分流器、倍率器及びホイートストンブリッジ**」については、分流器、倍率器の意味と接続方法、ホイートストンブリッジの平衡条件などを解説します。計算問題として出題されることもあります。
- 6-8「**測定器**」では、各種測定器とそれらの測定方法を解説しています。鑑別試験で出題される可能性もあるので、各測定器の形状を頭に入れておきましょう。
- 6-9「**絶縁抵抗と電気設備技術基準**」、6-10「**接地抵抗と電気設備技術基準**」については、絶縁抵抗の測定原理と測定方法及び接地工事について解説します。この項目は、きわめて出題頻度が高いので要注意です。
- 6-11「**測定器の作動原理と測定誤差**」については、作動原理が出題傾向の高い項目です。
- 6-12「**電気機器 1（変圧器、蓄電池）**」については、変圧器の原理に関連する計算問題、蓄電池の種類と関係事項などの出題頻度が高いです。
- 6-13「**電気機器 2（誘導電動機）**」については、スターデルタ起動方式、電動機の逆転方法、回転数の計算問題などが出題傾向の高い分野です。
- 6-14「**交流理論 1（交流回路の基礎知識）**」については、最大値と実効値の関係、電圧と電流の位相のずれを理解しておきましょう。
- 6-15「**交流理論 2（力率の考え方と電力）**」では、力率の意味を理解しておくとともに、三相誘導電動機の出力を求める公式を覚えておくことが重要です。

レッスン 6-1

オームの法則

重要度 ★★

「オームの法則とは何か」を学ぶ前に、水圧と水量の関係について考えてみましょう。

蛇口をひねると勢いよく水が出てきます。それは水圧がかかっているからです。そこで、蛇口を絞ると水量を減少させることができます。これは水路の抵抗が増え、流れにくくなるからです。このような圧力と流れ、抵抗との関係は、電気の流れにたとえて考えることができます。

つまり、電線（配管）に電流（水流）が流れていると、そこには必ず電圧（水圧）がかかっています。また、電圧の高いところと低いところがあると電流が流れます。水が圧力の高いところから低いところへ流れようとすることと同じ現象です。また、抵抗があると電流は流れにくくなりますが、これも水道管に弁を設け、絞ると水量が減少するのと同じ原理です。

覚え方のヒント！ 水圧：電圧、水量：電流、弁：抵抗の関係を覚えておこう！

電流を流すためには**電圧**が必要であり、電流は**抵抗**によって制限される。これは水の流れとまったく同じ原理であることを理解しておきましょう。

単位は、電圧はボルト〔V〕、電流はアンペア〔A〕、抵抗はオーム〔Ω〕です。それぞれの間には、次のような関係があります。

① **電流は電圧に比例する**（例えば電圧が2倍になると電流も2倍になる）。

② **電流は抵抗に反比例する**（例えば抵抗が2倍になると電流は $\frac{1}{2}$ 倍となる）。

③ **電圧は抵抗に比例する**（例えば抵抗が2倍になれば抵抗の両端にかかる電圧も2倍となる）。

以上の関係は次の三つの式で表すことができ、これを**オームの法則**といいます。

重要！

●オームの法則：$V = IR$、 $I = \frac{V}{R}$、 $R = \frac{V}{I}$ （I：電流、V：電圧、R：抵抗）

オームの法則だけでなく、2類では電力 P を求める公式も重要です。

●電力 P の公式：$P = VI$、 $P = I^2R$、 $P = \frac{V^2}{R}$

覚え方のヒント！ オームの法則は、V（ブ）$=$ R（リ）I と覚えるとよい！

よく出る問題

問 1 ［難易度 😊😐😞］

抵抗 R に電圧 V がかかっているとき、電流 I を表した式で、正しいのは次のうちどれか。

(1)　$I = \dfrac{R}{V}$

(2)　$I = RV$

(3)　$I = \dfrac{R+V}{RV}$

(4)　$I = \dfrac{V}{R}$

解説

(1)(2)(3) 誤り。

(4) 正しい。覚え方のヒント！に記載のとおり、$\overset{ブ}{V} = \overset{リ}{R}I$ と覚えていれば、これと同じ式を探して、(4) が正しいことがわかります。

問 2 ［難易度 😊😐😞］

抵抗 R に流れる電流が I であるとき、電圧 V を表す式で、正しいのは次のうちどれか。

(1)　$V = \dfrac{R}{I}$

(2)　$V = RI$

(3)　$V = \dfrac{I}{R}$

(4)　$V = I^2R$

解説

(1)(3)(4) 誤り。

(2) 正しい。$\overset{ブ}{V} = \overset{リ}{R}I$ と同じ式が正しい。

問 3 ［難易度 😊😐😞］

電流、電圧、抵抗の関係を説明する記述について、誤っているものは次のうちどれか。

(1)　電圧が一定という条件下で、抵抗が $\dfrac{1}{3}$ になると、電流は3倍になる。

(2)　抵抗が一定という条件下で、電流が2倍になると、電圧も2倍になる。

(3)　電流が一定という条件下で、電圧が2倍になると、抵抗は $\dfrac{1}{2}$ になる。

(4)　電流が一定という条件下で、抵抗が2倍になると、抵抗の両端にかかる電圧も2倍になる。

解説

(1)(2)(4) 正しい。

(3) 誤り。電流が一定という条件のもと、電圧が2倍になると抵抗も2倍となります。

解答　問1－(4)　　問2－(2)　　問3－(3)

レッスン 6-2

静電気、動電気、クーロンの法則

重要度

電気には正（プラス）の電気と負（マイナス）の電気があります。電子自身は負の電気をもっているので、物質の最小単位である原子中の電子が不足すると原子は正の電気を帯び、電子が過剰になると原子は負の電気を帯びます。

電気を帯びることを**帯電**といい、正又は負に帯電した物質がもつ電気量を**電荷**といいます（単位はクーロン〔C〕）。

(1) 静電気と静電誘導

① 静電気

静電気を、静かな電気と書くのは、正又は負に帯電したまま動かない電気だからです。静電気は電気を通さない物質（**絶縁体**）中で発生し、その場に蓄積されます。

電子は少しのエネルギーを加えただけで簡単に移動する性質があります。例えば、絶縁体である布とセルロイド板をこすり合わせると、その摩擦エネルギーによって布の電子がセルロイド板へと移動し、その結果、布は正に帯電、セルロイドは負に帯電します。

② **静電誘導**

例えば、上記①の正に帯電したセルロイド板に、帯電していない絶縁体（紙片等）を近づけると、紙片のセルロイド板に近い側には負の電荷、反対側には正の電荷が現れます。このように帯電したものに近いほうに異種の電荷が現れ、遠いほうに同種の電荷が現れる現象を**静電誘導**といいます。 **重要！**

(2) 動電気

静電気に対して動電気があります。動電気とは動く電子という意味で、電子の流れを**電流**といいます。通常、電気と呼ばれているのが動電気で、電気を通す物質（導体）は動電気（電流）の通路です。

(3) クーロンの法則 **重要！**

二つの電荷の間に働く力の大きさは、電荷間の距離の2乗に反比例し、二つの電荷の積に比例します。これを**クーロンの法則**といいます。

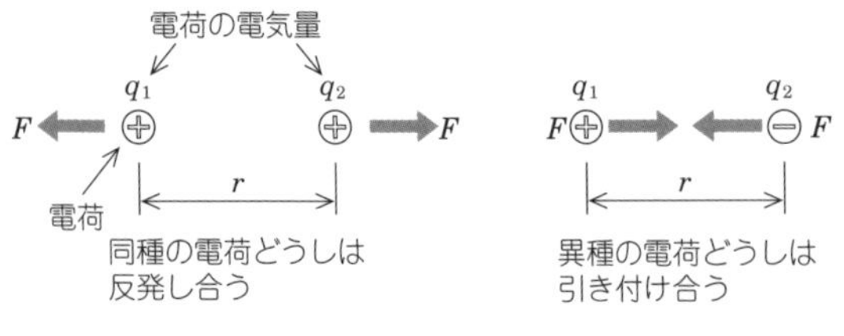

● 図1 二つの電荷 ●

$$F = K\frac{q_1 q_2}{r^2}$$

F：電荷間に働く力〔N〕

q_1、q_2：電荷〔C〕

r：電荷間の距離〔m〕

K：定数

よく出る問題

問 1　[難易度]

静電誘導に関する説明について、正しいものは次のうちどれか。

(1)　帯電体に近いほうに異種の電荷が現れ、遠いほうに同種の電荷が現れる。
(2)　電気を通さない物質（絶縁体）中で静電気が発生し、電子が蓄積される。
(3)　帯電体に遠いほうに異種の電荷が現れ、近いほうに同種の電荷が現れる。
(4)　電気を通す物質（導体）中で発生し、電子が流れる。

(1) 正しい。静電誘導とは、帯電体に近いほうに異種の電荷が現れ、遠いほうに同種の電荷が現れる現象をいいます。
(2) 誤り。電子ではなく電荷が蓄積されます。
(3) 誤り。遠いほうに同種、近いほうに異種の電荷が現れます。
(4) 誤り。これは電流の説明です。

問 2　[難易度]

F〔N：ニュートン〕を電荷間に働く力、q_1 と q_2 を電荷〔C〕、r を電荷間の距離〔m〕とすると、クーロンの法則を表した式は次のうちどれか。

(1)　$F = K\dfrac{q_1 q_2}{r^2}$

(2)　$F = K\dfrac{q_1 r}{q_2 r}$

(3)　$F = K\dfrac{r^2}{q_1 q_2}$

(4)　$F = K\dfrac{q_2 r}{q_1 r}$

(1) 正しい。
　二つの電荷の間に働く力の大きさは、電荷間の距離の2乗に反比例し、二つの電荷の積に比例します。

解答　問1 −(1)　　問2 −(1)

レッスン 6-3

物質の電気的性質と抵抗

重要度 ✎✎✎

抵抗は電流を制限する性質があります。抵抗が小さい物質は電気を通しやすく、これを**導体**といい、抵抗が大きい物質は電気を通しにくく、これを**絶縁体**といいます。また、導体と絶縁体の中間にある物質を**半導体**といいます。

(1) 導電率と導体、半導体、絶縁体の関係 重要!

電流の流れやすさを表す度合いを**導電率**といいます。

導電率を尺度に導体、半導体、絶縁体を比較してみると、図1のようになります。

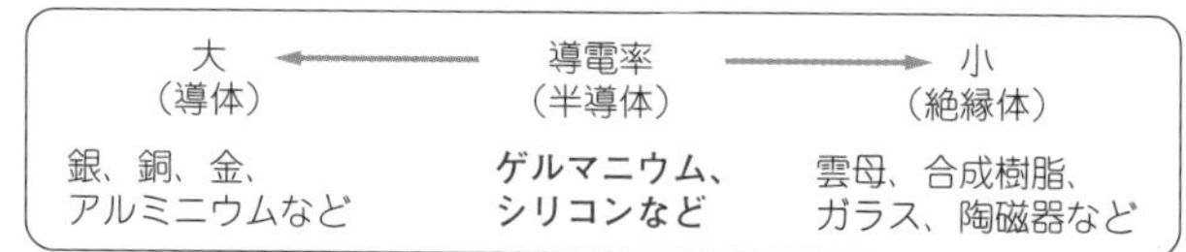

● 図1　導電率 ●

① 導体

電気を通しやすい物質を導体といいます。代表的な導体を導電率の高い順に並べると、**銀＞銅＞金＞アルミニウム＞ニッケル＞鉄**となります。重要!

② 絶縁体

絶縁体とは導電率がきわめて小さく、電気を通しにくい物質です。

③ 半導体

半導体とは、導体と絶縁体の中間にある性質をもつ物質で、環境の変化（温度や光）によって抵抗の値が変化し、導体や絶縁体に変化する性質があります。

(2) 抵抗率と抵抗の関係

抵抗とは電流の流れをはばむ性質であり、単位はオーム〔Ω〕です。その度合い（比例定数）を抵抗率といい、導電率の逆数で表されます（**導電率の大きい物質ほど抵抗率は小さい**）。

(3) 抵抗の公式

導体の長さ L〔m〕、導体の断面積 A〔m²〕、抵抗 R〔Ω〕、抵抗率 ρ〔Ω/m〕とするとき、抵抗 R は次の式で表すことができます。

$$R = \rho\frac{L}{A} = \rho\frac{4L}{\pi D^2} \qquad \left(A = \frac{\pi D^2}{4}\text{、}D\text{：導体の直径}\right)$$

これより、次のことがわかります。

・抵抗は、抵抗率と導体の長さに比例する。

・抵抗は、導体の断面積に反比例し、**直径の2乗に反比例**する。重要!

つまり、断面積が2倍になれば抵抗は $\frac{1}{2}$、直径が2倍になれば抵抗は $\frac{1}{4}$ となります。

よく出る問題

問 1　[難易度]

アルミニウム、鉄、銅、金、銀を、導電率の高い順に左から並べたもので、正しいものは次のうちどれか。

(1)　鉄、銅、金、アルミニウム、銀
(2)　銀、銅、金、アルミニウム、鉄
(3)　鉄、アルミニウム、金、銅、銀
(4)　銅、鉄、金、銀、アルミニウム

解説

導体では導電率の高い順がよく出題されています。

銀＞銅＞金＞アルミニウム＞ニッケル＞鉄の順位はしっかり覚えておきましょう。

(2)　正しい。導電率は、「軟銅を 100 とした場合に、どの程度流れやすいか」を表します。
各物質の導電率は、銀 106.6 %、銅 100 %、金 72.5 %、アルミニウム 61 %、鉄 13 %です。

(1)(3)(4)　誤り。

問 2　[難易度]

導体、半導体、絶縁体のそれぞれの代表例の組合せとして、正しいものは次のうちどれか。

	導　体	半導体	絶縁体
(1)	銅	合成樹脂	雲母
(2)	アルミニウム	シリコン	ガラス
(3)	ゲルマニウム	シリコン	陶磁器
(4)	銀	ゲルマニウム	ニッケル

(2)　正しい。導体、半導体、絶縁体の違いと代表例は重要です。
特に、半導体のゲルマニウムとシリコンは要注意です。

(1)(3)(4)　誤り。

問 3　[難易度]

導体の長さ L〔m〕、導体の断面の直径 D〔m〕、抵抗 R〔Ω〕、抵抗率 ρ〔Ω/m〕とするとき、抵抗 R の関係式について、正しいものは次のうちどれか。

(1)　$R=\rho\dfrac{4L}{\pi D}$　(2)　$R=\rho\dfrac{4\pi D}{L}$　(3)　$R=\rho\dfrac{4\pi D^2}{L}$　(4)　$R=\rho\dfrac{4L}{\pi D^2}$

導体の長さ L〔m〕、導体の断面の直径 D〔m〕、抵抗 R〔Ω〕、抵抗率 ρ〔Ω/m〕とすると き、抵抗 R の公式は $R=\rho\dfrac{4L}{\pi D^2}$ で表されます。抵抗率は導電率の逆数です。

解答　問 1 −(2)　問 2 −(2)　問 3 −(4)

レッスン 6-4

電磁気

重要度

磁気とは、磁石が鉄などのほかの物質と引き付け合ったり、反発し合ったりする現象で、その強さを**磁力**といいます。その単位は**Wb**（ウェーバ）です。磁石にはN極とS極があり、異極どうし（N-S、S-N）は引き付け合い、同極どうし（N-N、S-S）は反発し合う性質があります。**磁気はN極からS極へ向かい**、これを**磁力線**といい、**磁力線の及ぶ範囲を磁界**といいます。

(1) 磁気誘導、磁性体、非磁性体 重要！

磁気誘導とは、磁石の磁界内に置かれた鉄などの物質が**磁化（磁気を帯びた状態）され、自身も磁石の性質をもつ現象**をいいます。

① 磁気誘導を生じる物質を磁性体といい、特に**鉄、ニッケル、コバルト**などは磁化傾向が大きいので**強磁性体**といいます。

② 非磁性体には、**常磁性体**と**反磁性体**があります。常磁性体は、**加えた磁界の方向**（磁石のN極に近いほうがS極、遠いほうがN極）**にわずかに磁化**される傾向があり、**アルミニウム、白金**などがあります。

反磁性体は、**加えた磁界の反対方向**（磁石のN極に近いほうがN極、遠いほうがS極）**にわずかに磁化**される傾向があり、**銅、銀**などがあります。

(2) 右ねじの法則

導体に電流を流すと導体のまわりに磁界ができます。その電流と磁界の方向の関係は、ねじをドライバーで右回しにする関係と同じです。**電流が進む方向に対して磁界は右回りの円を描く方向**です。

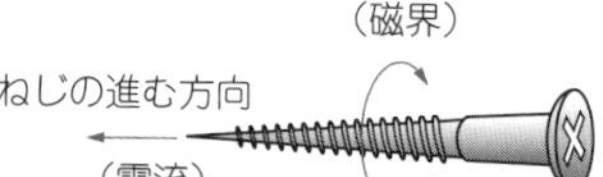

● **図1　右ねじの法則** ●

(3) フレミングの左手の法則とフレミングの右手の法則

磁界の中に導体を置き、電流を流すと、導体を動かそうとする力が働きます。

磁界、電流、力の三つの作用を**左手の人差し指（磁界）、中指（電流）、親指（力）**で表した関係を**フレミングの左手の法則**といいます。

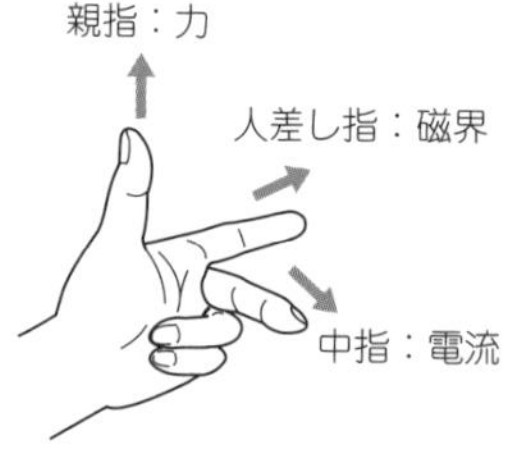

● **図2　フレミングの左手の法則** ●

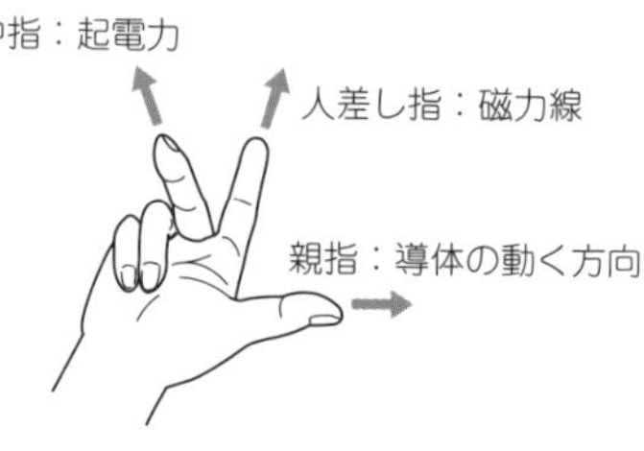

● **図3　フレミングの右手の法則** ●

一方、磁界中にある導体が運動すると、導体と磁束が互いに切り合い**起電力**が誘導されます。右手の人差し指を磁力線の方向、親指を導体の運動の方向に向けると、中指が導体に生じる起電力の方向を指します。これを**フレミングの右手の法則**といいます。

よく出る問題

問 1 [難易度]

磁気に関する説明として、誤っているものは次のうちどれか。

(1)　磁気とは、磁石が鉄などのほかの物質と引き付け合ったり、反発し合ったりする現象である。

(2)　磁気がS極からN極へ向かうことを磁力線といい、磁力線の及ぶ範囲を磁界という。

(3)　磁石にはN極とS極があり、同極どうしは反発し合い、異極どうしは引き付け合う。

(4)　磁気の強さを磁力といい、その単位は〔Wb〕である。

解説　(2) 誤り。磁気はN極からS極へ向かいます。
(1)(3)(4) は正しい。

問 2 [難易度]

磁性体、常磁性体、反磁性体の代表的な物質の組合せで、正しいものは次のうちどれか。

	磁性体	常磁性体	反磁性体
(1)	アルミニウム	コバルト	銀
(2)	銅	白金	ニッケル
(3)	ニッケル	アルミニウム	白金
(4)	鉄	白金	銅

解説　(1)(2)(3) 誤り。(4) 正しい。磁性体（強磁性体）の代表例に鉄、ニッケル、コバルト、常磁性体の代表例にアルミニウム、白金、反磁性体の代表例に銅、銀があります。磁性体、常磁性体、反磁性体の意味と代表的な物質名を正確に覚えておきましょう。

問 3 [難易度]

フレミングの左手の法則に関する説明として、正しいものは次のうちどれか。

(1)　人差し指を磁界、中指を電流、親指を力で表した関係である。

(2)　人差し指を電流、中指を磁界、親指を力で表した関係である。

(3)　人差し指を磁力線の方向、中指を起電力の方向、親指を導体の運動方向で表した関係である。

(4)　人差し指を起電力の方向、中指を磁力線の方向、親指を導体の運動方向で表した関係である。

(1) 正しい。(2)(3)(4) は誤り。(4) はフレミングの右手の法則です。
左手の法則と右手の法則の意味と、指の示す名称を覚えておきましょう。

解答　問1 −(2)　　問2 −(4)　　問3 −(1)

レッスン 6-5

合成抵抗

重要度

(1) 直列接続と並列接続

複数の抵抗の合成を水道水の流れに置き換えてみましょう。

いま、水道管に3個の弁 R_1、R_2、R_3 が直列（図1）と並列（図2）に接続してあります。

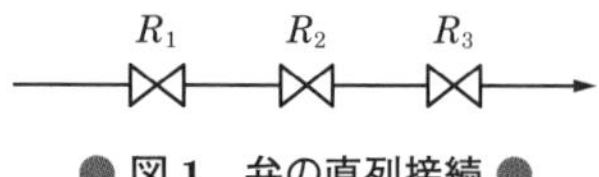

● 図1　弁の直列接続 ●

ただし、水圧や弁の開度、水道管の口径は双方で同じとします。さて、直列接続と並列接続のどちらが水流は多いでしょうか。

当然、図2のように並列接続したほうが水流は多くなります。それは、直列に接続するよりも並列に複数接続したほうが流量が分散されるため抵抗が小さいからです。

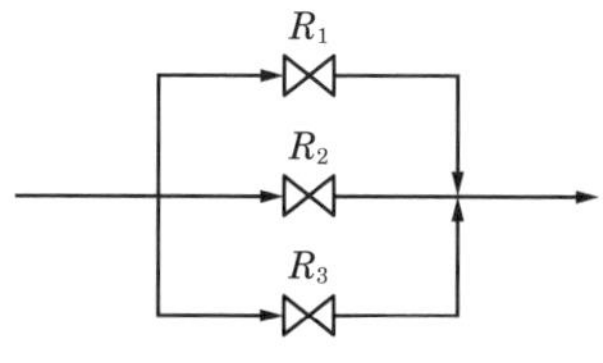

● 図2　弁の並列接続 ●

(2) 合成抵抗を求める式

上記の水道水（水流）の説明と、電流と抵抗の関係はまったく同じで、水流を電流、弁（R_1、R_2、R_3）を抵抗とみなすことができます。弁や配管による損失に相当するものとして、電気では「抵抗器」や「電線の抵抗」等があります。したがって、電線の太さや長さによっても抵抗は異なります。

抵抗を R_1、R_2、R_3 で表したときの合成抵抗は、次の式によって求めることができます。

① **直列接続の場合の合成抵抗を求める式**

$$R = R_1 + R_2 + R_3$$

② **並列接続の場合の合成抵抗を求める式**

$$\frac{1}{R} = \frac{1}{R_1} + \frac{1}{R_2} + \frac{1}{R_3}$$

この式を変形すると次になります。

$$R = \frac{R_1 R_2 R_3}{(R_1 R_2) + (R_2 R_3) + (R_3 R_1)}$$

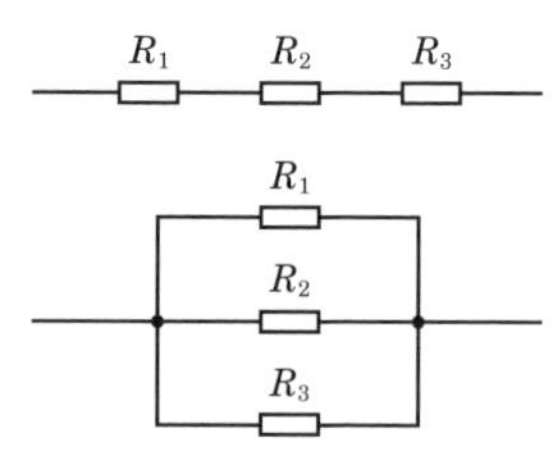

● 図3　抵抗の直列・並列接続 ●

解答のテクニック！

同じ抵抗が2個「並列」に接続されている場合の合成抵抗は $\frac{1}{2}$、3個の場合は $\frac{1}{3}$ になります。

例えば、図3で $R_1 = R_2 = R_3 = 3\,\Omega$ のときの合成抵抗は $1\,\Omega$ です。これを知っておくと便利です。

よく出る問題

問 1　［難易度］

図の回路で、a‑b 間の合成抵抗 R〔Ω〕の値として、正しいものは次のうちどれか。

(1)　6 Ω
(2)　8 Ω
(3)　10 Ω
(4)　12 Ω

a　7 Ω　3 Ω　2 Ω　b

解説

(4)　正しい。直列接続の場合の合成抵抗 R は、すべての抵抗の和が解答になります。
(1)(2)(3)　誤り。

問 2　［難易度］

図の回路で、a‑b 間の合成抵抗 R〔Ω〕の値として、正しいものは次のうちどれか。

(1)　1 Ω
(2)　4 Ω
(3)　8 Ω
(4)　12 Ω

a　2 Ω　3 Ω　6 Ω　b

(1)　正しい。合成抵抗は、$R=\dfrac{R_1R_2R_3}{R_1R_2+R_2R_3+R_3R_1}$ で求められますから、各抵抗値を式に代入すると、$R=\dfrac{2\times3\times6}{(2\times3)+(3\times6)+(2\times6)}=\dfrac{36}{36}=1$ となります。

(2)(3)(4)　誤り。

問 3　［難易度］

図の回路で、a‑b 間の合成抵抗 R〔Ω〕の値として、正しいものは次のうちどれか。

(1)　1 Ω
(2)　4 Ω
(3)　8 Ω
(4)　12 Ω

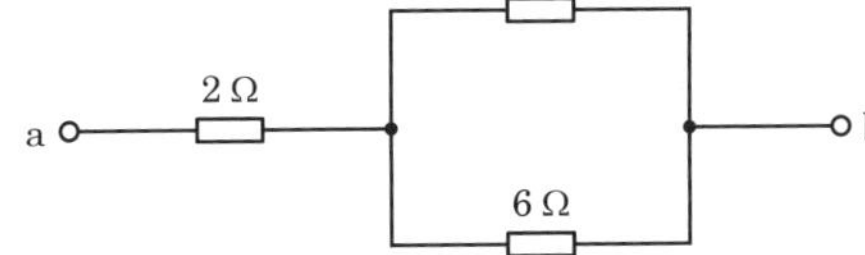

まず 3 Ω と 6 Ω の並列接続の合成抵抗を求めます。次に 2 Ω と並列接続部分の合成抵抗の和を求めます。二つの抵抗が並列で接続されている場合の合成抵抗は、$\dfrac{積}{和}$ という手法で計算すると便利です。設問の並列回路の合成抵抗は、$\dfrac{3\times6}{3+6}=\dfrac{18}{9}=2$ Ω となり、これに直列部分の 2 Ω を加算すると、合計で 4 Ω となります。

直列接続と並列接続が混合している計算では、必ず**並列接続から先に計算**します。

解答　問 1 －(4)　　問 2 －(1)　　問 3 －(2)

レッスン 6-6 コンデンサと合成静電容量

重要度

コンデンサとは、電極間（正極と負極間）に絶縁体を挟んだ構造で、電気（電荷）を蓄える性質があります。

静電容量とは、電荷を蓄えることができる容量を表すもので、単位はファラド〔F〕です。通常は100万分の1のマイクロファラド〔μF〕、あるいは10億分の1のピコファラド〔pF〕を用いられています。

蓄えられる電荷は、静電容量とコンデンサの両端にかかる電圧に比例し、以下の関係式（公式）で表すことができます。

$\boldsymbol{Q = CV}$　（Q：電荷、C：静電容量、V：電圧）

つまり、コンデンサの両端にかかる電圧が2倍、あるいは静電容量が2倍になれば、蓄えられる電荷も2倍になります。

(1) コンデンサのしくみ

コンデンサの両端に直流電圧を加えると、正（+）極側は正に、負（−）極側は負に帯電します。このときの帯電量は、$Q = CV$ です。

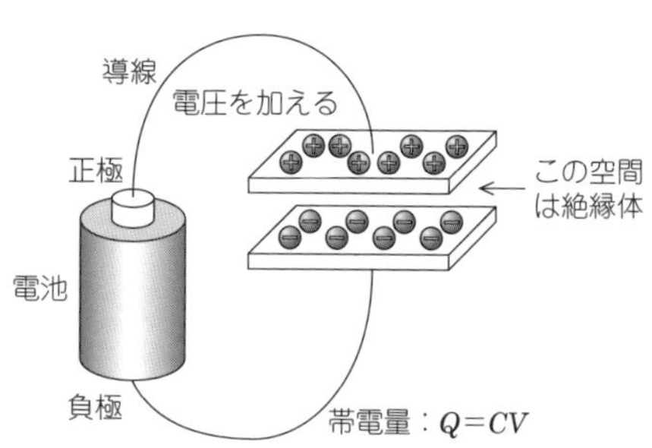

● 図1　コンデンサのしくみ ●

(2) コンデンサの合成静電容量 重要！

コンデンサも複数接続するときは、それぞれの静電容量を合成します。

その合成には抵抗の場合と同じ、直列接続と並列接続がありますが、**抵抗の公式とは逆転しているので注意が必要です。**

① **直列接続の場合の合成静電容量 C**

$$\frac{1}{C} = \frac{1}{C_1} + \frac{1}{C_2} + \frac{1}{C_3}$$

② **並列接続の場合の合成静電容量 C**

$$C = C_1 + C_2 + C_3$$

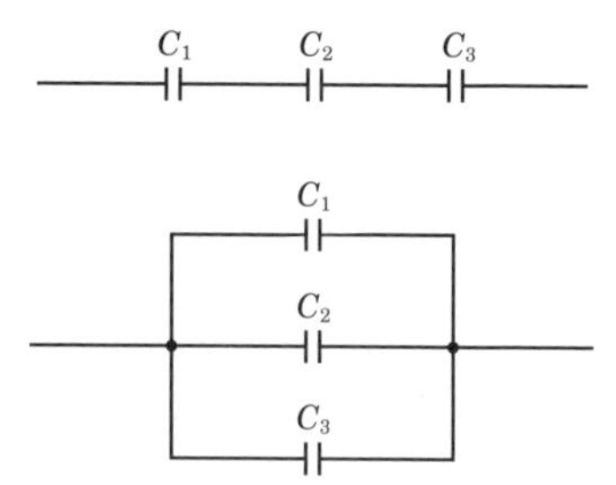

● 図2　コンデンサの直列・並列接続 ●

よく出る問題

問 1　［難易度 😊😐☹］

図の回路で、a-b 間の合成静電容量 C の値として、正しいものは次のうちどれか。

(1)　1 μF
(2)　2 μF
(3)　4 μF
(4)　6 μF

a ─ 18 μF ─ 9 μF ─ 3 μF ─ b

解説　コンデンサが直列に接続されているときの合成静電容量の求め方は、抵抗の並列接続のときと同じ公式を使いますが、ここでは、$\frac{積}{和}$ の解法を使って求めてみます。

まず、18 μF と 9 μF の合成静電容量を計算すると

$$\frac{18\times9}{18+9}=\frac{162}{27}=6 \quad [\mu F]$$

となります。続いてもう一度、$\frac{積}{和}$ の解法を使って残った 3 μF と合成します。解答は

$$\frac{6\times3}{6+3}=\frac{18}{9}=2 \quad [\mu F]$$

となります。

問 2　［難易度 😊😐☹］

図の回路で、a-b 間の合成静電容量 C の値として、正しいものは次のうちどれか。

(1)　0.5 μF
(2)　0.8 μF
(3)　1 μF
(4)　3 μF

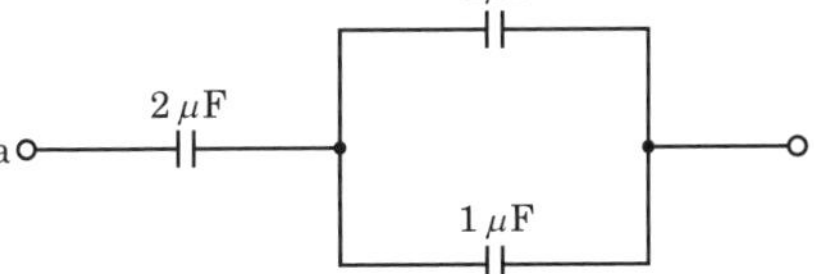

解説　並列接続の場合、二つの合成静電容量を C_1、C_2 とすると、合成静電容量は、C_1+C_2 となります。したがって、並列接続の部分は

$$1+1=2 \quad [\mu F]$$

です。

次に直列接続の 2 μF と合成します。$\frac{積}{和}$ の解法を用いて

$$\frac{2\times2}{2+2}=1 \quad [\mu F]$$

が求められます。

直列接続と並列接続が混合している計算では、必ず並列接続から先に計算します。

解答　問 1 －(2)　　問 2 －(3)

レッスン 6-7

分流器、倍率器及びホイートストンブリッジ

重要度

(1) 分流器

分流器とは、電流計の測定範囲を拡大するときに用いられる抵抗器の一種です。通常の電流計は数百Aもある大電流を直接測定できるようにはつくられていません。

そこで、例えば、最大測定値10Aの電流計で100Aを測定したいとき、図1のように電流計の**内部抵抗よりも小さな抵抗（分流器）を電流計に並列接続し**電流計へ10A、分流器へ90A流れるようにすれば合計で100Aとなります。このとき電流計の指針は10Aですから10倍した値が実際の電流値です。

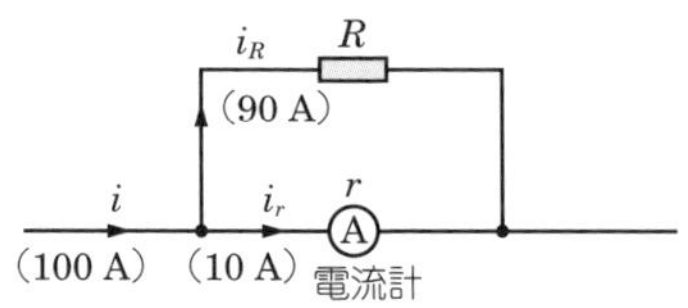

図1　分流器回路

(2) 倍率器

倍率器とは、電圧計の測定範囲を拡大するときに用いられる抵抗器の一種です。通常の電圧計は数百Vもある高電圧を直接測定できるようにはつくられていません。

そこで、例えば、最大測定値100Vの電圧計で500Vを測定したいとき、図2のように電圧計の内部抵抗よりも大きな抵抗（倍率器）を電圧計へ直列に接続し、電圧計の両端で100V、倍率器の両端で400Vを印加できるようにすれば合計で500Vになります。このとき、電圧計の指針は100Vですから、5倍した値が実際の電圧です。

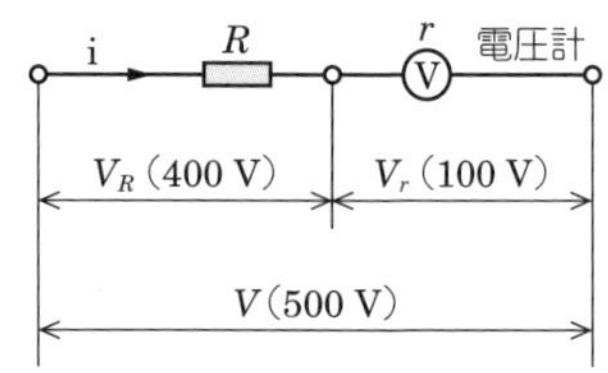

図2　倍率器回路

(3) ホイートストンブリッジ 重要!

R_1、R_2、R_3、R_4の四つの抵抗を図3のように接続し、中間のa～b間に検流計G（電流計の一種）を接続した電気回路をホイートストンブリッジといいます。ここで、$\boldsymbol{R_1 \times R_3 = R_2 \times R_4}$の関係が成立するとき、**検流計（G）には電流は流れなくなります**。これをホイートストンブリッジの**平衡条件**といい、**未知の抵抗値を調べるときに用います**（測定精度が高い）。

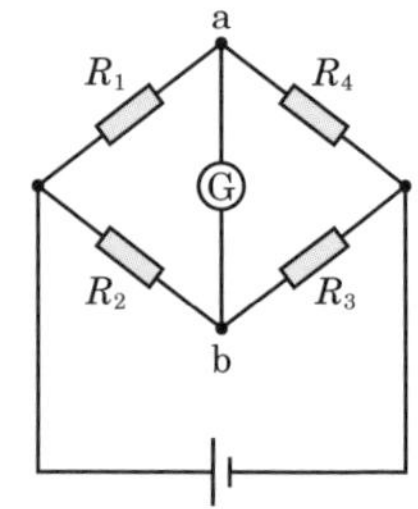

図3　ホイートストンブリッジ

よく出る問題

問 1　［難易度 😊😐😣］

分流器と倍率器に関する説明について、誤っているものは次のうちどれか。

(1)　分流器とは、電流計の測定範囲を拡大するときに用いられる抵抗器の一種である。

(2)　最大測定値 10 A の電流計で、50 A を測定したいとき、電流計の内部抵抗より小さな抵抗を電流計に並列に接続し、電流計へ 10 A、分流器へ 40 A 流れるようにすれば、合計で 50 A まで測定できる。

(3)　倍率器とは、電圧計の測定範囲を拡大するときに用いられる抵抗器の一種である。

(4)　最大測定値 100 V の電圧計で 300 V を測定したいとき、電圧計の内部抵抗よりも大きな抵抗を電圧計へ並列に接続し、電圧計へ 100 V、倍率器へ 200 V が印加できるようにすれば合計で 300 V まで測定できる。

(4) 誤り。倍率器は電圧計へ直列に接続します。

(1) (2) (3) 正しい。

問 2　［難易度 😊😐😣］

図の回路に電流を流したところ、検流計 G の値は 0 で電流が流れなかった。このときの抵抗 x 〔Ω〕として、正しいものは次のうちどれか。

(1)　1 Ω

(2)　3 Ω

(3)　5 Ω

(4)　10 Ω

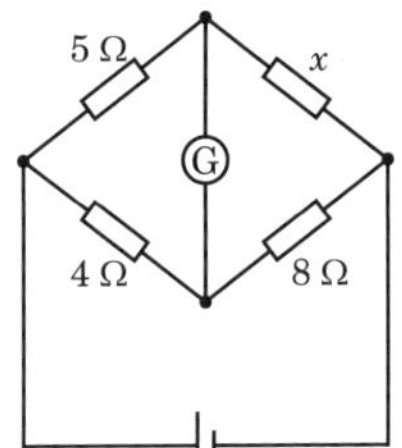

ホイートストンブリッジの平衡条件の問題です。

題意により

$$4x = 5 \times 8$$

が成り立ち

$$x = \frac{5 \times 8}{4} = 10 \quad 〔\Omega〕$$

となります。

ホイートストンブリッジの平衡条件は、**相対する辺の抵抗の積が等しい**ことを表します。

解答　問 1 −(4)　　問 2 −(4)

レッスン 6-8

測定器

重要度 ●●●

(1) 回路計 重要!

テスターと呼ばれている測定器で、電圧（交流・直流）、電流（直流）、抵抗値などを測定することができ、通常、交流電圧の測定と導通試験によく利用されています（図1）。

導通試験は、回路の断線の有無を試験するもので、切換えスイッチを**抵抗レンジ**に合わせて測定します。導通試験の注意点として、必ず測定対象の電源をOFFにしたうえで測定します。電圧測定上の注意点として、**測定対象の電圧よりも高い直近の電圧**に切換えスイッチを合わせて測定します。

電圧は電源をONの状態で測定します。

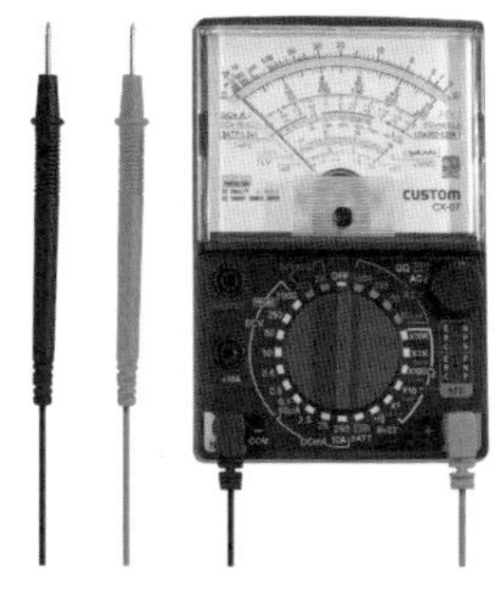

● 図1　テスター ●

(2) 電圧計、電流計 重要!

電圧計は、負荷（電気設備）に対して**並列**に、電流計は負荷（電気設備）に対して**直列**に接続して測定します。

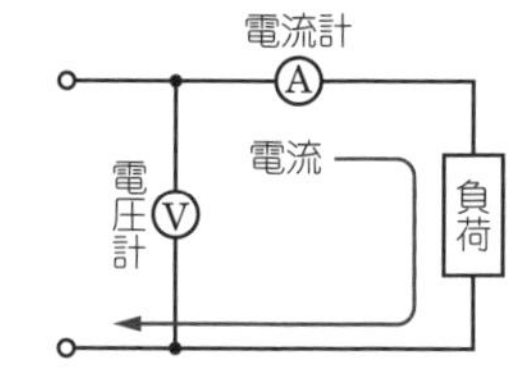

● 図2　電圧計、電流計の接続 ●

(3) クランプメーター 重要!

クランプメーターは携帯用電流計の一種で、クランプ（図3の開閉自在の空間部）の中に電線を通して測定します。

これはよく出題されます

負荷電流と漏れ電流の両方を測定することができ、負荷電流の測定はクランプの中に電線1本（接地線を除く）、漏れ電流の測定は、接地線を含めて回路の電線すべてを通して測定します（2芯線の場合は2本、3芯線の場合は3本を通して測定します）。

● 図3　クランプメーター ●

(4) 検電器 重要!

検電器は、通電状態にあるか否かをLEDランプ又はベルで調べるもので、**電圧や電流を測定することはできません**。低電圧部分の充電の有無を測定する場合は、測定部のピン先を充電部に当てて検電します。

● 図4　検電器 ●

よく出る問題

問 1 ［難易度 😊😐😞］

回路計の機能に関する説明として、誤っているものは次のうちどれか。

(1)　交流電圧と直流電圧を測定することができる。

(2)　抵抗値を測定することができる。

(3)　断線の有無を調べることができる。

(4)　接地抵抗値を測定することができる。

(4) 誤り。接地抵抗値を測定することはできません。

(1) (2) (3) 正しい。

問 2 ［難易度 😊😐😞］

測定器の機能、取扱いに関する説明として、正しいものは次のうちどれか。

(1)　検電器は電圧を測定することができる。

(2)　電圧計は負荷に対して直列に接続し、電流計は負荷に対して並列に接続する。

(3)　クランプメーターで漏えい電流を測定することができる。

(4)　クランプメーターで絶縁抵抗値を測定することができる。

解説

(1) 誤り。検電器では電圧の測定はできません。

(2) 誤り。電圧計は負荷に対して並列に、電流計は負荷に対して直列に接続します。

(3) 正しい。

(4) 誤り。クランプメーターでは絶縁抵抗値の測定はできません。

問 3 ［難易度 😊😐😞］

回路計の取扱いに関する説明として、誤っているものは次のうちどれか。

(1)　回路の電圧を測定するときは、測定対象の電圧より一段高いレンジで行う。

(2)　回路の導通試験を行うときは、測定対象の電源を ON にした状態で行う。

(3)　回路の抵抗値を測定するときは、測定対象の電源を OFF にした状態で行う。

(4)　抵抗値測定や導通試験を行う前に、測定対象の電源の ON、OFF を確認する。

(1) 正しい。測定対象より低いレンジで測定すると、指針が振り切れてしまいます。

(2) 誤り。電源を入れた状態で導通試験を行うと、回路計が故障します（回路計内のヒューズが切れる）。

(3) (4) 正しい。抵抗値測定や導通試験を行う前に必ず電源が OFF 状態にあるかを確認します。

解答　問 1 −(4)　　問 2 −(3)　　問 3 −(2)

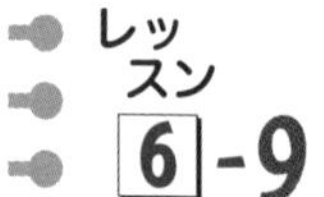

絶縁抵抗と電気設備技術基準

重要度

絶縁抵抗値とは、電気機器が漏電しやすい状態にあるか否かを判定するときに用いられ、その指標となるのが電気機器から漏れ出す漏えい電流の大小です。漏えい電流が大きいということは機器の絶縁抵抗値が低いことを意味します。したがって、**絶縁抵抗値は数値が高いほど安全性が高い**のです。測定器として、**絶縁抵抗計**（メガー）を用います。

（1）絶縁抵抗値測定の原理と測定方法 重要！

電源をOFFにした電気回路へ電圧（直流250V以上）を印加して、強制的に漏れ電流を発生させ、その程度を「絶縁抵抗値」として表す測定器です。抵抗値と漏れ電流の関係は、オームの法則により逆比例しますから、その漏れ電流を絶縁抵抗値に置き換えたものが絶縁抵抗計です。測定は測定ピン（L端子）を電路に当て、接地部のクリップ（E端子）を接地極へつながる分電箱へ挟み込み測定します。

測定には以下の二つの方法があります。

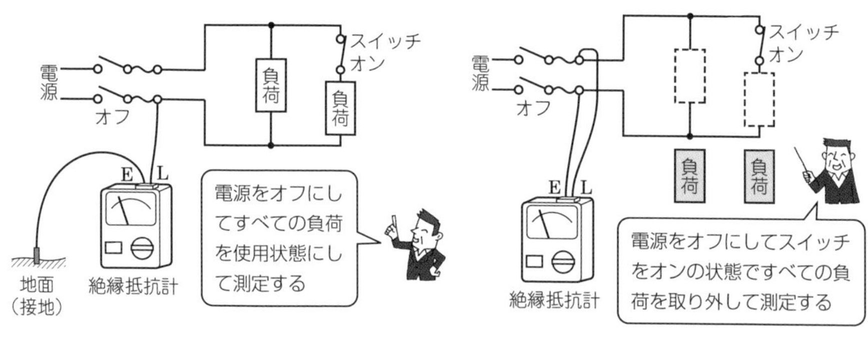

● 図1　電路と大地間の絶縁測定 ●

● 図2　電線間の絶縁測定 ●

● 表1　低電圧回路の絶縁抵抗値の基準 ●

使用電圧の区分		絶縁抵抗値
300V以下	150V以下（実際の使用電圧は**100V**）	**0.1MΩ以上**
	150V超過（実際の使用電圧は三相**200V**）	**0.2MΩ以上**
300V超過	実際の使用電圧は三相400V	0.4MΩ以上

※　1MΩ（メガオーム）のMとはミリオン（100万）の意味。1MΩ＝100万Ω

100V回路は0.1MΩ以上、200V回路は0.2MΩ以上、これを覚えておくことは必須です。

(2) 電気設備技術基準 重要！

絶縁抵抗値は2類関係では、**0.1 MΩ** と **0.2 MΩ** が重要です。

100 V（照明・信号関係）= **0.1 MΩ** 以上、**200 V**（動力系統）= **0.2 MΩ** 以上と覚えておくとよいでしょう。例えば、警報関係の機器類の絶縁抵抗値は **0.1 MΩ** 以上、三相200 Vのポンプ用電動機の絶縁抵抗値は **0.2 MΩ** 以上でなければなりません。

よく出る問題

問 1 ［難易度 😊😐😟］

電路と大地間の絶縁測定に関する説明について、正しいものは次のうちどれか。

(1)　電源をOFFにする。
(2)　系統のスイッチはすべてOFFとする。
(3)　電気設備に接続されているコンセント類はすべて抜いておく。
(4)　電球類はすべて取り外す。

(1) 正しい。
(2) (3) (4) 誤り。電源をOFFにするほかは、通常の使用状態において測定します。

問 2 ［難易度 😊😐😟］

電線間の絶縁測定に関する説明について、誤っているものは次のうちどれか。

(1)　電源をOFFにする。
(2)　系統のスイッチはすべてONとする。
(3)　電気設備に接続されているコンセント類はすべて抜いておく。
(4)　電球類はすべて取り付けておく。

(1) (2) (3) は正しい。
(4) 誤り。電気設備に接続されているコンセント類と電球類はすべて取り外した状態で行います。ここが「電路と大地間の測定」と異なる部分です。

問 3 ［難易度 😊😐😟］

絶縁抵抗測定について、電気設備技術基準解釈の基準に達しないものは、次のうちどれか。

(1)　三相200 Vの消火ポンプ用電動機の絶縁抵抗値を測定した結果、3.0 MΩであった。
(2)　三相200 Vの水中ポンプ用電動機の絶縁抵抗値を測定した結果、0.18 MΩであった。
(3)　100 V回路に接続中のエアコンの絶縁抵抗値を測定した結果、2.3 MΩであった。
(4)　100 V回路に接続中の外灯の絶縁抵抗値を測定した結果、0.12 MΩであった。

(1) (3) (4) 基準値以上です。
(2) 基準値以下です。200 V系統の絶縁抵抗値は0.2 MΩ以上でなければなりません。

解答　問1－(1)　　問2－(4)　　問3－(2)

レッスン 6-10 接地抵抗と電気設備技術基準

重要度 ✎✎✎

電気機器が絶縁不良を起こしたとき、大きな漏えい電流が流れますが、それを感電しないよう大地へ逃す必要があります。そのとき、大地と接地極（アースをとっている場所）の間に大きな抵抗があると漏えい電流は流れにくくなり危険です。

したがって、接地抵抗値は**数値が低いほど安全性が高い**のです。接地抵抗値の測定には、接地抵抗計（アーステスタ）を用います。

(1) 接地の目的

2類関係はD種接地工事が重要！

接地の主な目的は次の3点です。

① **感電**を防止する。

② **漏電**等による火災や**機器の損傷を防止**する。

③ 地絡電流（漏えい電流）を検出して**漏電遮断器などを動作**させる。

(2) 接地抵抗値の測定方法

測定対象の接地極から直線上10 mずつの距離をとり、第1、第2補助接地極を地面に打ち込み、それぞれP端子、C端子に接続します。調整ダイヤルを動かし、検流計が0を指したときの調整ダイヤルの読みが接地抵抗値です。

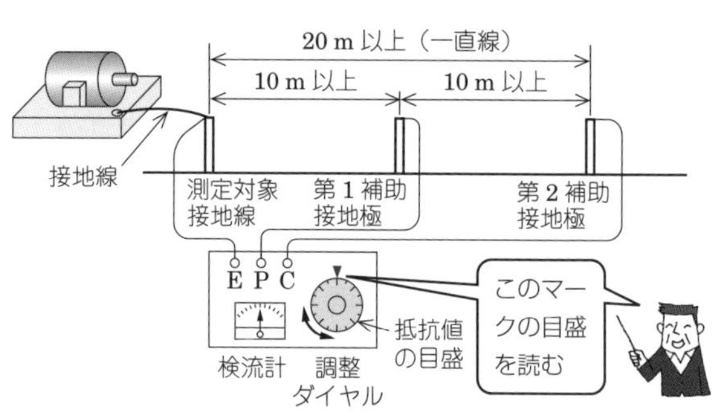

● 図1　接地抵抗値の測定方法 ●

(3) 電気設備技術基準 重要！

接地工事には電圧区分により、A種接地工事（高電圧電路用）、B種接地工事（変圧器の中性点接地用）、C種接地工事（400 V電路用）、**D種接地工事（200 V、100 V電路用）**の4種類があります。**2類関係ではD種（100 Ω以下）**と覚えておきましょう。

※　高電圧（交流）とは600 V超7000 V以下、低電圧とは600 V以下をいいます。

● 表1　接地工事の基準 ●

接地工事	接地抵抗値	接地線直径	接地工事	接地抵抗値	接地線直径
A種	10 Ω以下	2.6 mm以上	C種	10 Ω以下	1.6 mm以上
B種	※1	4.0 mm以上	**D種**	**100 Ω以下**	**1.6 mm以上**

※1　B種接地抵抗値は「1線地絡電流」で定まり、$\frac{150}{地絡電流}$ 以下。

よく出る問題

問 1　[難易度 😊😐😣]

接地の目的に関する説明について、不適当なものは次のうちどれか。

(1)　感電を防止するため。

(2)　漏電火災を防止するため。

(3)　漏電遮断器の設置を省略するため。

(4)　機器の損傷を防止するため。

(3) 誤り。

接地抵抗値が低い（3 Ω 以下）場合などを除き、漏電遮断器を省略はできません。

(1)（2）（4）は正しい。

問 2　[難易度 😊😐😣]

接地抵抗値の測定に関する説明について、誤っているものは次のうちどれか。

(1)　接地抵抗計の E 端子を接地極へ接続する。

(2)　接地極から直線上 10 m、及び 20 m の位置にそれぞれ補助接地極を地面に打ち込む。

(3)　10 m の位置の補助接地極に接地抵抗計の C 端子を、20 m の位置の補助接地極に P 端子をそれぞれ接続する。

(4)　測定ダイヤルを回し、検流計の目盛が 0 になったときの測定ダイヤルの目盛が接地抵抗値を表している。

設問は接地抵抗計の測定方法ですが、(3) は誤りで、C 端子と P 端子の接続が逆です。

問 3　[難易度 😊😐😣]

接地工事に関する説明について、誤っているものは次のうちどれか。

(1)　A 種接地工事は、接地抵抗値が 10 Ω 以下で、接地線の太さが φ2.6 mm 以上とする。

(2)　B 種接地工事は、原則として変圧器の高圧側又は特別高圧側の電路の 1 線地絡電流のアンペア数で 150 を除した値以上とする。

(3)　C 種接地工事は、接地抵抗値が 10 Ω 以下で、漏電遮断器等の設置により、0.5 秒以内に地絡を生じた電流を遮断できれば 500 Ω 以下とすることができる。

(4)　D 種接地工事は、接地抵抗値が 150 Ω 以下で、漏電遮断器等の設置により、0.5 秒以内に地絡を生じた電流を遮断できれば 700 Ω 以下とすることができる。

(4) 誤り。D 種接地は、接地抵抗値が 100 Ω 以下で、漏電遮断器等の設置により 0.5 秒以内に地絡を生じた電流を遮断できれば 500 Ω 以下とすることができます。

(1)（2）(3) 正しい。

解答　問 1 －(3)　　問 2 －(3)　　問 3 －(4)

レッスン 6-11 測定器の作動原理と測定誤差

(1) 測定器の作動原理

測定器は種々の測定原理を用いてつくられています。特に**可動コイル形**と**可動鉄片形**については、しっかりマスターしておきましょう。**重要!**

● **表 1 測定器の動作原理と種類** ●

種類		記号	動作原理
直流回路用	**可動コイル形**		磁石と可動コイル間に働く電磁力を利用
交流回路用	誘導形		交番磁束とこれによる誘導電流との電磁力を利用
	整流形		整流器で直流に変換
	振動片形		交流で振動片を励起し、その共振作用を利用
	可動鉄片形		固定コイルに電流を流して磁界をつくり、その中に可動鉄片を置いたときに働く電磁力を利用

(2) 計器の使用法と計器の階級

計器は、鉛直方向や水平方向に設置して使用する場合と、傾斜をつけて使用する場合があります。そのシンボルマークを表 2 に示します。また、計器には精度によって階級があります。**数字の低い階級ほど精度が高い**ことを表します（表 3）。

● **表 2 計器のシンボルマーク** ●

鉛直設置	水平設置	傾斜設置
⊥	⊓	∠

● **表 3 計器の階級** ●

階級	0.2 級	0.5 級	1.0 級	1.5 級	2.5 級
許容誤差	±0.2 %	±0.5 %	±1.0 %	±1.5 %	±2.5 %

※ 0.2 級は準標準計、工業用では 1.0 級、1.5 級が用いられています。

(3) 測定値と誤差

ある量を測定した場合、その値と真の値の間には、通常、誤差があります。

① 測定値 M、真の値 T、誤差 ε とするときの関係式は、$\boldsymbol{\varepsilon = M - T}$ で表されます。

② 誤差を真の値に修正することを補正といい、補正値を α とするときの関係式は、$\alpha = T - M$ で表されます（つまり、$\boldsymbol{\varepsilon = -\alpha}$）。

よく出る問題

問 1 ［難易度 ☺😐☹］

計器の動作原理の記号について、種類との組合せで誤っているものは次のうちどれか。

	種　類	記　号
(1)	可動コイル形	
(2)	整流形	
(3)	電流力形	
(4)	誘導形	

は可動鉄片形の記号です。可動鉄片形計器は、固定コイルに電流を流して磁界をつくり、可動鉄片に働く電磁力を駆動トルクへ変換して利用する計器です。

ちなみに、電流力形の記号は で表されます。

問 2 ［難易度 ☺😐☹］

計器の使用方法、階級及び測定と誤差に関する説明として、正しいものは次のうちどれか。

(1) 計器はすべて垂直に設置しなければならない。

(2) 計器の階級は、数字が大きいほど精度が高い。

(3) 測定値を M、真の値を T、誤差を ε とするとき、$\varepsilon = T - M$ で表される。

(4) 補正値を α とするとき、誤差 ε との関係は、$\varepsilon = -\alpha$ である。

解説

(1) 誤り。そのほかに水平設置と傾斜設置があります。

(2) 誤り。階級の数字は許容誤差を表しているので数字が小さいほど精度が高くなります。

(3) 誤り。$\boldsymbol{\varepsilon = M - T}$ です。**試験によく出題されるのはこの部分**です。間違わないようにしましょう。

(4) 正しい。

解答 問1－(3)　　問2－(4)

レッスン

6-12 電気機器 1（変圧器、蓄電池）

重要度

(1) 変圧器 重要！

変圧器は一般にトランスと呼ばれ、交流電圧を変換する機器です。図１のように、中心部を長方形状にくり抜いた非常に薄い**ケイ素鋼板**を多数積層し（重ねて)、これを**鉄心**として、鉄心の両端に一次巻線と二次巻線が対抗するように巻いてあります。

このような構成にして一次側に交流電圧を印加すると、交流の作用で磁束（磁力線の束）が発生し鉄心の中を流れます。すなわち、**鉄心は磁束が流れる通路**であり、その磁束が二次巻線を通過するとき、**巻数に比例した二次電圧が発生**します。この現象を**電磁誘導**といいます。

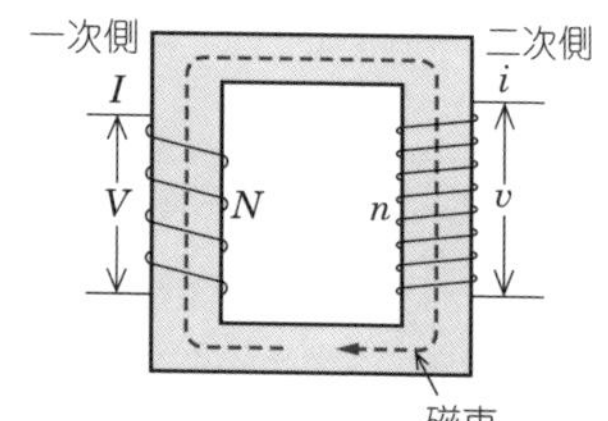

● 図１　変圧器の構造 ●

二次電圧は二次巻数を増減することによって一次電圧よりも低くすることもできれば高くすることもできますが、ほとんどの場合、一次電圧を降圧して二次電圧とします。

① **電圧比**（電圧比は巻数比と等しい）：$\dfrac{v}{V}=\dfrac{n}{N}$

② **電流比**（電流比は電圧比、巻数比の逆数）：$\dfrac{i}{I}=\dfrac{V}{v}=\dfrac{N}{n}$

電圧比は巻数比と等しく、電流比の逆比になります

(2) 蓄電池 重要！

電池には一次電池と二次電池があります。

① 一次電池：充電できない使い捨て型の電池（マンガン電池、アルカリ電池等）

② 二次電池：充電して繰り返し使用できる電池で、**鉛蓄電池、ニッケル・カドミウム（ニカド）電池**がよく使用されています。規格をよく覚えておきましょう。

● 表１　二次電池の比較 ●

種類	陽極	電解液	陰極	1セルあたりの電圧〔V〕
ニカド電池	ニッケル酸化物	アルカリ水溶液	カドミウム	**1.2**
鉛電池	二酸化鉛	希硫酸	鉛	**2.0**

③　周囲温度：**0 ～ 40℃**において機能に異常を生じないことが要求されます。

④　**サルフェーション**：鉛蓄電池特有の現象で、**長時間放置**した場合に、硫酸鉛微粒子（白い粉末）が電極板に付着して寿命を縮める現象をいいます。

⑤　**トリクル充電、浮動充電**：鉛蓄電池の自然放電を補うために、絶えず微小電流により充電する方式です。

よく出る問題

問 1　［難易度 😊😐😞］

一次巻線 3300、二次巻線 50 の変圧器の二次端子から 100 V の電圧を取り出す場合、一次端子に加える電圧〔V〕として、正しいものは次のうちどれか。

(1)　1650
(2)　3300
(3)　6600
(4)　9900

変圧器の一次コイルの巻数を N_1、二次コイルの巻数を N_2、一次コイル側の電圧を V_1、二次コイル側の電圧を V_2 とするときの関係式は、$\frac{N_1}{N_2}=\frac{V_1}{V_2}$ です。

題意により、各数値を関係式に代入すると

$$\frac{3300}{50}=\frac{V_1}{100}$$

となり、$V_1=6600$〔V〕となります。

問 2　［難易度 😊😐😞］

蓄電池に関する説明について、誤っているものは次のうちどれか。

(1)　トリクル充電とは、自然放電を補うために絶えず微小電流により充電する方式をいう。
(2)　サルフェーションとは、鉛蓄電池を放置した場合に、硫酸鉛微粒子が極板に付着して寿命を縮める現象をいう。
(3)　二次電池は、充電して繰り返し使用できる電池で、鉛蓄電池、ニッケル・カドミウム電池が使用される。
(4)　鉛蓄電池の公称電圧は、1 セルあたり 1.2 V である。

(1)（2)（3）正しい。
(4）誤り。鉛蓄電池の電圧は 1 セルあたり 2.0 V です。

解答　問 1 －(3)　　問 2 －(4)

1学期 ➡ 筆記試験対策　2学期 ➡ 実技試験対策　3学期 ➡ 模擬試験

レッスン 6-13 # 電気機器 2（誘導電動機）

重要度

(1) 三相かご形誘導電動機の同期速度

通常、モータと呼ばれている三相かご形誘導電動機は、固定子巻線に交流電源を供給し回転磁界を発生させ、そのとき誘導されるトルクにより回転子を回転させるものです。このとき、回転磁界と同じ回転速度を**同期速度**といいます。

同期速度 $N_0 = \dfrac{120f}{P}$ 〔rpm〕 **重要！**

（rpm：毎分あたりの回転数、f：周波数（**50 Hz** 又は **60 Hz**）、P：電動機の磁極数（通常の電動機は **4 極**））

しかし、電動機には**すべり**という現象があり、実際の回転数は同期速度よりも低くなります。このすべり s を加味した実際の回転数 N を表す式は、次のようになります。

$$N = N_0(1 - s) = \frac{120f}{P}(1 - s) \text{〔rpm〕}$$

電動機の回転数は周波数と磁極数とすべりで定まる！

(2) スターデルタ始動法 **重要！**

三相かご形誘導電動機は、固定子巻線を△（デルタ）結線として運転します（図 1）。

しかし、△結線では始動時、運転中の **4 ～ 8 倍**もの電流が流れます。小容量の電動機であれば△結線始動（直入れ始動）でも問題はありませんが、中容量になるとその始動電流により、電源ブレーカーが落ちることがあります。したがって、中容量以上の電動機では、固定子巻線を**Y（スター）結線にして始動**します。Y結線にすると電動機にかかる電圧は△結線の $\dfrac{1}{\sqrt{3}}$、電流は $\dfrac{1}{3}$ $\left(\text{トルクも}\dfrac{1}{3}\right)$ となり、**始動電流を低く抑えて始動できる**のでブレーカーが落ちることはありません。回転力がついたところで△結線へ切り換えます。

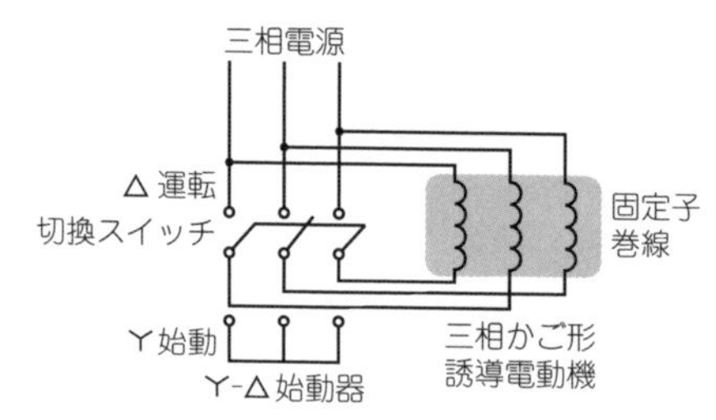

● 図 1　スターデルタ始動法 ●

(3) 三相誘導電動機の逆転法 **重要！**

三相誘導電動機は、入力側の**電線 3 本のうち 2 本を入れ換えることにより回転方向を逆回転**させることができます。

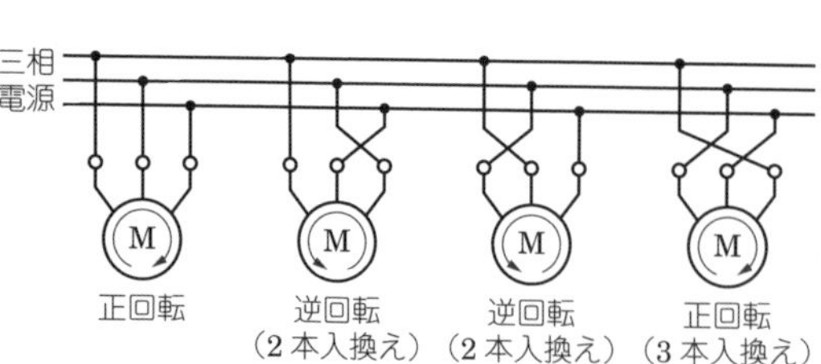

● 図 2　三相誘導電動機の逆転法 ●

よく出る問題

問 1 ［難易度 😊😐😣］

磁極数が4極の三相かご形誘導電動機を、三相200V、周波数50Hzで運転するときの1分間あたりの回転数で、正しいものは次のうちどれか。ただし、すべりは5%とする。

(1)　1375 rpm　(2)　1400 rpm　(3)　1425 rpm　(4)　1500 rpm

周期速度は、$N = N_0(1-s) = \dfrac{120f}{P}(1-s)$ で求められるので、この式に設問の数値を代入すると、$N = \dfrac{120 \times 50}{4}(1-0.05) = 1425$ 〔rpm〕

問 2 ［難易度 😊😐😣］

三相かご形誘導電動機をスターデルタ始動方式とする場合の結線として、正しいものは次のうちどれか。

(1)

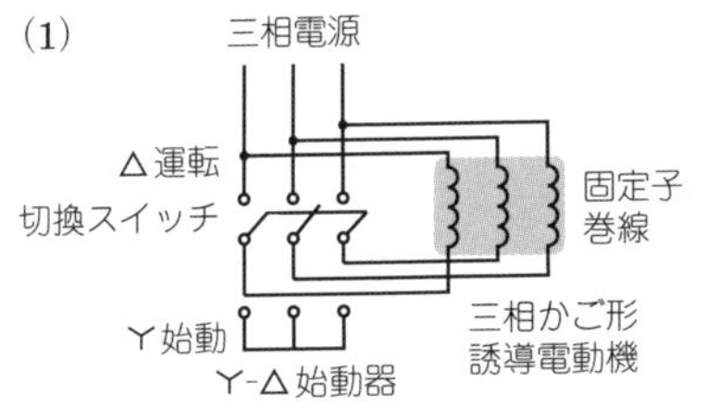

(2)

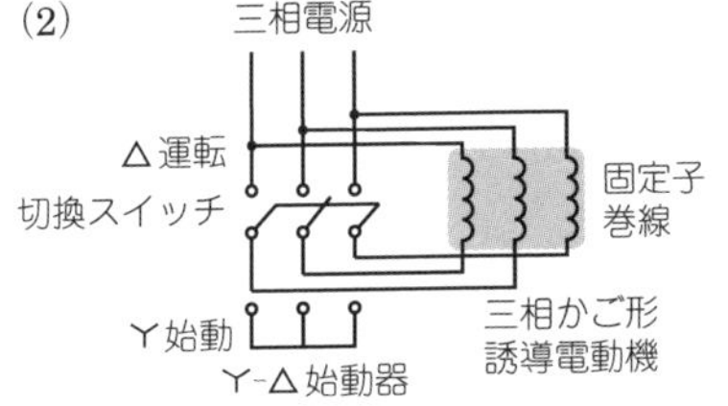

(3)

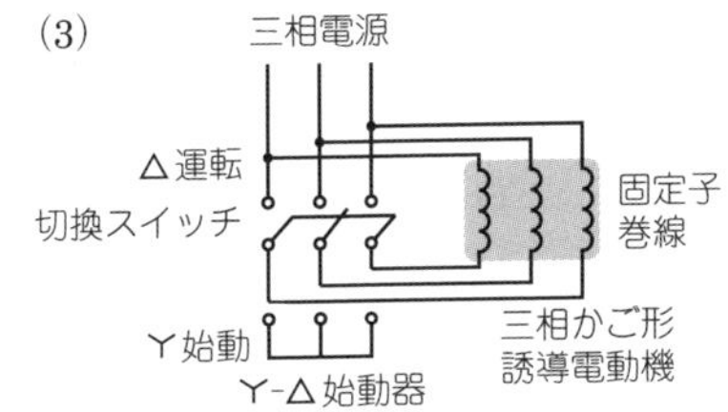

(4)

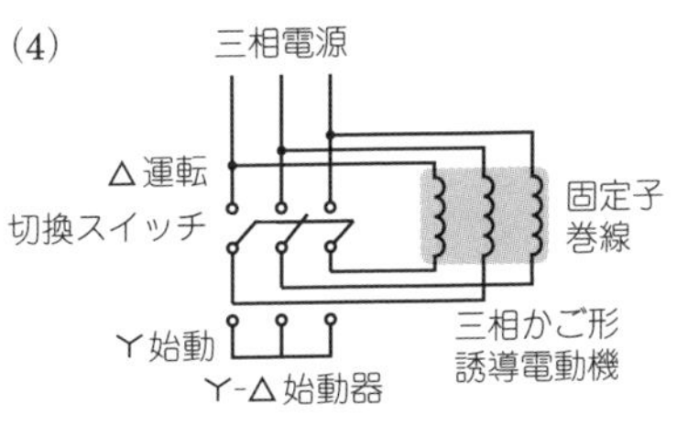

△結線作図のポイントは、電動機への分岐線を切換えスイッチで幹線と再接続する際「相を違える」ことです。下図例ではT→R、S→T、R→Sへそれぞれ接続します。

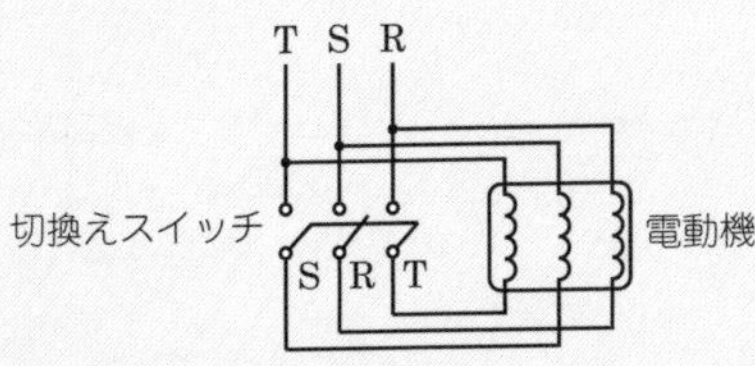

解答 問1－(3)　問2－(4)

レッスン 6-14 交流理論 1（交流回路の基礎知識）

重要度

電流には常に一定の電圧、電流を保つ直流と、時間とともに絶えず変化する交流があります。

(1) 周波数

交流は図1のように一定の波形をもち、これを周期といい、1秒間に繰り返す周期の回数を周波数といいます。単位はヘルツ〔Hz〕です。

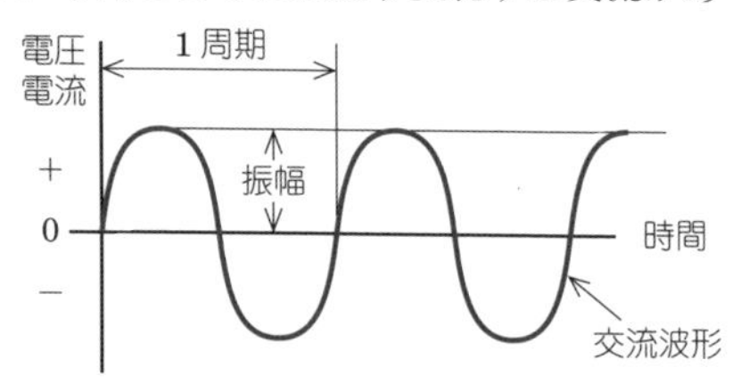

● 図1 交流波形 ●

(2) 最大値と実効値

交流では電圧、電流ともに常に一定の波形をもち、最大値が存在します。また、抵抗負荷に**直流電圧**を加えたときと**同じ電力を供給できる交流電圧の大きさを実効値**といいます。電圧の最大値 E_m と実効値 E の関係は次の公式で表されます。重要！

$$E_m = \sqrt{2}\,E$$

（E_m：電圧の最大値、E：電圧の実効値）

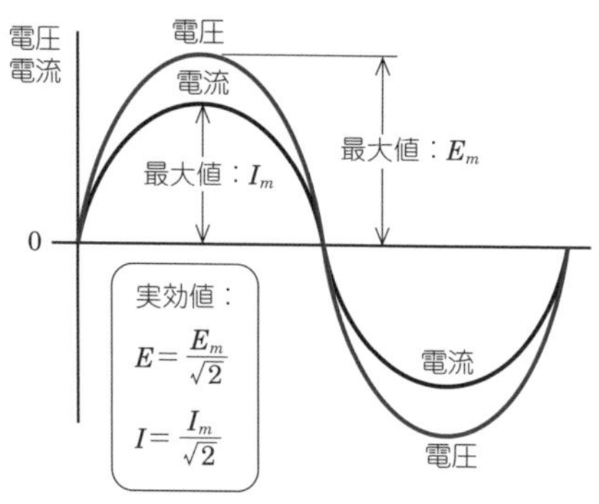

● 図2 最大値と実効値 ●

(3) 交流回路の抵抗と位相のずれ 重要！

交流回路では抵抗のほかに電流をはばむものとして、**コイル**（誘導リアクタンス）と**コンデンサ**（容量リアクタンス）があります。コイルに電流が流れると、逆起電力が発生して**電流は電圧の位相より 90° 遅れ**ます。また、コンデンサに交流電圧を印加すると、電圧の方向が絶えず変化するため充放電を繰り返し、結果的に**電流は電圧の位相よりも 90° 進み**ます。このように電圧、電流の位相のずれを**位相差**といい、抵抗のみの回路では位相差は生じません。また、誘導リアクタンスと容量リアクタンスが同時に存在すると**打ち消し合う関係**になります。図3、図4では、電圧、電流の**位置関係に注意**してください。

試験によく出る！

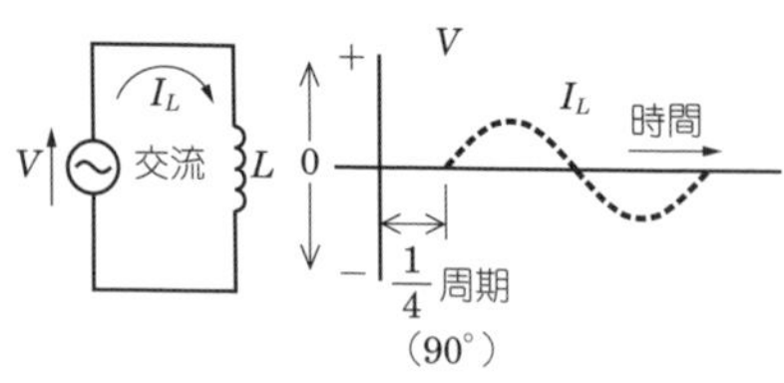

● 図3 コイルの作用 ●

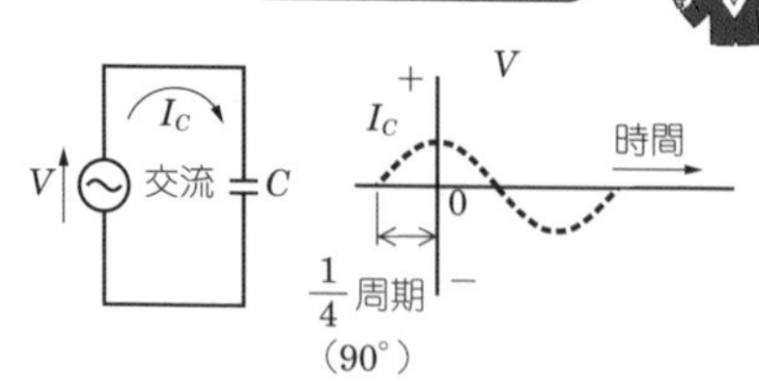

● 図4 コンデンサの作用 ●

マメ知識 ➡➡➡ ラジアン

半径 r の円で、半径と等しい長さの円弧を描いたときの中心角の角度を 1 rad（ラジアン）といいます（1 rad ≒ 57.5°）。中心角 180° の円弧は半径 × r なので、180° = π rad、360° = 2π rad になります。

よく出る問題

問 1 ［難易度 😊😐😖］

正弦波交流に関する説明として、誤っているものは次のうちどれか。

(1)　交流の正弦波が 1 秒間に繰り返す周期の回数を周波数という。周波数の単位はヘルツ〔Hz〕である。

(2)　周波数 60 Hz とは、1 秒間に繰り返す正弦波の周期が 60 回ということを意味する。

(3)　交流電圧の実効値が 200 V のときの最大値は 282 V である。

(4)　一般家庭用電源として使用されている交流 100 V は、最大値を示す。

解説

(3)　$200 \times \sqrt{2} \fallingdotseq 200 \times 1.41 = 282$　〔V〕

(4)　通常、100 V と呼ばれている電圧は実効値を表しています。

問 2 ［難易度 😊😐😖］

負荷回路に単相交流電圧を加えたときに、電流と電圧との間に生じる位相差に関する説明について、正しいものは次のうちどれか。

(1)　回路中にコイルのみ存在する場合、電流は電圧より位相が 90° だけ進む。

(2)　回路中にコンデンサのみ存在する場合、電流は電圧より位相 90° だけ遅れる。

(3)　回路中に、コイルとコンデンサが同時に存在する場合は、電流と電圧間の位相差は 2 倍の 180° になる。

(4)　回路中に抵抗のみ存在する場合、電流と電圧の間に位相差は生じない。

(1)　進むのではなく「遅れる」が正解です。(2)　遅れるのではなく「進む」が正解です。電流が電圧よりも遅れるときと、進むときの関係位置を確認しておきましょう。

(3)　コイル（誘導リアクタンス）とコンデンサ（容量リアクタンス）の兼ね合いで位相差の程度が決まります。本来、誘導リアクタンスと容量リアクタンスは互いに**打ち消し合う関係**にあるので、双方のリアクタンス量が等しいときだけ、位相差は生じません。つまり、**両方が存在するときの位相差は、足し算ではなく、引き算**となります。

(4)　回路中に、コイルもコンデンサもなく抵抗だけが存在するときは、電圧、電流の間に位相差は生じません。これを**同相**といいます。

解答　問 1 − (4)　　問 2 − (4)

レッスン 6-15 交流理論 2（力率の考え方と電力）

重要度

水槽の例を考えてみましょう。

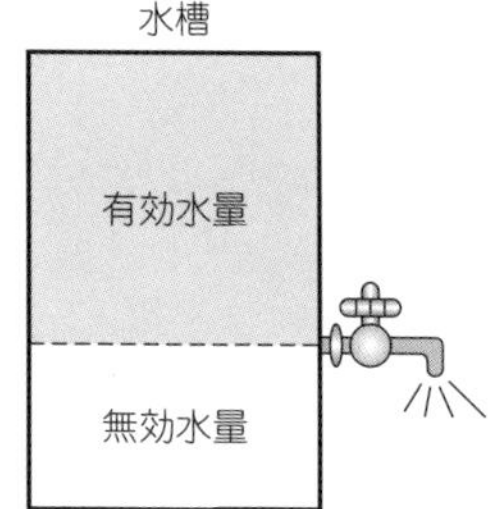

● 図 1　有効水量 ●

水槽に水栓を設置すると、利用できるのは図 1 のように、水栓より上の部分（有効水量）だけです。水栓より下の無効水量は使えない水ですから利用効率を上げるためには水栓の位置を下げる必要があります。例えば、水槽の場合、容量 100 L で有効水量が 70 L のときの利用効率は、$\frac{70}{100}=0.7$（70 %）です。

同様に、電気設備にも容量があり、この容量のことを**皮相電力**といいます。同じように使える電力（有効電力）と使えない電力（無効電力）が含まれています。無効電力も水槽と同様、利用効率を悪くするものですが、電気では利用効率とは呼ばず**力率**といいます。

(1) 力　率

力率も上記とまったく同じ考え方で、$力率=\frac{有効電力}{皮相電力}$ で表します。

水槽の利用効率を上げるためには水栓の位置を下げることで無効水量を減らします。

同様に、力率を上げるためには**無効電力**を減らさなければなりません。

(2) 力率改善

レッスン 6 - 14「交流理論 1（交流回路の基礎知識）」では誘導リアクタンスと容量リアクタンスについて解説しましたが、**無効電力は、それらのリアクタンスの部分で発生**します。しかし、実際の電気回路では**ほとんどが誘導リアクタンスと抵抗**であり、容量リアクタンスに相当する機器（コンデンサなど）はゼロに近いのが実状です。

そこで誘導リアクタンスと打ち消し合う関係にある容量リアクタンス（進相コンデンサ）を付加することにより、無効電力を減少させる手法がとられています。

これを**力率改善**といい、水槽の水栓の位置を下げる行為に該当します。

(3) 電力の単位

皮相電力＝電圧×電流であり、単位は〔VA〕（ボルトアンペア）で表します。

有効電力の単位は〔W〕（ワット）で表します。

(4) 有効電力の公式 重要！

力率を求める式より、有効電力＝皮相電力×力率です。

単相交流回路の有効電力の公式：$\boldsymbol{P = VI\cos\theta}$

三相交流回路の有効電力の公式：$\boldsymbol{P = \sqrt{3}\,VI\cos\theta}$

（V：定格電圧、I：定格電流、$\cos\theta$：力率（VI＝皮相電力））

有効電力とは皮相電力の中で使える電力であり、その割合を示すのが力率です

よく出る問題

問 1　［難易度 😊😐😞］

単相 200 V 回路に定格電流 1.5 の水銀灯 30 個、定格電流 2 A の水銀灯 20 個を設置している工場の消費電力（有効電力）として、正しいものは次のうちどれか。ただし、力率は 80 %とする。

(1)　11.0 kW　　(2)　13.6 kW　　(3)　17.0 kW　　(4)　21.2 kW

まず皮相電力を求めます。

1.5 A の水銀灯の皮相電力＝30 × 200 × 1.5＝9000 〔VA〕

2 A の皮相電力＝20 × 200 × 2＝8000 〔VA〕

合計で 17000 VA となります。したがって

有効電力＝皮相電力×力率＝17000 × 0.8＝13600＝13.6 〔kW〕

となります。

問 2　［難易度 😊😐😞］

三相 200 V 回路に接続されている運転電流 30 A の消火ポンプの力率が 70 %であった。このときの消費電力（有効電力）として、正しいものは次のうちどれか。ただし、$\sqrt{3}=1.73$ とする。

(1)　4.2 kW　　(2)　5.2 kW　　(3)　6.2 kW　　(4)　7.2 kW

有効電力 $P=\sqrt{3}\times 200\times 30\times 0.7=7266\fallingdotseq 7.2$ 〔kW〕

となります。

問 3　［難易度 😊😐😞］

力率に関する説明について、正しいものは次のうちどれか。

(1)　力率とは、皮相電力を有効電力で除したものである。
(2)　力率は、無効電力の比率が大きいほど高くなる。
(3)　力率改善は、進相コンデンサを回路に付加することによって行う。
(4)　力率改善は、コイル（誘導リアクタンス）を回路に付加することによって行う。

解説

(1)　誤り。力率は有効電力を皮相電力で除したものです。
(2)　誤り。高くなることはなく低くなります。
(3)　正しい。
(4)　誤り。コイルを付加すると力率は逆に低くなります。

解答　問 1 －(2)　　問 2 －(4)　　問 3 －(3)

これは覚えておこう!

レッスン6の重要事項のまとめ

① **オームの法則**：$V=IR \quad I=\frac{V}{R} \quad R=\frac{V}{I}$

② **クーロンの法則**：$F=K\frac{q_1q_2}{r^2}$

③ **導電率の高い順**：銀＞銅＞金＞アルミニウム＞ニッケル＞鉄

④ **抵抗の式**：抵抗は導体の断面積に反比例し、直径の2乗に反比例する。

⑤ **強磁性体と非磁性体**

・**強磁性体**：鉄、ニッケル、コバルト

・**非磁性体**：常磁性体（アルミニウム、白金）、反磁性体（銅、銀）

⑥ **分流器と倍率器**：分流器は電流計に並列接続、倍率器は電圧計に直列接続

⑦ **ホイートストンブリッジの平衡条件**

⑧ **各測定器と測定方法**

・**電圧計**：負荷に並列接続

・**電流計**：負荷に直列接続

・**回路計（テスター）**：電圧、電流と抵抗値の測定及び導通試験に用いる。

・**クランプメーター**：負荷電流、漏れ電流の測定

・**検電器**：充電の有無を調べるもので電圧や電流の測定はできない。

⑨ **絶縁抵抗計**：漏れ電流の程度を抵抗値に置き換えた測定器

⑩ **測定器の作動原理**：可動コイル形（直流用）と可動鉄片形（交流用）は必須

⑪ **電気設備技術基準**：**絶縁抵抗値 0.2 Ω 以上、接地抵抗値 100 Ω 以下（D 種）**

⑫ **スターデルタ始動法**：中容量電動機の始動方法で、始動電流を低く抑える。

⑬ **変圧器**

・**電圧比**：電圧比は巻線比と等しい。

・**電流比**：電流比は電圧比、巻数比に反比例

⑭ **蓄電池**

・**鉛蓄電池**：陽極（二酸化鉛）、陰極（鉛）、電解液（希硫酸）、電圧（2.0 V）

・**ニッケル・カドミウム電池**：陽極（ニッケル酸化物）、陰極（カドミウム）、電解液（アルカリ水溶液）、電圧（1.2 V）

⑮ **交流電圧の最大値と実効値**：$E_m=\sqrt{2}E$（E_m：電圧の最大値、E：電圧の実効値）

⑯ **交流回路における電圧と電流の位相ずれ**

・**抵抗だけの回路**：電圧と電流値には位相のずれはない。

・**誘導リアクタンス（コイル）回路**：電流は電圧よりも 90° 遅れる。

・**容量リアクタンス（コンデンサ）回路**：電流は電圧よりも 90° 進む。

⑰ **力率**：電気設備の利用効率をいう。**力率改善**：無効電力を減らすこと。

⑱ **三相誘導電動機の出力の公式**：$P=\sqrt{3}\ VI\cos\theta$

実技試験対策

実技試験とは、機器類を操作するものではなく、鑑別試験（写真やイラストに対して短文で解答する形式）と製図問題であり、一種の筆記試験です。

乙種は鑑別試験の5問のみ、甲種は製図問題2問が加わります。

筆記試験で科目ごとに40点以上かつ全体の60点以上得点できても実技試験で60点に達せず不合格になるケースがかなり多く、受験者にとって実技試験は難関のようです。

しかし、実技試験といっても、問われる知識は筆記試験とそう大きく変わるものではありません。違いは、筆記試験が記憶力を重視しているのに対して、実技試験では理解力と応用力が試されます。また、筆記試験の基本的な知識がないと解けない問題が多く出題されます。

出題形式は、筆記試験では文章問題（四肢択一）中心であるのに対し、実技試験では図形や写真等を多用しつつ、視覚的な側面から理解力、応用力について文章で答える問題もあります。

具体的には、1学期の レッスン3 、レッスン4 、レッスン5 、レッスン6 をどれだけ記憶し、理解しているかが問われます。したがって、2学期では、実技の問題を解くために徹底的に復習から始め、1学期よりさらに掘り下げ、より詳細、かつ、実践的な学習内容となっています。

見開きの左ページは復習的な内容とさらに深めた内容構成となっていますので、しっかりチェックを終えてから右ページのよく出る問題に取り組んで下さい。

レッスン 1 試験及び点検の方法

試験及び点検については、それぞれ試験基準、点検基準に規定されている項目が出題されています。ここでは、試験あるいは点検について、その方法及び使用する測定機器等について学びます。消火ポンプの性能試験、呼水槽の減水警報試験に加え、特に泡消火設備では、希釈容量濃度（混合率）の測定、発泡倍率の測定、25％還元時間の測定方法についてはよく出題されていますので、しっかりと覚えておきましょう。

試験及び点検の方法は、設備の良否を判断するものです。試験・測定方法、使用する測定器具及び判定基準について、項目ごとに整理して覚える必要があります。

- 1-1「**消火ポンプの性能試験**」は出題頻度が高い必須事項です。

  $0.65 \leqq \dfrac{H_3}{H_2}$、$\dfrac{H_1}{H_2} \leqq 1.4$、$1.0 \leqq \dfrac{H_2}{H_0} \leqq 1.1$ などの性能規定、性能試験の確認方法、及び判定基準については必ず覚えておきましょう。

- 1-2「**消火ポンプの起動及び呼水槽の減水警報試験**」では、消火ポンプの起動試験方法及び呼水槽の減水警報の水位、試験の方法についてよく理解しておきましょう。

- 1-3「**流水検知装置及び一斉開放弁の作動試験**」では、火災信号の発信方法、一斉開放弁の作動試験方法についても重要な項目の一つです。実施要領をよく学習しておきましょう。

- 1-4「**固定式・移動式泡消火設備の試験及び点検**」では、泡ヘッド及び泡ノズルを使用する場合の試験方法は、試験／点検器具の配置、放射圧力測定方法について学習しておきましょう。

- 1-5「**希釈容量濃度の測定方法**」では、使用器具及び試験・点検要領及び判定基準についてよく覚えておきましょう。希釈容量濃度を測定する前に準備しておく「標準混合率グラフ」の作成を含め、泡消火設備には試験・点検項目として必須のものです。

- 1-10「**発泡倍率及び 25％還元時間の測定方法**」では、使用する器具の違い、測定値から発泡倍率、25％還元時間の計算方法及び判定基準については、必ず覚えておきましょう。特に使用する泡消火薬剤によって使用する器具の違いをよく理解しておきましょう。

マメ知識 ➡➡➡ ポンプの揚程曲線とは？

揚程曲線、あるいは**性能曲線**、***P*-*Q* 曲線**（図中の上の赤線）とはポンプの吐出量と全揚程の関係をグラフで表したものです。全揚程とは､「落差＋配管の摩擦損失＋放水圧力」などの和です。このグラフと抵抗曲線の交点が運転点となります。**抵抗曲線**とは、弁や配管の抵抗を表す曲線です。

性能試験では、流量が定格（100％）になるよう試験装置を操作のうえ、ポンプ吐出側の圧力計の読みを測定して運転点を求めます。

設計点とは、設計上求めた定格揚程であり運転点と設計点の比 $\frac{H_2}{H_0}$ が

$$1.0 \leqq \frac{H_2}{H_0} \leqq 1.1$$

の範囲内にあれば正常と判定します。

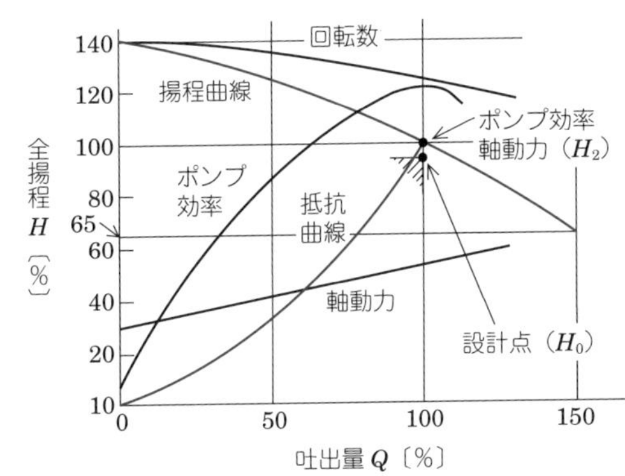

※　回転数・軸動力・効率等の縦軸は省略

消火ポンプの性能試験

重要度

(1) 締切運転試験

ポンプの吐出側の**止水弁**①を閉止し、性能試験配管の**止水弁**②の閉止状態を確認後、ポンプを運転し、締切揚程（全揚程 H_1）、電圧及び電流をポンプ起動盤にて測定します。

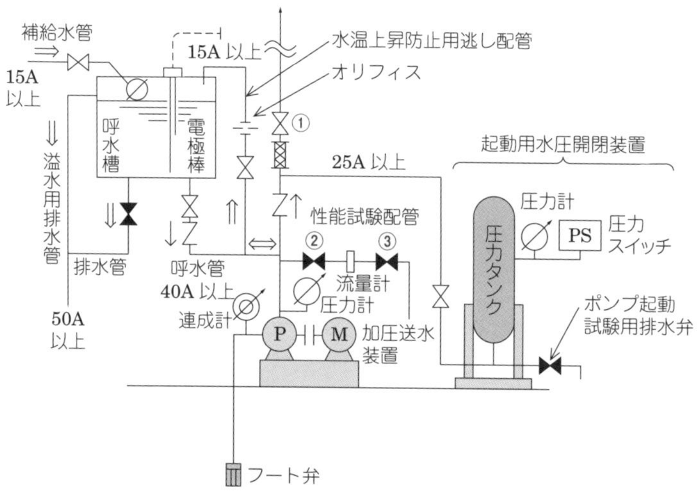

● 図 1　ポンプまわり配管 ●

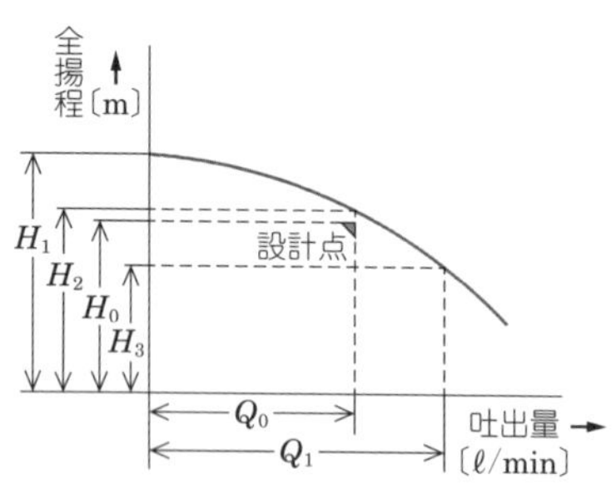

● 図 2　ポンプ揚程曲線規定図 ●

(2) 定格性能試験

前ページの図1に示すポンプの吐出側の**止水弁**①を閉止し、性能試験配管の**止水弁**②を全開、**流量調整弁**③の開度を調整し、流量計のフロートの指針を定格流量に合わせ、定格全揚程 H_2、電流値を測定します。

次に、再び流量調整弁③の開度調整を行い、定格流量の 1.5 倍の流量 Q_1 を流したときの圧力計の読み H_3 と電圧及び電流値をポンプ起動盤にて測定します。流量調整弁③は流量調整に適した玉形弁等を使用します。

止水弁②で流量調整した場合は、流量計のフロートが安定しない場合があります

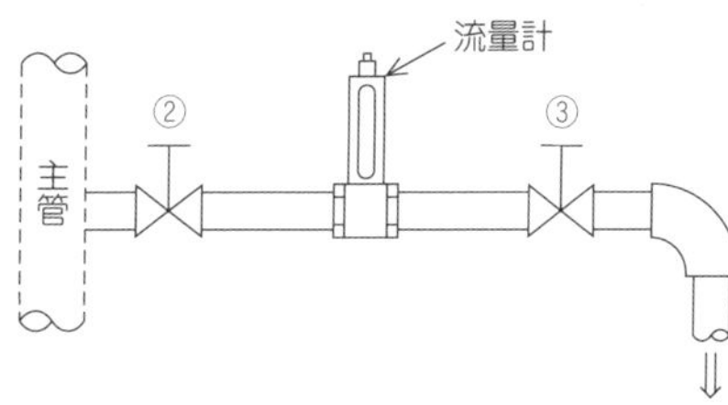

● 図3　性能試験配管 ●

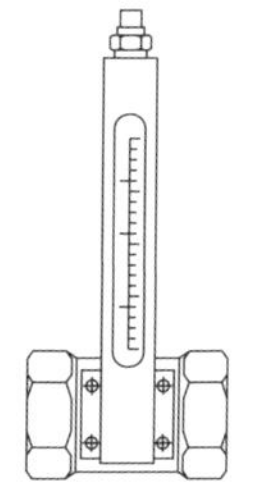

● 図4　流量計 ●

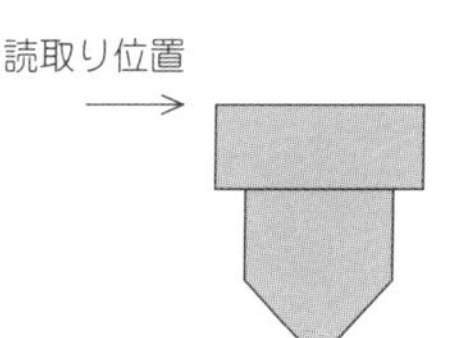

● 図5　流量計のフロートの読取り位置 ●

(3) 測定値の確認（1学期レッスン4-2参照）

揚程曲線上の基準は、以下のとおりです。

$$0.65 \leqq \frac{H_3}{H_2}、\frac{H_1}{H_2} \leqq 1.4、1.0 \leqq \frac{H_2}{H_0} \leqq 1.1$$

Q_0：定格吐出量〔ℓ/min〕

Q_1：Q_0 の 150 %吐出量〔ℓ/min〕

H_0：設計上の全揚程〔m〕

H_1：締切全揚程〔m〕

H_2：Q_0 における揚程曲線上の全揚程〔m〕

H_3：Q_1 における揚程曲線上の全揚程〔m〕

マメ知識 ➡➡➡ 加圧送水装置について

加圧送水装置は、告示適合品を使用することとされていますが、告示には以下に示す５つの種類があります。

● 表１　加圧送水装置の種類 ●

機器＼区分	基本型	ユニットⅠ型	ユニットⅡ型	ユニットⅢ型	単独制御盤
ポンプ	○	○	○	○	－
電動機	○	○	○	○	－
フート弁	○	○	○	○	－
圧力計、連成計	○	○	○	○	－
呼水装置	－	○	○	○	－
制御盤	－	－	○	○	○
ポンプ性能試験装置	－	○	○	○	－
バルブ類	－	○	○	○	－
水温上昇防止用逃し装置	－	○	○	○	－
非常動力装置	－	－	－	○	－

※　通常はユニットⅡ型が多く利用されています

〔水源水槽がポンプよりも高い位置にある場合〕

・付属装置の呼水装置、フート弁が不要となります。
・連成計は圧力計に変更します。
・性能試験装置や水温上昇防止用逃し装置の位置を変更します。

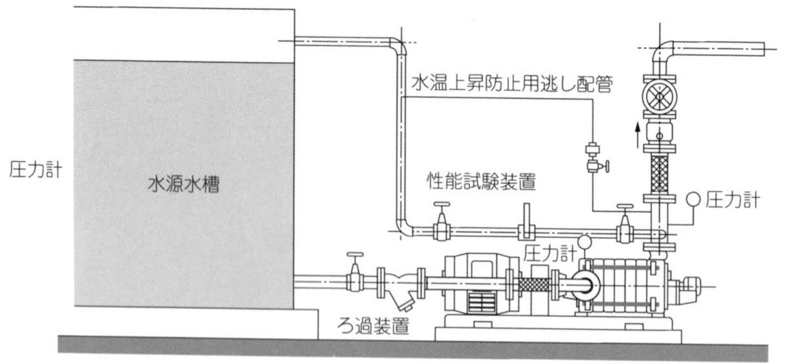

● 図６　水源水槽がポンプよりも高い位置にある場合の例 ●

よく出る問題

問 1　［難易度 😊😐😖］

泡消火設備のポンプの性能試験を実施したところ、以下の結果が出た。ポンプの性能として、基準に適合しているか否か答えなさい。

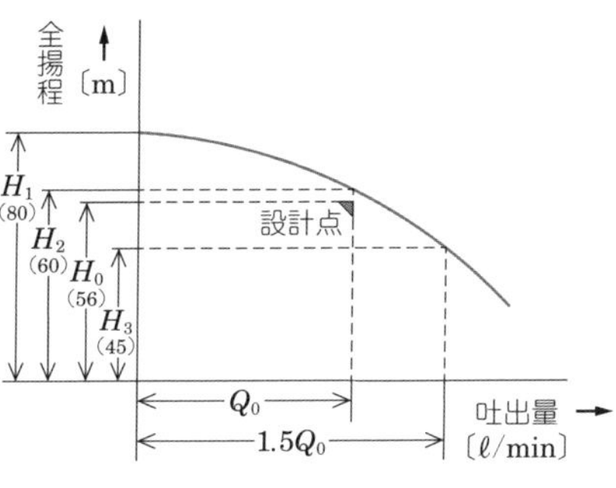

加圧送水装置の基準に適合する条件として

$$0.65 \leqq \frac{H_3}{H_2}、\frac{H_1}{H_2} \leqq 1.4、1.0 \leqq \frac{H_2}{H_0} \leqq 1.1$$

の条件を満たす必要があります。

$\frac{H_3}{H_2}$ は $0.65 \leqq \frac{45}{60} = 0.75$ で良、$\frac{H_1}{H_2}$ は $\frac{80}{60} \fallingdotseq 1.33 \leqq 1.4$ で良、$\frac{H_2}{H_0}$ は $1.0 \leqq \frac{60}{56} \fallingdotseq 1.07 \leqq 1.1$

で良となるため、この消火ポンプは基準に適合する。

問 2　［難易度 😊😐😖］

次の図は、消火ポンプの性能試験配管図である。流量を測定するための弁の操作として、最も適当な組合せは次のうちどれか。

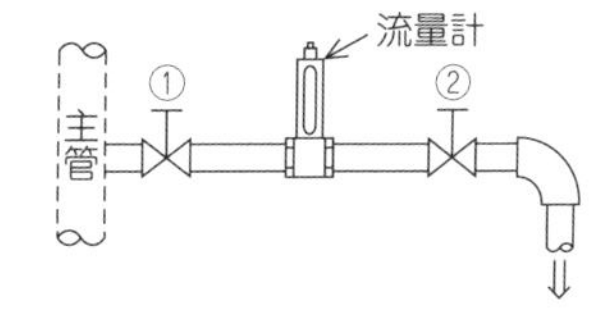

(1)　①及び②の弁を半開
(2)　①の弁で流量調整し②の弁は半開
(3)　①の弁を半開し②の弁で流量調整
(4)　①の弁は全開し②の弁で流量調整

(1)（2)（3）誤り。
(4）正しい。一般的には①の弁を全開し、②の弁で流量調整します。

解答　問1－基準に適合する。　　問2－(4)

レッスン 1-2

消火ポンプの起動及び呼水槽の減水警報試験

重要度

(1) ポンプ起動試験

泡消火設備のポンプは、一斉開放弁（固定式）又は消火栓開閉弁（移動式）等の開放により、配管内の圧力が減圧して自動起動するようになっています（感知器起動の場合を除く）。

この減圧現象を起こすために、起動用水圧開閉装置の排水弁を操作して開放し、圧力タンクに設置された起動用水圧開閉器（圧力スイッチ（減圧してON））の設定圧力値までタンク内圧力を下げてポンプの起動、及びそのときの設定圧力値を確認します。

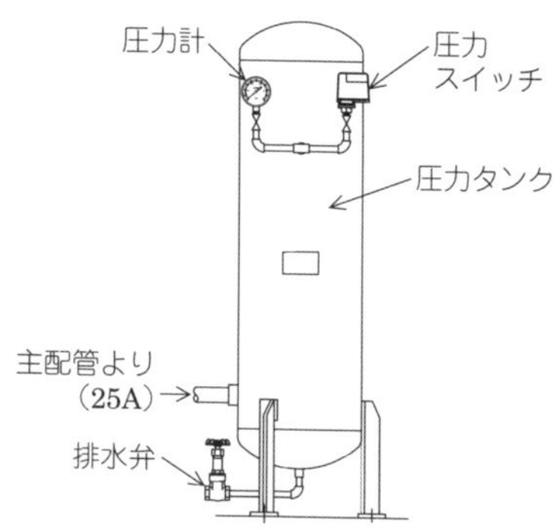

● 図1　起動用水圧開閉装置 ●

(2) 呼水槽の減水警報試験

水源水槽がポンプよりも下にある場合（床下水槽など）では、ポンプケーシング内を常に充水された状態に保つために呼水槽が必要です。フート弁のシートに漏れ等があり、吸込管等を含めてポンプが落水してしまうと、ポンプが空運転となり、揚水不能となってしまうためです。

このように、重要な機能をもつ呼水槽には減水を警報する装置が必要であり、**呼水槽の水量がおおむね $\frac{1}{2}$ に減水するまでの間に確実に作動する（警報を発する）こと**とされています。

呼水槽の減水警報装置として、通常は**電極棒**が用いられます（フロートスイッチの場合もあります）。電極棒は、長い電極棒（アース又はGND）と短い電極棒（減水警報）の2本で構成され、通常の水位では2本とも水面下に浸されています。水は電気を通すので、この状態では2本の電極間に微弱な電流が流れています。

水位が下がり、減水警報用の電極棒が水に触れなくなると、両方の電極間に電流が流れなくなり、電極保持器を通して、警報の鳴動とともに表示灯が点灯します。重要！

試験の方法は、**補給水弁**①を閉止し、**排水弁**②を開放して水位を下げて行く方法が原則です。簡便法としては、電極保持器の中の配線の一方を外して警報を出す方法があります（配線を外すと電気的に電極が水面上に出るのと同じ状態になります）。

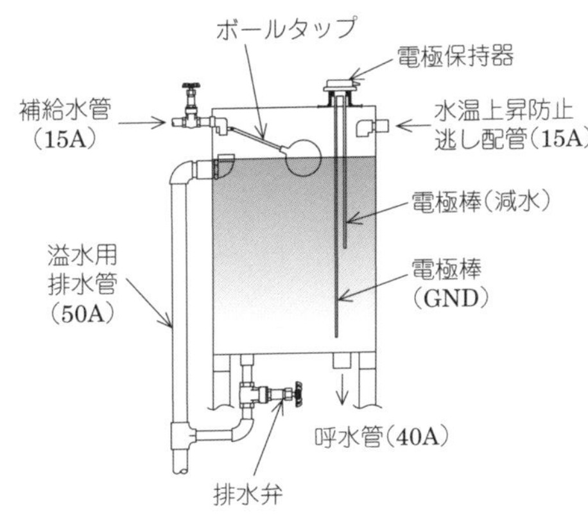

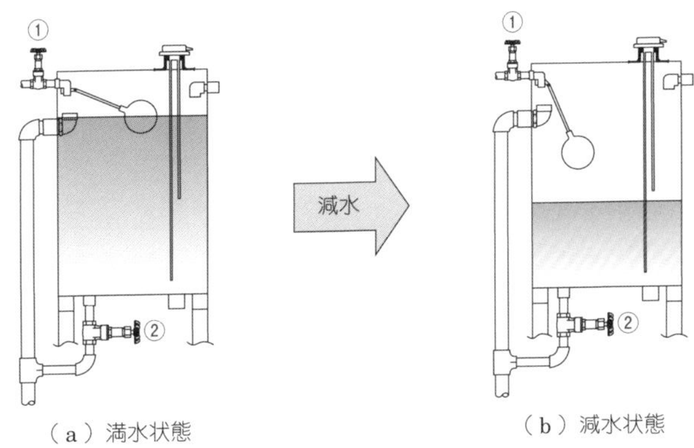

● **図２　満水状態と減水状態** ●

よく出る問題

問 1 ［難易度 😊😐😞］

次の図は起動用水圧開閉装置の構成図である。(1)、(2)、(3)、(4) の名称を語群から選び、ポンプ起動試験の方法について説明しなさい。

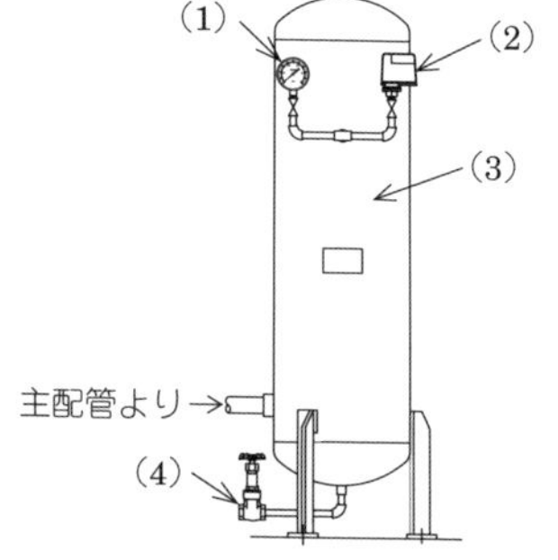

語群

A	排水弁
B	圧力タンク
C	圧力計
D	圧力スイッチ
E	連成計
F	補給水弁

問 2 ［難易度 😊😐😞］

次の図は、呼水槽の構成図である。(1)、(2)、(3)、(4) の名称を語群から選び減水警報試験の方法について説明しなさい。

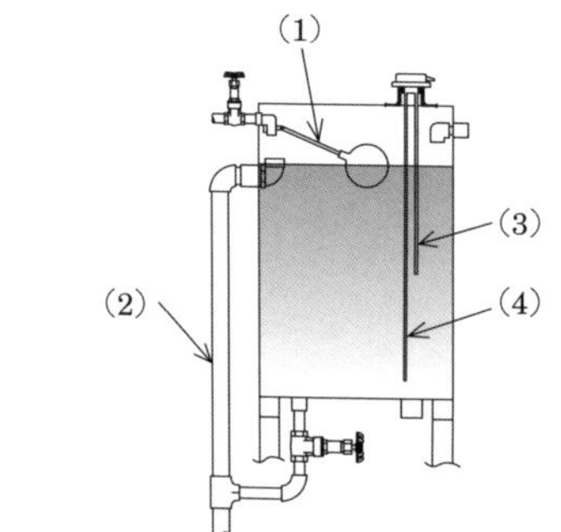

語群

A	電極棒（アース）
B	電極棒（満水）
C	ボールタップ
D	電極棒（減水）
E	溢水用排水管
F	フロートスイッチ

問 3 [難易度 😊😐😟]

起動用水圧開閉装置及び呼水槽の機能・構造について、それぞれ３列目に適切な数字や文字を記入せよ。

A	起動用水圧開閉装置の圧力タンクと泡消火ポンプ主配管を接続する配管の口径は	A 以上
B	呼水槽から消火ポンプに接続する呼水管の口径は	A 以上
C	呼水槽の溢水用排水管（オーバーフロー管）の口径は	A 以上
D	水温上昇防止用逃し配管の口径は	A 以上
E	呼水槽に水を供給する補給水管の口径は	A 以上
F	呼水槽内の水が減水した際に補給水管から給水が開始されるのは、呼水槽内の水がどの程度減る前に開始されなければならないか。	以上

これらの配管口径等の数字は「加圧送水装置の基準」で定められています。

解答

<table>
<tr><td rowspan="2">問１</td><td>(1)</td><td>C</td><td>(2)</td><td>D</td><td>(3)</td><td>B</td><td>(4)</td><td>A</td></tr>
<tr><td colspan="8">圧力タンクの排水弁を開放し、圧力スイッチの設定圧力値まで下げてポンプの起動を確認する。</td></tr>
<tr><td rowspan="2">問２</td><td>(1)</td><td>C</td><td>(2)</td><td>E</td><td>(3)</td><td>D</td><td>(4)</td><td>A</td></tr>
<tr><td colspan="8">補給水弁を閉止し、排水弁を開放して水位を下げていく。
又は、電極保持器の中の配線を１本外す。</td></tr>
<tr><td>問３</td><td colspan="8">(A) 25　(B) 40　(C) 50　(D) 15　(E) 15　(F) おおむね $\frac{1}{2}$</td></tr>
</table>

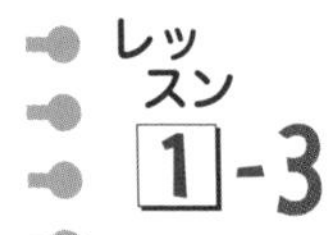

レッスン 1-3 流水検知装置及び一斉開放弁の作動試験

重要度

(1) 自動警報装置の機能試験

泡消火設備の流水検知装置の試験では、放射区域から泡を放射するような流水現象を起こさせないため、流水検知装置の排水弁を開放し、流水検知装置のディスクを開けることによりパイロット弁から圧力スイッチへ加圧させ、圧力スイッチを作動させます。

これにより、表示装置（自動火災報知設備の受信機等）へ警報・表示がされることを確認します。

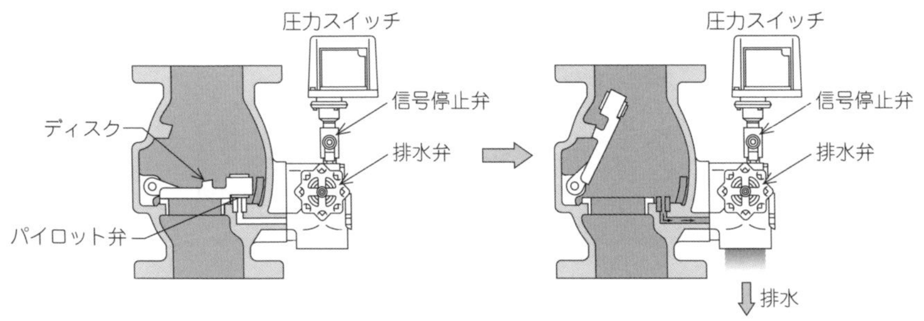

● 図 1 流水検知装置の作動試験 ●

(2) 一斉開放弁の作動試験

一斉開放弁の作動試験は、以下の手順により実施します。

① 一斉開放弁の開放により放射区域に放射させないため、点検用止水弁Ⓐを閉止します。

② 手動起動弁Ⓑを開放し、一斉開放弁を開放します。

③ 試験用排水弁Ⓒを開放し、放水されることを確認します。

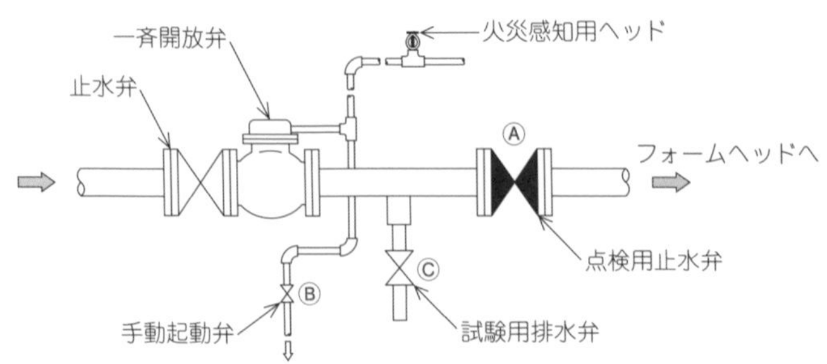

● 図 2 一斉開放弁の作動試験 ●

よく出る問題

問 1 ［難易度 😊😐😣］

泡消火設備において、泡を放射しないで流水検知装置の作動を試験するための方法として、正しいものは次のうちどれか。

(1)　一斉開放弁の二次側の止水弁を閉止し、手動起動弁を開放して確認する。
(2)　流水検知装置の排水弁を一定時間開放して確認する。
(3)　消火ポンプ吐出側の止水弁を閉止して、流水検知装置の排水弁を開放して確認する。
(4)　流水検知装置の排水弁を瞬間的に開放して確認する。

(1) 誤り。流水検知装置の火災信号発信試験なので、一斉開放弁を開放する必要はありません。
(2) 正しい。圧力スイッチは遅延時間をもっているので、火災信号が発信されるまで開放していなければなりません。
(3) 誤り。消火ポンプ吐出側の止水弁を閉止すると、配管内の残圧により、一時的に流水しますが継続的な流水現象は発生しなくなります。
(4) 誤り。(2) で記載のとおり、遅延時間をもっているので、瞬間的に開放しても火災信号を発信することはありません。

問 2 ［難易度 😊😐😣］

泡消火設備において、泡を放射しないで一斉開放弁の作動を試験するための方法として、次のうち最も適しているものはどれか。

(1)　一斉開放弁一次側の止水弁を閉止した後、手動起動弁を開放して一斉開放弁を作動させ、試験用排水弁から排水されることを確認する。
(2)　一斉開放弁の二次側の止水弁を閉止した後、排水用試験弁を開放して一斉開放弁の作動を確認する。
(3)　消火ポンプ吐出側の止水弁を閉止した後、手動起動弁を開放して一斉開放弁の作動を確認する。
(4)　一斉開放弁二次側の止水弁を閉止した後、手動起動弁を開放して一斉開放弁を作動させ、試験用排水弁から排水されることを確認する。

(1) は一次側止水弁を閉止し、手動起動弁を開放しても試験用排水弁からの流水を確認することはできませんので不適。
(2) は排水用試験弁を開放しても一斉開放弁は作動しないので不適。
(3) は消火ポンプの吐出側の止水弁を閉止しても一斉開放弁の二次側止水弁が閉止されていないため、配管内の残圧によりフォームヘッドから放射される可能性があるので不適。
(4) は最も適している方法で正しい。

解答 問1－(2)　　問2－(4)

レッスン 1-4

固定式・移動式泡消火設備の試験及び点検

重要度 ///

(1) 固定式泡消火設備（フォームヘッド）の放射試験方法

泡ノズルの放射試験を行うための各測定機器の配置は、図1のとおりです。

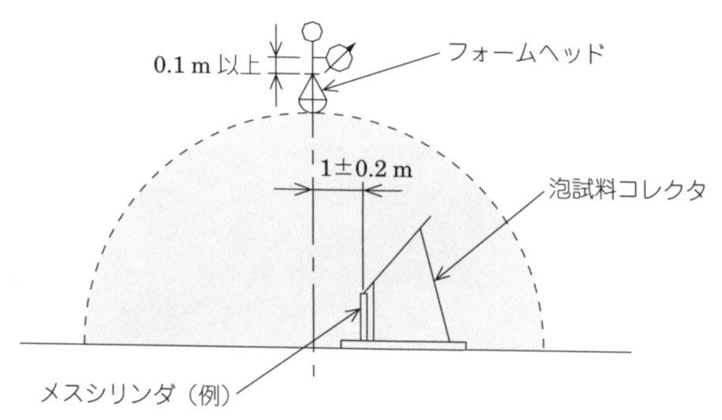

● 図1　泡ヘッドの放射試験配置 ●

(2) 移動式泡消火設備（泡ノズル）の放射試験方法

泡ノズルの放射試験の各測定器具の配置は、図2のとおりです。

泡ノズルの放射圧力を測定するには、図3に示す棒状ノズルのようにピトーゲージを使用することができないため、図4に示す**圧力計付媒介金具**を泡ノズルの一次側に接続して測定します。

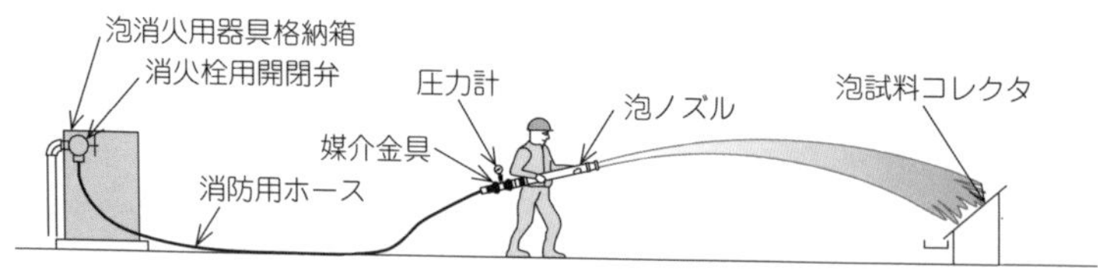

● 図2　泡ノズルの放射試験配置 ●

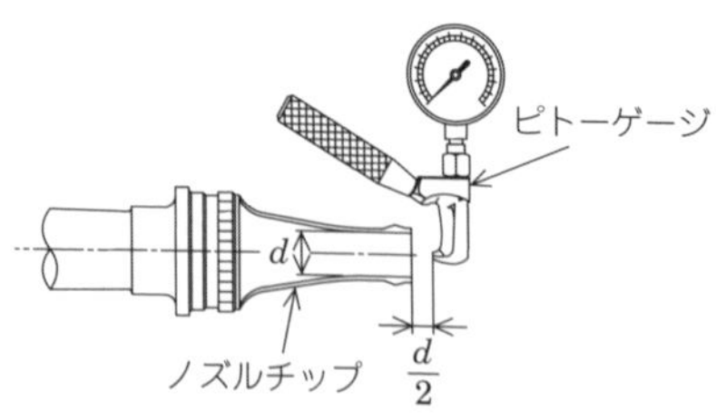

● 図3　棒状ノズルの放水圧力測定 ●

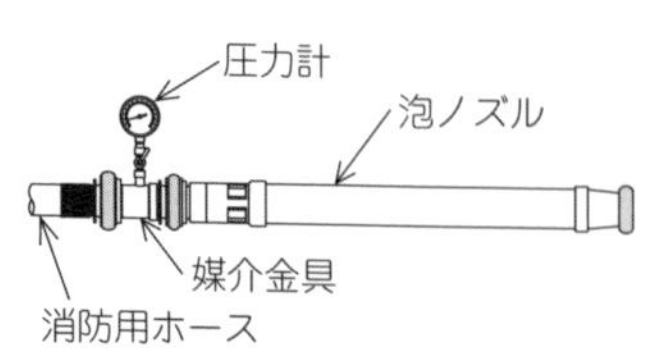

● 図4　泡ノズルの場合の放射圧力測定 ●

(3) 消防用ホースの耐圧性能点検

移動式泡消火設備に平ホースを使用している場合は、機能点検において、消防用ホースの耐圧性能に関する**点検を行ってから 3 年を経過していない場合を除き、消防用ホースの製造年の末日から 10 年を経過した日以降**に点検を行う場合に消防用ホースの耐圧試験を実施しなければなりません。

耐圧試験の方法は、消防用ホースの端末部に充水し、耐圧試験機等（図 5）により**所定の水圧**（規格省令に定めるホースの種類に応じて定められた使用圧）を**5 分間**かけて、変形、損傷等がなく、ホース及び金具との接続部から著しい漏水がないことを確認します。

● 図 5　耐圧試験機の例 ●

よく出る問題

問 1　[難易度]

次の図は、移動式の泡消火設備の試験に使用する試験器具である。
このうち、移動式の泡消火設備の試験に関係のないものはどれか。

(1)

(2)

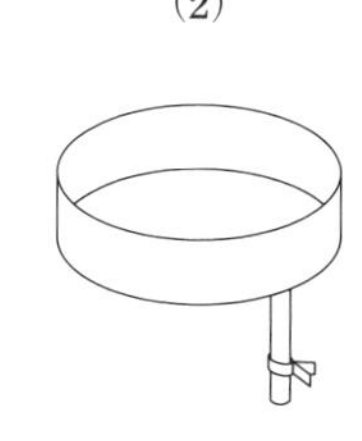

(3)

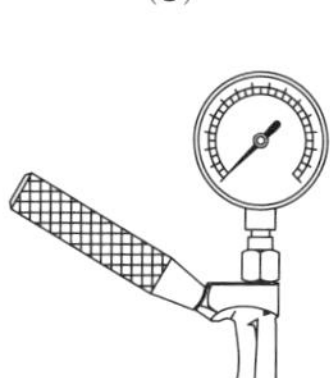

(4)

(1) は圧力計付媒介金具で泡ノズルの一次側に接続し、放射圧力を測定するのに使用されます。

(2) は泡試料コンテナで発泡された泡を採取し、発泡倍率及び 25 %還元時間を測定するのに使用されます。

(3) はピトーゲージで、棒状（充水状態で）で放水されるノズルの筒先（ノズルチップ）で放水圧力を測定するのに使用されます。

(4) は発泡倍率を測定するために泡試料の質量を測定するのに使用します。

解答 問 1 −(3)

希釈容量濃度の測定方法

重要度

(1) 希釈容量濃度（混合率）の測定方法

① 測定器具

希釈容量濃度の測定に必要な測定器具は、表1のとおりです。

● 表1 ●

名称	仕様	個数
屈折計（糖度計）	測定／糖度：0～10％程度	1台
メスシリンダ	100 mℓ	3個
メスピペット	5 mℓ、10 mℓ 程度	各1個
ビーカー	100 mℓ、1000 mℓ 程度	各1個

希釈容量濃度の測定方法をよく理解しておきましょう

② 基準泡水溶液の作成要領

1. 放射試験に使用する水源の水を1000 mℓ程度採取する。
2. 放射試験に使用する泡消火薬剤を100 mℓ程度採取する。
3. 基準泡水溶液（3％型にあっては、1.5％、3％、4.5％、6％型にあっては、3％、6％、9％）を作成する。
4. 屈折計（糖度計、図1）を採取した水源の水を糖度計のプリズム面にたらし、プリズム面を明るい方向に向け目盛規正つまみで“0点”調整をする。
5. 基準泡水溶液の糖度計の読みを図2に示すようにプロットし、“標準混合率グラフ”を作成する。

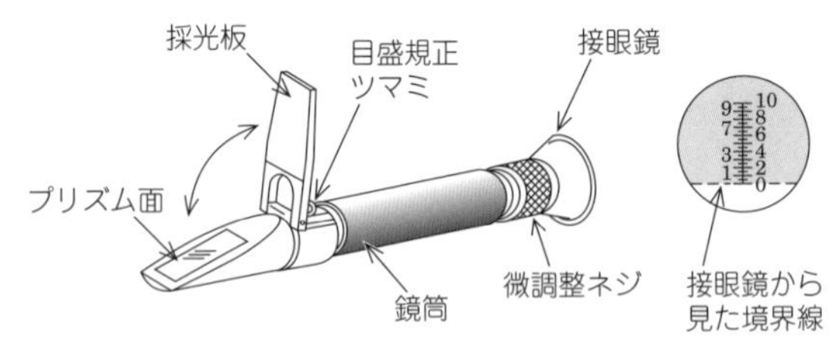

● 図1 糖度計 ●

③ 泡試料の採取及び測定

放射試験により採取した泡還元液の屈折率を読み取り、標準混合率グラフの縦軸にプロットした点を水平に伸ばし、基準泡水溶液との交点を下におろした点が希釈容量濃度となります。

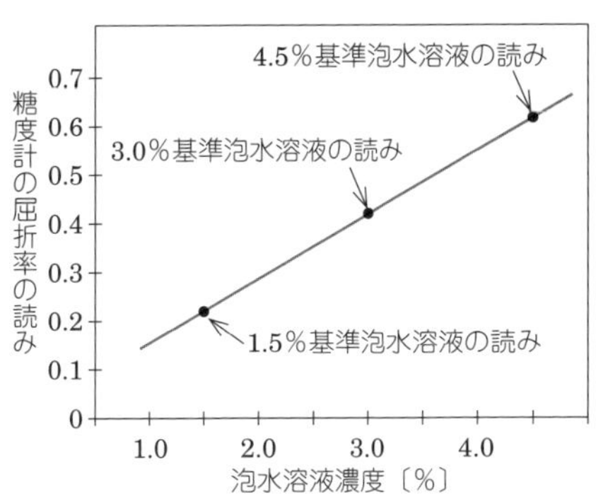

●図２　標準混合率グラフ●

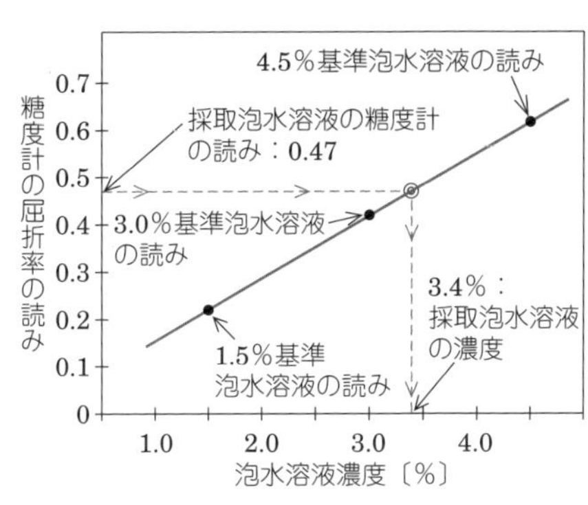

●図３　希釈容量濃度の求め方（３％型泡消火薬剤を使用した場合の例）●

(2)　希釈容量濃度の判定基準

希釈容量濃度の範囲は、表２のとおりです。

●表２　希釈容量濃度の範囲●

泡消火薬剤の種類	希釈容量濃度の範囲
３％型泡消火薬剤	３～４％
６％型泡消火薬剤	６～８％

よく出る問題

問 1　［難易度 😊😐😟］

図３において糖度計の読みが 0.47 であった場合の希釈容量濃度として、正しいものは次のうちどれか。

(1)　3.4％　　(2)　3.5％　　(3)　3.8％　　(4)　3.9％

解説

糖度計の読み 0.47 を縦軸にプロットした点を横に水平に伸ばし、基準泡水溶液線との交点を下に下ろした横軸の点 3.9 が希釈容量濃度となります。

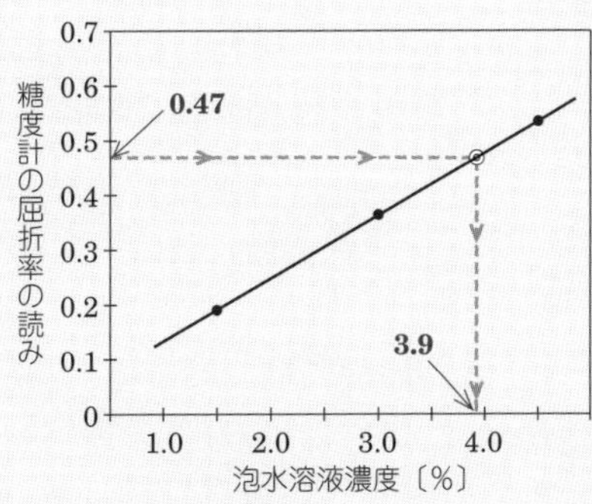

解答　問１－(4)

発泡倍率及び25％還元時間の測定方法

重要度

レッスン1-4の放射試験方法にて、次に示す器具及び方法で、発泡倍率及び25％還元時間が判定基準以上であることを確認します。

泡消火薬剤の種類によって測定器具が異なります

(1) 測定器具

発泡倍率及び25％還元時間（ドレネジタイム）測定に必要な器具は、表1、表2のとおりです。たん白泡消火薬剤又は合成界面活性剤泡消火薬剤を使用する場合と、水成膜泡消火薬剤を使用する場合とで異なるので、器具の特徴をよく覚えておきましょう。

● 表1　たん白泡消火薬剤又は合成界面活性剤泡消火薬剤を使用する場合 ●

測定区分	測定器具	必要数
発泡倍率	1400 mℓ 容量の泡試料コンテナ	2個
	泡試料コレクタ	1個
	秤（はかり）	1個
25％還元時間	ストップウォッチ	2個
	泡試料コンテナ台	1個
	100 mℓ 容量の透明容器	4個

● 表2　水成膜泡消火薬剤の場合 ●

測定区分	測定器具	必要数
発泡倍率	1000 mℓ 目盛付きシリンダ	2個
	泡試料コレクタ	1個
	1000 g 秤	1個
25％還元時間	ストップウォッチ	1個
	1000 mℓ 目盛付きシリンダ	2個

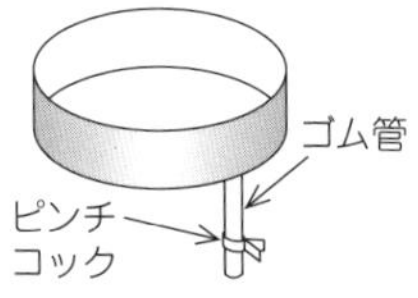

（a）泡試料コンテナ

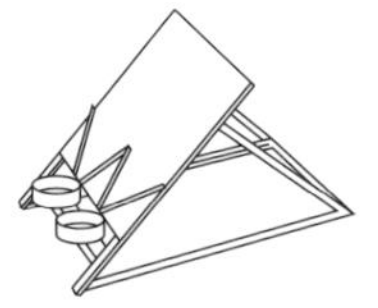

（b）泡試料コレクタ

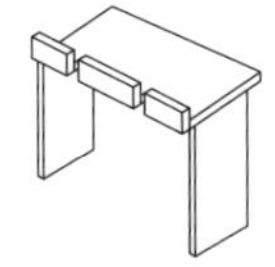

（c）泡試料コンテナ台

● 図1　たん白泡消火薬剤又は合成界面活性剤泡消火薬剤の測定器具 ●

（a）目盛付きシリンダ

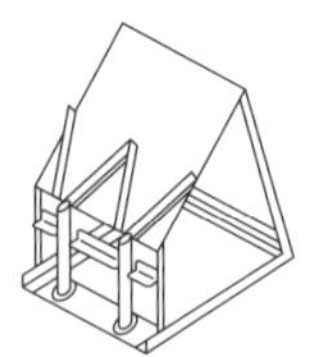

（b）泡試料コレクタ

● 図2　水成膜泡消火薬剤の測定器具 ●

● 図3　秤 ●

(2) 測定方法

① たん白泡消火薬剤又は合成界面活性剤泡消火薬剤を使用する場合

発泡面積内の指定位置（レッスン1-4参照）に、1400 mℓ 泡試料コンテナ2個を載せた泡試料コレクタを置き、十分泡が満たされたらストップウォッチを押し、秒読みを開始するとともに、スケール等でコンテナ上面を平らにし、コンテナ外側、底面に付着している余分な泡を取り除きます（表3）。

表3　たん白泡消火薬剤又は合成界面活性剤泡消火薬剤を使用する場合

測定区分	測定手順
発泡倍率	**発泡倍率は空気混入前の元の泡水溶液量に対する最終の泡量の比を測定**するもので、あらかじめ泡試料コンテナの重量を測定しておき、泡試料をg単位まで測定し、次の式により計算を行います。 $$発泡倍率 = \frac{1400\ \mathrm{m}\ell}{コンテナ重量を除いた全重量〔\mathrm{g}〕}$$ 計算式を覚えておきましょう
25％還元時間	泡の25％還元時間は、**採取した泡から落ちる泡水溶液量が、コンテナ内の泡に含まれている全泡水溶液量の25％ $\left(\frac{1}{4}\right)$ 排液に要する時間を表したものをいい、水の保持能力の程度、泡の流動性を特別に表したもの**で、次の方法で測定します。 測定は発泡倍率測定の試料で行い、泡試料の正味重量を4等分することにより、泡に含まれている泡水溶液の25％容量（単位mℓ）を得ます。この量が排液するに要する時間を知るためにコンテナをコンテナ台に置き、一定時間内にコンテナの底にたまる液を100 mℓ容量の透明容器で受けます。 仮に、泡試料の正味の重量が180 gあったとすると、25％容量値 $= \frac{180}{4} = 45\ \mathrm{m}\ell$ なので、この時間を測定することになります。 そして、排液量の値が以下のように記録されたとすると 時間〔分〕：排液量〔mℓ〕 0：0 0.5：10 1.0：20 1.5：30 2.0：40 2.5：50 3.0：60 算出方法を覚えておきましょう この記録から25％容量の45 mℓは2分と2.5分の間にあることがわかります。すなわち $$\frac{45\ \mathrm{m}\ell（25\%容量値）- 40\ \mathrm{m}\ell（2.0分時の排液量値）}{50\ \mathrm{m}\ell（2.5分時の排液量値）- 40\ \mathrm{m}\ell（2.0分時の排液量値）} = \frac{1}{2}$$ から、2.25分（135秒）が得られます。

② 水成膜泡消火薬剤を使用する場合

発泡面積内の指定位置（レッスン1-4参照）に、1000 mℓ 目盛付シリンダ2個を設けた泡試料コレクタを置き、シリンダに十分泡が満たされたらストップウォッチを押し、秒読みを開始するとともに、シリンダ外側、底面に付着している余分な泡を取り除きます（表4）。

● 表4 水成膜泡消火薬剤を使用する場合 ●

測定区分	測定手順
発泡倍率	あらかじめ1000 mℓ 目盛付きシリンダの重量を測定しておき、泡試料を g 単位まで測定し、次の式により計算を行います。 $$発泡倍率=\frac{1000\ \text{m}\ell}{シリンダ重量を除いた全重量〔\text{g}〕}$$ 計算式を覚えておきましょう
25％還元時間	泡の25％還元時間は、次の方法で測定します。 測定は発泡倍率測定の試料で行い、泡試料の正味重量を4等分することにより、泡に含まれている泡水溶液の25％容量（単位mℓ）を得ます。この量が排液するに要する時間を知るためにシリンダを平らな台に置き、一定時間内にシリンダの底にたまる液を泡と容易に分離していることが判然とする計量線で測定します。 仮に、泡試料の正味の重量が200 mℓ あったとすると、1 g を 1 mℓ として換算し、 $25\%容量値=\frac{200}{4}=50\ \text{m}\ell$ なので、この時間を測定することになります。 そして、還元量の値が以下のように記録されたとすると、 時間〔分〕／還元量〔mℓ〕 0／0 1.0／20 2.0／40 3.0／60 算出方法を覚えておきましょう この記録から25％容量の50 mℓ は2分と3分の間にあることがわかります。 すなわち $$\frac{50\ \text{m}\ell（25\%容量値）-40\ \text{m}\ell（2.0分時の還元量値）}{60\ \text{m}\ell（3分時の還元量値）-40\ \text{m}\ell（2.0分時の還元量値）}=\frac{10}{20}=0.5$$ から、2.5分（150秒）が得られます。

(2) 判定基準

表5　判定基準

試験区分	泡消火薬剤の種類	判定基準
発泡倍率	たん白泡、水成膜泡及び合成界面活性剤泡消火薬剤	5倍以上
25％還元時間	たん白泡消火薬剤及び水成膜泡消火薬剤	60秒以上
	合成界面活性剤泡消火薬剤	30秒以上

よく出る問題

問 1　［難易度 😊😐😞］

次の図は、フォームヘッドの発泡倍率及び25％還元時間を測定する場合の測定器具の配置関係を示したものである。図の A の値として、正しいものは次のうちどれか。ただし、誤差は無視するものとする。

(1)　0.5 m
(2)　1.0 m
(3)　1.5 m
(4)　2.0 m

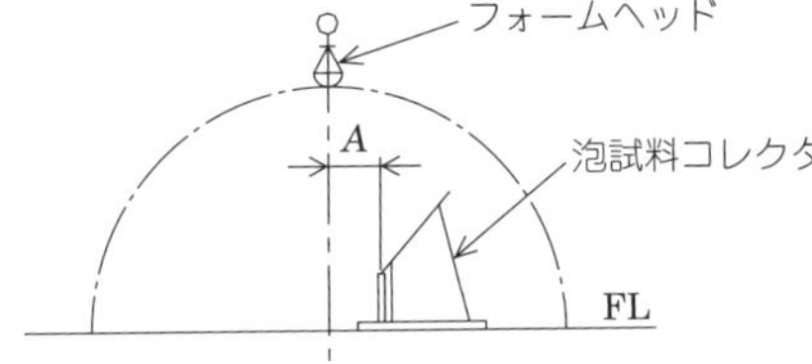

解説　P.162の図1参照。

問 2　［難易度 😊😐😞］

水成膜泡消火薬剤を使用し、フォームヘッドから放射された泡の還元時間を測定した場合、次のデータが得られた。この場合の還元時間として次のうち正しいものはどれか。ただし、泡試料の正味質量は220 gとして、1 g＝1 mℓとして換算するものとする。

(1)　100秒
(2)　125秒
(3)　150秒
(4)　165秒

還元量データ：

時間〔分〕	還元量〔mℓ〕
0	0
1.0	20
2.0	40
3.0	60

解説

泡試料の正味質量が220 g（＝220 mℓ）であることから、25％還元量は $\frac{220}{4}=55\ \mathrm{m\ell}$ となります。また、還元量データより、25％還元量の55 mℓは2分と3分の間にあることがわかります。

$$\frac{55\ \mathrm{m\ell}\ (25\%容量値) - 40\ \mathrm{m\ell}\ (2.0分時の還元量値)}{60\ \mathrm{m\ell}\ (3分時の還元量値) - 40\ \mathrm{m\ell}\ (2.0分時の還元量値)} = \frac{15}{20} = 0.75$$

から、25％還元時間は、2分＋0.75分＝2.75分＝165秒となります。

解答　問1－(2)　　問2－(4)

これは覚えておこう！

レッスン1の重要事項のまとめ

① **消火ポンプの性能規定**：$0.65 \leqq \dfrac{H_3}{H_2}$、$\dfrac{H_1}{H_2} \leqq 1.4$、$1.0 \leqq \dfrac{H_2}{H_0} \leqq 1.1$

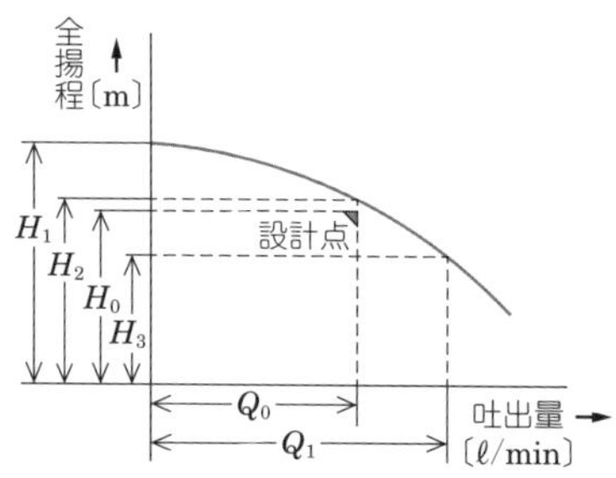

② **呼水槽の減水警報**：補給水弁を閉止し、呼水槽の排水弁を開放した場合に、呼水槽の水量がおおむね $\dfrac{1}{2}$ に減水するまでの間に減水警報が確実に作動すること。

③ **一斉開放弁の作動試験**：一斉開放弁の二次側の止水弁を閉止後、手動起動弁を開放して一斉開放弁を作動させたとき、試験用排水弁から泡水溶液が排水されること。

④ **固定式・移動式泡消火設備の試験及び点検**：発泡倍率、25％還元時間を測定するための放射試験方法、測定器具を、消防用ホースについては消防用ホースの耐圧性能点検期間が点検を行ってから3年を経過していない場合を除き、消防用ホースの製造年の末日から10年を経過した日以降実施する。

⑤ **希釈容量濃度の測定**：試験準備、測定器具、判定方法についてよく理解しておく。

泡消火薬剤の種類	希釈容量濃度の範囲
3％型泡消火薬剤	3～4％
6％型泡消火薬剤	6～8％

⑥ **発泡倍率、25％還元時間の測定**：使用する泡消火薬剤による測定器具の種類、発泡倍率の計算式、25％還元時間の判定方法及び判定基準を理解する。

		たん白泡	合成界面活性剤泡	水成膜泡
発泡性能	膨張率	5倍以上		
	25％還元時間	1分以上	30秒以上	1分以上

レッスン 2 図面鑑別

出題範囲は１学期のレッスン３、レッスン４、レッスン５、レッスン６及び２学期のレッスン１です。これらの内容をどれだけ理解しているかについて、具体的な図面を見ながら、視覚的な側面から問われるのが図面鑑別試験です。

したがって、本レッスンでこれまでの復習をして、さらに詳細な事項について学習していきます。

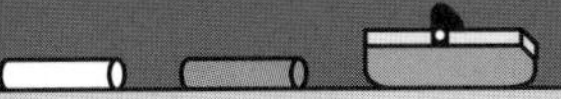

- 2-1の水源の**有効水量**はフート弁のシート（弁座）から $1.65d$（d：吸水管内径）上部からとなります。有効水量の算定の方法についてよく理解しておきましょう。
- 2-2の**ポンプ方式の加圧送水装置の構成**は、よく出題されますので、**バルブ類の取付順序、常時開閉の状態、配管の取出位置、配管の口径**について、よく覚えておきましょう。
- 2-3では消火ポンプの吸込配管の**空気溜りの発生防止**のための配管方法、性能試験配管に設置されている**直示型流量計のフロートの読取位置**についても理解しておきましょう。
- 2-4の固定式泡消火設備の構成については、**火災感知用ヘッドを使用する場合**と**感知器を使用した場合**の構成と**作動フロー**について理解しておきましょう。
- 2-5の移動式の泡消火設備については、泡消火薬剤混合装置を泡放射用器具格納箱に内蔵している**内蔵型**と、別置きされている**別置型**があること、泡ノズルの外観、**結合金具の構造と部品名称**を覚えておきましょう。
- 2-6では泡消火薬剤混合装置を構成している**泡消火薬剤貯蔵槽の構造**、**混合器の役目と種類**について理解しておきましょう。
- 2-7では**泡放出口の種類と形状**について覚えておきましょう。
- 2-8では**流水検知装置の遅延方法**、**一斉開放弁まわりの配管構成**について覚えておきましょう。
- 2-9では泡消火設備に使用される汎用バルブ類について、**外観**、**特徴**を理解しておきましょう。
- 2-10では配管の**支持金具の種類**、**名称**、**外観**、**目的**について覚えておきましょう。
- 2-11の特定駐車場用泡消火設備については、**各方式の設備構成**、**感知継手の使用目的**、**泡水溶液ヘッドの外観**について覚えておきましょう。

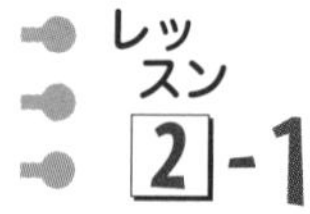

図面鑑別 1（水源）

重要度

(1) 水源の種類

水源は専用とします。水源の種類には、人工水源（地下水槽、地上水槽、高架水槽、圧力水槽等）及び自然水源（河川、湖沼、海、池、井戸等）があります。なお、自然水源を使用する場合には、四季を通じて規定水量の確保が必要であることから、渇水、吸込管（フート弁、図1）への貝類の付着等の自然現象に十分留意する必要があります。

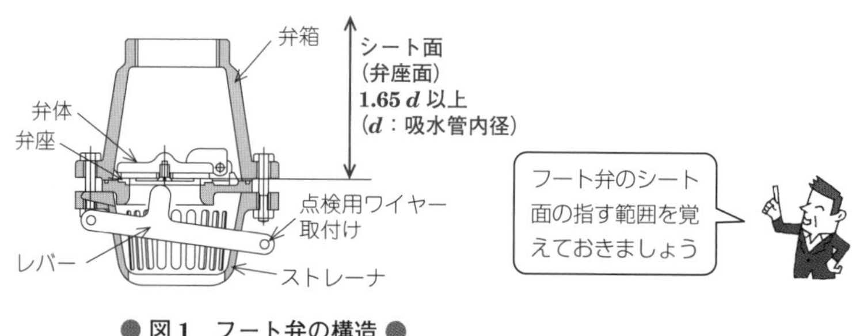

● **図1　フート弁の構造** ●

以下では人工水源の有効水量の算定方法について説明します。

(2) 水源水量（有効水量）

水源水量（**有効水量＝消火設備の水源として有効に使用することができる量**）は、1学期レッスン3-7に説明した計算式で求めた量以上の量を確保する必要があり、水源の種類により有効水量の算定基準は図2～図7のとおりです。

有効水量となる部分を覚えておきましょう

マメ知識 ➡➡➡ 1.65*d*

法令上、1.65*d* という数字はどこにも規定されていませんが、慣例的に使用され、各自治体消防の規定等に表記されているところもあります。この基準で覚えましょう。

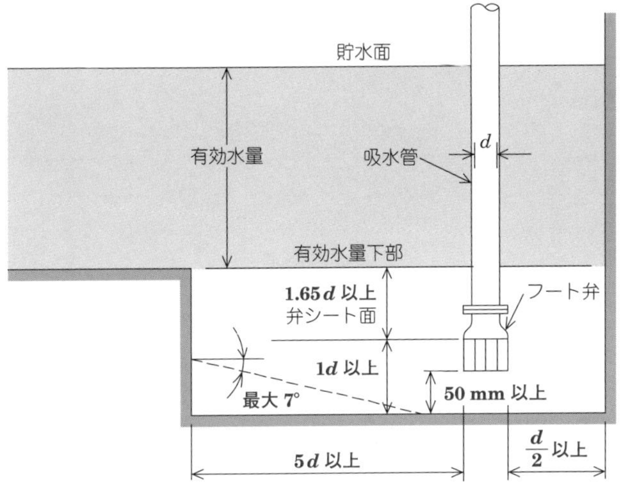

図2　専用地下水槽の有効水量の算定基準（*d* は吸水管内径を示す）

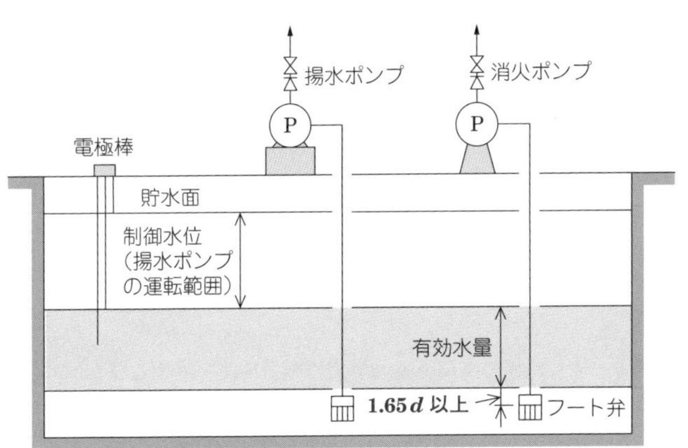

図3　電極棒による制御の有効水量の算定基準（*d* は吸水管内径を示す）

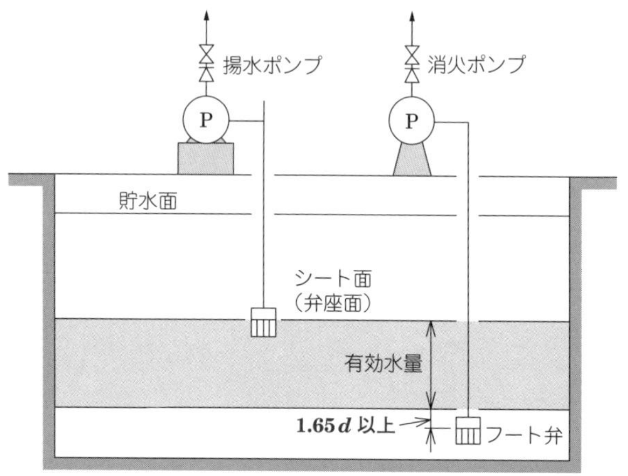

● 図 4　吸水管長さによる確保の有効水量の算定基準（d は吸水管内径を示す）●

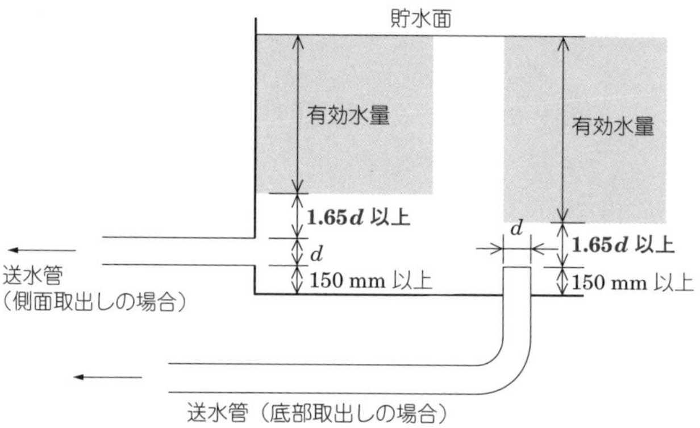

● 図 5　地上水槽の有効水量の算定基準（d は吸水管内径を示す）●

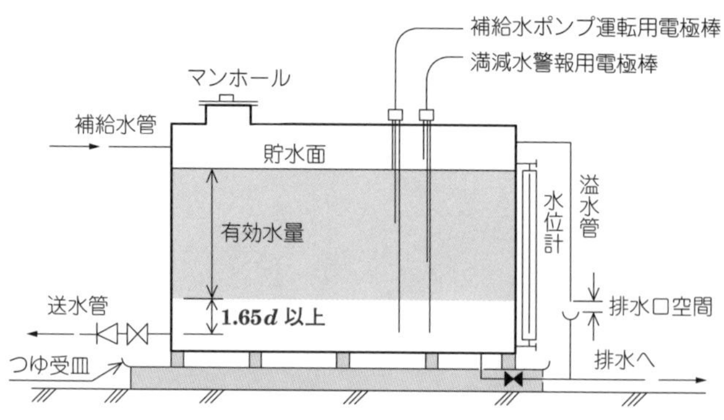

● 図 6　高架水槽の有効水量の算定基準 ●

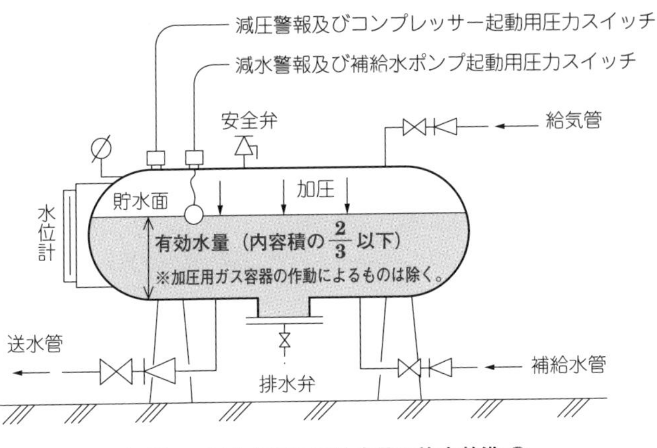

● 図7　圧力水槽の有効水量の算定基準 ●

よく出る問題

問 1　[難易度]

次の図の水源水槽において、有効水量として適切なものはどれか。

貯水面
水源水槽
(1)　(2)　(3)　(4)
d（内径）
吸水管
フート弁
$1.65d$ 以上
弁シート面

有効水量の算出面は、フート弁のシート面から $1.65d$（d：吸水管の内径）上部からとなります。

解答 問1－(3)

レッスン 2-2 図面鑑別 2（加圧送水装置①）

重要度 ///

加圧送水装置におけるポンプ方式（図 1）については、その性能基準とともに、各部の名称、機能がよく出題されます。しっかり覚えておきましょう。

(1) ポンプ方式の加圧送水装置の構成（復習）

① ポンプ：一般的に遠心ポンプ※のうち、**低揚程**では**ボリュートポンプ**が、**高揚程**では**タービンポンプ**が使用されます。

※ 羽根車を回転させて、遠心運動により流体に遠心力を与え、これを揚程（圧力）に変換させるもので、流体が渦巻状に回転するので渦巻ポンプとも呼ばれます。

② 制御盤：ポンプの監視、操作、制御を行うための制御盤を設けます。なお、**ポンプの停止は制御盤の停止スイッチによってのみ行われます**。

③ **起動用水圧開閉装置（圧力スイッチ）**：配管内における圧力の低下を圧力スイッチにより検知し、ポンプを自動的に起動させます。なお、**圧力タンクへの接続は呼び 25 以上で止水弁を設けることと規定されています**。

④ **連成計・圧力計**：ポンプの**吸込側に連成計**（図 2）、**吐出側に圧力計**（図 3）を設置します。

⑤ **呼水装置**：水源の水位がポンプより低い位置にある場合には、ポンプ及び配管を充水するための呼水槽を設置します。**補給水管の呼び 15 以上、溢水用排水管の呼び 50 以上、呼水管の呼び 40 以上**と規定されています。

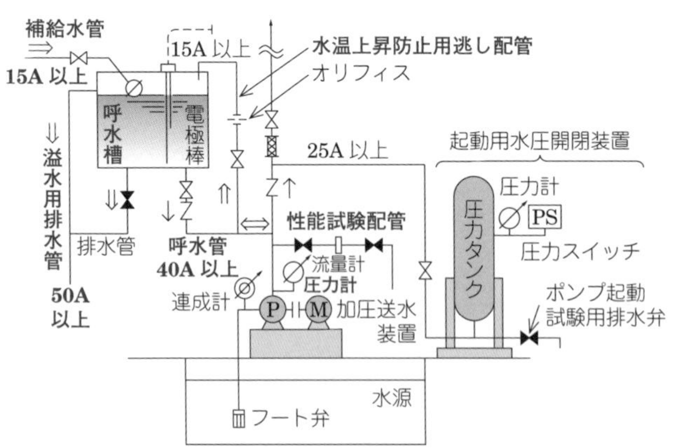

● 図 1　ポンプまわりの配管 ●

逆止弁を表すのに使用される記号は一つではなく、Z型や△型など、いくつかあります。使用されている記号に惑わされないように注意しましょう。
記号の位置から、その記号が表す器具を正しく判断できることが望ましいです。

⑥　**フート弁**：水源の水位がポンプより下にある場合に、呼水槽とともに設置する、吸水管の先端に設けた**逆止弁**です（構造は p.172 の図１を参照）。

⑦　性能試験装置：ポンプの**定格性能を確認**するために設置します。性能試験は、右の図４の**止水弁①を全開**し、**流量調整弁②で流量調整**します。流量調整弁②には流量調整に適した玉形弁等を使用します。

⑧　水温上昇防止用逃し配管：ポンプの締切運転時（吐出量が「0」である状態をいう）において、ポンプ内の**水温の上昇を防止**するための逃し配管を設けます。

⑨　止水弁・逆止弁：**ポンプ側から逆止弁、止水弁の順に設置**します。逆止弁は、停電時のポンプ停止や弁の急激な開閉により流水現象が急に変化した場合に発生するウォーターハンマ（水撃現象）からポンプを守るために設置されています。また、止水弁は逆止弁又はポンプの故障時に配管内の水をすべて排水しなくても済むように設置されています。

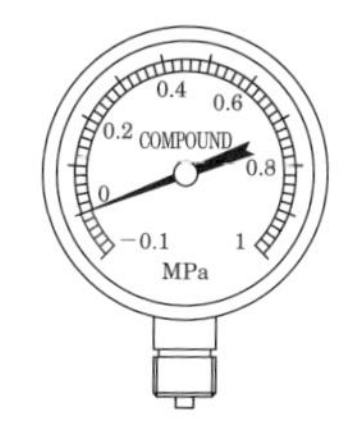

●図２　連成計●

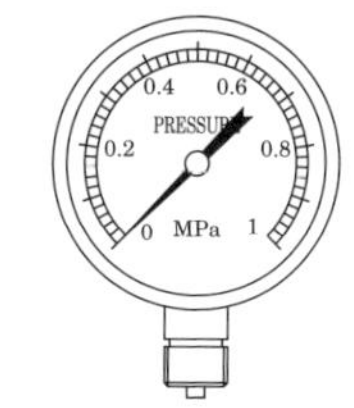

●図３　圧力計●

実際の試験の問題では負圧部分は赤字にはなっていないので、レンジを確認して判断しましょう

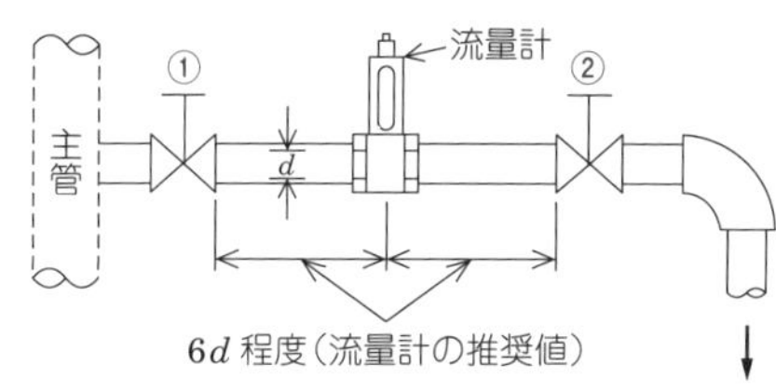

●図４　性能試験装置（*d*：内径）●

よく出る問題

問 1　［難易度 😊😐😣］

呼水槽まわりの配管について、図中の（1）（2）（3）の最小口径を答えなさい。

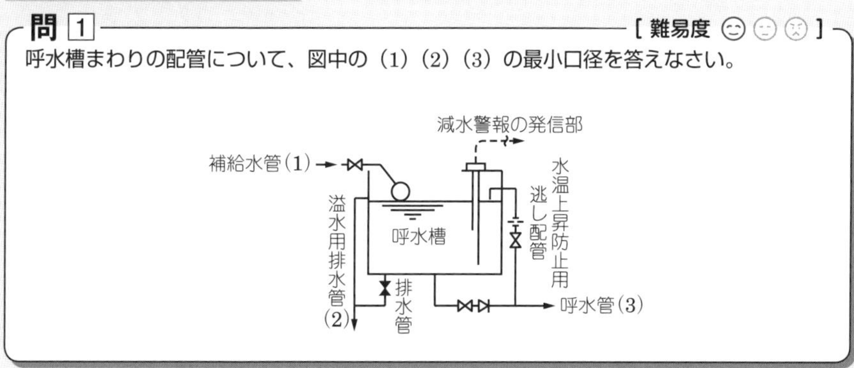

解答

問１	（1）	**呼び 15（以上）**	（2）	**呼び 50（以上）**	（3）	**呼び 40（以上）**

レッスン 2-3

図面鑑別３（加圧送水装置②）

重要度

加圧送水装置まわりの配管には、１学期レッスン 4-2 で説明したように配管においてさまざまな規定がありますが、そのほかの留意点についてもしっかり覚えておきましょう。

(1) 吸込配管の施行上の留意点

ポンプ方式の吸込配管の壁から確保すべき離隔距離については、p.173 の図２のとおりですが、そのほかに吸込配管の施工上の留意点は以下の図１及び図２のとおりです。

ポンプの**吸込配管は空気溜りができないように施工**する必要があります。

空気溜りができると、**規定吐出量が出なかったり、揚水不能**になったりします。

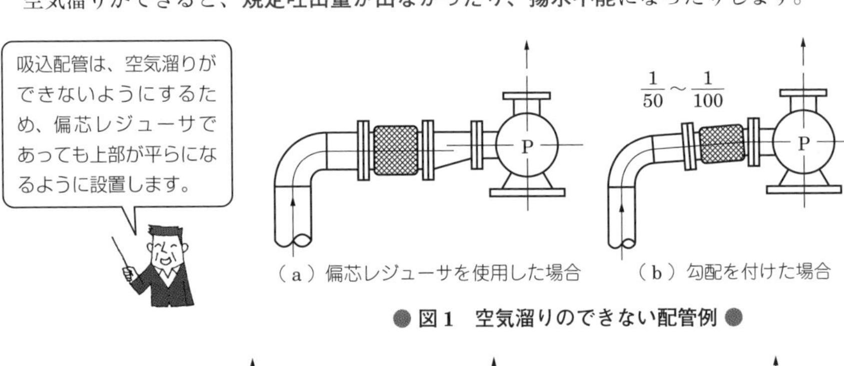

図１　空気溜りのできない配管例

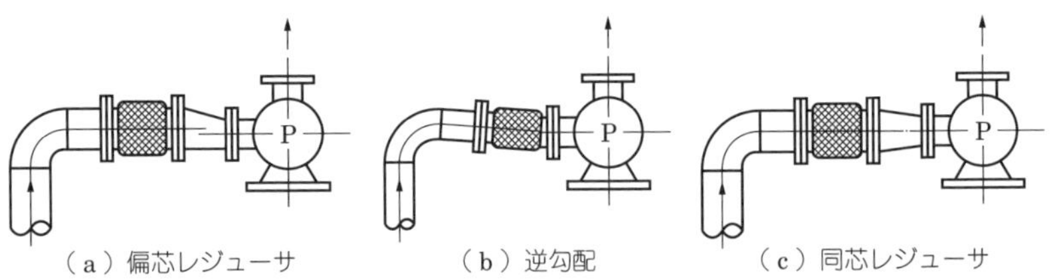

図２　空気溜りのできる配管例

(2) 性能試験配管上の留意点

ポンプ性能試験配管は、p.153 の図３～図５のとおりですが、**直示型の流量計のフロートの読取位置**は、**最大径の最頂部**で図３のとおりです。

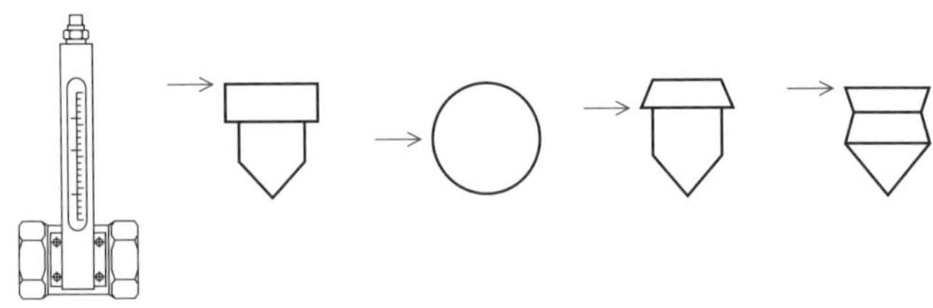

図３　直示型流量計の読取位置（⟶：読取位置を示す）

問 1

［難易度 😊 😐 😞］

ポンプ吸込配管の空気溜りを防止する配管施工方法として、適切なものは次のうちどれか。

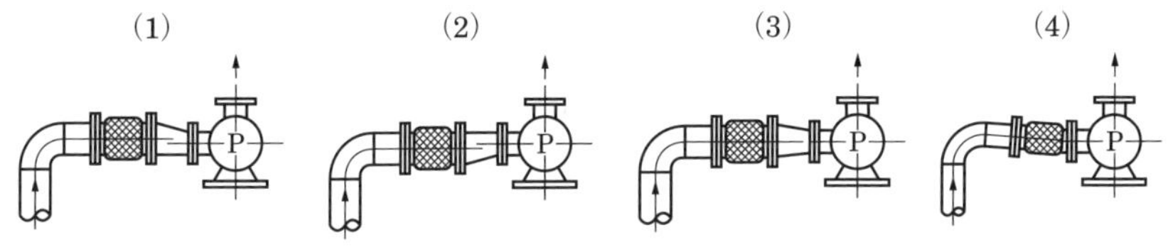

解説　偏芯レジューサを使用する場合は、上面がフラットになるように設置します。

問 2

［難易度 😊 😐 😞］

直示型流量計のフロートの読取り位置（部）として、次のうち適切なものはどれか。

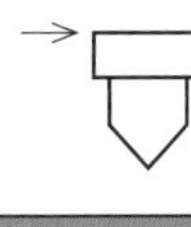

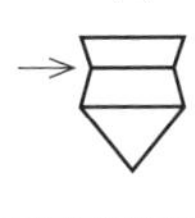

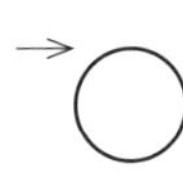

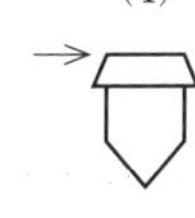

解説　直示型の流量計のフロートの読取位置は、最大径の最頂部です。

問 3

［難易度 😊 😐 😞］

地上式水槽から吸込管を接続し、止水弁を設置する場合の設置方法として、操作性を考慮し、空気溜りが少ない設置方法として最も適切なものは次のうちどれか。

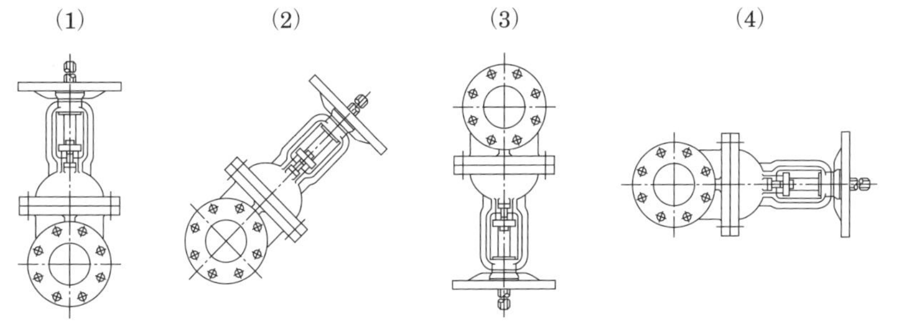

解説　実用的には、(4) が最もボンネット部分への空気溜りが少なく、操作性に影響が少ない設置方法となります。

解答　問１－(2)　　問２－(1)　　問３－(4)

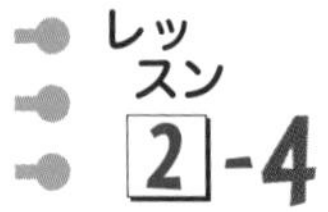

図面鑑別4（固定式泡消火設備）

重要度 ///

固定式泡消火設備の系統図に関する鑑別の試験では、図面が提示され、図中の機器名や機能を短文で解答する形式で出題されます。したがって、系統図をフリーハンドで書けるくらいまで理解し、頭に入れておく必要があります。

(1) 火災感知用ヘッドを使用した固定式泡消火設備（1学期レッスン3-1の復習）

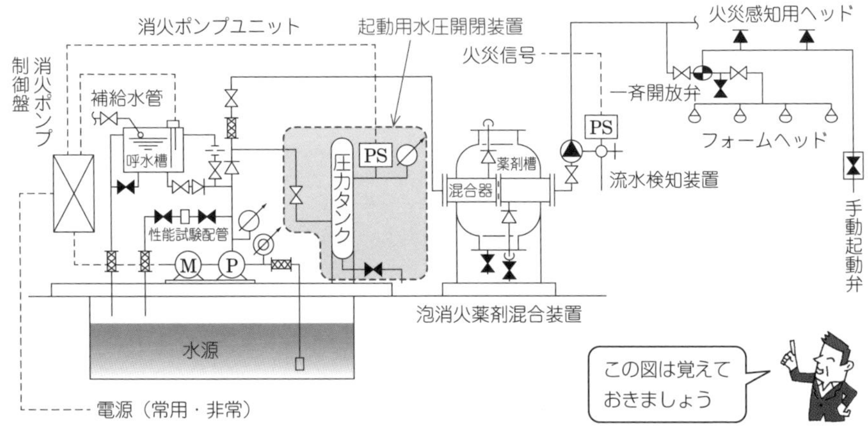

● 図1　固定式泡消火設備の構成例（火災感知用ヘッド起動）●

(2) 感知器を使用した固定式泡消火設備

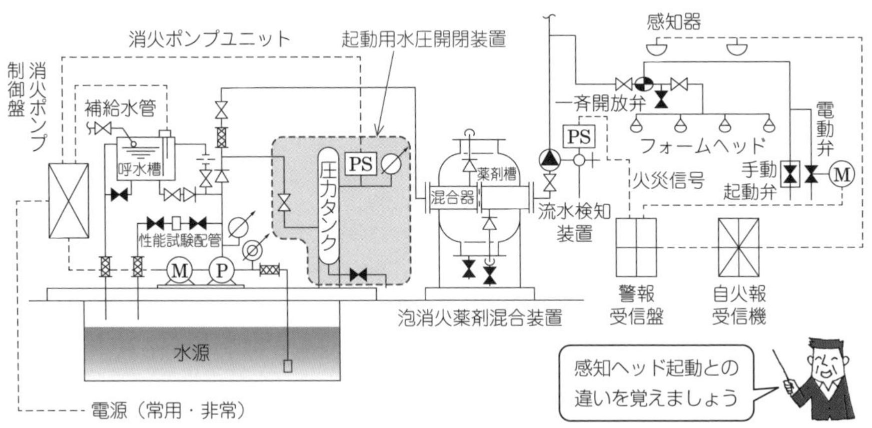

● 図2　固定式泡消火設備構成例（感知器起動）●

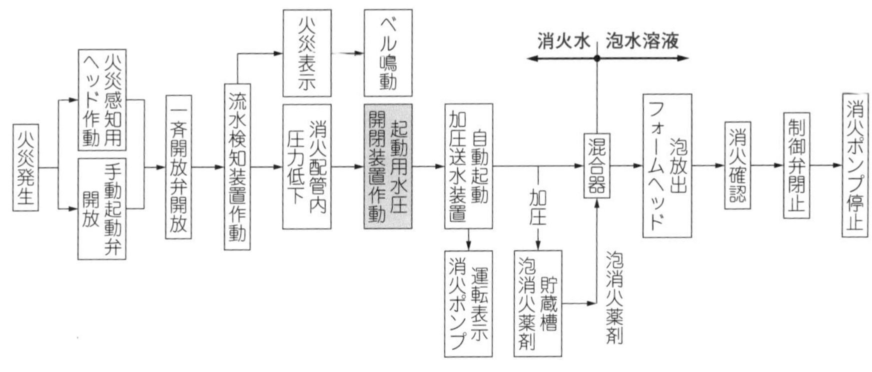

●図３　固定式泡消火設備の作動フロー●

よく出る問題

問 1 ［難易度 😊😐😢］

次の図に示す泡消火設備の構成図のうち、(1)（2)（3)（4）に入る機器の名称を語群より選び答えなさい。

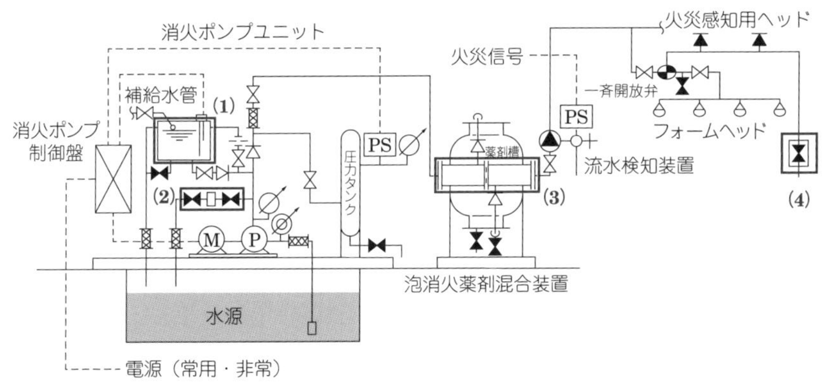

語群

A	手動式開閉弁	B	混合器	C	性能試験配管
D	過流量戻し管	E	手動起動弁	F	呼水管
G	呼水槽	H	溢水用排水管	I	水温上昇防止配管

解答

問１	(1)	G	(2)	C	(3)	B	(4)	E

レッスン 2-5 図面鑑別 5（移動式泡消火設備）

(1) 移動式泡消火設備の種類

移動式の泡消火設備には、泡消火薬剤混合装置を泡放射用器具格納箱内に内蔵しているもの（**内蔵型**）と別置きしているもの（**別置型**）があります。構成は、図1、図2のとおりです。

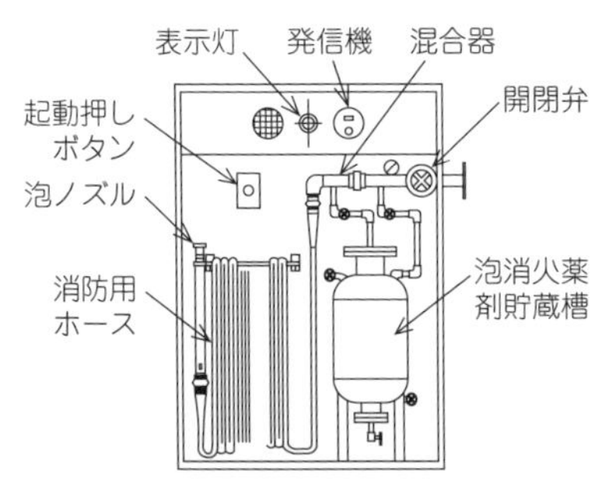

● 図1　内蔵型構成例 ●

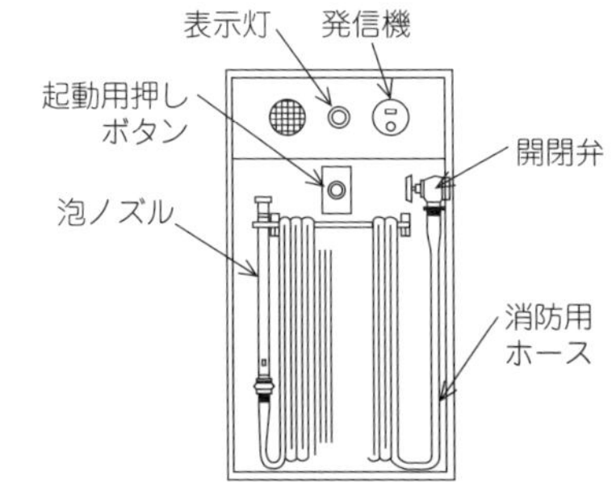

● 図2　別置型構成例 ●

構成機器を覚えておきましょう

(2) 移動式泡消火設備の泡放出口等

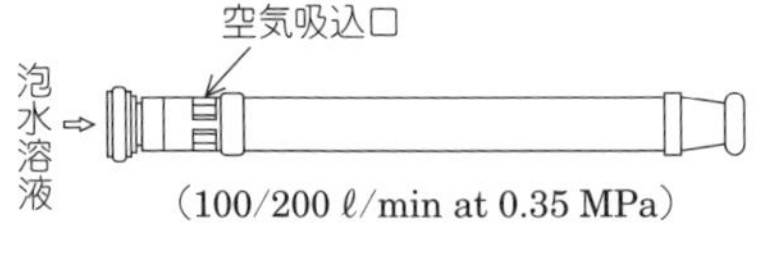

● 図3　泡ノズルの例 ●

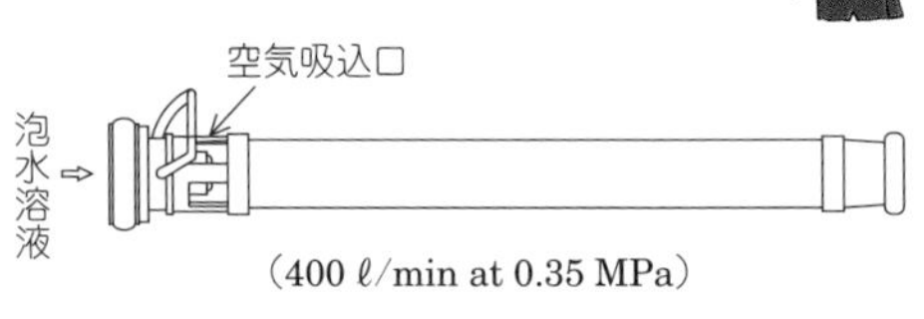

● 図4　泡ノズルの例 ●

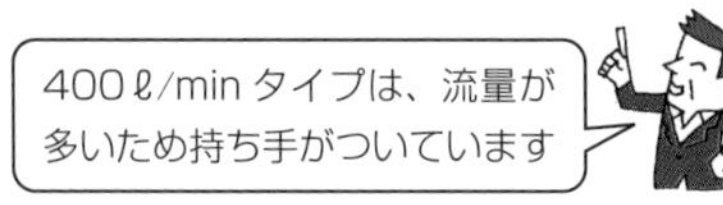

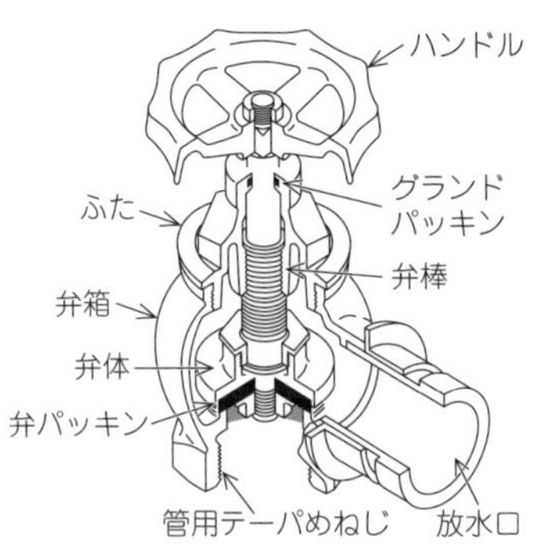

● 図5　開閉弁の例 ●

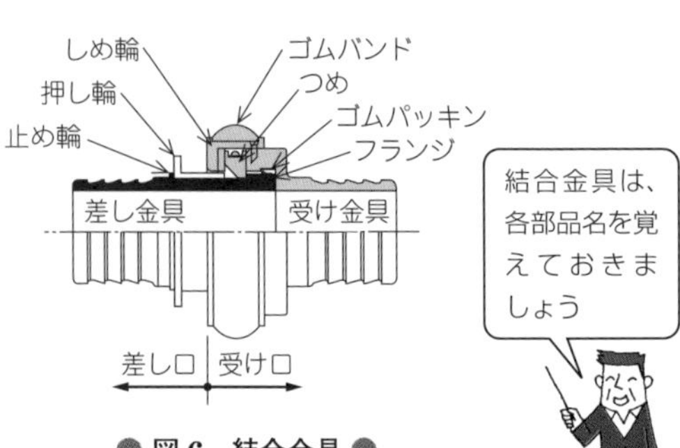

● 図6　結合金具 ●

よく出る問題

問 1　［難易度 😊😐😞］

次の図は、移動式泡消火設備の泡放射器具格納箱である。この格納箱の型式と（1）、（2）、（3）、（4）に示す機器の名称を答えよ。

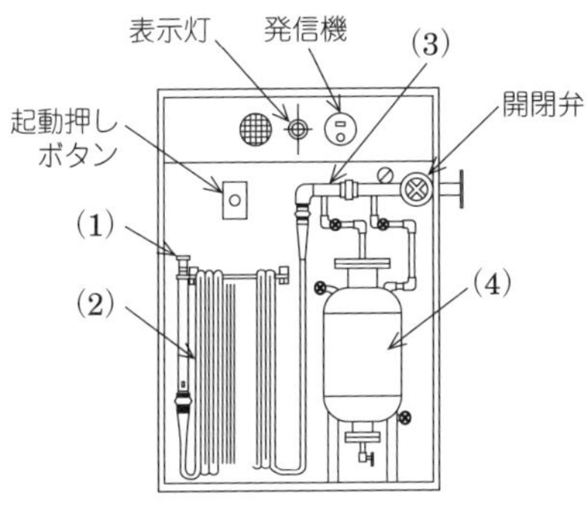

問 2　［難易度 😊😐😞］

次の図は、消防用ホースの結合金具である。この結合金具の名称と（1）、（2）、（3）、（4）に示す機器の名称を答えよ。

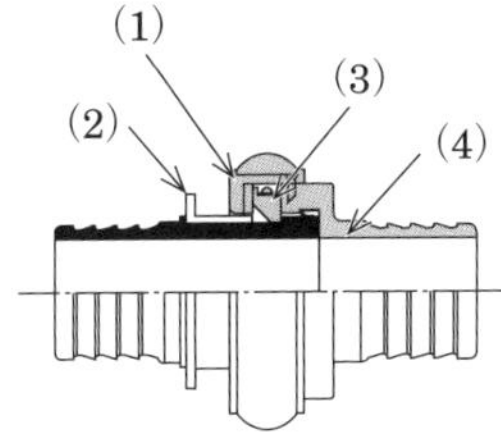

解答

問						
問１	型式	内蔵型	（1）	泡ノズル	（2）	消防用ホース
			（3）	混合器	（4）	泡消火薬剤貯蔵槽
問２	名称	差込式結合金具	（1）	しめ輪	（2）	押し輪
			（3）	つめ	（4）	受け金具（受け口）

レッスン 2-6

図面鑑別6（泡消火薬剤混合装置）

重要度

泡消火薬剤混合装置は泡消火薬剤貯蔵槽、混合器、配管、弁類から構成されています。

(1) 泡消火薬剤貯蔵槽

泡消火薬剤貯蔵槽には、設置対象物によって図1のように区分されます。本書では、最も多く設置されているダイヤフラム式の泡消火薬剤貯蔵槽について記載するものとします。

圧送式の泡消火薬剤貯蔵槽は、水と泡消火薬剤を分離させるためにダイヤフラムを入れ、ダイヤフラムの内側に泡消火薬剤を入れている構造のものをいいます。

加圧送水装置より送られてくる加圧水の一部が泡消火薬剤貯蔵槽内に導かれ、その流入された水量と同量の泡消火薬剤が混合器に送られる構造となっています。

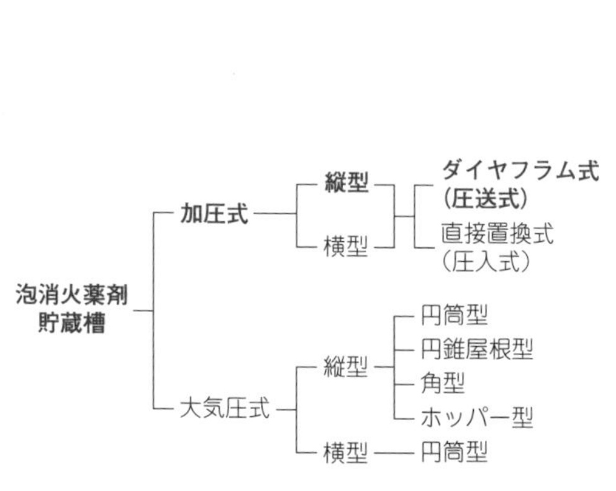

● 図1　泡消火薬剤貯蔵槽の区分 ●

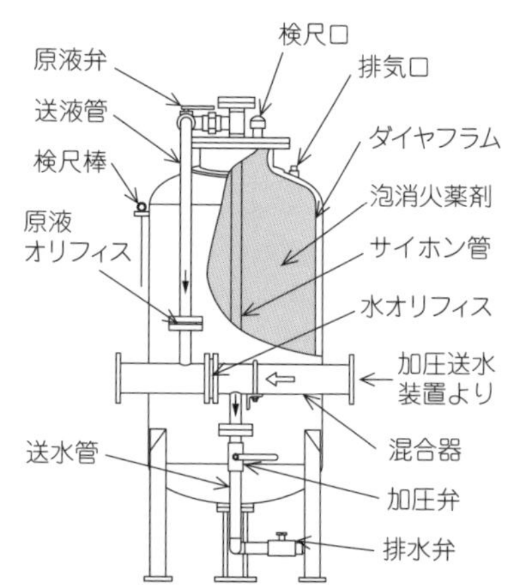

● 図2　泡消火薬剤貯蔵槽（圧送式）の構造例 ●

(2) 混合器

混合器は、泡消火薬剤貯蔵槽と組み合わされて使用されるもので、泡消火薬剤と水を混合し、規定された希釈容量濃度の泡水溶液をつくるための装置です。

混合器は、1学期レッスン3-8のように混合方式によって選択されますが、大きく分けて**オリフィス型**と**ベンチュリー型**があります。

① オリフィス型

送水管内にオリフィス（絞り機構）を設けることにより、オリフィスの上流と下流間に圧力差を発生させ、その圧力差により泡消火薬剤貯蔵槽内の泡消火薬剤を送水管内に送り込むものです。

オリフィスは、希釈容量濃度に応じた口径のものをそれぞれ送水管部分（水オリフィス）と泡消火薬剤送液管部分（原液オリフィス）に組み込みます。

②　ベンチュリー型

送水管内にベンチュリー機構を設けることにより、ベンチュリー機構を通過する流水の上流と下流間に圧力差を発生させ、その圧力差により泡消火薬剤貯蔵槽内の泡消火薬剤を送水管内に送り込むものです。送水管部分にベンチュリー機構を、泡消火薬剤送液管部分に規定された希釈容量濃度に応じた口径のオリフィスを組み込みます。

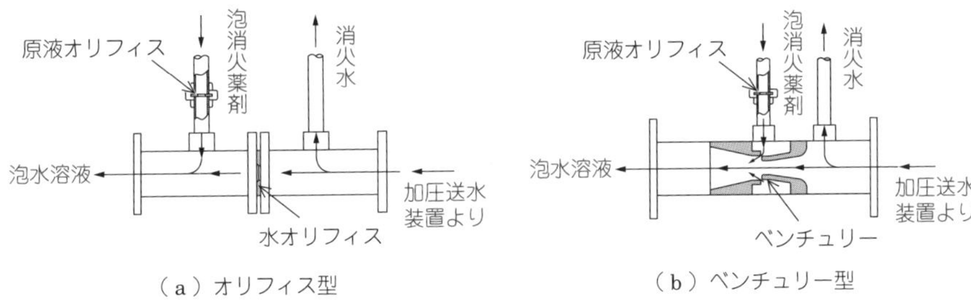

図3　混合器の例

よく出る問題

問 1　［難易度 😊😐😞］

次の図は、プレッシャープロポーショナー方式のうちの圧送式に使用される泡消火薬剤貯蔵槽である。(1)(2)(3)(4)の名称を右の語群より選び答えよ。

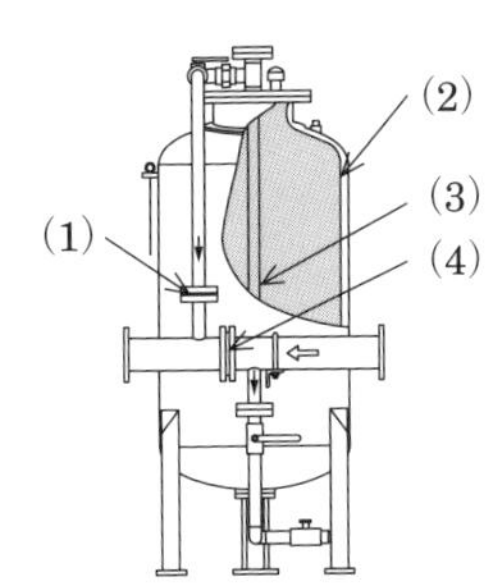

語群	
A	消火水
B	泡消火薬剤
C	泡水溶液
D	原液オリフィス
E	水オリフィス
F	サイホン管
G	ダイヤフラム

解答

問1	(1)	D	(2)	G	(3)	F	(4)	E

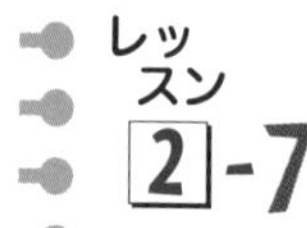

図面鑑別 7（泡放出口）

1学期レッスン3-9で記載した泡放出口を整理すると図1～図5となります。

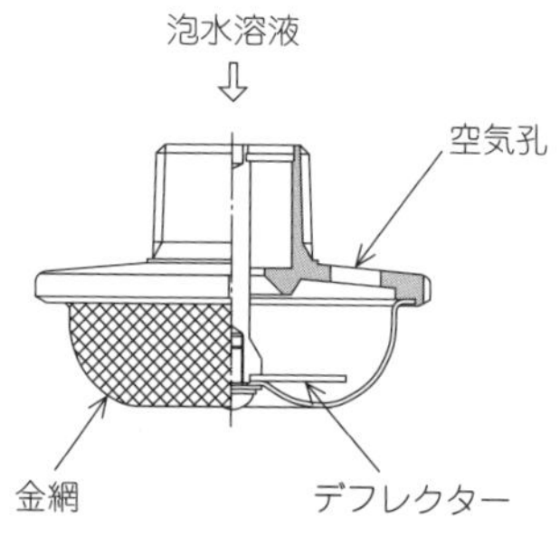

放射性能：35 ℓ/min at 0.25 MPa

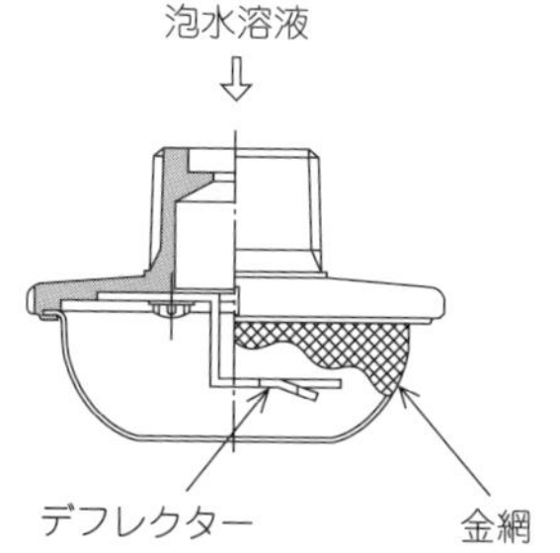

放射性能：20 ℓ/min at 0.25 MPa（側壁型）

● 図1　フォームヘッドの例 ●

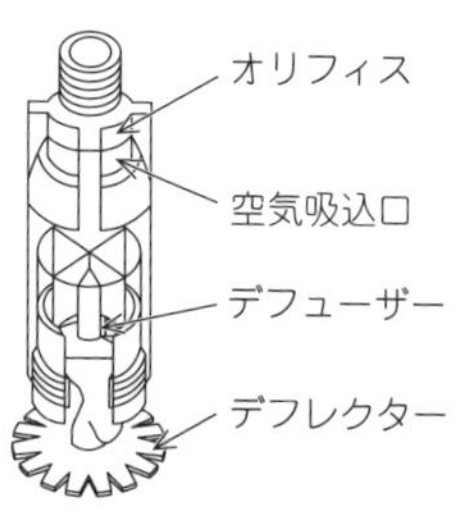

放射性能：75 ℓ/min at 0.35 MPa（下向型）

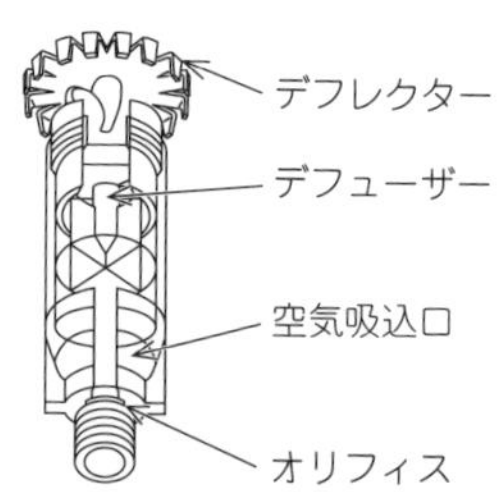

放射性能：75 ℓ/min at 0.35 MPa（上向型）

● 図2　フォーム・ウォーター・スプリンクラーヘッドの例 ●

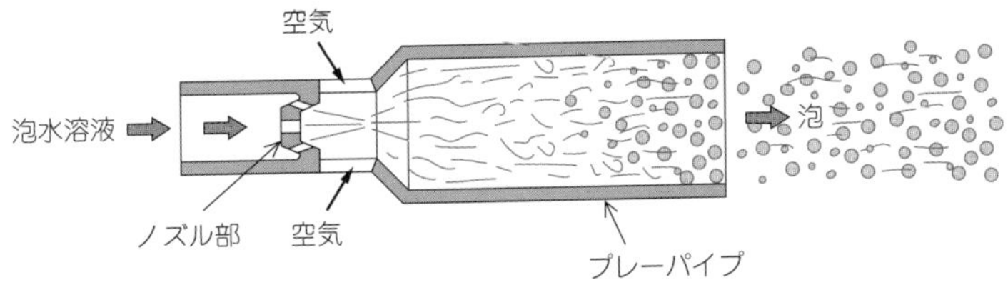

放射性能：100、200 又は 400 ℓ/min at 0.35 MPa

図３　泡ノズルの例

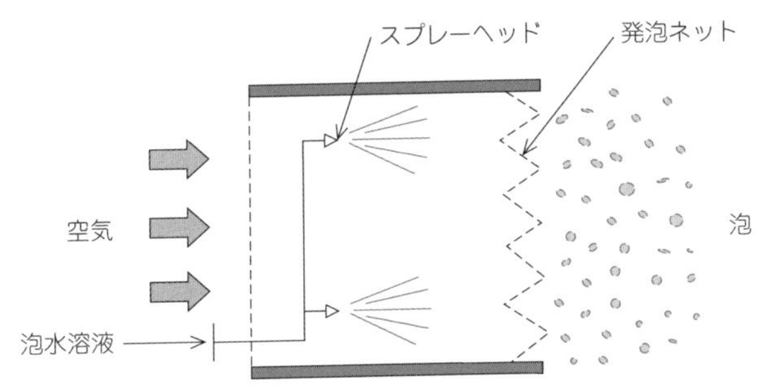

（ａ）発泡倍率：80～500（アスピレーター型）

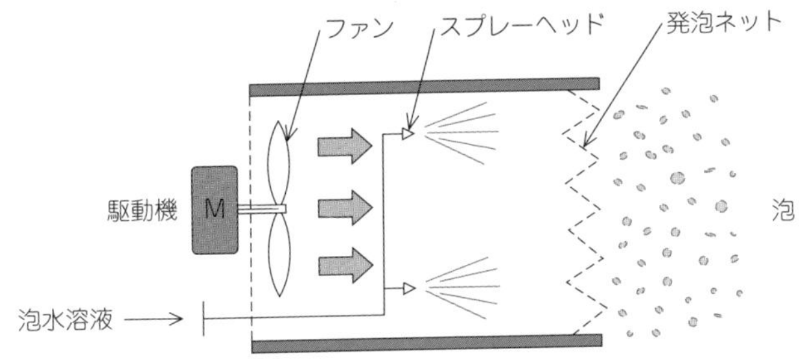

（ｂ）発泡倍率：300～1000（ブロアー型）

図４　高発泡用泡放出口の例

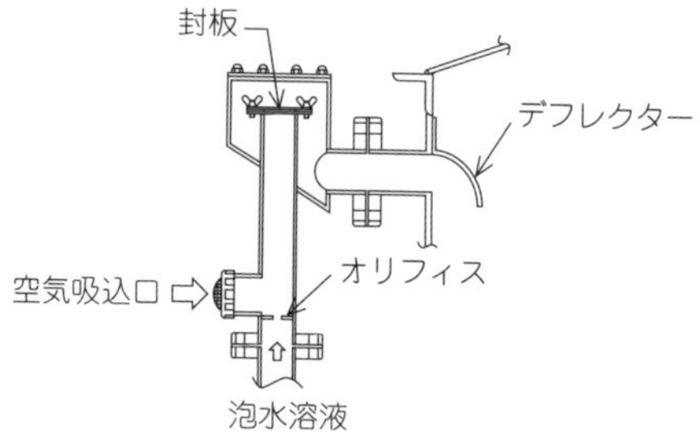

（a）Ⅱ型（固定屋根用）の例

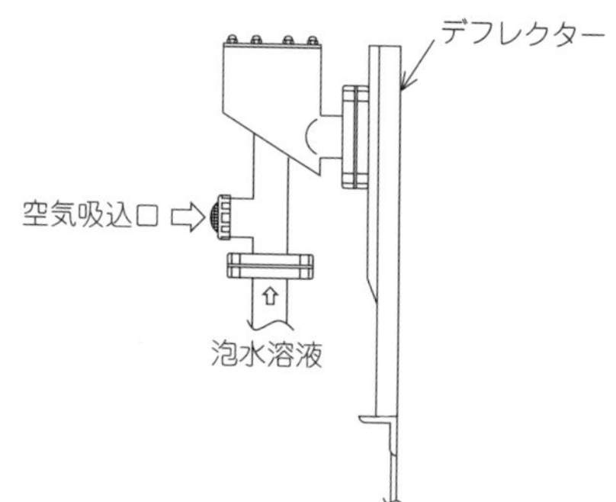

（b）特型（浮き屋根用）の例

● 図5　屋外貯蔵タンク用固定泡放出口の例 ●

よく出る問題

問 1　[難易度 😊😐😞]

次の図の機器名称及び（1）（2）（3）の部品名称を答えよ。

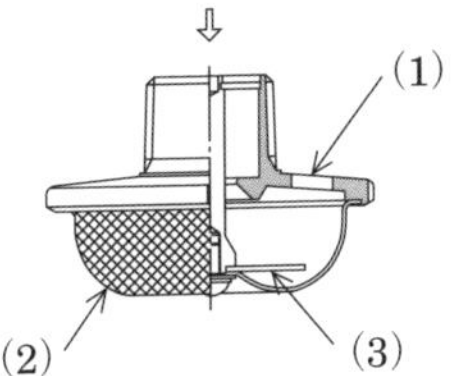

問 2　[難易度 😊😐😞]

次の図の機器名称及び（1）（2）（3）の部品名称を答えよ。

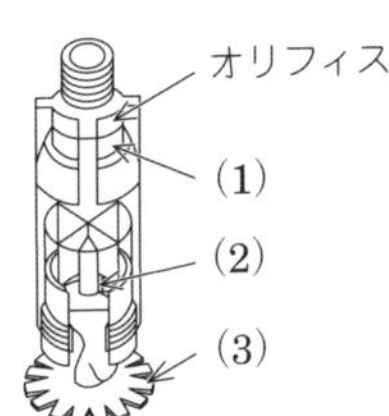

問 3　[難易度 😊😐😞]

次の図は、屋外貯蔵タンクに設置される固定式泡放出口である。（1）（2）（3）（4）の名称を答えよ。

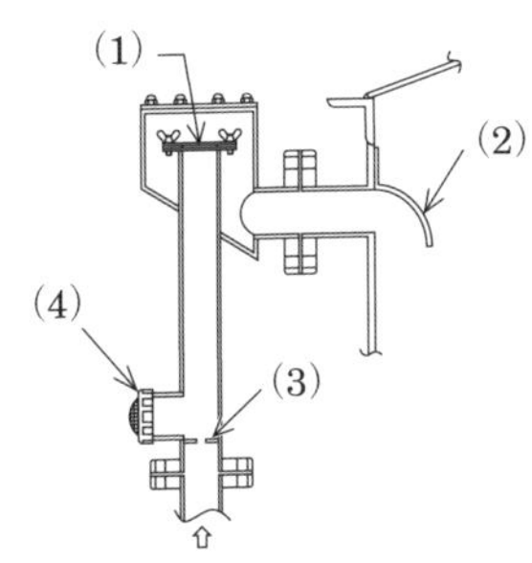

解答

問１	名称	フォームヘッド	(1)	空気孔	(2)	金網	(3)	デフレクター
問２	名称	フォーム・ウォーター・スプリンクラーヘッド						
	(1)	空気吸込口	(2)	デフューザー			(3)	デフレクター
問３	(1)	封板	(2)	デフレクター	(3)	オリフィス	(4)	空気吸込口

※　封板はベーパーシールでも正解です。

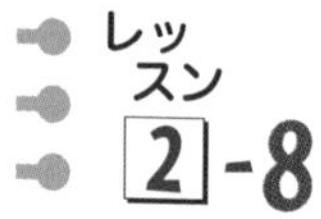

図面鑑別8（流水検知装置・一斉開放弁）

重要度

(1) 流水検知装置の遅延装置

流水検知装置は、火災信号を発信するための発信部となりますが、火災が発生し消火ポンプが起動すると配管内圧力が瞬間的に上昇することによって、流水検知装置のディスクが瞬間的に開放します（これを**あおり現象**といいます）。この現象を防止し、確実な火災信号を発信するため、火災信号を発信するのを遅延する装置が設けられています（図1参照）。重要！

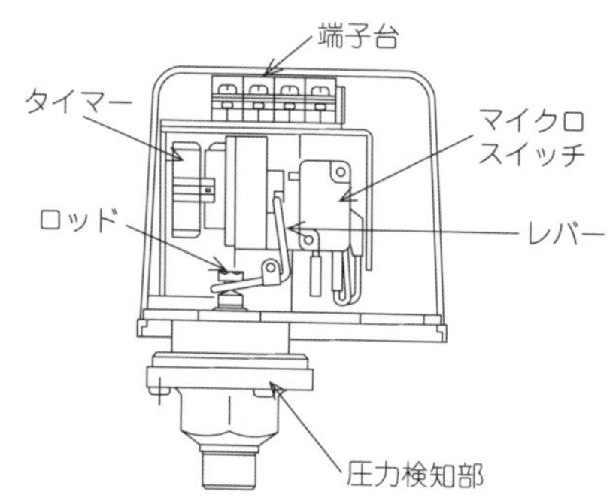

（a）遅延機能付き圧力スイッチ

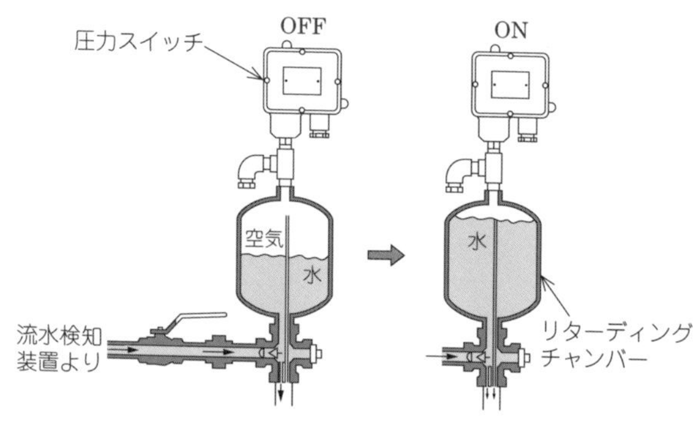

（b）リターディングチャンバー

● 図1　流水検知装置の遅延装置 ●

(2) 一斉開放弁

一斉開放弁まわりの配管構成は、一般的に図2のとおりとなります。泡消火設備の点検時には、一斉開放弁の開閉点検をする必要がありますが、この際に一斉開放弁の二次側に設置されている泡ヘッドから泡を放射せずに点検できるようにするためです。この構成は、加圧型も同様です。重要!

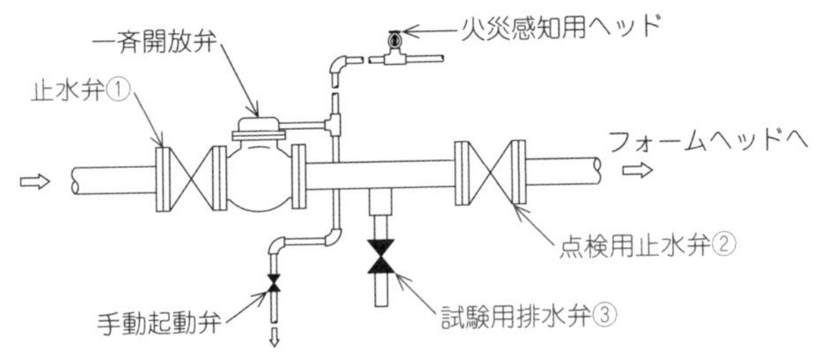

● 図2　減圧型一斉開放弁まわりの配管構成 ●

① 止水弁①は、一斉開放弁の修理又は交換の場合に閉止することで、それらの作業を一斉開放弁一次側配管内の泡水溶液を排水せず行えるようにします。これによって他放射区域が未警戒になることを防ぐことができます。

② 点検用止水弁②は、一斉開放弁の開閉点検を行うときに全閉することで、フォームヘッドから放射されないようにします。

③ この開閉点検では、点検用止水弁②を全閉した後、一斉開放弁を開放して試験用排水弁③を開放します。このとき、泡水溶液が排水されれば、一斉開放弁が正常に開放されたことが確認できます。

よく出る問題

問 1　[難易度 ☺ 😐 ☹]

次の図は減圧型一斉開放弁まわりの配管構成を示したものである。図中 (1)、(2)、(3)、(4) の機器の名称を語群から選び、答えなさい。

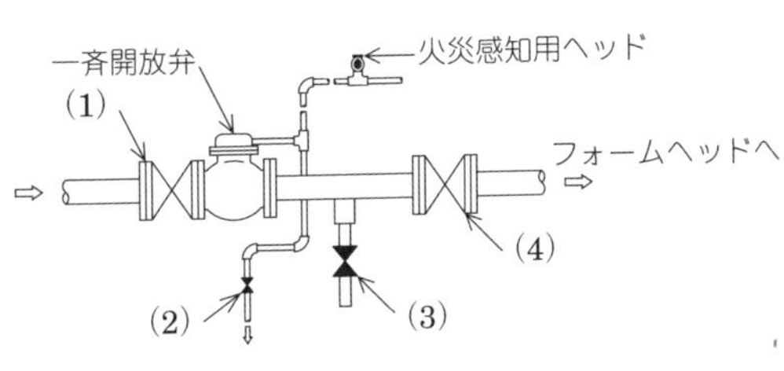

語群

A	止水弁
B	試験用排水弁
C	点検用止水弁
D	制御弁
E	手動起動弁
F	点検用起動弁

解答

問1	(1)	A	(2)	E	(3)	B	(4)	C

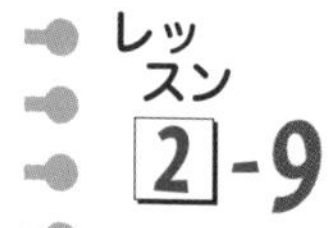

図面鑑別 9（バルブ類等）

(1) バルブ類

泡消火設備に使用するバルブ類については、第1学期レッスン4-6にて学習しましたが、ここでは、バルブ類の外観とほかのバルブ類について学習します。

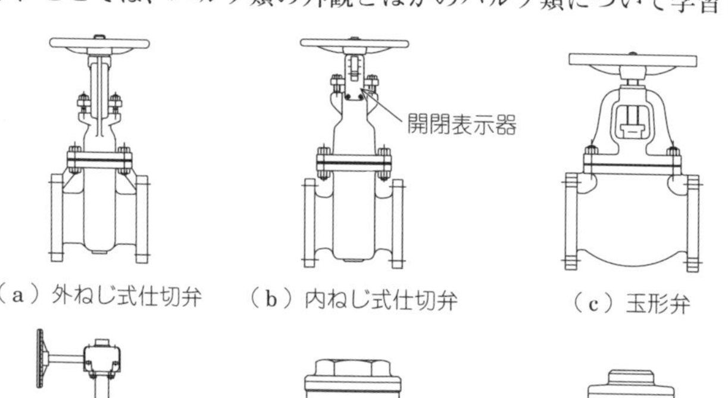

（a）外ねじ式仕切弁　（b）内ねじ式仕切弁　（c）玉形弁

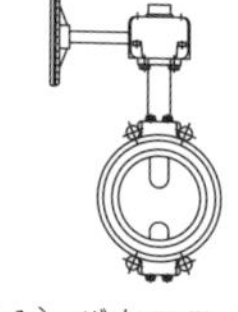

（d）バタフライ弁

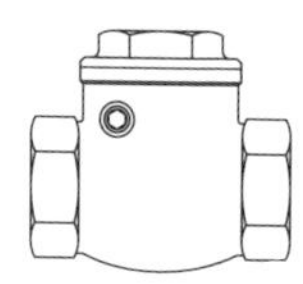

（e）スイング式逆止弁

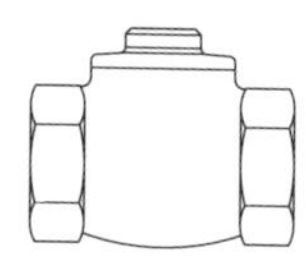

（f）リフト式逆止弁

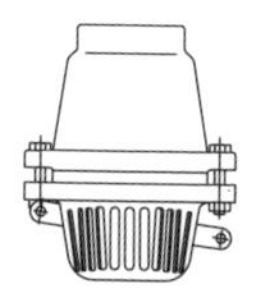

（g）フート弁

玉形弁は本体が膨らんでいて面間寸法が少し長くなります。スイング式逆止弁は、本体にヒンジピンが出ています。また、どちらも流れ方向の矢印が表示されています。

● 図1　弁類 ●

(2) ストレーナー

ストレーナーは、流体の中に入っている異物から重要機器を保護するために重要機器の一次側に設置します。一般的に使用されるY型ストレーナー、長時間通水してもろ過機能を維持できるようにスクリーンの面積を大きくした4倍型ストレーナー、屋外貯蔵タンク

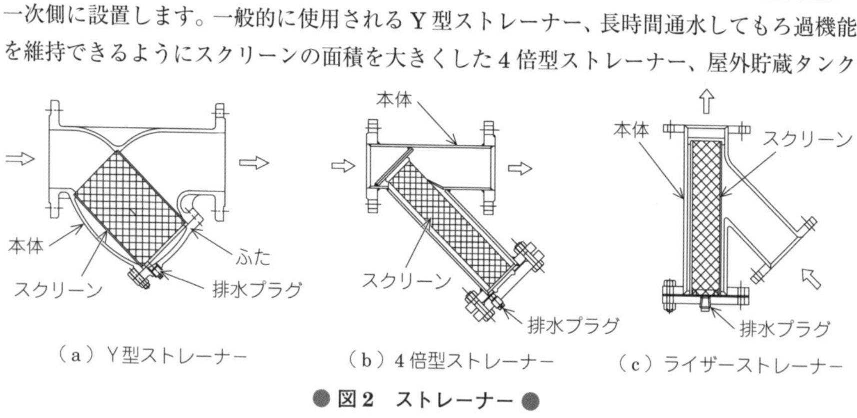

（a）Y型ストレーナー　（b）4倍型ストレーナー　（c）ライザーストレーナー

● 図2　ストレーナー ●

に設置する泡放出口配管のタンク立上り部に設置するライザーストレーナーがあります。

ろ過面積4倍の4倍型ストレーナーは、「網目の開き又は円孔の径がヘッドの最小通路の$\frac{1}{2}$以下で、かつ、その開口面積の合計が当該ストレーナーを設ける配管の内断面の4倍以上のもの」として規定されているものに該当します。

よく出る問題

問 1 ［難易度 😊😐😣］

次の図は、泡消火設備に使用するバルブ類の外観と名称を示したものである。外観と名称が一致していないものを選び、答えよ。

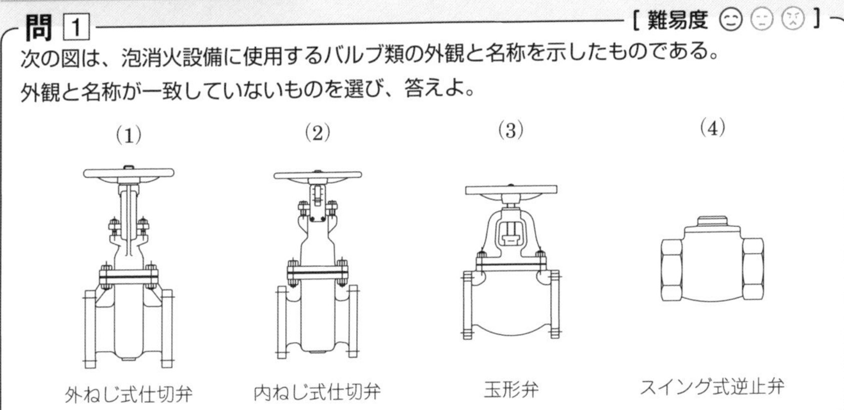

解説　(1)、(2)、(3) 正しい。(4) はリフト式逆止弁です。スイング式は本体外部に弁体を固定するためのヒンジピンが出ています。

問 2 ［難易度 😊😐😣］

次の図は、流れ方向が限定されるバルブ類を示したものである。外観から流れ方向が限定されていないものは次のうちどれか。

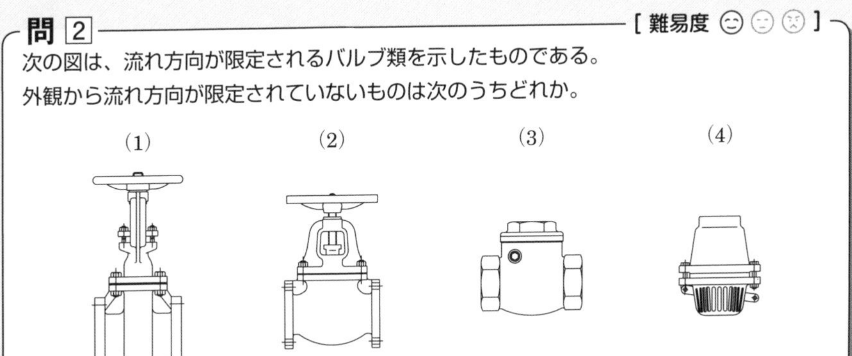

解説　(2) は、玉形弁、(3) はスイング式逆止弁、(4) は、フート弁（逆止弁の機構）であり流れ方向が限定されていますので正しい。(1) は、外ねじ式仕切弁で流れ方向は限定されていません。

解答　問1－(4)　　問2－(1)

レッスン 2-10 図面鑑別 10（配管の支持金具等）

(1) 配管支持金具

泡消火設備の配管を支持するための支持金具には、以下のものがあります。

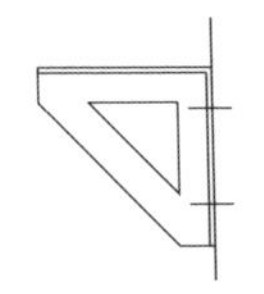

（a）三角ブラケット

（b）タンバックル付き吊バンド

（c）立管用埋込み足付きバンド

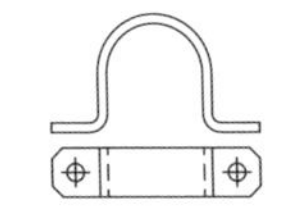

（d）鋼管サドルバンド

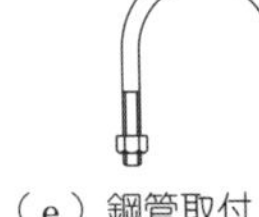

（e）鋼管取付Uボルト

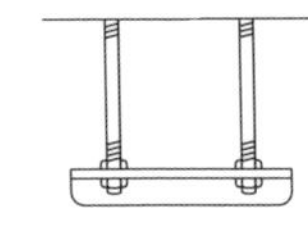

（f）トラピーズハンガー

● 図 1　配管支持金具の例 ●

(2) インサート金具

インサート金具とは、コンクリート建造物の天井や側壁に、軽天井、電気、空調関連設備、上下水道、消火設備等の配管を吊ボルト等により支持するための建築用の「まえ施工方式」による雌ねじ埋込みアンカーです。

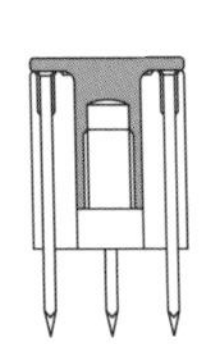

● 図 2　インサートの例 ●

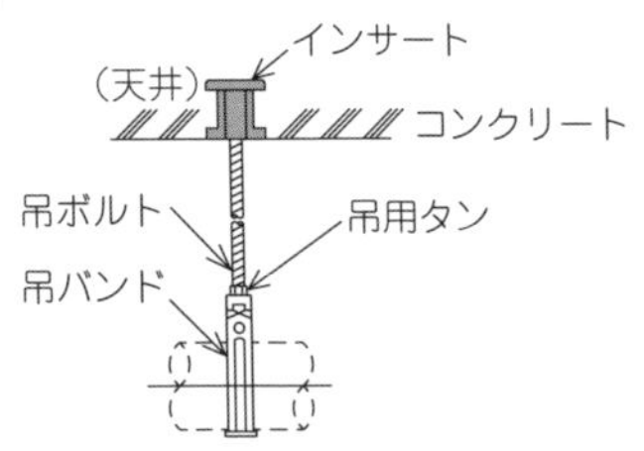

● 図 3　インサート使用例 ●

(3) アンカーボルト

アンカーボルトは、加圧送水装置、泡消火薬剤貯蔵槽あるいは制御盤等の重量物をコンクリート基礎に固定するための埋込みボルトです。

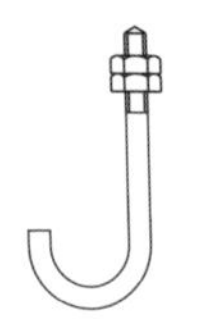

（a）J型アンカーボルト

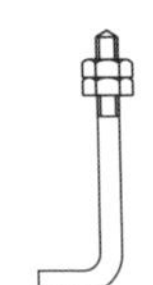

（b）L型アンカーボルト

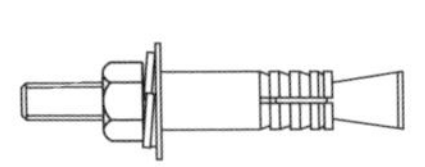

（c）メカニカルアンカー（オス）

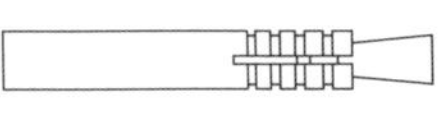

（d）メカニカルアンカー（メス）

● 図 4　アンカーボルトの例 ●

よく出る問題

問 1　［難易度 😊😐😞］

次の図は、泡消火設備に使用する配管支持金具である。
図と名称が一致していないものは次のうちどれか。

(1)
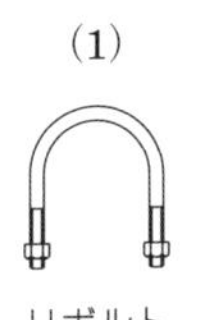
Uボルト

(2)
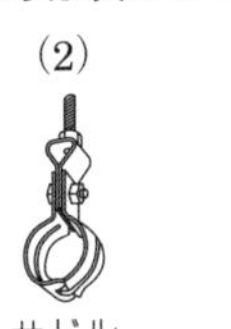
サドル

(3)
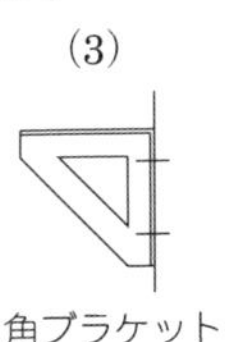
三角ブラケット

(4)
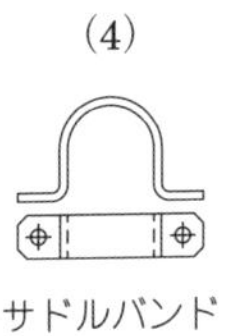
サドルバンド

(2) は、タンバックル付き吊バンドです。

問 2　［難易度 😊😐😞］

次の図は、泡消火設備に使用する配管、機器を支持又は固定するための金具である。
図と名称が一致していないものは次のうちどれか。

(1)
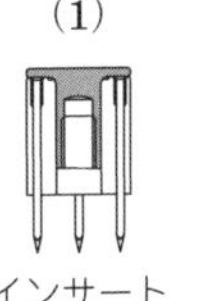
インサート

(2)

L型アンカーボルト

(3)
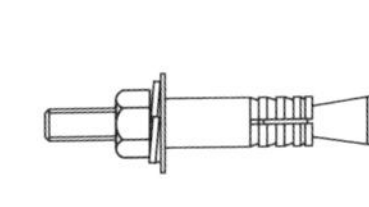
メカニカルアンカー

(4)

鋼管取付けバンド

(4) は、立管用埋込み足付きバンドです。

問 3　［難易度 😊😐😞］

次の図は、メカニカルアンカーを使用して、機器を床等に固定する作業手順を示したものである。作業手順のうち (1)～(4) の作業で誤っているものを選び記号で答えるとともに、正しい手順の説明を答えよ。

(1)
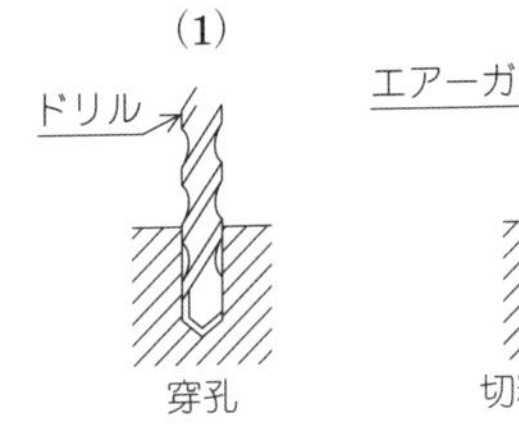

穿孔

(2)
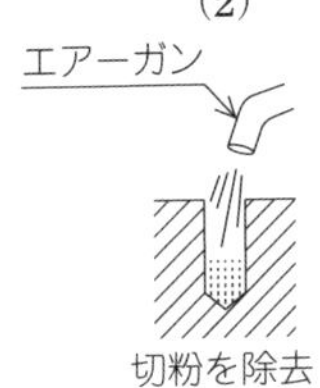

切粉を除去

(3)
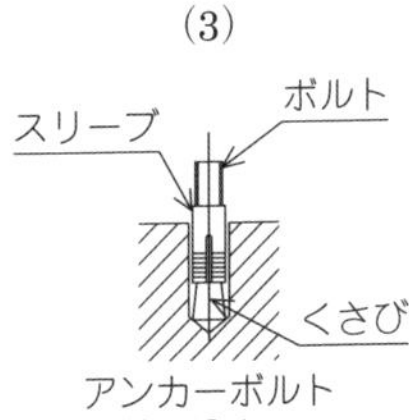

アンカーボルトを差し込む

(4)
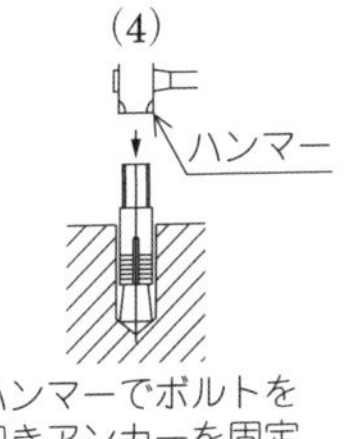

ハンマーでボルトを叩きアンカーを固定

(4) は、ボルトの頭を直接ハンマーで叩いており、ボルトのねじ山が破損するおそれがあります。(4) は、専用の打込み棒にて十分に打ち込む旨の説明が必要です。

解答　問１－(2)　問２－(4)　問３－(4)

レッスン 2-11 図面鑑別 11（特定駐車場用泡消火設備）

重要度

(1) 特定駐車場用泡消火設備の方式

特定駐車場用泡消火設備については、1学期のレッスン3-5で説明したとおりですが、各設備方式の構成は、図1のとおりです。

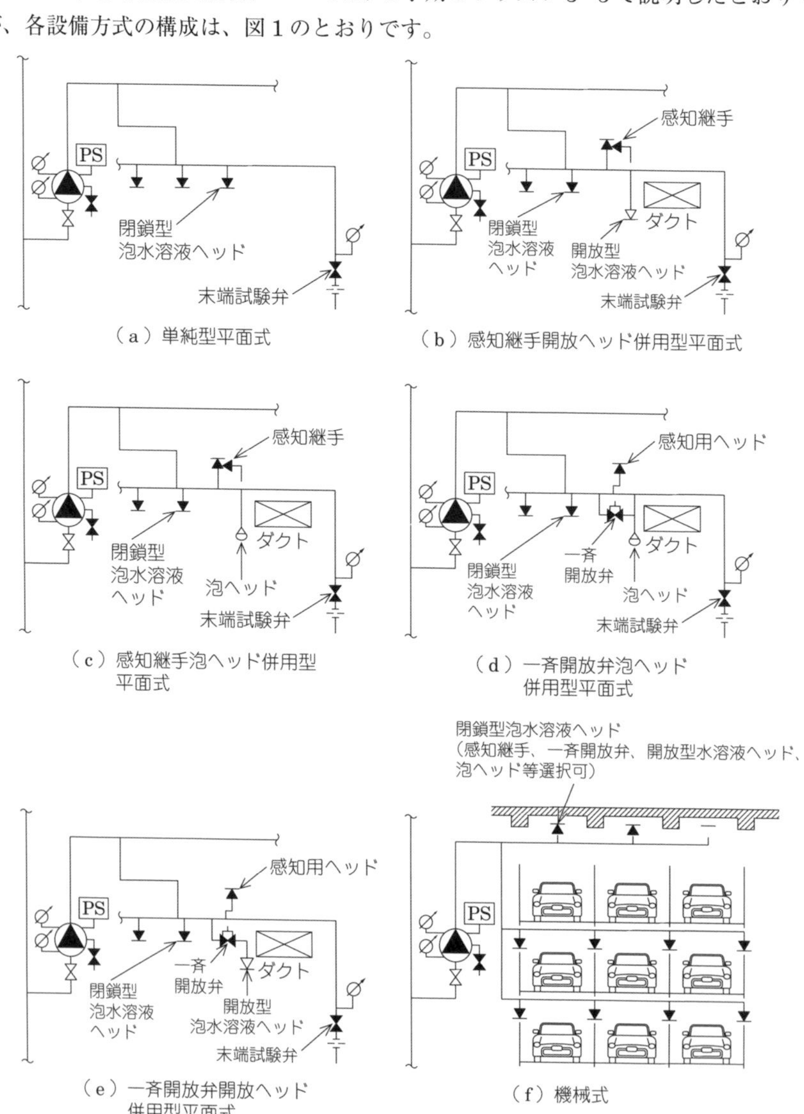

● 図1　特定駐車場泡消火設備の方式 ●

(2) 感知継手

感知継手は、天井付近にダクト等の障害物がある場合に、有効に火災を感知し開放することによって、二次側に設置されている泡ヘッド、開放型泡水溶液ヘッド等から泡水溶液を放出することができます（1学期レッスン3-5参照）。

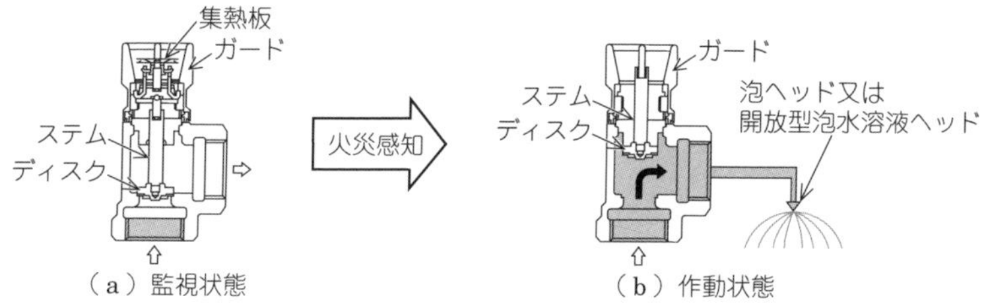

● 図２　感知継手 ●

(3) 泡水溶液ヘッド

泡水溶液ヘッドには、閉鎖型、開放型があり、それぞれ下向型、上向型があります。

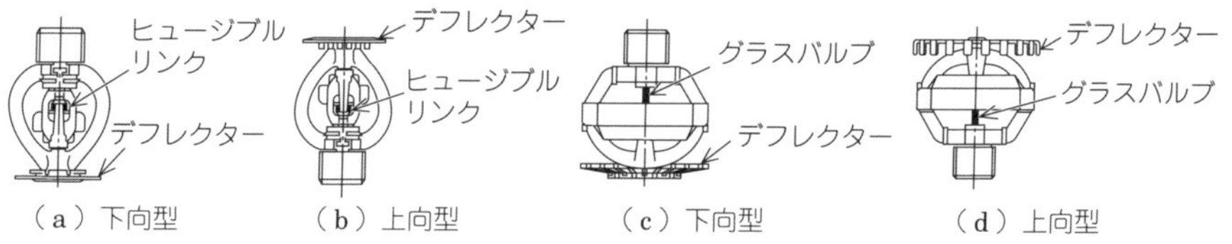

● 図３　泡水溶液ヘッドの例 ●

次の図は、特定駐車場用泡消火設備の系統を示したものである。
この設備の方式と（1）（2）（3）の名称を答えよ。

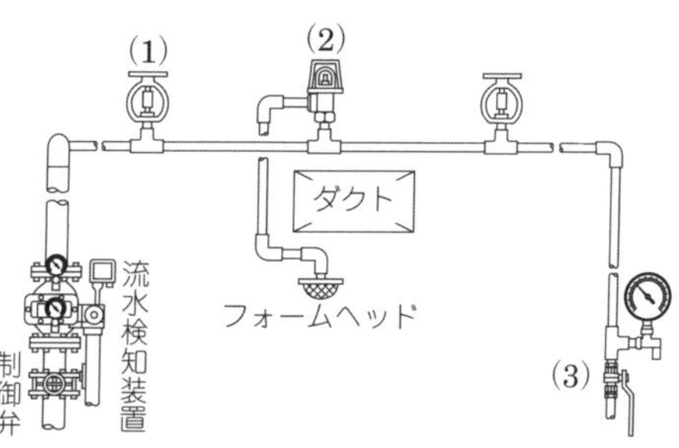

解答

問１	名称	感知継手泡ヘッド併用型平面式				
	（1）	閉鎖型泡水溶液ヘッド	（2）	感知継手	（3）	末端試験弁

これは覚えておこう！

レッスン2の重要事項のまとめ

① 有効水量の算定基準は、フート弁のシート部分から**1.65*d***（***d***：**ポンプ吸水管内径**）上部からとなる。

② ポンプまわりの構成機器の名称、配管口径が規定されているものにあっては、その口径、バルブ類の常時開閉状態を確実に覚えておく。

③ 吸込管の空気溜り防止配管の方法：**偏芯レジューサをトップフラットに**、又は**ポンプ本体に向かって登り勾配**に設置する。

④ **火災感知装置による系統図、作動フロー**を理解しておく。

⑤ 移動式の泡消火設備の種類（**内蔵型、別置型**）と構成機器、**結合金具の構造**及び**部品名**

⑥ **泡消火薬剤混合装置の構造**（圧送式）、**混合器の構造**（オリフィス型、ベンチュリー型）

⑦ **各泡放出口の構造**を理解しておく。フォームヘッドには金網がある。

⑧ 流水検知装置の**遅延装置の種類**と**一斉開放弁まわりの配管構成**

⑨ バルブ類の外観的特徴：

・**外ねじ式仕切弁**と**内ねじ式仕切弁**の違い

→ねじの位置

・**仕切弁**と**玉形弁**の違い

→玉形弁は本体が膨らんでいる。

・**スイング式逆止弁**と**リフト式逆止弁**の外観の違い

→スイング式逆止弁は本体にヒンジピンが出ている。

⑩ **配管の支持金具の種類と外観**

⑪ **特定駐車場用泡消火設備の種類と構成、感知継手の構造**

レッスン 3 写真鑑別

出題範囲は、1学期のレッスン3、レッスン4、レッスン5、レッスン6及び2学期のレッスン1です。これらの内容をどれだけ理解しているか、具体的な写真を見ながら、視覚的な側面から名称や設置目的が問われるのが写真鑑別試験です。

したがって、本レッスンではこれまでの復習をして、さらに詳細な事項について学習していきます。

- 3-1「**消火ポンプ及び附属装置**」については、視覚的に理解しておく必要があるので、各構成機器の形状及び配置を頭に入れておきましょう。
- 3-2「**泡消火薬剤混合装置**」では、泡消火薬剤混合装置の画像、各混合方式に使用される**混合器の外観・形状について判別**できるようにしておきましょう。
- 3-3、3-4「**泡放出口**」では、固定式・移動式泡消火設備に使用する**泡放出口、高発泡用泡放出口及び固定泡放出口の外観、形状及び特徴を把握**しておきましょう。
- 3-5「**流水検知装置・一斉開放弁等**」では、固定式泡消火設備に使用する**流水検知装置、一斉開放弁**、火災感知用ヘッド、**手動起動弁**及び**保護カバー**の名称と特徴について整理し、頭に入れておきましょう。
- 3-6「**バルブ類**」では、各種バルブ（**外ねじ式仕切弁、内ねじ式仕切弁、玉形弁等**）の形状、特徴について整理し、頭に入れておきましょう。特に、**仕切弁と玉形弁の特徴は頻繁に出題**されます。
- 3-7「**逆止弁・ストレーナー類**」では、形状、特徴を整理し、特に、**スイング式逆止弁とリフト式逆止弁の違い**を理解しておきましょう。
- 3-8「**管継手類**」では、ねじ込み式の管継手について、形状、使用目的について整理しておきましょう。また、特定駐車場用泡消火設備に使用する**感知継手**も掲載していますので、形状、使用目的について理解しておきましょう。
- 3-9「**支持金具類**」では、名称、使用目的について理解しておきましょう。
- 3-10「**工具類**」では、形状、使用目的を覚えておきましょう。
- 3-11「**測定器具**」では、試験・点検に使用するものの名称、形状はもちろんのこと、その使用目的、使用方法についても整理し理解しておきましょう。特に、**泡試料コレクタ**についてはよく出題されます。

1学期 ➡ 筆記試験対策
2学期 ➡ 実技試験対策
3学期 ➡ 模擬試験

レッスン 3 -1 写真鑑別 1（消火ポンプ及び附属装置）

重要度 

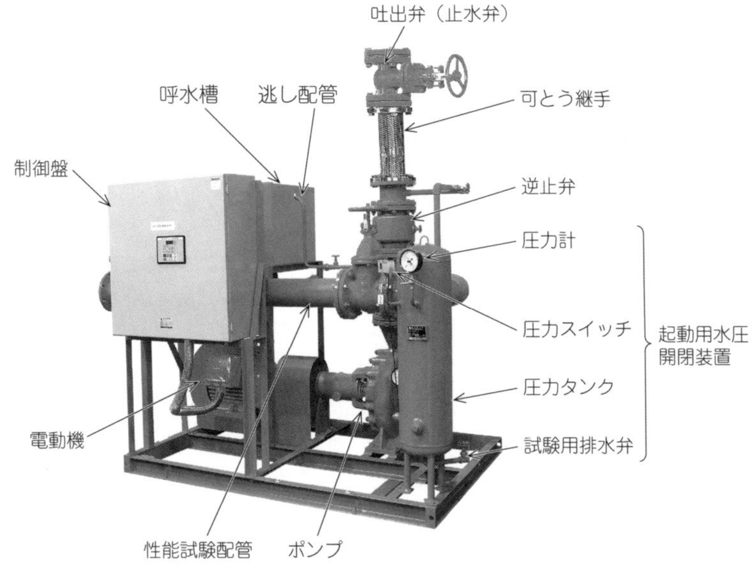

● 図 1 ●

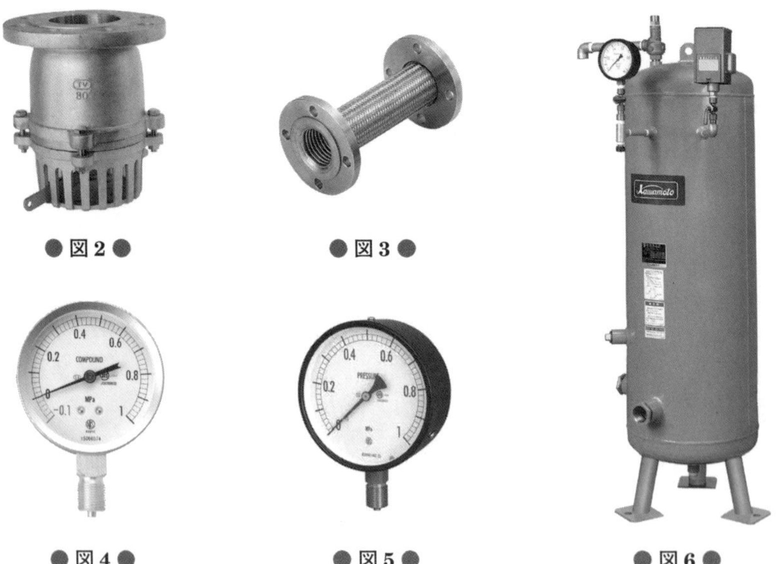

● 図 2 ●

● 図 3 ●

● 図 4 ●

● 図 5 ●

● 図 6 ●

●図7●

●図8●

●図9●

●図10●

●表1●

図番	名　称	設置目的等
図1	消火ポンプユニット	消火ポンプは登録認定機関の認定品を使用する。
図2	フート弁 （フランジ形）	水源の水位が消火ポンプより低い場合には呼水槽を設け、吸込管の落水を防ぐために、吸込管の端部に逆止弁機能とろ過機能をもったフート弁を設置する。
図3	可とう継手 （フレキシブルチューブ）	消火ポンプの一次側と二次側に可とう管を設け、地震時の変位やポンプ運転による震（振）動を吸収する目的で設置する。
図4	連成計	消火ポンプの吸込側に設置し、負圧と正圧が測定できるもの。ポンプの揚程を測定する場合に使用する。
図5	圧力計	消火ポンプの吐出側に設置し、正圧が測定できるもの。ポンプの揚程を測定する場合に使用する。
図6	起動用水圧開閉装置	圧力タンク、圧力スイッチ、圧力計、試験用排水弁から構成され、配管内の減圧を感知して消火ポンプの起動信号を発信する。
図7	流量計 （フローメーター）	ポンプの定格吐出量を測定するために設置する。
図8	スイング式逆止弁 （フランジ形）	一般的なスイング式の逆止弁。ポンプの吐出側等に逆流防止用として設置する。ヒンジピンで外観からも識別できる。
図9	内ねじ式仕切弁 （フランジ形）	ポンプの吐出側（逆止弁の二次側）に設置。 内ねじ式のものは開時に弁棒（スピンドル）が上昇しないので、開閉状態を確認するため開閉表示付きのものを設置する。
図10	外ねじ式仕切弁 （フランジ形）	外ねじ式は弁棒（スピンドル）が上昇するので、外観で開閉状態が確認することができる。

よく出る問題

問 1 [難易度 😊 😐 😞]

次の写真は消火ポンプユニットである。（1）（2）（3）（4）の機器名称を答えなさい。

（1）
（2）
（3）
（4）

問 2 [難易度 😊 😐 😞]

次に示す各写真の名称及び設置目的を答えなさい。

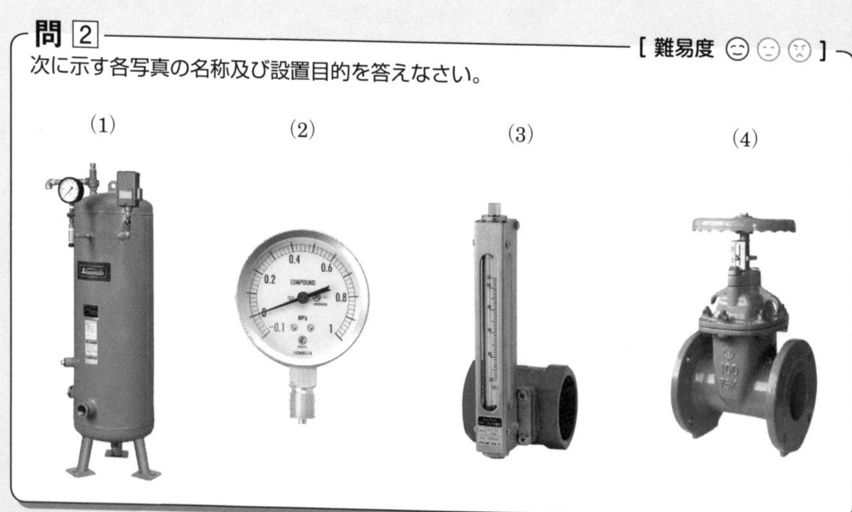

解説 （4）は開閉表示が見てとれます。

マメ知識 ➡➡➡ 消火設備配管を考えるうえでのポイント

配管は、機器類を接続して流体を搬送する手段ですが、その流量を規定・制限したり、動圧を変化させたりするために、以下に示すような逆止弁、オリフィスやノズルが多用されています。

■**逆止弁**は、流れを一方向に限定することで逆流を防止し、圧力を保持するものです。使用されている箇所の例は以下のとおりです。

- フート弁
- ポンプ吐出し側
- 流水検知装置
- 補助高架水槽
- 送水口

■**ノズル**は、消火栓などの放出口に利用されています。各種ヘッドの放出端は穴が開いており、流量が規定されます。また、配管内に設ける**オリフィス**では、流量を制限することで、前後の圧力（動圧）を制御するなどを行うことができます。

これらが使用されている箇所の例は以下のとおりです。

- ノズル：屋内・屋外消火栓、移動式泡消火設備、移動式ガス消火設備など
- 各種ヘッド（オリフィス形状をしている）：スプリンクラーヘッド、フォームヘッド、フォームウォータースプリンクラーヘッドなど

■配管内に設けるオリフィス

- ポンプ性能試験装置（流量計部）
- スプリンクラー末端試験弁
- 混合器（オリフィス型）
- 一斉開放弁（蓄圧室への流入部）
- 流水検知装置（自動警報弁型のオートドリップ部）など

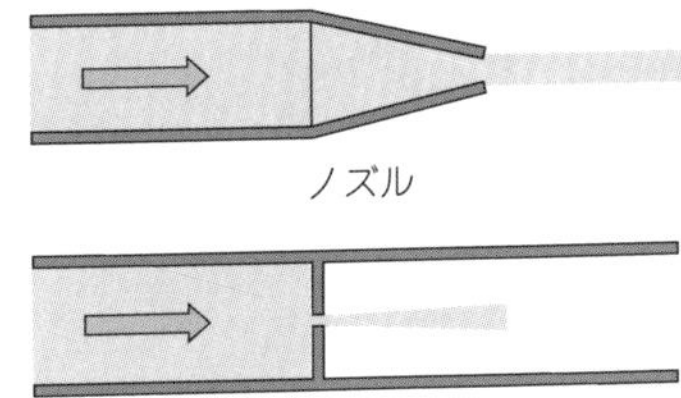

● 図11　ノズルとオリフィス ●

解答

問1	(1)	呼水槽	(2)	逆止弁	(3)	圧力計	(4)	性能試験配管

問2	(1)	名　称	起動用水圧開閉装置
		設置目的	配管内の圧力を維持しながら、設備の起動時には配管内の減圧を検知し、消火ポンプに起動信号を送る。
	(2)	名　称	連成計
		設置目的	消火ポンプの一次側（吸込み側）に設置し、負圧・正圧を表示する。
	(3)	名　称	流量計
		設置目的	点検時に消火ポンプの定格性能（定格流量）を測定する。
	(4)	名　称	内ねじ式仕切弁
		設置目的	消火ポンプの吐出側など、全開・全閉状態で使用するもの。ただし、全開時に弁棒（スピンドル）が上昇しないため、開閉表示が付いているものを使用しなければならない。

レッスン 3-2

写真鑑別 2（泡消火薬剤混合装置）

● 図 1 ●

● 図 2 ●

● 図 3 ●

● 図 4 ●

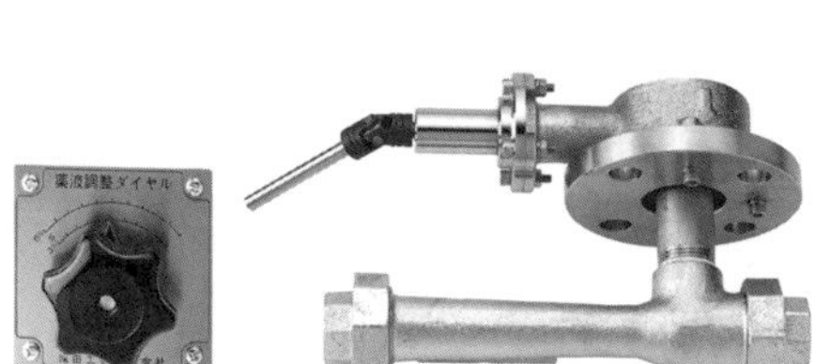

● 図 5 ●

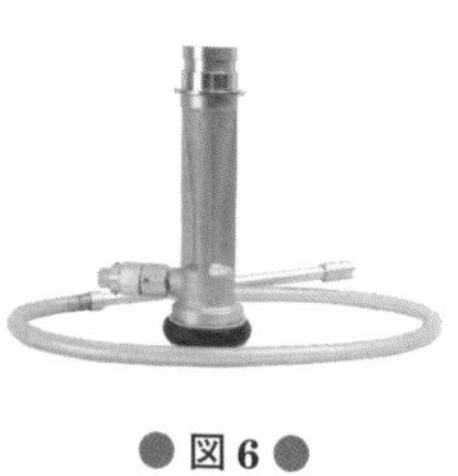

● 図 6 ●

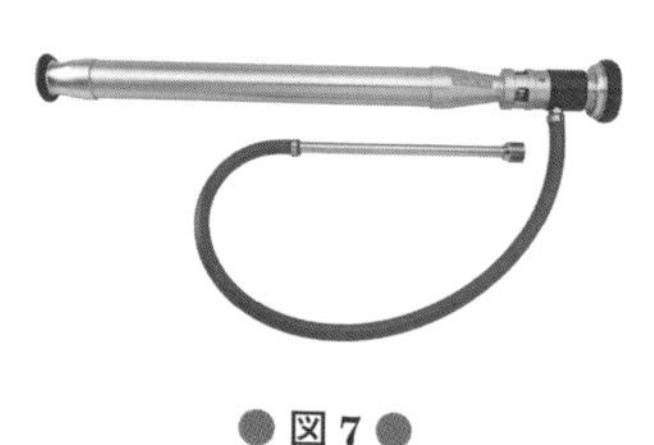

● 図 7 ●

表1

図番	名　称	構成・設置目的等
図1	泡消火薬剤混合装置（プレッシャープロポーショナー圧送式）	泡消火薬剤貯蔵槽、混合器及び弁類等で構成されており、装置全体を泡消火薬剤混合装置という。 一般的に使用されているもので、貯蔵槽内部にダイヤフラムが設けられ、消火水と泡消火薬剤を置換している。消火水がこの装置を通過することで、規定された希釈容量濃度の泡水溶液を生成する。
図2	泡消火薬剤混合装置（プレッシャープロポーショナー圧入式）	危険物施設用に設置する泡消火薬剤混合装置で、内部にダイヤフラムがなく、消火水と泡消火薬剤を直接置換するものである。
図3	オリフィス型混合器	オリフィスの一次側と二次側の差圧を利用し、指定された希釈容量濃度に混合する混合器である。
図4	ベンチュリー型混合器	ベンチュリー作用による差圧を利用し、指定された希釈容量濃度に混合する混合器である。
図5	ポンププロポーショナー（混合器）	ポンププロポーショナー方式に使用する混合器で、ベンチュリー型混合器と泡消火薬剤の量を調整する弁、及びそれを調整するボリューム型のダイヤルで構成されている。
図6	ラインプロポーショナー（混合器）	移動式の泡消火設備に使用するもので、消防用ホースと消防用ホースとの間又は泡ノズルとの間に接続し、ピックアップチューブから泡消火薬剤を吸引し混合させるものである。
図7	ピックアップ式泡ノズル	ラインプロポーショナーの一種で、泡ノズル部にて泡消火薬剤を吸引し混合させる方式である。本体がノズル形状になっていることで判別する。

よく出る問題

問 1 [難易度 😊😐😟]

次に示す混合方式の名称と、使用する機器の写真を写真群の中から一つ選び答えなさい。

(1)

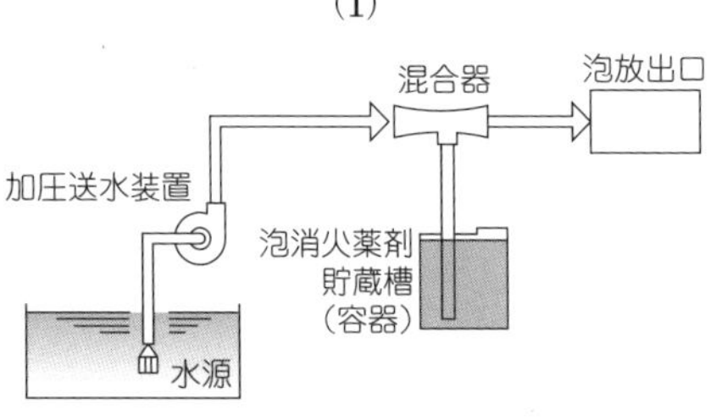

(2)

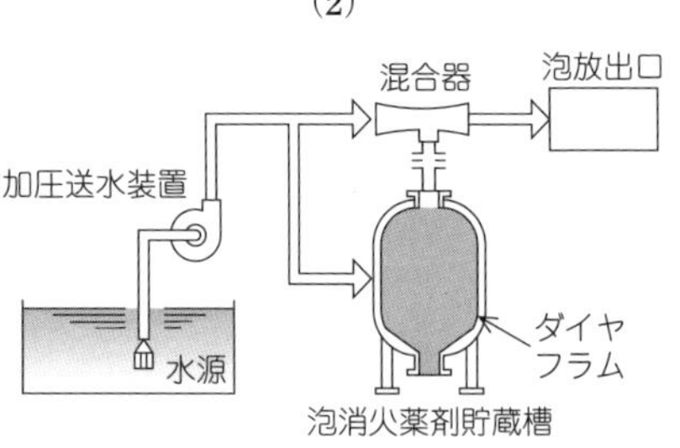

(3)

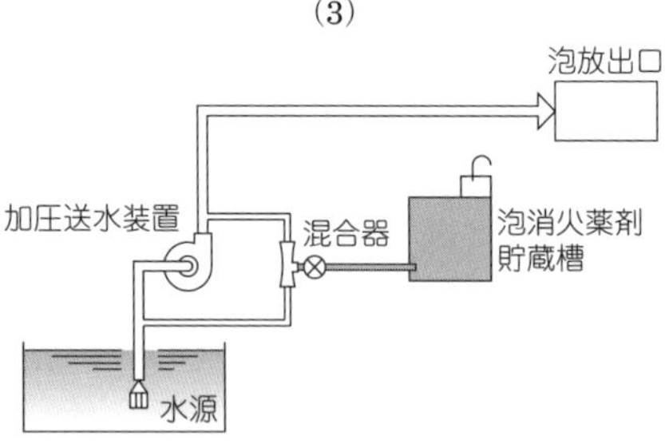

(4)

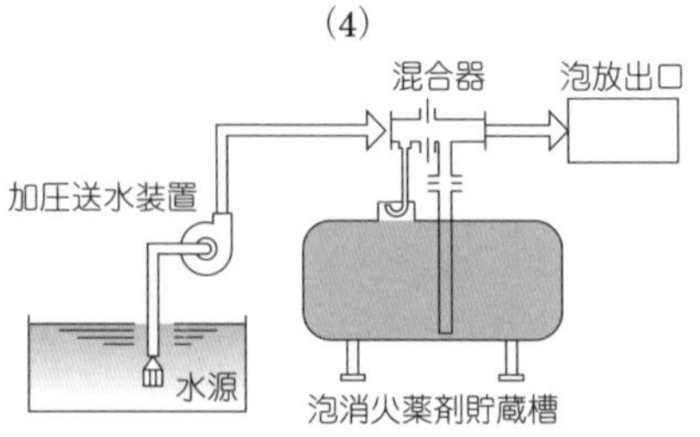

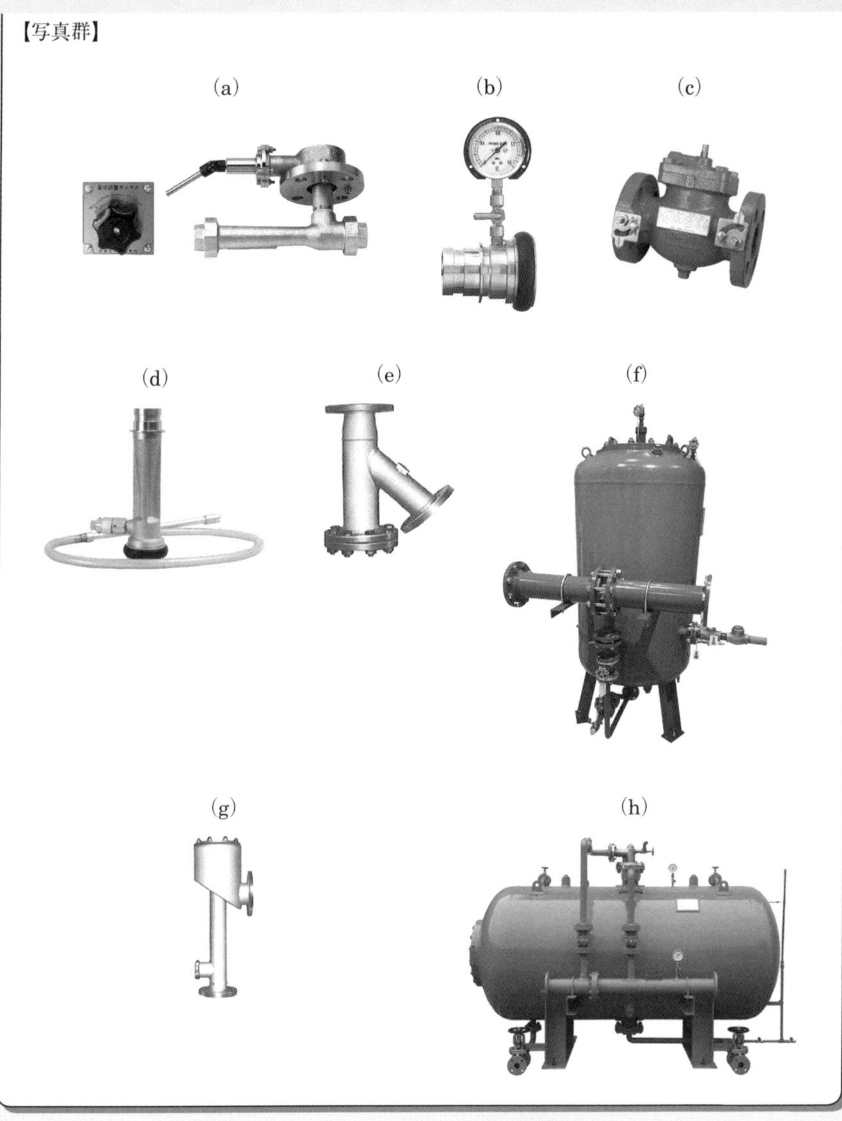

解答

問1	(1)	名称	ラインプロポーショナー方式	写真	**(d)**
	(2)	名称	プレッシャープロポーショナー方式(圧送式)	写真	**(f)**
	(3)	名称	ポンププロポーショナー方式	写真	**(a)**
	(4)	名称	プレッシャープロポーショナー方式(圧入式)	写真	**(h)**

写真鑑別 3（泡放出口①）

重要度 ✎✎✎

● 図 1 ●

● 図 2 ●

● 図 3 ●

● 表 1 ●

図番	名　称	仕様例・特徴等
図 1	フォームヘッド	放射パターン：全円放射型 泡消火薬剤：水成膜泡消火薬剤 標準性能：35 ℓ/min（0.25 MPa 程度）
図 2		特定駐車場用泡消火設備に使用する下向型の閉鎖型泡水溶液ヘッドの例である。
図 3	閉鎖型泡水溶液ヘッド	図 2 と同じで、上向き型の例である。
図 4		特定駐車場用泡消火設備に使用する下向き型の閉鎖型泡水溶液ヘッドの例である。
図 5		図 4 と同じで、上向型の例である。
図 6	フォーム・ウォーター・スプリンクラーヘッド	フォームヘッドと開放型スプリンクラーヘッドの機能をもった下向き型のもので、75 ℓ/min（0.35 MPa 程度）である。上向き型もある。

フォームヘッドには金網が付いています

図４

図５

図６

よく出る問題

問 1 ［難易度 😊😐😣］

次の写真の泡放出口について、その名称と適応する設置場所の例を一つ答えなさい。

(1) 
(2) 
(3) 
(4) 

問 2 ［難易度 😊😐😣］

問１の写真について、下向き型と上向き型がある泡放出口はどれかすべて答えなさい。

解答

問１			
	(1)	名　称	フォームヘッド
		設置場所	道路／自動車の修理／整備／駐車の用に供される部分／指定可燃物の貯蔵所
	(2)	名　称	閉鎖型泡水溶液ヘッド（下向型）
		設置場所	特定駐車場
	(3)	名　称	閉鎖型泡水溶液ヘッド（下向型）
		設置場所	特定駐車場
	(4)	名　称	フォーム・ウォーター・スプリンクラーヘッド（下向型）
		設置場所	飛行機又は回転翼航空機の格納庫／指定可燃物の貯蔵所
問２	(2)、(3)、(4)		

写真鑑別４（泡放出口②）

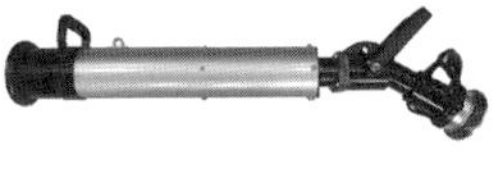

図１

図２

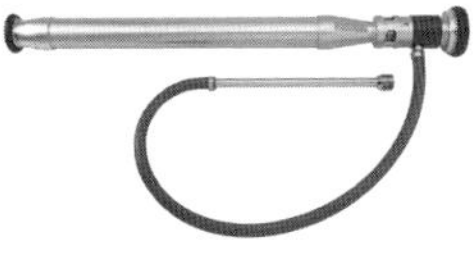

図３

図４

図５

図６

図７

図８

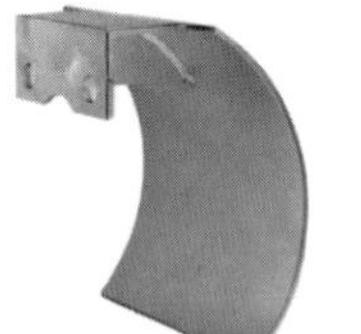

図９

表 1

図番	名　称	仕様例・特徴等
図 1	泡ノズル ※　写真では識別難	移動式の泡消火設備に使用する泡ノズルである。 放射量：100 ℓ/min 又は 200 ℓ/min（0.35 MPa 程度）
図 2		屋外タンク貯蔵所の防油堤まわりに設置する補助泡消火栓用の泡ノズルである。 放射量：400 ℓ/min（0.35 MPa 程度）
図 3	ピックアップ式泡ノズル	泡ノズル本体にピックアップチューブが付いており、このチューブから泡消火薬剤を吸引し発泡する泡ノズルである。
図 4	別置き型移動式泡消火設備	泡消火薬剤混合装置が別置きされており、泡放射用器具を格納する箱（表示は「移動式泡消火設備」）には、消火栓開閉弁、ホース掛け、消防用ホース及び泡ノズルが格納されている。
図 5	内蔵型移動式泡消火設備	泡放射用器具を格納する箱の内部に泡消火薬剤混合装置が設置されているもの。
図 6	高発泡用泡放出口	アスピレーター型の高発泡用泡放出口で、一般的に発泡倍率が 500 倍未満のものに使用される。
図 7		ブロアー型の高発泡用泡放出口で、一般的に発泡倍率が 500 倍以上のものに使用される。後部に送風するためのファンがある。
図 8	固定式泡放出口	屋外タンク貯蔵所に用いる上部泡注入方式に使用する固定式泡放出口である。
図 9	固定式泡放出口用 デフレクター （固定屋根用）	固定屋根式の屋外タンク貯蔵所に図 8 の固定式泡放出口とともに用いられ（Ⅱ型という）、発泡された泡をタンク内側板に沿って静かに油面に展開させるためのデフレクターである。

よく出る問題

問 1 [難易度 😊😐😣]

次の写真に示す泡放出口の名称と用途を答えなさい。

(1)　(2)　(3)　(4)

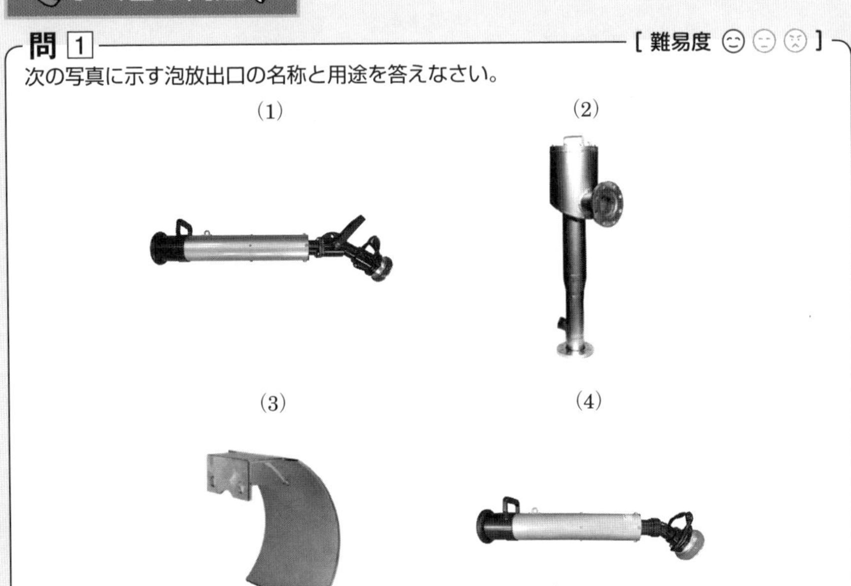

問 2 [難易度 😊😐😣]

次の写真に示す機器の名称と用途を答えなさい。

(1)　(2)　(3)　(4)

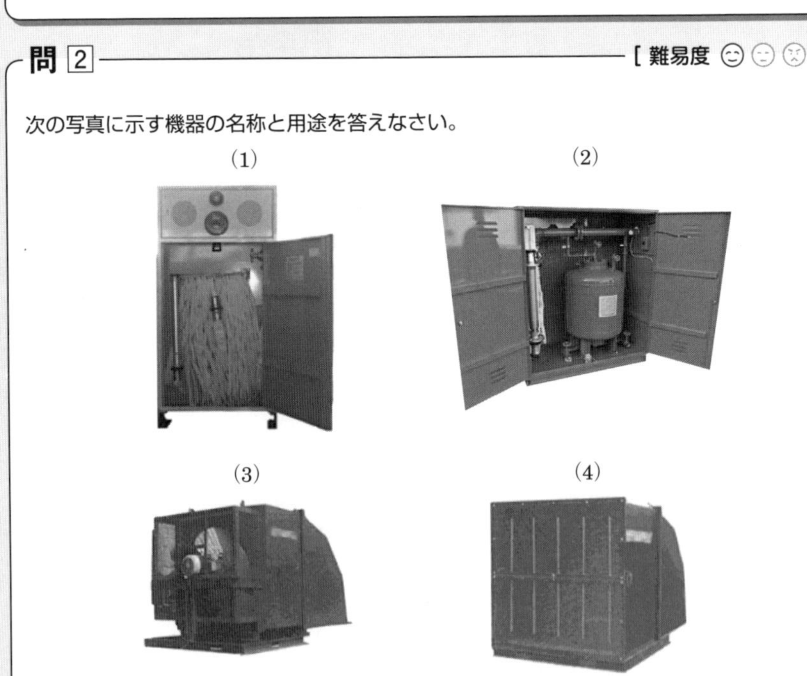

解答

問 1	(1)	名称	泡ノズル
		用途	移動式の泡消火設備に使用するもの
	(2)	名称	固定式泡放出口
		用途	屋外タンク貯蔵所に用いる固定式泡放出口である。
	(3)	名称	固定式泡放出口用デフレクター
		用途	固定屋根式の屋外タンク貯蔵所に固定式泡放出口とともに用いられ、発泡された泡がタンク内側板に沿って静かに油面に展開させるためのデフレクターである。
	(4)	名称	泡ノズル
		用途	補助泡消火栓用の泡ノズルである。
問 2	(1)	名称	別置き型移動式の泡消火設備
		用途	泡消火薬剤混合装置が別置されている泡放射用器具格納箱
	(2)	名称	内蔵型移動式の泡消火設備
		用途	泡放射用器具を格納する箱の内部に泡消火薬剤混合装置が設置されているもの
	(3)	名称	ブロアー型高発泡用泡放出口
		用途	高発泡用の泡放出口である。
	(4)	名称	アスピレーター型高発泡用泡放出口
		用途	高発泡用の泡放出口である。

レッスン 3-5

写真鑑別 5（流水検知装置・一斉開放弁等）

重要度 

図 1

図 2

図 3

図 4

図 5

図 6

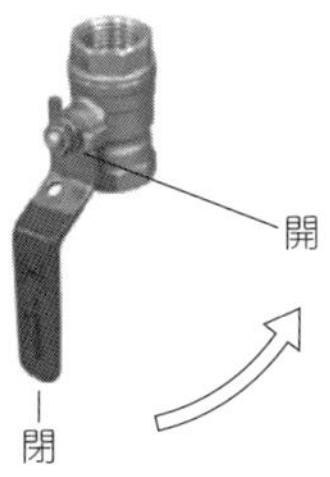

● 図7 ●

● 図8 ●

● 図9 ●

● 表1 ●

図番	名　称	使用目的・特徴等
図1	湿式流水検知装置（自動警報弁型）	自動警報装置の発信部であり、火災信号発信用に遅延装置付き圧力スイッチを使用している。
図2	湿式流水検知装置（自動警報弁型）（リターディングチャンバー方式）	図1と同じだが、火災信号発信用圧力スイッチの下に遅延用としてリターディングチャンバーを使用している。
図3	一斉開放弁・加圧型	一次側の加圧水により、弁内のピストンが上昇し、弁が開放される。
図4	一斉開放弁・減圧型	一次側の加圧水により、弁内の弁体が受圧面積差で抑えられているものが、火災感知配管の減圧により開放する。
図5	弁付き一斉開放弁・減圧型（弁内蔵式）	図4と同じであるが、一次側及び二次側に試験・点検用の弁を内蔵している減圧型一斉開放弁。
図6	火災感知用ヘッド（閉鎖型スプリンクラーヘッド）	閉鎖型スプリンクラーヘッドを火災感知用ヘッドとして使用。図4の機器に、図7～図9の機器とともに火災感知配管に設置する。火災時の熱により開放し、火災感知配管を減圧させることで一斉開放弁を開放する。
図7 図8	手動起動弁	固定式泡消火設備の火災感知配管の端部に設置される。この弁を手動開放することで火災感知配管を減圧させ、減圧開放型の一斉開放弁を開放させることができる（図7のハンドルの向きに注意）。
図9	手動起動弁保護カバー	手動起動弁を保護するとともに、名称、使用方法、及び注意事項を表示した保護カバーである。

よく出る問題

問 1 ［難易度 😊😐😟］

次の写真に示す機器の名称と用途を答えなさい。

問 2 ［難易度 😊😐😟］

次の写真に示す機器の方式を含めた名称と用途を答えなさい。

解答

問 1	(1)	名称	加圧型一斉開放弁
		用途	本体ピストン部に加圧水を流入させ弁を開放するもので、選択した放射区域を開放する弁として使用する。
	(2)	名称	湿式流水検知装置・自動警報弁型（遅延装置付き圧力スイッチ）
		用途	自動警報装置の発信部で、火災信号を発信する。
	(3)	名称	手動起動弁
		用途	泡消火設備を手動で起動させる。
	(4)	名称	弁付き一斉開放弁（減圧型）
		用途	一斉開放弁前後に設置する弁を一体化しており、感知配管の減圧により弁を開放するもので、選択した放射区域を開放する弁として使用する。
問 2	(1)	名称	火災感知用閉鎖型スプリンクラーヘッド（火災感知用ヘッド）
		用途	火災時の熱により開栓し、泡消火設備を自動起動させる。
	(2)	名称	減圧型一斉開放弁
		用途	感知配管の減圧により弁を開放するもので、放射区域の選択弁として使用する。
	(3)	名称	手動起動弁（保護）カバー
		用途	むやみに操作されないための手動起動弁のカバー。
	(4)	名称	流水検知装置（自動警報弁型）（リターディングチャンバー式）
		用途	火災信号の発信をリターディングチャンバーで遅延する。

写真鑑別 6（バルブ類）

重要度 ///

スピンドル

図1

開閉表示

図2

図3

図4

図5

図6

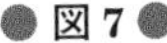

図7

図8

表1

図番	名　称	使用目的・特徴等
図1	外ねじ式仕切弁 （ゲートバルブ） フランジ型	一般的な仕切弁で、損失が少なく、全開／全閉で使用する。弁を開放したときに弁棒（スピンドル）が上昇し、外観からも弁の開閉が確認できる。
図2	内ねじ式仕切弁 （ゲートバルブ） フランジ型	図1と同じだが、弁を開放したときに弁棒（スピンドル）が上昇しないので、弁に開閉表示が付いている。
図3	玉形弁 （グローブバルブ）	流量調整等に使用される。名称のとおり球形状で、流体の流れはS字状になるので、流れ方向が限定され、損失が大きくなる。外見上は、本体の長さ（フランジ間の寸法で面間寸法という）が、内部構造の関係で大きくなっている。
図4	バタフライ弁	名前のとおりバタフライ（蝶）の形状と似ている弁で、流量調整等に使用できる。ウェハータイプ（フランジ挟み込み）なので、軽量で操作性・施工性がよいのも特長である。
図5	ねじ込み型仕切弁	図1と同じで、接続方式がねじ込み式のもの。
図6	ねじ込み型玉形弁	図3と同じで、接続方式がねじ込み式のもの。面間寸法が長くなる。
図7	ボール弁 （フランジ型）	弁の栓が球状の弁で、全開／全閉で使用するもので、全開時の損失が小さいのが特長である。
図8	ねじ込み式ボール弁	図7と同じで、泡消火設備では手動起動弁に使用されている。なお、泡消火設備に使用する場合は、ハンドルの位置が90°異なる。

よく出る問題

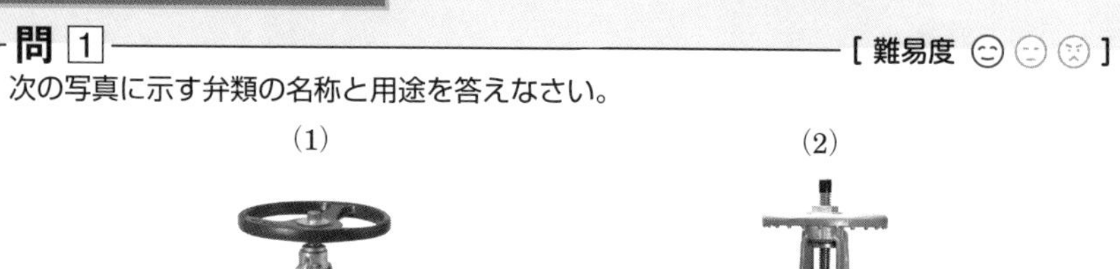

問 1 [難易度]

次の写真に示す弁類の名称と用途を答えなさい。

(1)

(2)

(3)

(4)

問 2 [難易度]

次の写真に示す弁類の名称と用途を答えなさい。

(1) (2) (3) (4)

解答

問１	(1)	名称	フランジ型玉形弁（グローブ弁）
		用途	流量調整にも使用する。
	(2)	名称	フランジ型外ねじ式仕切弁（ゲート弁）
		用途	全開／全閉で使用し、開時に弁棒が上昇する。
	(3)	名称	フランジ型内ねじ式仕切弁（ゲート弁）
		用途	全開／全閉で使用し、開時に弁棒が上昇しない。
	(4)	名称	フランジ型ボール弁
		用途	全開／全閉で使用し、全開時の損失が小さい。
問２	(1)	名称	ねじ込み式玉形弁（グローブ弁）
		用途	流量調整にも使用する。
	(2)	名称	ねじ込み式仕切弁（ゲート弁）
		用途	全開／全閉で使用する。
	(3)	名称	バタフライ弁（ウェハータイプ）
		用途	流量調整にも使用する。軽量で操作性がよい。
	(4)	名称	ねじ込み式ボール弁
		用途	全開／全閉で使用し、全開時の損失が小さい。 特に、泡消火設備では手動起動弁に使用される。

レッスン 3-7

写真鑑別 7（逆止弁・ストレーナー類）

重要度 ✎✎✎

● 図1 ●

● 図2 ●

● 図3 ●

● 図4 ●

● 図5 ●

● 図6 ●

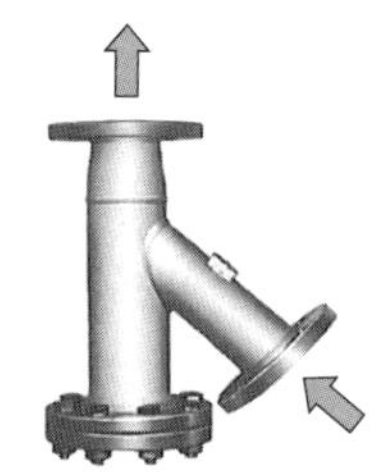

● 図7 ●

● 表1 ●

図番	名　称	使用目的・見分け方等
図1	スイング式逆止弁（チェッキバルブ）	水の逆流を防止するための弁。 スイング式で、本体に弁部を固定するためのヒンジピンが出ているのが特徴である。
図2		図1と同様でねじ込みタイプのもの。
図3	リフト式逆止弁（チェッキバルブ）	本体にヒンジピンが出ていないもの。 立て配管に取り付けるのは弁部がニュートラルの位置になる可能性があるため不適である。
図4	ウィング型逆止弁（チェッキバルブ）	ウェハータイプ（フランジに挟み込むタイプ）の逆止弁。ウォーターハンマー現象を防止するため、スプリングで閉止時間を短縮（急閉式）している。消火ポンプの吐出側に設置される。
図5	スモレンスキ式逆止弁（チェッキバルブ）	構造は異なるが、図4と同じで、ウォーターハンマー現象を防止するため、消火ポンプの吐出側に設置される。
図6	Y型ストレーナー	重要機器を保護するため、流水内の異物を除去する。
図7	ライザーストレーナー	図6と同じであるが、屋外貯蔵タンクの固定式泡放出口のタンク立上り部分に設置するもので、流れ方向が異なる。

※　逆止弁には、流れ方向の矢印を表示しています。

よく出る問題

問 1　［難易度 😊😐😣］

次の写真に示す弁類の名称と用途を答えなさい。

(1)

(2)

(3)

(4)
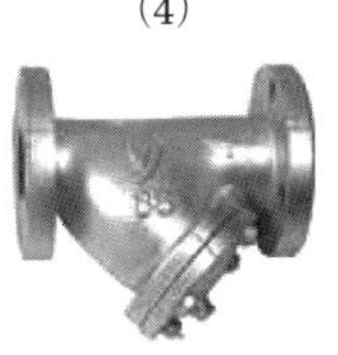

問 2　［難易度 😊😐😣］

次の写真に示す弁類の名称と用途を答えなさい。

(1)
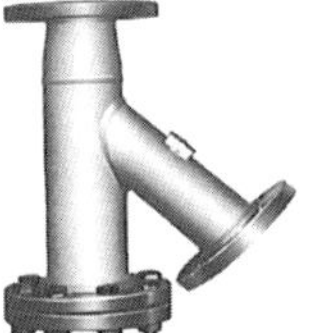

(2)

(3)

(4)

解答

問 1	(1)	名称	リフト式逆止弁
		用途	逆流を防止する。
	(2)	名称	逆止弁（ウォーターハンマー防止用）
		用途	逆流を防止するもので、閉止時間が短い。
	(3)	名称	スイング式逆止弁
		用途	逆流を防止する。
	(4)	名称	Y 型ストレーナー
		用途	流水内の異物を除去する。
問 2	(1)	名称	ライザーストレーナー
		用途	屋外貯蔵タンクの固定式泡放出口のタンク立上り部分に設置して、流水内の異物を除去する。
	(2)	名称	ウィング型逆止弁（ウォーターハンマー防止用）
		用途	逆流を防止するもので、閉止時間が短い。
	(3)	名称	スイング式逆止弁
		用途	逆流を防止する。
	(4)	名称	フート弁
		用途	消火ポンプの吸込管の端末に取り付け、落水を防止する。

レッスン 3-8

写真鑑別 8（管継手類）

重要度 ✐✐✐

図 1

図 2

図 3

図 4

図 5

図 6

図 7

図 8

図 9

図 10

図 11

図 12

図 13

図 14

図 15

図 16

表 1

図番	名　称	使用目的等
図 1	ソケット	配管を直線接続する場合に使用する。
図 2	ブッシング	配管の口径を変更する場合に使用する。
図 3	90°エルボ	配管を 90°に曲げる場合に使用する。
図 4	径違い 90°エルボ（90°異径エルボ）	配管口径を縮小又は拡大しつつ、90°に曲げる場合に使用する。
図 5	45°エルボ	配管を 45°に曲げる場合に使用する。
図 6	チーズ（ティー）	配管を分岐する場合に使用する。
図 7	径違いチーズ（ティー）（異径チーズ）	分岐配管の口径を変更する場合に使用する。
図 8	レジューサー（径違いソケット）	配管の口径を縮小又は拡大する場合に使用する。
図 9	六角ニップル	配管の接続に使用するもので、鋳物製で真ん中に六角のレンチを掛ける部分がある。
図 10	短ニップル	配管の直線接続に使用するもので、鋼管を加工したもの。
図 11	ユニオン	点検又は交換で配管の分解が必要となる部分に使用する。ねじに平行ねじを使用しているので、振動が発生する部分には不適である。
図 12	ねじ込みフランジ	弁類の取付けあるいは配管の接続に使用する。
図 13	キャップ	配管の端を閉塞する場合に使用する（雌ねじ）。
図 14	プラグ	配管の端を閉塞する場合に使用する（雄ねじ）。
図 15	クロス	配管を 4 方向に分岐する場合に使用する。
図 16	感知継手	特定駐車場用泡消火設備に使用する。火災時の熱により、熱感知部分が作動し開放する。

よく出る問題

問 1

［難易度］

次の写真に示す管継手の名称と用途を答えなさい。

(1)
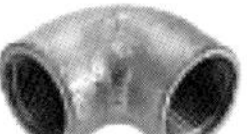

(2)

(3)

(4)

問 2

［難易度］

次の写真に示す管継手の名称と用途を答えなさい。

(1)

(2)

(3)

(4)

解答

問 1	(1)	名称	**90°** エルボ
		用途	配管を **90°** に曲げて接続する。
	(2)	名称	ユニオン
		用途	分解する必要がある配管の接続に使用する。
	(3)	名称	レジューサー又は径違い（異径）ソケット
		用途	配管口径を縮小又は拡大して接続する。
	(4)	名称	チーズ（ティー）
		用途	配管を分岐する。
問 2	(1)	名称	ブッシング
		用途	配管口径を変更する。
	(2)	名称	**45°** エルボ
		用途	配管を **45°** に曲げて接続する。
	(3)	名称	フランジ
		用途	弁類の取付け又は配管を接続する。
	(4)	名称	径違いチーズ
		用途	分岐配管の口径を変更する。

レッスン 3-9

写真鑑別 9（支持金具類）

重要度 ///

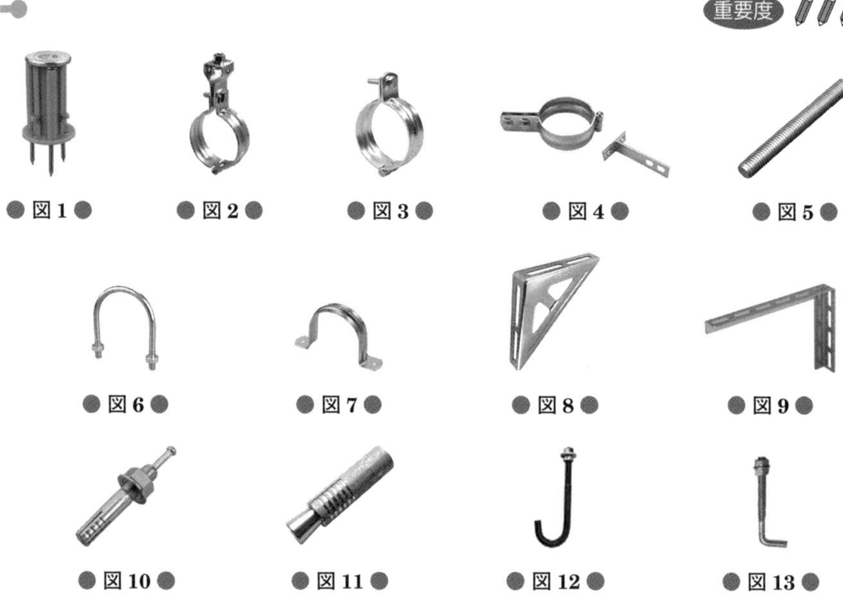

●表1●

図番	名　称	使用目的等
図1	インサート	先行してコンクリート打設前に型枠に取り付けておき、型枠を外した後、吊ボルトをねじ込んで吊バンド等とともに配管を吊るために使用する。
図2	タンバックル付き吊バンド	配管の高さ調整ができるように吊バンドにタンバックルが付いている。
図3	吊バンド	タンバックルとともに使用する吊バンド。
図4	立管用埋込み足付きバンド	立管用のバンドで、コンクリートに足部分を埋め込み、配管をバンドで固定する。
図5	全ねじボルト	インサート、吊バンドとともに使用する全ねじボルト。
図6	Uバンド／Uボルト	比較的大口径の配管固定に使用するもので、取付けはボルト止め。
図7	サドルバンド	比較的小口径の配管固定に使用するもので、取付けはビス止め。
図8	三角ブラケット	横走り配管用に用いるもので、比較的重量物用に用いる。
図9	L型ブラケット	図8と同じで、比較的軽量物用に用いる。
図10	メカニカルアンカー	雄ねじタイプの後施工アンカーの一種で、コンクリート等の打設後にコンクリートドリルで孔を空け、打ち込んで使用する。
図11	メカニカルアンカー	図10と同じで、雌ねじタイプのもの。
図12	J型埋込みアンカーボルト	消火ポンプ、制御盤等重量物をコンクリート基礎に固定するために使用する。抜け防止のため先端がJ形になっている。
図13	L型埋込みアンカーボルト	図12と同じで、先端がL形になっている。

1学期 ↓ 筆記試験対策
2学期 ↓ 実技試験対策
3学期 ↓ 模擬試験

よく出る問題

問 1　［難易度 😊😐😠］

次の写真に示す支持金具の名称と用途を答えなさい。

(1) 
(2) 
(3) 
(4) 

問 2　［難易度 😊😐😠］

次の写真に示す支持金具の名称と用途を答えなさい。

(1) 
(2) 
(3) 
(4) 

解答

問１	(1)	名称	タンバックル付き吊バンド
		用途	配管を吊る。
	(2)	名称	Ｕバンド／Ｕボルト
		用途	配管を固定する。
	(3)	名称	インサート
		用途	配管等を吊るために、コンクリートに埋め込んで、全ねじボルトを取り付ける。
	(4)	名称	メカニカルアンカー（雄ねじ）
		用途	配管支持金具又は機器を固定するための後施工アンカー。
問２	(1)	名称	三角ブラケット
		用途	横走り配管を支持する。
	(2)	名称	メカニカルアンカー（雌ねじ）
		用途	配管支持金具又は機器を固定するための後施工アンカー。
	(3)	名称	サドルバンド
		用途	比較的小口径の配管固定に使用する。
	(4)	名称	立管用埋込み足付きバンド
		用途	立管取付け用のバンド。

レッスン 3-10

写真鑑別 10（工具類）

重要度 

●図1●

●図2●

●図3●

●図4●

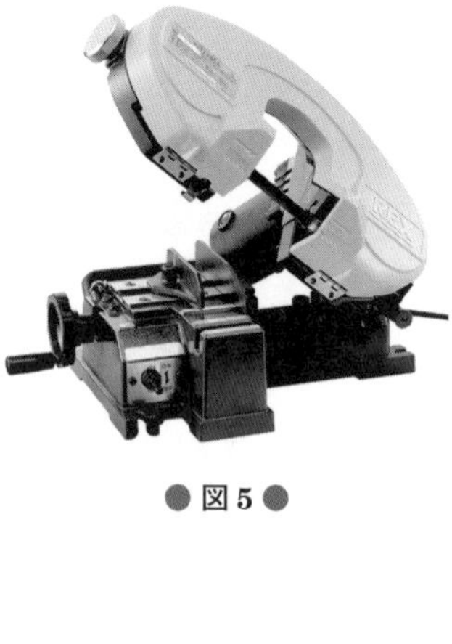

●図5●

●図6●

図7

図8

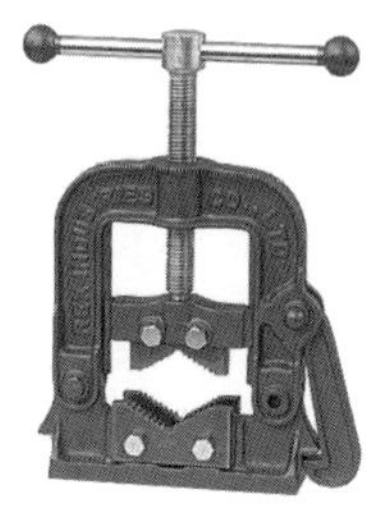

図9

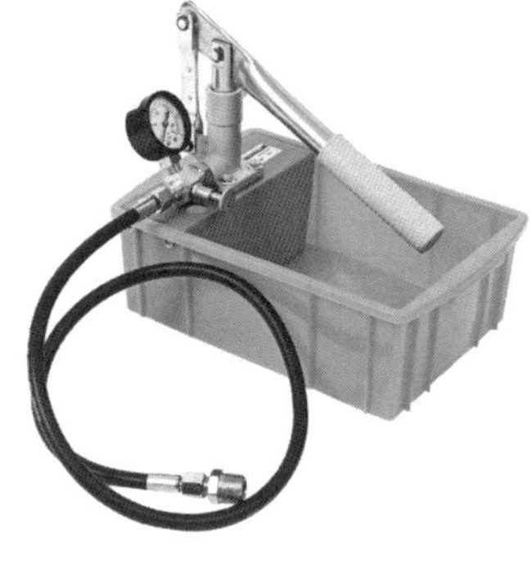

図10

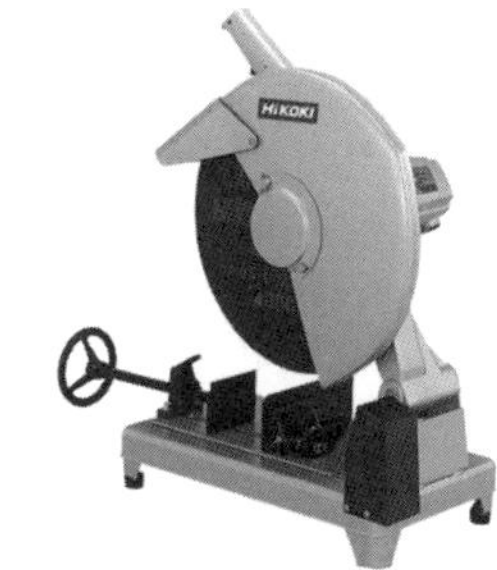

図11

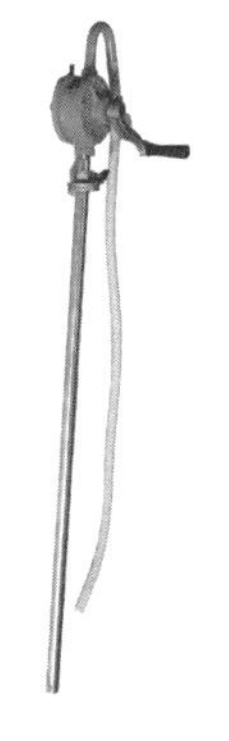

図12

図13

●表1●

図番	名　称	使用目的等
図1	パイプレンチ	小口径の配管のねじ込み（締付け）又は取外しに使用する。
図2	チェーントング	チェーンレンチ又は鎖パイプレンチともいい、主に大口径の締付けに使用する。
図3	ねじ切り機	手動で小口径の配管に雄ねじを切るために使用する。
図4	ウォーターポンププライヤー	ガス、水道、空気、電気配管や丸棒、ボルト、ナットの締付けに使用する。もともと、水道管のロックナットを回すことが目的でつくられたものとのこと。
図5	バンドソー	帯状の鋸刃（のこは）を高速で回転させ、主に配管、鉄鋼材の切断に使用する。
図6	電動ねじ切り機	電動式のねじ切り機。 ねじ切り作業が正確に効率よく行うことができる。
図7	トルクレンチ	締付トルクが規定されている場合に使用する。 設定トルク値以上で締め付けることはできない。
図8	リーマ	小口径の配管切断後に切り口のバリ取りに使用する。
図9	パイプバイス	手動のねじ切り機の使用や配管に継手を取り付ける（ねじ込む）場合に、配管を固定するために使用する。
図10	水圧テストポンプ	配管の耐圧試験に使用する。手動で加圧する。
図11	高速切断機	パイプ、鋼材等を切断するために使用する。
図12	ロータリーポンプ／ウィングポンプ	泡消火薬剤を貯蔵槽に充てんするために使用する。手動のポンプである。
図13	電気溶接機	配管、継手、鋼材等を溶接するために使用する。アーク溶接機である。

よく出る問題

問 1 ［難易度 😊😐😣］

次の写真に示す工具の名称と用途を答えなさい。

(1)　(2)　(3)　(4)

問 2 ［難易度 😊😐😣］

次の写真に示す工具の名称と用途を答えなさい。

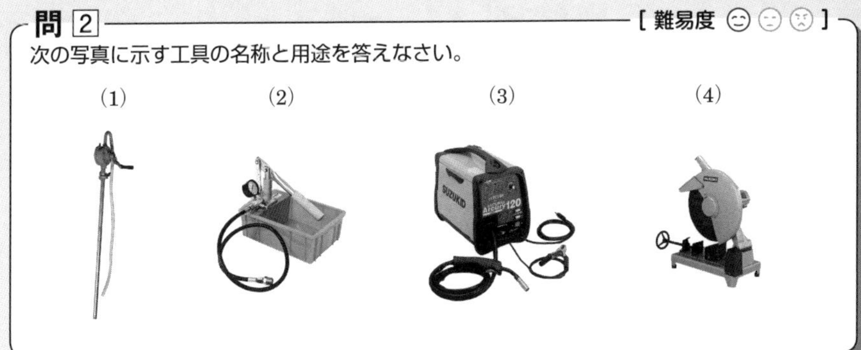

解答

問 1	(1)	名称	バンドソー
		用途	配管、鋼材の切断に使用する。
	(2)	名称	パイプレンチ
		用途	ねじ込み作業に使用する。
	(3)	名称	パイプバイス
		用途	配管を固定する。
	(4)	名称	ねじ切り機
		用途	比較的小口径の配管に手動で、ねじ切りをする。
問 2	(1)	名称	ロータリーポンプ／ウィングポンプ
		用途	泡消火薬剤を貯蔵槽に充てんする際に使用する手動ポンプ。
	(2)	名称	水圧テストポンプ
		用途	配管の耐圧試験をするための手動加圧ポンプ。
	(3)	名称	電気溶接機
		用途	配管、継手、鋼材等を溶接するためのアーク溶接機。
	(4)	名称	高速切断機
		用途	パイプ、鋼材等を切断する。

レッスン 3-11

写真鑑別 11（測定器具）

重要度 

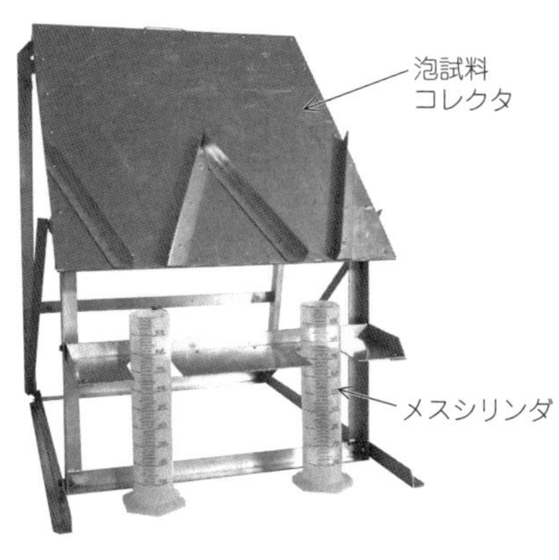

● 図1 ●

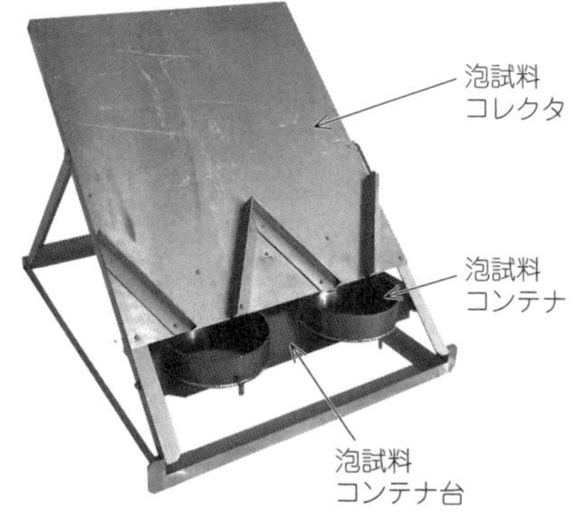

● 図2 ●

● 図3 ●

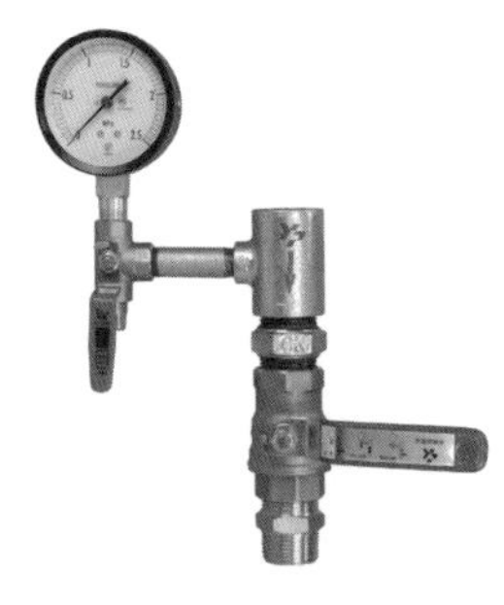

● 図4 ●

● 図5 ●

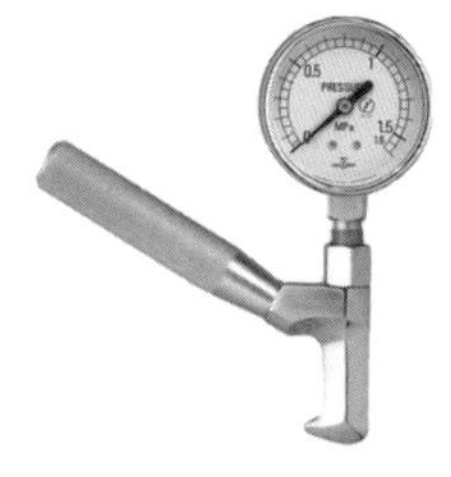

● 図6 ●

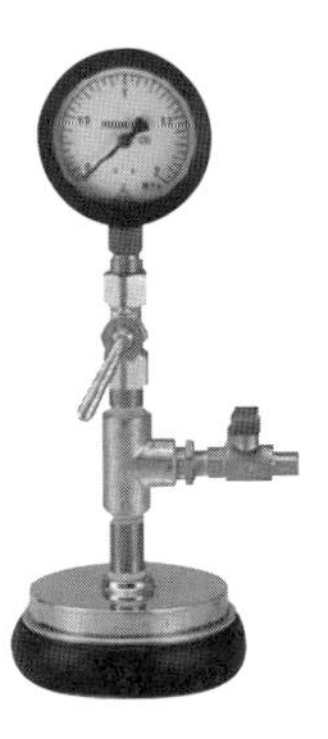

●図7●

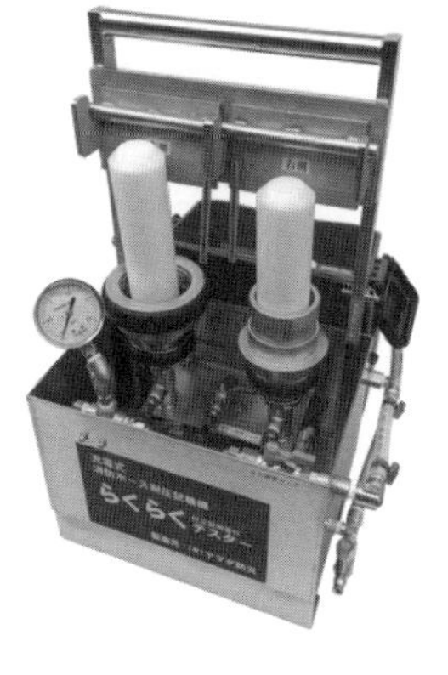

●図8●

●図9●

●表1●

図番	名　称	使用目的等
図1	泡試料コレクタ	水成膜泡消火薬剤を使用する場合の発泡倍率及び25％還元時間を測定するために使用する。 発泡された泡を採取する部品にメスシリンダを使用するのが水成膜泡消火薬剤用である。
図2	泡試料コレクタ	図1と同じだが、たん白泡消火薬剤及び合成界面活性剤の泡消火薬剤を使用する場合に使用する。 発泡された泡を採取する部品に泡試料コンテナを使用するのがたん白泡消火薬剤及び合成界面活性剤の泡消火薬剤用である。
図3	糖度計（屈折計）	発泡された泡水溶液の混合率を測定するために使用する。
図4	末端試験装置（弁）	特定駐車場用泡消火設備の流水検知装置の作動試験に使用する。
図5	圧力計付き媒介金具	消防用ホースと泡ノズルの間に接続し、放射圧力を測定する。
図6	ピトーゲージ	棒状ノズルの放水圧力を、ノズル先端から$\frac{1}{2}$の位置で測定する。
図7	スタンドゲージ	消火栓開閉弁又は消防用ホースの末端に取り付け、耐圧性能（静水圧）試験に使用する。
図8	消防用ホース用耐圧性能試験機	消防用ホースの耐圧性能試験に使用する。
図9	放水テスター	棒状ノズルから放水された消火水を飛散させずに放水圧力を測定するため、消防用ホースを接続して使用する。

よく出る問題

問 1　　［難易度 😊😐😟］

次の写真のうち、水成膜泡消火薬剤を使用した固定式泡消火設備の
　（1）泡水溶液の希釈容量濃度　　（2）発泡倍率、25％還元時間
を測定するのに必要な測定器具を答えよ。

(a)

(b)

(c)

(d)

(e)

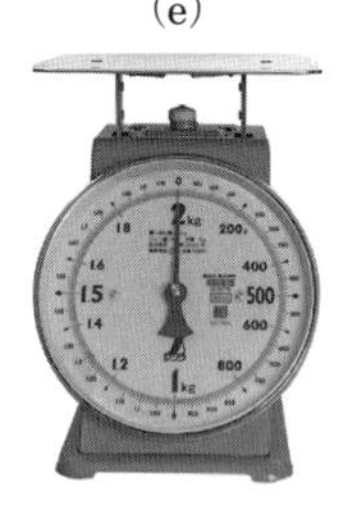

(f)

(g)

(h)

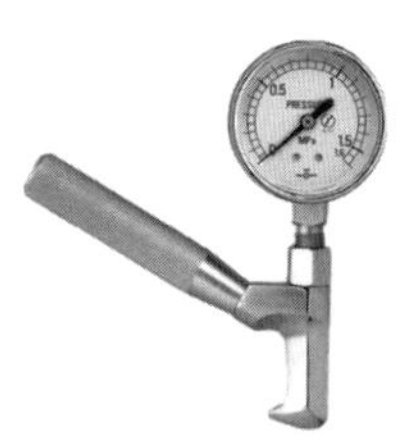

問 2 ［難易度 😊 😐 😞］

次の写真のうち、たん白泡消火薬剤を使用した泡ノズルの

（1）放射圧力　（2）発泡倍率、25％還元時間

を測定するのに必要な測定器具を答えよ。

(a)

(b)

(c)

(d)

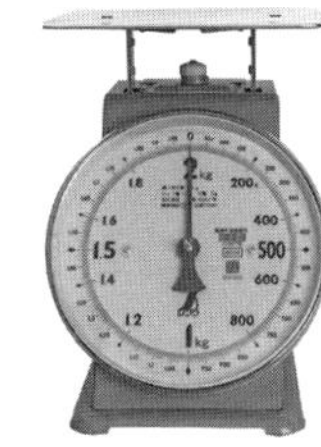

(e)

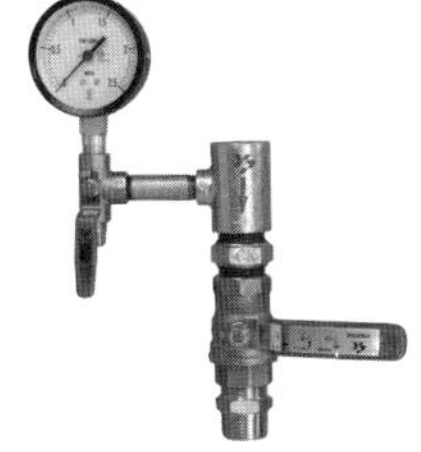

(f)

(g)

(h)

解答

問				
問１	(1)	**(g)**	(2)	**(d) (e)**
問２	(1)	**(b)**	(2)	**(a) (d)**

これは覚えておこう！

レッスン3の重要事項のまとめ

① **止水弁と逆止弁の配置**

・ポンプ：ポンプ側から順に　　ポンプ　→　**逆止弁**　→　**止水弁**

・呼水槽：呼水槽側から順に　　呼水槽　→　**止水弁**　→　**逆止弁**

② **泡消火薬剤混合装置**

・泡消火薬剤貯蔵槽は、**縦型が圧送式**、**横型が圧入式**が多い。

・混合器は、**鋼管製がオリフィス型**、**鋳物製がベンチュリー型**が多い。

・**メータリングバルブ（コック）**は、**ポンププロポーショナー**に使用する。

・**ラインプロポーショナー**は**移動式**の泡消火設備に使用する。

③ **泡放出口**

・泡ヘッドを見分けるには、**金網があるのはフォームヘッド**、**デフレクターが露出しているのはフォーム・ウォーター・スプリンクラーヘッド**と覚える（**フレームタイプは閉鎖型泡水溶液ヘッド**）。

・屋外貯蔵タンクの**固定式泡放出口（Ⅱ型）**は、固定屋根式のタンク内に、泡をタンク内側壁に沿って静かに展開させるため、**タンク内にデフレクター**を設ける。

・高発泡泡放出口は、**泡放出口にファン（ブロアー）があるのがブロアー型**

④ 流水検知装置の**遅延機能**には、**遅延タイマー付き圧力スイッチ**、及び、**リターディングチャンバー**がある。

⑤ **一斉開放弁（減圧開放型と加圧開放型）の見分け方**

・減圧開放型：**弁上部**に感知配管を接続する接続口がある。

・加圧開放型：**弁下部**に起動配管を接続する接続口がある。

⑥ **バルブ類の見分け方**

・玉形弁：弁体に丸みがある。面間（フランジ面の間隔）が広い。

・仕切弁：弁体に丸みがない。面間が狭い。

・バタフライ弁：ウェハータイプ（フランジに挟み込むタイプ）で、面間が狭い。

・ボール弁：弁体が球状のもの

⑦ **逆止弁の見分け方**

・スイング式：本体に弁体支持のためのヒンジピンが出ている。

・リフト型　：本体内部で弁体が上下するため、ヒンジピンがない。

⑧ **管継手：形状及び使用目的**

⑨ **支持金具類：形状及び使用目的**

⑩ **工具類：形状及び使用目的**

⑪ **測定器具：形状及び使用目的**

レッスン 4 製図試験

製図試験は、以下の頻出パターンを十分に頭に入れておきましょう。

(1) 未完成の系統図を提示して完成させるパターン

① 配管、配線等を記入させるもの

② 弁類を所定の箇所に記入させるもの

③ 弁の開閉状態等を記入させるもの

(2) 図面の誤りを訂正させるパターン

① 配管、配線等の誤りの訂正

② 弁類等未記入部分の指摘、又は位置、方向等の誤り箇所の訂正

(3) 平面図を完成させるパターン

① 泡ヘッド等を配置するもの

② 管径の算出、配管系統、配線等を作図するもの

(4) 計 算

① 泡水溶液量、泡消火薬剤量、水源水量、ポンプの吐出量等の算出

② 直管相当長さと摩擦損失水頭の算出

特に泡消火設備では、泡ヘッドの数を求め、泡水溶液量、泡消火薬剤、水源水量等を求める問題がよく出題されています。

- 4-1では、固定式泡消火設備の泡ヘッドの数量算出について、**計算算出**と泡ヘッドの有効防護範囲を考慮した**図面配置**による方法について解説しています。
- 4-2では移動式の泡消火設備の**ホース接続口と泡水溶液量の算出**について解説しています。設置対象物によって泡ノズルの放射量が異なるので注意しましょう。
- 4-3の消火ポンプまわりの配管作図については、**ポンプまわり、呼水装置まわり、性能試験装置、圧力タンクまわり**をパーツごとに解説しています。
- 4-4の泡消火設備の消火ポンプの**揚程計算**は頻出です。
- 4-5では、危険物施設に使用される**プレッシャーサイドプロポーショナー方式**について解説しています。
- 4-6では泡ヘッドの配置について、**平面配置例**と放射障害とならないための、はり、たれ壁からの**設置間隔**について解説します。
- 4-7では高発泡泡消火設備に関する**全域放出方式における冠泡体積、局所放出方式の防護面積の算出方法**について理解しておくことが必要です。

レッスン 4-1 固定式泡消火設備の設計

重要度

(1) 泡放出口の数の算出

1学期のレッスン2-2で学習したとおり、フォームヘッドの場合は床面積9 m²につき1個以上のヘッドを、フォーム・ウォーター・スプリンクラーヘッドの場合は床面積8 m²に1個以上のヘッドを設けることと規定されています。そのため、防火対象物の床面積がわかれば、設置する泡ヘッドの種類によって、泡放出口の数＝床面積÷9 m²又は8 m²で求められることになりますが、実際には防護対象物の形状及びヘッドの有効防護範囲（一般的に半径2.1 m）、配管の引廻し等を考慮し、図面解析を行い決定することになります。

図1のような駐車場の個数を計算上で算出した場合と、図面解析で算出した場合で比較してみましょう。

計算では、放射区域の面積は、12.15 m×6.15 m＝74.7225 m²。よって74.7225 m²÷9 m²＝8.3025個となり、少なくとも計算上は9個以上設置する必要があります。

図面解析では、12個となり、配管の引廻し及びフォームヘッドからの放射圧力が極力平均化するようトーナメント形式の配管で配置するよう考慮して決定されます。

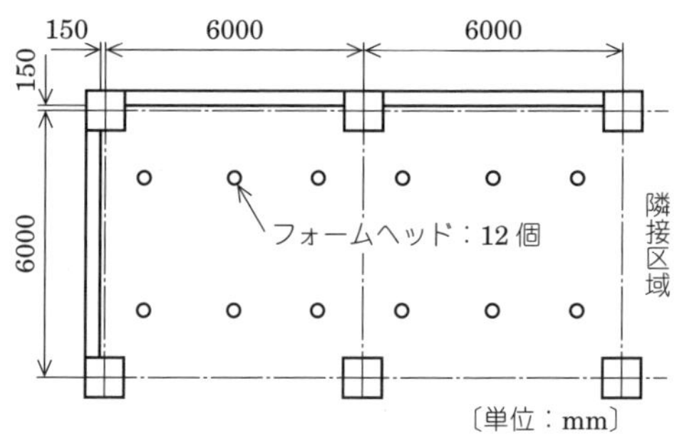

● 図1　フォームヘッドの設置個数の図面解析 ●

(2) 火災感知用ヘッドの設置方法

火災感知装置に閉鎖型スプリンクラーヘッドを用いる場合の設置方法については、一般的に表1に示す方法により算出し、フォームヘッドとのバランスを考えた配置とします。

● 表1　感知用ヘッドの設置方法 ●

感度種別	取付高さ	警戒面積	感度種別	取付高さ	警戒面積
1種	7 m以下	20 m²以下	2種	5 m以下	20 m²以下
	10 m以下	13 m²以下		10 m以下	11 m²以下

※　予防事務審査・検査基準（東京消防庁監修）による。
感度種別1種とは、「閉鎖型スプリンクラーヘッドの技術上の規格を定める省令（昭和40年1月12日自治省令第2号)」により、時定数 τ〔秒〕が1種にあっては50、2種にあっては250であるものをいう。

よく出る問題

問 1 ［難易度 😊😐😞］

次の図は駐車場の平面図である。固定式の泡消火設備を設置する場合について、次の各設問に答えなさい。

(1)　この設備に使用できる泡ヘッドの種類を答えよ。

(2)　この駐車場の全体の泡ヘッドの最小設置個数を、計算式を示して答えよ。

(3)　放射区域の個数と一放射区域に設置する泡ヘッドの最小設置個数を、計算式を示して答えよ。

(4)　一放射区域に対する1分間あたりの泡水溶液の最小放射量を、次の3種類の泡消火薬剤を使用した場合に分けて、それぞれ計算式を示して答えよ。

①　たん白泡消火薬剤

②　合成界面活性剤泡消火薬剤

③　水成膜泡消火薬剤

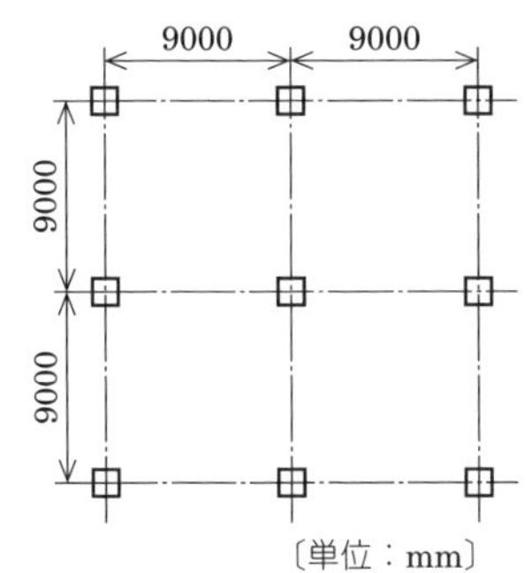

凡例　□　柱

—·—　はりの中心線
（はりの深さ 450mm）

〔単位：mm〕

解答

<table>
<tr><td rowspan="11">問1</td><td>(1)</td><td>泡ヘッドの種類</td><td>フォームヘッド</td></tr>
<tr><td rowspan="2">(2)</td><td>計算式</td><td>(9 m + 9 m) × (9 m + 9 m) = 324 m²
324 m² ÷ 9 m² = 36 個</td></tr>
<tr><td>泡ヘッドの最小設置個数</td><td>36 個</td></tr>
<tr><td rowspan="2">(3)</td><td>放射区域の個数</td><td>駐車場の場合の放射区域は、50 m² 以上 100 m² 以下でなければならない。
9 m × 9 m = 81 m² が一放射区域となるため、合計4放射区域となる。</td></tr>
<tr><td>一放射区域の泡ヘッドの最小設置個数</td><td>81 m² ÷ 9 m² = 9 個</td></tr>
<tr><td rowspan="3">(4)</td><td>①たん白泡消火薬剤</td><td>6.5 ℓ/min·m² × 81 m² = 526.5 ℓ/min</td></tr>
<tr><td>②合成界面活性剤泡消火薬剤</td><td>8.0 ℓ/min·m² × 81 m² = 648 ℓ/min</td></tr>
<tr><td>③水成膜泡消火薬剤</td><td>3.7 ℓ/min·m² × 81 m² = 299.7 ℓ/min</td></tr>
</table>

移動式泡消火設備の設計

重要度

移動式泡消火設備に用いる泡消火薬剤は低発泡のものとします。また、移動式泡消火設備は、操作者が火災に巻き込まれる可能性があることから、火災のとき著しく煙が充満する場所に設置することはできません。移動式泡消火設備の設置基準については1学期レッスン2-4のとおりですが、駐車場に設置する場合についてさらに解説します。

(1) 移動式泡消火設備の配置

移動式泡消火設備は、防火対象物の各部分から**一のホース接続口までの水平距離が、15 m 以下**になるように設置し、**防火対象物のすべての部分が防護**できるようにします。

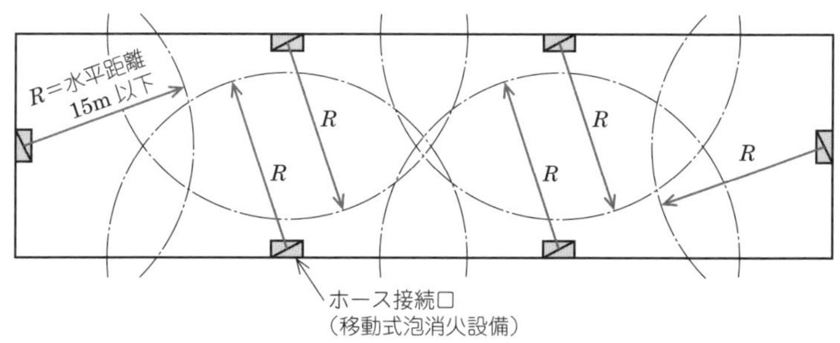

● 図1 移動式泡消火設備の配置 ●

(2) 同時開栓数（同時使用数）

2個の泡ノズル（ホース接続口が1個の場合は1個）が同時に使用されます。

(3) 放射性能

同時開栓数のノズルを同時に使用した場合に、道路、自動車の修理、整備、駐車の用に供される部分にあっては、泡水溶液がノズル1個あたり**100 ℓ/min**、その他の防火対象物に設けられるものにあっては、**200 ℓ/min** の放射量で**15分間**放射できること、とされています。

(4) 泡水溶液量の計算

移動式泡消火設備の場合は、泡消火薬剤混合装置が泡放射用器具の格納箱に内蔵されている場合と、別置き型として共用するように設置される場合があります。3％泡消火薬剤を使用するものと仮定すると、表1のとおりとなります。

よって、別置き型は、泡消火薬剤混合装置から各移動式泡消火設備までの配管内充満量を加算して泡水溶液量、泡消火薬剤量及び水源水量を算出します。対して、内蔵型はそれぞれに泡消火薬剤を保有しなければならないので、別置き型よりも泡消火薬剤量は多くなりますが、水源水量は少なくなります。

● 表1　内蔵型と別置き型の比較 ●

項　目	内蔵型	別置き型
放射量	100 ℓ/min	100 ℓ/min
同時開栓数	2 個	2 個
放射時間	15 min	15 min
泡水溶液量	100 ℓ/min × 2 □ × 15 min = 3000 ℓ	100 ℓ/min × 2 □ × 15 min = 3000 ℓ
配管内充満量	0	配管□径と長さによる（$=\alpha$）
泡消火薬剤量	3000 ℓ × 0.03 = 90 ℓ ※　1 □あたり 45 ℓ の内蔵となる。	(3000 ℓ + α) × 0.03
水源水量	90 ℓ × {(1 − 0.03) ÷ 0.03} = 2910 ℓ	{(3000 ℓ + α) × 0.03} {(1 − 0.03) ÷ 0.03}

よく出る問題

問 1　[難易度 😊😐😠]

次の図のように駐車場に別置き型の移動式の泡消火設備を設置した。この移動式泡消火設備について、次の各設問に答えなさい。

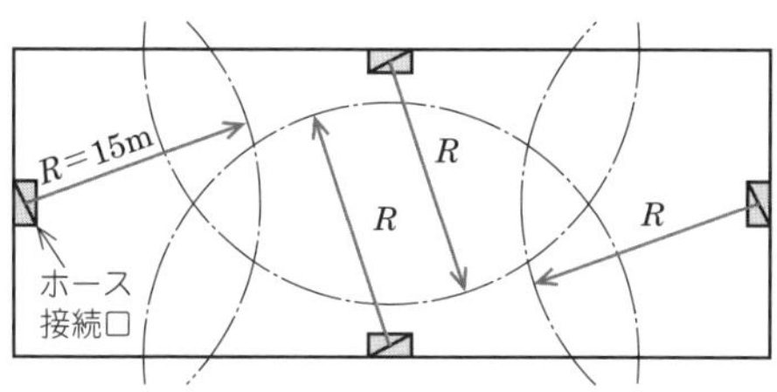

(1)　泡ノズルの放射量と同時開栓数（使用数）を答えなさい。
(2)　必要な泡水溶液量を求めなさい。ただし、泡水溶液の配管内充満量は 147 ℓ とする。
(3)　3 %型泡消火薬剤を使用する場合の必要量を求めなさい。
(4)　水源水量を計算式を示して求めなさい。

解答

問 1			
	(1)	泡ノズルの放射量	**1 口あたり 100 ℓ/min**
		同時開栓数	**2 口**
	(2)	泡水溶液量	**(100 ℓ/min × 2 口 × 15 min) + 147 ℓ = 3147 ℓ**
	(3)	泡消火薬剤量	**3147 ℓ × 0.03 = 94.41 ℓ**
	(4)	水源水量	**94.41 ℓ × (1 − 0.03) ÷ 0.03 ≒ 3053 ℓ**

消火ポンプまわりの配管作図

重要度

加圧送水装置については、ポンプ方式の加圧送水装置を設ける例が非常に多いので、ポンプ方式の加圧送水装置（＝消火ポンプ）について復習を兼ねて学習していきましょう。配管は、消火ポンプまわりの配管、呼水槽、起動用水圧開閉装置、性能試験配管により構成されているため、各機器の設置目的、構成から覚え、配管口径の規定とその配管をどこに接続すべきかを覚えていったほうがよいでしょう。

(1) 消火ポンプ

① **吸水管はポンプごとに専用**とする。

② 吸水管には、**ろ過装置**（フート弁に付随するものを含む）を設けるとともに、水源の水位がポンプより低い位置にある場合にはフート弁を、その他のものにあっては止水弁を設ける。

③ 吐出側直近部には逆止弁及び止水弁を設ける。

④ **吸込管には連成計、吐出側には圧力計**を設置する。

⑤ 締切運転時における**水温上昇防止のための逃し配管**を設ける。

⑥ **原動機は電動機**による。

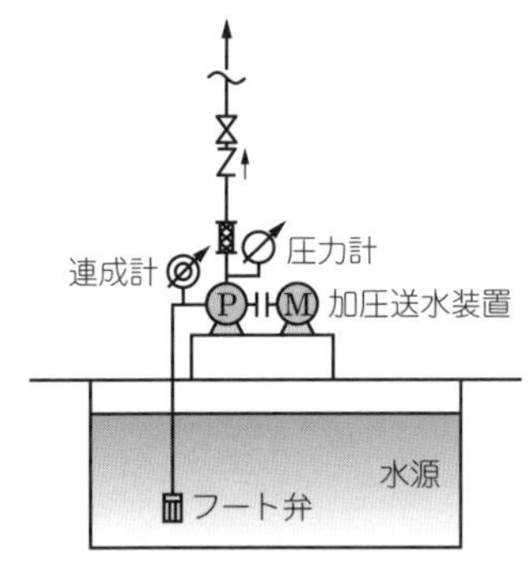

● 図1　消火ポンプまわりの配管 ●

(2) 呼水槽

① 呼水槽とは、水源の水位がポンプより低い位置にある場合にポンプ及び配管に充水を行う装置をいう。

② 呼水槽の有効水量は、**100 ℓ 以上**とする。ただし、**フート弁の呼び径が 150 以下の場合にあっては 50 ℓ 以上**とすることができる。

③ **補給水管は呼び 15 以上、溢水用排水管は呼び 50 以上、呼水管は呼び 40 以上**とする。

④　減水警報装置の発信部はフロートスイッチ又は電極とし、呼水槽の貯水量が当該呼水槽の $\frac{1}{2}$ **となる前に、音響により警報**を発するための信号を発信するものとする。
⑤　水温上昇防止用逃し弁は、ポンプ吐出側逆止弁の一次側であって、呼水管の逆止弁のポンプ側となる部分に接続され、ポンプ運転中に常時呼水槽等に放水するものである。
⑥　**逃し配管にはオリフィス及び止水弁**を設ける。

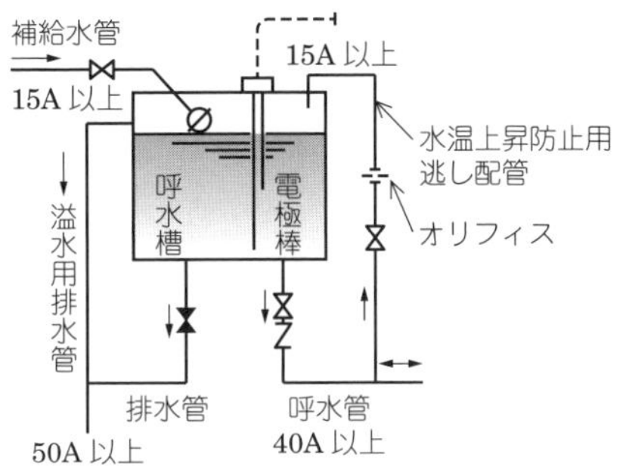

● **図2　呼水槽まわりの配管** ●

(3) ポンプ性能試験装置

①　配管は、ポンプの吐出側の逆止弁の一次側に接続され、ポンプの負荷を調整するための流量調整弁、流量計等を設ける。この場合において、流量計の流入側及び流出側に設けられる整流のための直管部の長さは、当該流量計の性能に応じたものとする。
②　流量計は差圧式のものとし、**定格吐出量を測定**できるものとする。
③　配管の口径は、ポンプの定格吐出量を十分に流すことができるものとする。

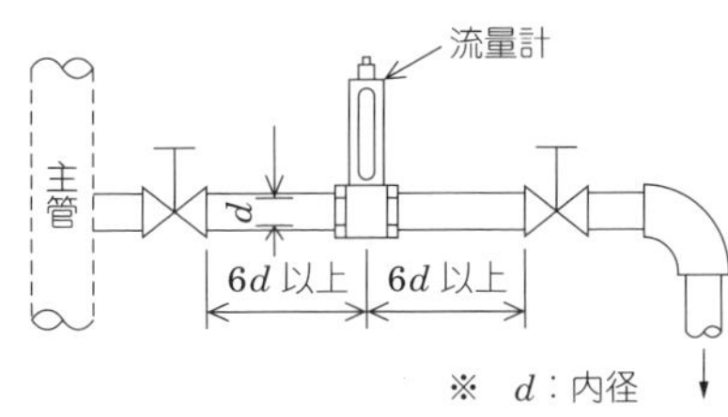

● **図3　ポンプ性能試験装置** ●

(4) 起動用水圧開閉装置

①　圧力タンクの容量は、**100 ℓ 以上**とする。ただし、**吐出側主配管に設ける止水弁の呼び径が 150 以下の場合にあっては 50 ℓ 以上**とすることができる。

② 圧力タンクは、**ポンプ吐出側逆止弁の二次側**において、**管の呼び 25 以上で止水弁**を備えた配管に接続する。

③ 圧力タンク又はその直近には、圧力計、**起動用水圧開閉器（圧力スイッチ）**及びポンプ起動試験用の排水弁を設ける。

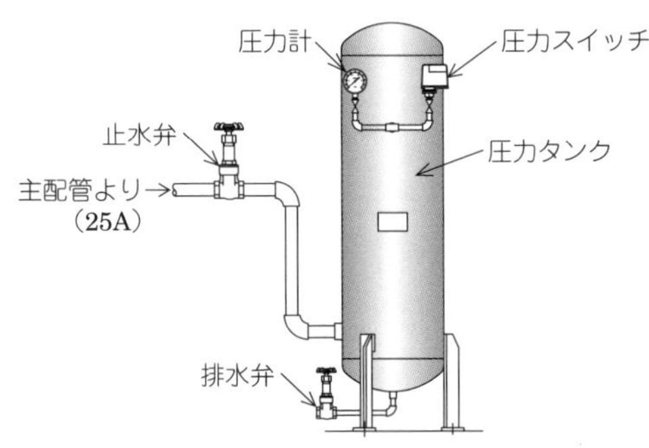

● 図 4　起動用水圧開閉装置 ●

よく出る問題

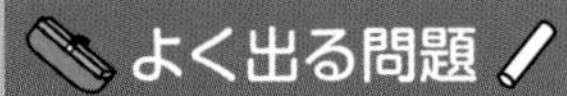

問 1 ［難易度 😊😐😣］

次の図は消火ポンプまわりの配管系統を示したものである。
図中の誤りを 4 か所答えなさい。

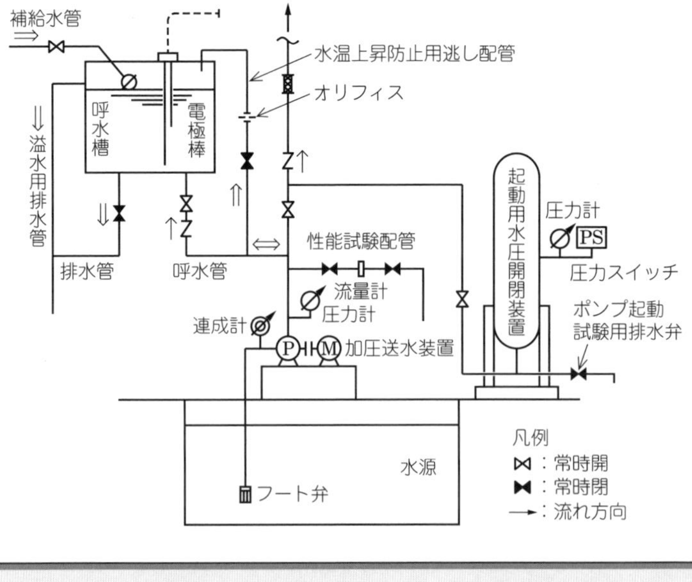

解答 問１－①　**呼水管逆止弁の流れ方向が逆方向**

②　**水温上昇防止用逃し配管の弁は常時開**

③　**ポンプ吐出側の止水弁の位置が違う。**

④　**圧力タンクへの配管取出しは逆止弁と止水弁の間から取り出す。**

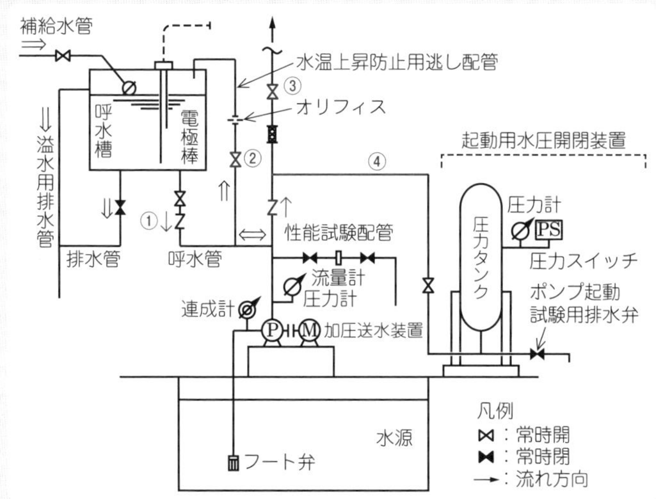

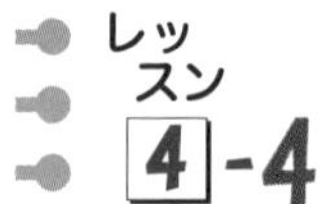

消火ポンプの全揚程の計算

重要度

ここでは、全揚程の基礎を学びます。

全揚程とは、泡放出口から放射する際、泡放出口の機能を十分に発揮するために設計された放射圧力を確保することのできるポンプの吐出圧力を**水頭**（**水柱の高さ**）で表したものです。

消火ポンプの設置されている場所から泡放出口の設置されている場所までは落差があり、さらに配管、弁類、泡消火薬剤混合装置、流水検知装置、一斉開放弁等の**摩擦損失**、移動式の泡消火設備にあっては、消防用ホース内を水が流れるときの摩擦損失も生じます。

その結果、泡放出口の放射圧力がかなり低下しますが、定められた放射圧力（使用する機器によって異なります）を確保しなければなりません。

この**圧力**と**水頭**の**関係**は重要です

(1) 圧力と水頭の関係

1学期レッスン5-2「水理2」で解説したように、1気圧を水中の高さ（水頭）で表すと約10 mです。また、1気圧≒0.1 MPaですから、0.1 MPaを水頭で表しても約10 mとなります。

(2) 全揚程の計算式

全揚程は、ポンプに必要とされる吐出圧力（＝水頭）であり、フート弁から泡放出口までの**落差に摩擦損失を水頭に換算**したものを加え、さらに泡放出口の**放射圧力を水頭に換算**したものを加算して求めます。

全揚程を H〔m〕とすると

$$\boldsymbol{H = h_1 + h_2 + h_3 + h_4 + h_5}$$

で表すことができます。**重要！**

h_1：フート弁から計算をする最遠又は最高位の泡放出口までの落差〔m〕

h_2：泡放出口（移動式泡消火設備の場合は泡ノズル）の放射圧力換算水頭圧〔m〕

h_3：移動式泡消火設備の場合には、消防用ホースの摩擦損失水頭〔m〕

h_4：フート弁から泡放出口までの配管の摩擦損失水頭〔m〕

h_5：泡消火薬剤混合装置の圧力損失水頭圧〔m〕

泡消火設備の消火ポンプ全揚程の計算にあたり、泡放出口、泡消火薬剤混合装置の放射圧力換算水頭圧については、選択する機器の構造・機能により異なるため、しっかりと確認をして計算をしなければなりません。

よく出る問題

問 1 ［難易度 😊😐😠］

次に示す泡消火設備の系統図において、以下の条件に従って、各設問に答えなさい。

〔条件〕

① フォームヘッドは、吐出圧 0.25 MPa において吐出量 35 ℓ/min のものを使用する。
② 1 放射区域におけるフォームヘッドの取付個数は 12 個とする。
③ 泡消火薬剤は、水成膜泡消火薬剤 3 %型を使用する。
④ 配管は、配管用炭素鋼鋼管を使用する。
⑤ 落差（最高位のフォームヘッド～最低水位）は 10.5 m とする。
⑥ 泡消火薬剤混合装置の圧力損失水頭は 3.0 m とする。
⑦ 流水検知装置の圧力損失水頭は 5 m とする。
⑧ 一斉開放弁の圧力損失水頭は 8.5 m とする。
⑨ その他配管弁類の圧力損失水頭の合計は 10.6 m とする。
⑩ 配管中の泡水溶液量は、62.5 ℓ とする。

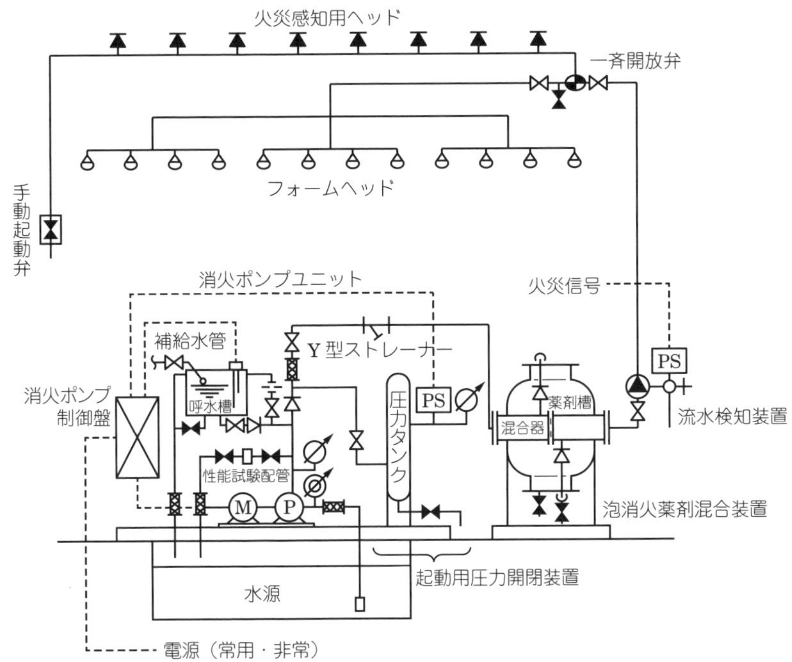

(1) 必要泡水溶液量を求めなさい。
(2) 泡消火薬剤量の必要量を求めなさい。
(3) 水源水量を求めなさい。
(4) 消火ポンプの吐出量及び全揚程を求めなさい。

解答

<table>
<tr><td rowspan="4">問 1</td><td>(1)</td><td>必要泡水溶液量は、設置されているフォームヘッドが 12 個であり、フォームヘッドの放射量が 35 ℓ/min で、泡放射時間は 10 分であるから
35 ℓ/min × 12 個 × 10 min = 4200 ℓ ……①
配管内充満量は 62.5 ℓ ……②
よって、必要泡水溶液量は① + ② = 4262.5 ℓ</td></tr>
<tr><td>(2)</td><td>必要泡消火薬剤量は、1 学期のレッスン 3 - 7 より
必要泡消火薬剤量 = 必要泡水溶液量 × 希釈容量濃度 (0.03)
よって、必要泡消火薬剤量 = 4262.5 × 0.03 ≒ 128 ℓ</td></tr>
<tr><td>(3)</td><td>1 学期のレッスン 3 - 7 より、水源水量は
$Q = FL\left(\frac{1-R_f}{R_f}\right)$
よって、水源水量は
$Q = 128\left(\frac{1-0.03}{0.03}\right) \fallingdotseq 4139\ \ell \fallingdotseq \mathbf{4.2\ m^3}$</td></tr>
<tr><td>(4)</td><td>消火ポンプ吐出量は
35 ℓ/min × 12 個 = 420 ℓ/min
消火ポンプの全揚程は H は
$H = h_1 + h_2 + h_3 + h_4 + h_5$
したがって
H = 落差 (10.5) + 放射圧力 (25) + 消防用ホース (0)
+ 配管の摩擦損失水頭 (5 + 8.5 + 10.6) + 混合装置の損失水頭 (3)
= 62.6 m
となります。</td></tr>
</table>

マメ知識 ➡➡➡ 管内充満量

配管内を満たすに要する泡水溶液の量（＝管内充満量）とは、規定された時間、泡が放出できるよう泡消火薬剤混合装置（混合器）から、放射区域を選択する一斉開放弁まで（運用基準により異なる場合もあります）の配管内を満たすのに必要な泡水溶液量をいいます。

その算出される値は使用する配管材料の種類によって異なりますが、ここでは、一般的に使用されている配管用炭素鋼鋼管（JIS G 3452）を例に示します。

● 表　管内充満量算出表（配管用炭素鋼鋼管の場合）●

管径〔A〕	15	20	25	32	40	50
泡水溶液量〔ℓ/m〕	0.204	0.367	0.599	1.001	1.360	2.198
管径〔A〕	65	80	100	125	150	
泡水溶液量〔ℓ/m〕	3.621	5.115	8.709	13.437	18.918	

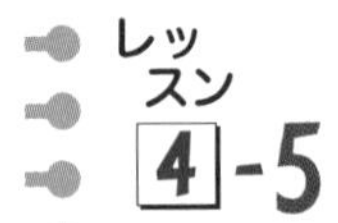

レッスン 4-5 泡消火薬剤混合装置

重要度

泡消火薬剤混合装置は、泡消火薬剤貯蔵槽と混合器の組合せによって構成されています。泡消火薬剤貯蔵槽は必要な泡消火薬剤量を貯蔵し、混合装置については、流量範囲に適合した混合方式あるいは混合器が組み合わされます。一般的に使用されているプレッシャープロポーショナー方式の混合方式については1学期レッスン3-8で、泡消火薬剤混合装置については2学期レッスン2-6で学習しましたのでそちらを参照してください。ここでは、危険物施設に使用されているプレッシャーサイドプロポーショナーについて学習しましょう。

この方式は泡消火薬剤貯蔵槽、加圧送液装置、コントロール弁、混合器等で構成され、送水量（消火水量）と送液量（泡消火薬剤量）はコントロール弁によりバランスをとって混合され、規定希釈容量濃度に混合されます。

泡消火薬剤の送液量をコントロールする方式には、コントロール弁を加圧送液装置の逃し配管の途中に設置する「戻し（逃し）方式」と、混合器への送液配管の途中に設置する「押込み（絞り）方式」があります。

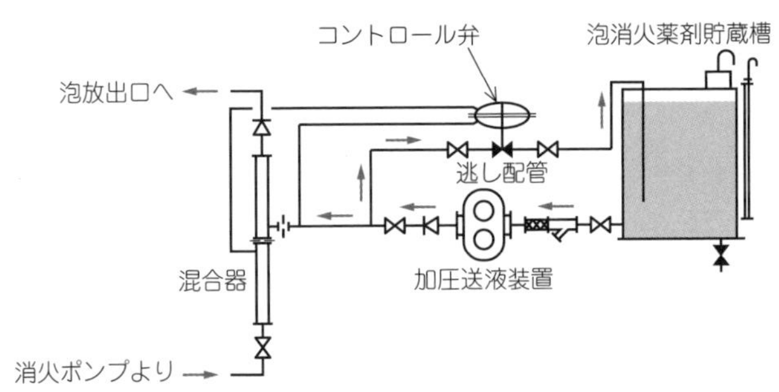

● 図1　戻し（逃し）方式 ●

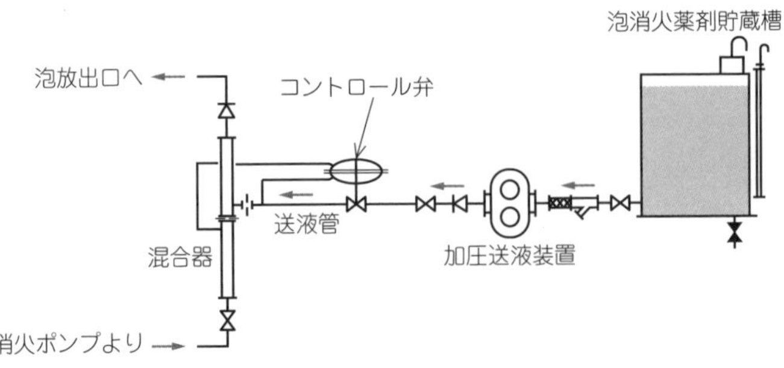

● 図2　押込み（絞り）方式 ●

よく出る問題

問 1　[難易度 😊😐😣]

次の図は、プレッシャーサイドプロポーショナー方式の配管系統である。
各設問に答えなさい。

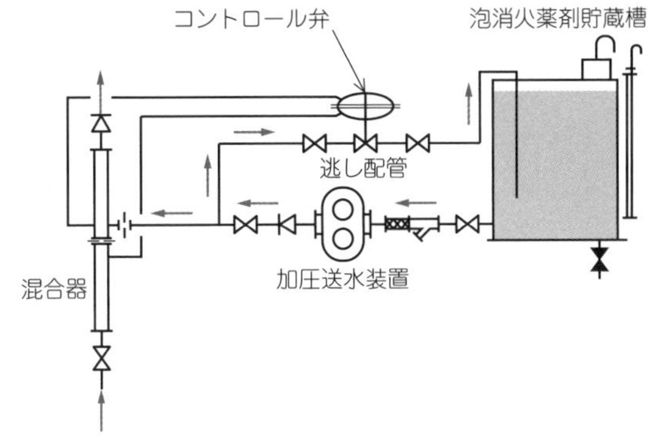

(1)　このプレッシャーサイドプロポーショナーの方式を何というか答えなさい。

(2)　図の誤りを３か所答え、文章で答えなさい。

解答

<table>
<tr><td rowspan="3">問１</td><td>(1)</td><td>戻し（逃し）方式</td></tr>
<tr><td rowspan="2">(2)</td><td>① 加圧送水装置は、加圧送液装置に訂正する。
② コントロール弁の水側の信号配管は、水オリフィスの一次側に接続する。
③ コントロール弁の薬剤側の信号配管は、原液オリフィスの一次側に接続する。 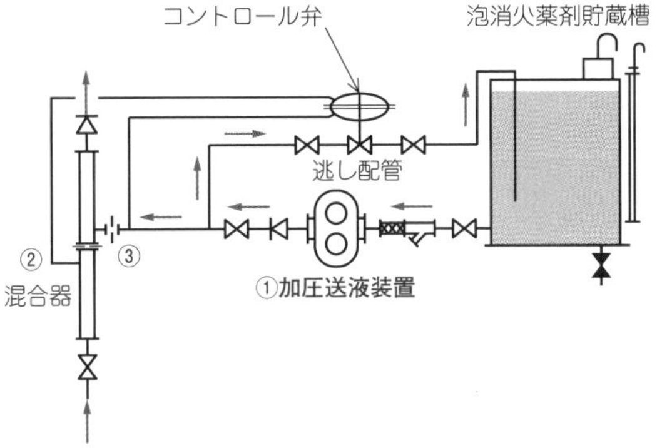</td></tr>
<tr><td>コントロール弁
泡消火薬剤貯蔵槽
逃し配管
②
③
混合器
①加圧送液装置</td></tr>
</table>

泡ヘッドの配置

(1) 泡ヘッドの配置

泡ヘッドの配置については、基本的には、各製造メーカーが示す取付高さ範囲、放射圧力範囲等の仕様に従って設置するものとしますが、一般的な配置についての要領について学習しましょう。

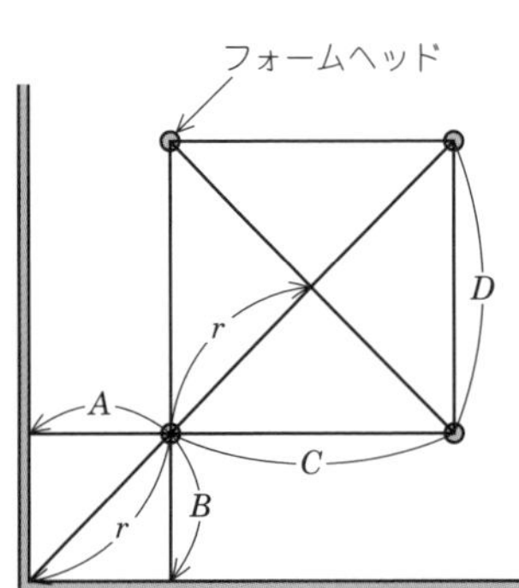

設置間隔寸法表（$r = 2.1$ m の場合）

A〔m〕	B〔m〕	C〔m〕	D〔m〕	A〔m〕	B〔m〕	C〔m〕	D〔m〕
0.3	2.078						
0.4	2.061						
0.5	2.039	1.0	4.079	1.4	1.565	2.8	3.130
0.6	2.012	1.2	4.024	1.5	1.469	3.0	2.939
0.7	1.979	1.4	3.959	1.6	1.360	3.2	2.720
0.8	1.941	1.6	3.883	1.7	1.232	3.4	2.465
0.9	1.897	1.8	3.794	1.8	1.081	3.6	2.163
1.0	1.846	2.0	3.693	1.9	0.894	3.8	1.788
1.1	1.788	2.2	3.577	2.0	0.640	4.0	1.280
1.2	1.723	2.4	3.446	2.078	0.300	4.079	1.000
1.3	1.649	2.6	3.298				

● 図1　フォームヘッドの平面配置図例 ●

(2) フォームヘッドの設置

はり、たれ壁等がある場合、フォームヘッドから放射された泡が放射障害とならないための設置間隔は、図2及び表2に示すとおりです。

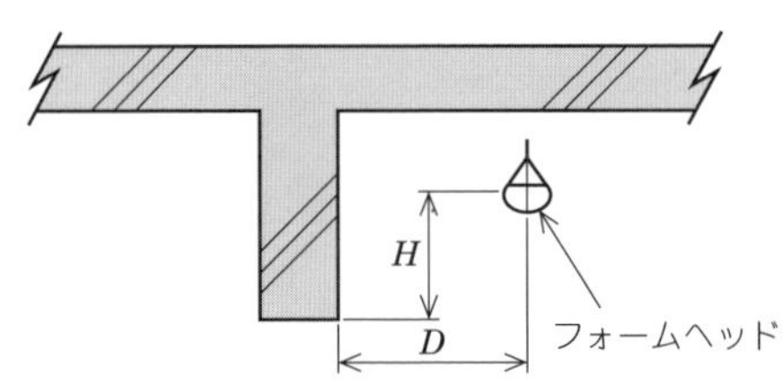

● 図2　フォームヘッドの配置 ●

● 表2　はり、たれ壁からの設置間隔 ●

D〔m〕	H〔m〕
0.75 未満	0
0.75 以上 1.00 未満	0.10 未満
1.00 以上 1.50 未満	0.15 未満
1.50 以上	0.30 未満

よく出る問題

問 1　［難易度 😊😐😞］

次の図に示す固定式泡消火設備の平面図について、防護面積を有効に防護するようにフォームヘッドを正方形に配置した場合、(1) (2) (3) (4) の寸法はいくらになるか。ただし、フォームヘッドの有効防護空間の半径は 2.1 m とする。

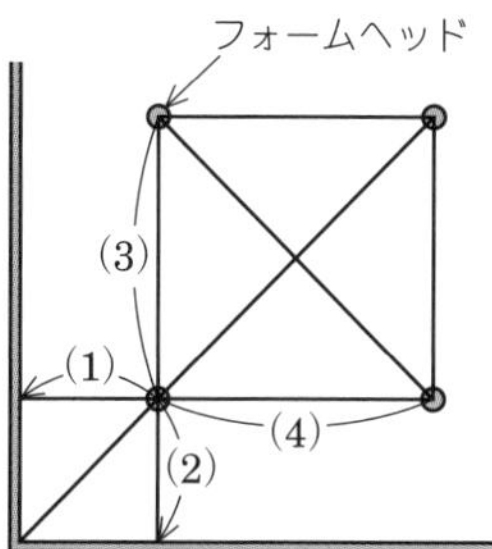

問 2　［難易度 😊😐😞］

次の図に示すはりの直近にフォームヘッドを設置する場合、放射障害とならないための配置寸法の組合せについて、正しいものは次のうちどれか。

（単位：m）

	(1)	(2)	(3)	(4)
D	0.5	0.8	1.0	1.6
H	0.1	0.2	0.3	0.1

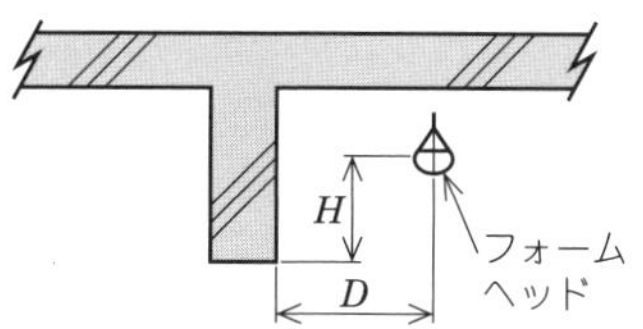

解答

問 1	(1)	**1.484 m**	$r = 2.1$ m であるから、(1) 及び (2) は $2.1 \div \sqrt{2} = 1.485$ m (3) 及び (4) は $2.1 \times \sqrt{2} = 2.969$ m ※　安全側の考えとして、少数点以下第 4 位を切り捨てています。
	(2)	**1.484 m**	
	(3)	**2.969 m**	
	(4)	**2.969 m**	
問 2	(4)		

高発泡泡消火設備

重要度

高発泡用泡放出口については、1学期レッスン2-5にて学習していますが、ここでもう一度、設計するために必要な事項について復習をしておきましょう。

(1) 全域放出方式

① 泡放出口は、一の防護区画の床面積500 m^2 ごとに1個以上有効に設置します。

② 泡放出口は、防護対象物より最高部より上部に設置します。

③ 冠泡体積1 m^3 につき、第1種：0.04 m^3、第2種：0.013 m^3、第3種：0.008 m^3 に、配管を満たすに要する泡水溶液の量が必要となります。

④ 泡の放出を停止するための装置を設ける必要があります。

冠泡体積 $V = a \times b \times H$

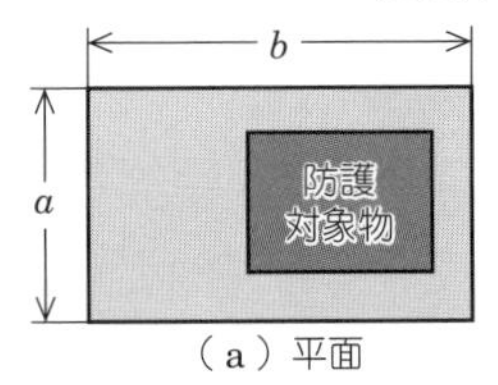

（a）平面

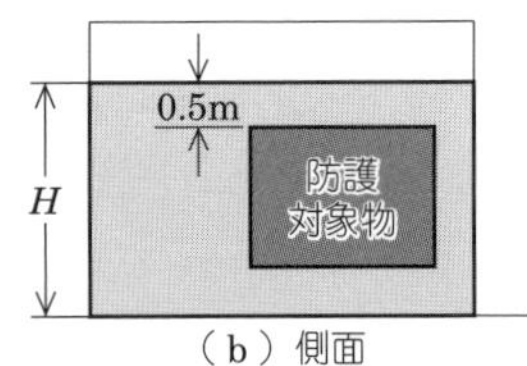

（b）側面

● 図1　冠泡体積算定 ●

(2) 局所放出方式

① 局所放出方式の泡放出口は、防護対象物が相互に隣接する場合で、かつ、延焼のおそれのある場合にあっては、当該延焼のおそれのある範囲内の防護対象物を一の防護対象物とします。

② 局所放出方式の泡放出口の泡水溶液放出量を表1に示します。局所放出方式の防護面積は、当該防護対象物を外周線（防護対象物の最高位の高さの3倍又は1mのうち大なる数値を当該防護対象物の各部分からそれぞれ水平に延長した線）で包囲した部分の面積です（図2）。

● 表1　泡水溶液放出量 ●

防護対象物	放射量
指定可燃物	3 ℓ/min·m^2
その他のもの	2 ℓ/min·m^2

③ 泡水溶液量は、床面積が最大となる放出区域に表1で定める放出量で20分間放出できる量に加え、配管を満たすに要する泡水溶液の量が必要となります。

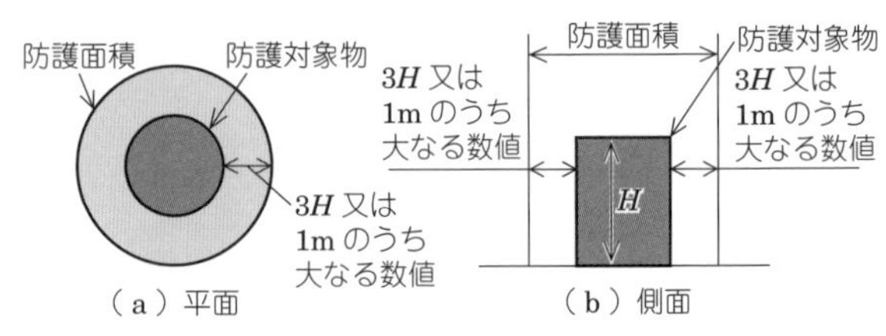

● 図2　局所放出方式の防護面積算定 ●

よく出る問題

問 1　［難易度 😊 😐 😞］

次の図に示す防護対象物に全域放出方式の高発泡用泡放出口設置する場合、条件を考慮し、各設問に答えよ。

〔条件〕

① 開口部には自動閉鎖装置が設けられているものとする。

② 泡放出口は第１種の泡放出口を使用するものとする。

③ 配管を満たすに要する泡水溶液の量は無視するものとする。

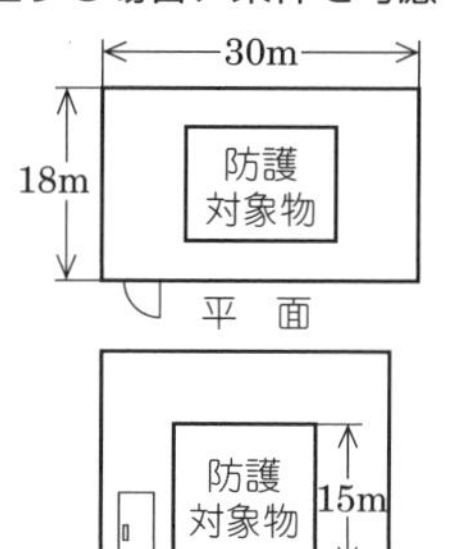

(1) 泡放出口の設置数を答えよ。

(2) 冠泡体積を求めよ。

(3) 泡水溶液の量を求めよ。

(4) ３％型泡消火薬剤を使用した場合の泡消火薬剤量を求めよ。

問 2　［難易度 😊 😐 😞］

次の図に示す指定可燃物を貯蔵する防護対象物に局所放出方式の高発泡用泡放出口を設置する場合、各設問に答えよ。

(1) 計算式を示して防護面積を求めよ。

(2) 指定可燃物の場合の防護面積１m² あたりの放射量を答えよ。

(3) 管内充満量を無視した必要泡水溶液量を求めよ。

(4) ３％型泡消火薬剤を使用する場合の泡消火薬剤量を求めよ。

防護対象物
5m
平　面
防護対象物
0.3m
側　面

解答

問１	(1)	**2 個**	床面積 500 m² に１個設置しなければならないから (18 × 30) ÷ 500 = 1.08。よって２個設置する。
	(2)	**8370 m³**	冠泡体積を求める場合の高さは、防火対象物の高さ + 0.5 m であるので、冠泡体積は次となる。 $V = 18 \times 30 \times (15 + 0.5) = 8370$ m³
	(3)	**334.8 m³**	第１種の泡放出口の泡水溶液の量は、0.04 m³/m³ であるから、8370 m³ × 0.04 m³/m³ = 334.8 m³ となる。
	(4)	**10044 ℓ**	(8370 × 0.04 × 1000) × 0.03 = 10044 ℓ ※　与えられた条件により、開口部付加量、配管内充満量は０となる。
問２	(1)	**38.465 m²**	高さ H が 0.3 m より、$3H = 3 \times 0.3 = 0.9$ m ＜ 1 m。 防護面積の直径は、5 m + 1 m + 1 m = 7 m。 よって、直径 7 m の円の面積は、$\frac{\pi d^2}{4} = 38.465$ m²。
	(2)	**3 ℓ/min・m²**	消防法施行規則第 18 条第１項第３号ロ（ロ）による。
	(3)	**2307.9 ℓ**	38.465 m² × 3 ℓ/min・m² × 20 min = 2307.9 ℓ
	(4)	**69.237 ℓ**	2307.9 ℓ × 0.03 = 69.237 ℓ

これは覚えておこう!

レッスン4の重要事項のまとめ

① **泡ヘッドの設置数量の算出方法**を覚える。
② 移動式泡消火設備の
・**ホース接続口の配置（水平距離 15 m 以下）**
・**泡ノズルの放射量（用途別 100 ℓ/min、200 ℓ/min）**
・**同時使用数（最大 2 個）**
を覚える。
③ 加圧送水装置の配管構成は、**各パーツ部分**と**接続箇所**から覚える。
また、**各泡消火設備の系統図**は必須。
④ **消火ポンプの揚程計算方法**を覚える。
⑤ **プレッシャープロポーショナー方式の種類**と**構成図**を覚える。
⑥ 泡ヘッドの**平面配置方法**とはり、たれ壁からの**設置間隔**を覚える。
⑦ 全域放出方式における**冠泡体積**、局所放出方式の**防護面積の算出方法**を覚える。

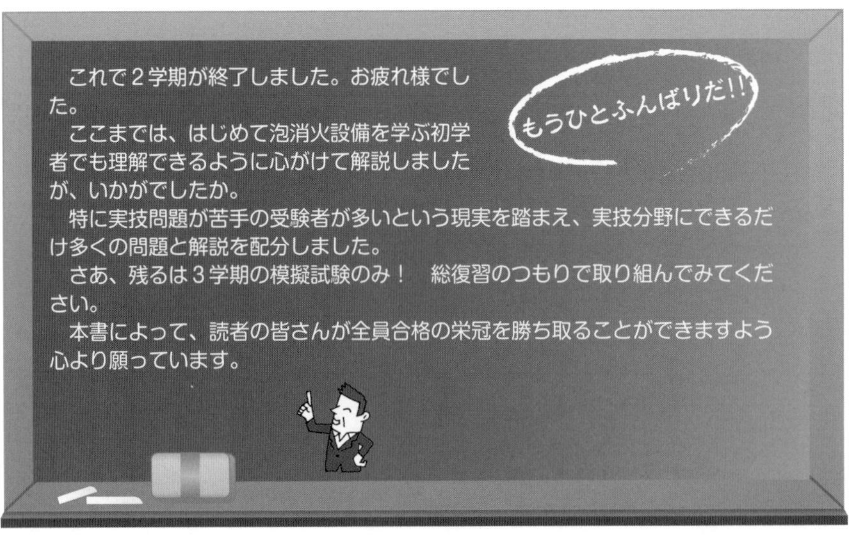

3 学期

模擬試験

模擬試験は、紙面の都合上 1 回分のみ掲載し、甲種 2 類の試験範囲を想定した内容になっています。一方、乙種 2 類受験者に対しても、筆記試験、実技（鑑別）試験分野の両分野において出題されやすい問題を掲載しています。

2 学期までの復習・総仕上げとして、取り組んでみてください。

また、より多くの問題に取り組み、解答を導くために勉強することにより、新たな知識を得ることになることを忘れずに取り組んでください。

模擬試験

☑ <筆　記>

1 消防関係法令（共通部分）

☑問1　消防法でいう防火対象物の関係者として、誤っているものは次のうちどれか。

(1)　防火対象物の占有者
(2)　防火対象物の管理者
(3)　防火対象物の設計者
(4)　防火対象物の所有者

☑問2　防火対象物のうち、特定防火対象物の組み合わせとして、正しいものはいくつあるか。

A：劇場、マーケット、旅館、地下街
B：博物館、倉庫、遊技場、劇場
C：病院、映画館、地下街、マーケット
D：旅館、病院、遊技場、倉庫
E：公会堂、百貨店、共同住宅、カラオケボックス

(1)　一つ
(2)　二つ
(3)　三つ
(4)　四つ

☑問3　消防機関に関する記述として、正しいものは次のうちどれか。

(1)　消防本部の構成員には消防団員も含まれる。
(2)　市町村の消防は、都道府県知事が管理する。
(3)　市町村は、少なくとも消防本部又は消防団のいずれかを設けなければならない。
(4)　消防本部の長は消防署長である。

☑問4　消防用設備等の定期点検及び報告について、法令上誤っているものは次のうちどれか。

(1)　消防用設備等の点検の種類は、機器点検及び総合点検である。
(2)　消防設備士は、消防用設備等の点検結果について、消防長又は消防署長に報告しなければならない。
(3)　点検の対象となる消防用設備等は、消防法施行令第7条で定める消火設備、警報設備、避難設備、消防用水及び消火活動上必要な施設である。
(4)　特定防火対象物で延べ面積が1000 m^2 以上のものについては、消防設備士又は消防設備点検資格者に消防用設備等の点検をさせなければならない。

☑問５　消防設備士免状の再交付に関する説明として、法令上誤っているものはいくつあるか。

A：免状を亡失し、滅失し、汚損し、又は破損した場合には、再交付申請をしなければならない。

B：申請先は、当該免状の交付又は書換えをした都道府県知事である。

C：免状を汚損し、再交付の申請をする場合には、申請書に当該免状及び写真を添えなければならない。

D：免状を亡失してその再交付を受けたのち、亡失した免状を発見した場合には、１か月以内に免状の再交付をした都道府県知事に提出しなければならない。

(1)　一つ
(2)　二つ
(3)　三つ
(4)　四つ

☑問６　防火管理者の実務について、適切なものは次のうちどれか。

(1)　消火・通報及び避難の訓練の実施に関する計画
(2)　消防ポンプの運転実務
(3)　火災の場合における消火作業の実務
(4)　火災報知設備における受信機操作の実務

☑問７　消防同意に関する記述について、正しいものはいくつあるか。

A：消防設備士は、建築主事の確認を受けたのち、消防長又は消防署長の同意を受けなければならない。

B：建築主は、建築主事の確認及び消防長又は消防署長の確認を同時に受けなければならない。

C：消防長は、審査の結果、消防法上適法と認めれば７日以内（一般住宅は３日以内）に建築主事等に同意を与えなければならない。

D：建築主事は、消防長又は消防署長の同意がなければ、建築確認をすることができない。

(1)　一つ
(2)　二つ
(3)　三つ
(4)　四つ

☑問８　消防用機械器具等の検定に関する記述について、正しいものは、次のうちどれか。

(1)　型式承認は総務大臣が行う。

(2)　型式承認を受けた消防用機械器具等には、その旨の表示がされ型式適合検査は省略される。

(3)　型式承認を受ける場合、外国の検査機関で試験していれば日本での試験を行わずに型式承認が与えられる。

(4)　型式承認は、消防用機械器具等の型式に係る形状等が技術上の基準に適合しているかを消防庁長官が試験し、適合する場合には消防庁長官が承認する。

2 消防関係法令（2類関係）

☑問９　駐車の用に供する部分で、泡消火設備を設置しなくてもよいものは、次のうちどれか。ただし、駐車するすべての車両が同時に屋外に出ることができる構造の階を除く。

(1)　地階にある駐車場で床面積が 250 m^2 の駐車場

(2)　1 階にある駐車場で床面積が 500 m^2 の駐車場

(3)　3 階にある駐車場で床面積が 150 m^2 の駐車場

(4)　屋上にある駐車場で床面積が 300 m^2 の駐車場

☑問 10　次の防火対象物又はその部分のうち、泡消火設備の設置が不適切なものはどれか。

(1)　自動車の修理工場

(2)　電気室

(3)　航空機の格納庫

(4)　指定可燃物の貯蔵庫

☑問 11　次の防火対象物のうち、泡消火設備が適応しないものはいくつあるか。

A：ホテルのボイラー室で、床面積が 200 m^2 のもの

B：工場で指定可燃物と危険物の規制に関する令別表第 4 に定められた数量の 1000 倍の量を貯蔵し、又は取り扱うもの

C：病院の発電機室で、床面積が 200 m^2 のもの

D：銀行の通信機器室で、床面積が 500 m^2 のもの

(1)　一つ

(2)　二つ

(3)　三つ

(4)　四つ

☑問 12　泡消火設備に関する記述について、誤っているものは次のうちどれか。

(1)　泡消火薬剤の貯蔵場所及び加圧送液装置は、火災の際延焼のおそれが少なく、かつ、薬剤の変質するおそれの少ない場所に設置する。

(2)　火災の際、著しく煙が充満するおそれのある場所には、固定式の設備を設置する。

(3)　手動式起動装置は、階ごとに2個設置する。

(4)　移動式の泡放射用器具を格納する箱は、ホース接続口から3m以内の距離に設ける。

☑問 13　移動式の泡消火設備に関する記述について、正しいものは次のうちどれか。

(1)　移動式の泡消火設備のホース接続口は、すべての防護対象物について、当該防護対象物の各部分から1のホース接続口までの水平距離が20m以下となるように設置しなければならない。

(2)　自動車修理工場に移動式の泡消火設備を設置する場合は、1個だけのノズルを使用し、200ℓ/min以上の放射量で10分間放射できる量以上の水量を確保しなければならない。

(3)　移動式の泡消火設備は、低発泡の泡消火薬剤を使用しなければならない。

(4)　移動式の泡消火設備は、設置場所についての制限はない。

☑問 14　泡消火設備の泡放出口に関する記述として、誤っているものは次のうちどれか。

(1)　泡ヘッドには、フォームヘッドとフォーム・ウォーター・スプリンクラーヘッドがある。

(2)　泡ヘッドのうち、飛行機の格納庫に使用する泡放出口として、フォーム・ウォーター・スプリンクラーヘッドを用いる。

(3)　泡の膨張比が60以上1000未満のものを高発泡といい、高発泡用泡放出口を用いる。

(4)　高発泡泡放出口の膨張比による種別には、第1種、第2種及び第3種がある。

☑問 15　危険物を貯蔵する屋外タンク貯蔵所のタンクで、泡消火設備を設置しなくてもよいものは次のうちどれか。

(1)　灯油を貯蔵し、液表面積が40 m^2 で高さ4mのもの

(2)　重油を貯蔵し、液表面積が30 m^2 で高さ5mのもの

(3)　軽油を貯蔵し、液表面積が50 m^2 で高さ3mのもの

(4)　ガソリンを貯蔵し、液表面積が20 m^2 で高さ6mのもの

3 構造・機能及び工事又は整備の方法

☑問16　ポンプ方式の加圧送水装置を使用する場合、軸受が熱くなる原因として、誤っているものは次のうちどれか。

(1)　軸（シャフト）が曲がっている。
(2)　軸継手の芯出しが不良である。
(3)　グランドパッキンが損傷している。
(4)　長時間の締切運転をしている。

☑問17　ポンプ方式の加圧送水装置に関する記述として、誤っているものは次のうちどれか。

(1)　ポンプは回転するが送水しない場合は、呼び水を確認する。
(2)　締切運転時の水温上昇が著しい場合には、逃し配管の詰まりを除去する。
(3)　三相誘導電動機の回転方向が逆の場合には、2線の接続を入れ替える。
(4)　グランド部から漏水がある場合には、漏水が止まるまで増し締めをする。

☑問18　泡消火設備で、泡水溶液が空気泡となる部分の機器として、正しいものは次のうちどれか。

(1)　固定泡放出口
(2)　加圧送液装置
(3)　泡消火薬剤貯蔵槽
(4)　泡消火薬剤混合装置

☑問19　泡消火設備の混合方式のうち、ポンプ内を循環する混合方式は次のうちどれか。

(1)　ラインプロポーショナー
(2)　ポンププロポーショナー
(3)　プレッシャープロポーショナー
(4)　プレッシャーサイドプロポーショナー

☑問20　泡消火設備の起動装置の設置について、正しいものは次のうちどれか。

(1)　起動装置の操作部は、火災のとき容易に接近することができ、かつ、床面からの高さが0.6 m以上1.2 m以下の箇所に設けること。
(2)　起動装置の操作部は、火災のとき容易に接近することができ、かつ、床面からの高さが0.6 m以上1.5 m以下の箇所に設けること。
(3)　起動装置の操作部は、火災のとき容易に接近することができ、かつ、床面からの高さが0.8 m以上1.2 m以下の箇所に設けること。
(4)　起動装置の操作部は、火災のとき容易に接近することができ、かつ、床面からの高さが0.8 m以上1.5 m以下の箇所に設けること。

☑問 21　移動式泡消火設備の放射試験に関する記述について、誤っているものは次のうちどれか。

(1)　道路の用に供される部分に設置されるものは、100 ℓ/min 以上であること。
(2)　最大 2 個同一階の泡ノズルについて実施する。
(3)　駐車の用に供される部分に設置されるものは、200 ℓ/min 以上であること。
(4)　放射圧力が最も低くなると予想される箇所の移動式泡消火設備について実施する。

☑問 22　ねじ込み配管工事において、雄ねじと雌ねじの組合せとして、誤っているものは次のうちどれか。

(1)　平行雄ねじとテーパ雌ねじ
(2)　平行雄ねじと平行雌ねじ
(3)　テーパ雄ねじとテーパ雌ねじ
(4)　テーパ雄ねじと平行雌ねじ

☑問 23　泡消火設備に関する記述について、誤っているものは次のうちどれか。

(1)　冠泡体積とは、防護対象物の最高位より 1.0 m 高い位置までの体積をいう。
(2)　膨張比とは、発生した泡の体積を、泡を発生するに要する泡水溶液の体積で除した値をいう。
(3)　泡ヘッドには、フォームヘッドとフォーム・ウォーター・スプリンクラーヘッドがある。
(4)　泡水溶液とは、泡消火薬剤と水の混合液をいう。

☑問 24　水成膜泡消火薬剤を使用し、フォームヘッドから放射された泡の還元時間を測定したところ、次の測定結果となった。この場合の還元時間として正しいものはどれか。ただし、1 g = 1 mℓ として換算するものとする。

泡試料の正味質量：100 g

還元量測定結果：

時間〔分〕	還元量〔mℓ〕
0	0
1.0	10
2.0	20
3.0	30

(1)　100 秒
(2)　125 秒
(3)　135 秒
(4)　150 秒

☑問 25　合成界面活性剤泡消火薬剤を使用している泡消火設備の点検において、泡試料コンテナに泡をいっぱいに採取して総重量を測定したところ、575 g であった。この場合の発泡倍率で正しいものは次のうちどれか。なお、泡試料コンテナの容量は 1400 mℓ、空重量は 400 g とする。

(1)　5 倍
(2)　6 倍
(3)　8 倍
(4)　10 倍

☑問 26　ポンプ方式の加圧送水装置の電動機容量に関する記述について、誤っているものは次のうちどれか。

(1)　伝達係数に反比例する。
(2)　全揚程に比例する。
(3)　ポンプ効率に反比例する。
(4)　吐出量に比例する。

☑問 27　キュービクル式以外の蓄電池設備について、正しいものは次のうちどれか。

(1)　蓄電池設備を同一の室に二つ以上設ける場合には、蓄電池設備の相互の間は 0.3 m 以上離れていること。
(2)　蓄電池設備を設置する部屋には、換気装置を設けず密閉されていること。
(3)　充電装置と蓄電池とを同一の室に設ける場合は、充電装置を鋼製の箱に収納するとともに、その箱の前面に 1 m 以上の幅の空地を有すること。
(4)　蓄電池設備を同一の室に二つ以上設ける場合、架台等を設けることによってそれらの高さが 1.6 m を超える場合には、蓄電池設備の相互の間は 0.6 m 以上離れていること。

☑問 28　消火ポンプの三相誘導電動機を運転したとき、圧力が上昇しなかった。原因を確認したところ電動機が逆回転となっていることが判明した。正規の回転方向とする方法で正しいものは次のうちどれか。

(1)　固定子 3 線のうち、2 線を入れ替える。
(2)　回転子の抵抗を調整する。
(3)　電源の周波数を変える。
(4)　回転子に可変電圧を加える。

☑問29　泡消火設備に使用する配線種類又は布設方法に関する記述について、誤っているものは次のうちどれか。

(1)　移動式の泡消火設備における泡放射器具を格納する箱の上部に設ける赤色の灯火回路の配線は、耐熱性のある電線を使用し、金属管工事、可とう電線管工事等により布設しなければならない。

(2)　600 V 2 種ビニル絶縁電線を合成樹脂管に収め、耐火構造とした壁等の表面から 10 mm 以上埋設した場合は、耐火配線となる。

(3)　600 V 2 種ビニル絶縁電線を不燃性ダクトに布設した場合は、耐熱配線となる。

(4)　MI ケーブル又は消防庁長官が定める基準に適合する耐火電線を使用し、端末及び接続部に耐火保護を行った場合には、露出配管とすることができる。

☑問30　非常電源設備に関する記述として、誤っているものは次のうちどれか。

(1)　非常電源専用受電設備は、延べ面積 1000 m^2 未満の特定防火対象物又は特定防火対象物以外の防火対象物に限り設置することができる。

(2)　自家発電設備は、常用電源が停電してから、電圧確立及び投入までの時間は 40 秒以内でなければならない。

(3)　レドックスフロー電池の単電池あたりの公称電圧は 1.5 V である。

(4)　リチウムイオン蓄電池以外の蓄電池の最低許容電圧は、公称電圧の 80 %の電圧であること。

☑問31　接地工事に関する記述として、正しいものは次のうちどれか。

(1)　AC100 V 電路の接地工事は D 種接地工事とし、接地抵抗値は 10 Ω 以下で接地線直径は 1.2 mm 以上とする。

(2)　AC200 V の電動機の接地工事は D 種接地工事とし、接地抵抗は 100 Ω 以下で、接地線の直径は 1.6 mm 以上とする。

(3)　AC400 V の電動機の接地工事は C 種接地工事とし、接地抵抗は 10 Ω 以下で、接地線の直径は 1.2 mm 以上とする。

(4)　AC400 V の電動機の接地工事は C 種接地工事とし、接地抵抗は 100 Ω 以下で、接地線の直径は 1.2 mm 以上とする。

☑問 32　火災感知用ヘッドとして使用される閉鎖型スプリンクラーヘッドに関する規格について、誤っているものは次のうちどれか。

(1)　閉鎖型スプリンクラーヘッドの標示温度が 60℃以上 75℃未満のものの色別は、無色である。

(2)　標示温度 75℃未満の閉鎖型スプリンクラーヘッドのヒュージブルリンクの強度は、温度 20℃の空気中において、その設計荷重の 13 倍の荷重を 10 日間加えても破損しないものでなければならない。

(3)　閉鎖型スプリンクラーヘッドのヒュージブルリンクの作動試験は、ヘッドを液槽内に入れ、標示温度より 10℃低い温度から 1℃/min 以内の割合で温度上昇させた場合に、作動実測値が標示温度の 97 %から 103 %までの範囲内でなければならない。

(4)　泡消火設備の火災感知用ヘッドに使用する閉鎖型スプリンクラーヘッドには「火災感知用ヘッド」と表示しなければならない。

☑問 33　泡消火薬剤に関する規格について、誤っているものは次のうちどれか。

(1)　水成膜泡消火薬剤及び合成界面活性剤泡消火薬剤の比重の範囲は、1.00 以上 1.15 以下であること。

(2)　水成膜泡消火薬剤の発泡性能は、膨張率 5 倍以上、25 %還元時間 1 分以上でなければならない。

(3)　泡消火薬剤の消火性能は、低発泡用火災模型に点火し、点火 1 分後に 20℃の泡水溶液を 5 分間（合成界面活性剤泡消火薬剤にあっては 8 分間）連続して発泡させた場合において、消火に要する時間は 5 分以内であること。

(4)　泡消火薬剤の容器には、種別、型式、泡消火薬剤の容量、使用温度範囲、取扱い上の注意事項、製造年月、製造番号、製造者名又は商標、型式番号すべてを表示しなければならない。

☑問 34　一斉開放弁に関する規格について、誤っているものは次のうちどれか。

(1)　一斉開放弁の技術上の規格を定める省令は、配管との接続部の内径が 300 mm を超えるものについては適用しない。

(2)　呼び 10 K の一斉開放弁の最高使用圧力の範囲は、1.0 MPa 以上 1.4 MPa 以下であること。

(3)　呼び 10 K の一斉開放弁の弁箱の耐圧力は、2.1 MPa の圧力を 2 分間加えた場合に、漏水、変形、損傷及び破壊を生じないこと。

(4)　呼び 10 K の一斉開放弁の弁座に 1.5 MPa の圧力を 2 分間加えた場合、漏水しないこと。

☑問 35　移動式の泡消火設備に使用する消防用ホースに関する規格について、誤っているものは次のうちどれか。

(1)　平ホースの使用圧は、0.7、0.9、1.3、1.6、2.0 に区分され、折れ曲がった部分のない状態で通水した場合の常用最高使用水圧をいう。

(2)　平ホースの長さは、乾燥させた状態で 10 m、15 m、20 m 又は 30 m とし、表示された長さからその長さの 110%の長さまでのものでなければならない。

(3)　使用圧 1.3 の平ホースの耐圧試験圧力は、まっすぐにした状態で 2.5 MPa、折り曲げた状態で 1.8 MPa の水圧を 5 分間加えた場合に、破断、糸切れ、噴水、漏水等がないこと。

(4)　消防用ホース及び結合金具は、検定品を使用しなければならない。

4 基礎的知識（機械又は電気に関する部分）

☑問 36　密閉容器に 27℃で圧力 1 MPa の理想気体が入っている。この容器を 127℃まで加熱したときの圧力として、正しいものは次のうちどれか。

(1)　1.11 MPa

(2)　1.22 MPa

(3)　1.33 MPa

(4)　1.44 MPa

☑問 37　次の図は、ピストンの直径が異なる水圧機で、ピストン A の断面積 A_1 はピストン B の断面積 B_1 の $\frac{1}{2}$ の大きさである。このとき、ピストン A とピストン B が同じ高さ H で吊り合う力 P_A と P_B の関係として、正しいものは次のうちどれか。

ただし、ピストンの自重は無視する。

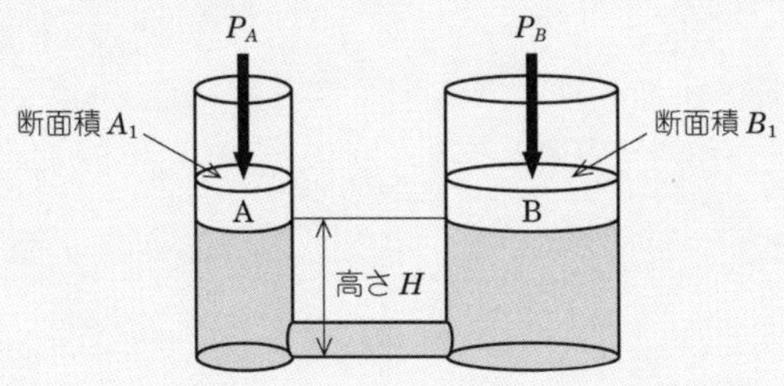

(1)　P_A は P_B の半分の力である。

(2)　P_A は P_B と同じ力である。

(3)　P_A は P_B の 2 倍の力が必要である。

(4)　P_A は P_B の 4 倍の力が必要である。

☑問 38　合金の説明として、誤っているものは次のうちどれか。

(1)　炭素鋼は、鉄と炭素の合金である。

(2)　ステンレス鋼は、鉄とクロムとニッケルの合金である。

(3)　青銅は、銅とすずの合金である。

(4)　黄銅は、銅とクロムの合金である。

☑問 39　直径 20 mm の軟鋼丸棒の許容せん断荷重の値を求めよ。ただし、鋼材のせん断許容応力は 12 838 N/cm^2 とする。

(1)　約 40311 N

(2)　約 44342 N

(3)　約 53210 N

(4)　約 58532 N

☑問 40　長さ 100 cm の丸棒に引張荷重を加えたところ、105 cm に伸びた。このときのひずみの値として、正しいものは次のうちどれか。

(1)　0.05

(2)　0.5

(3)　1.05

(4)　5.0

☑問 41　次の片持ちばりの自由端に、2 kN の荷重がかかったときの最大曲げモーメントとして、正しいものはどれか。

(1)　2 kN·m

(2)　3 kN·m

(3)　4 kN·m

(4)　15 kN·m

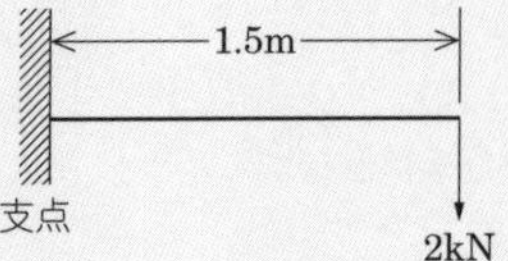

☑問 42　次の回路の AB 間に 30 V の電圧を加えた場合、3 Ω の抵抗に流れる電流の値として、正しいものはどれか。

(1)　0.2 A

(2)　0.3 A

(3)　2 A

(4)　3 A

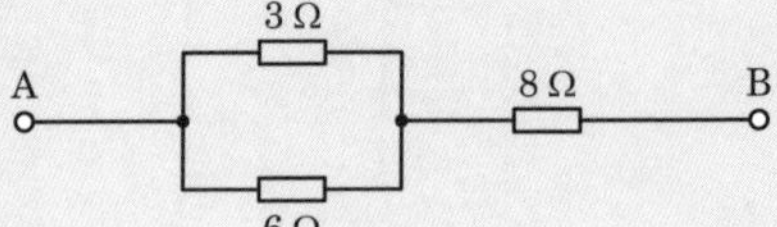

☑問 43　次の交流回路における消費電力として、正しいものは次のうちどれか。

（1）　100 W

（2）　200 W

（3）　800 W

（4）　1600 W

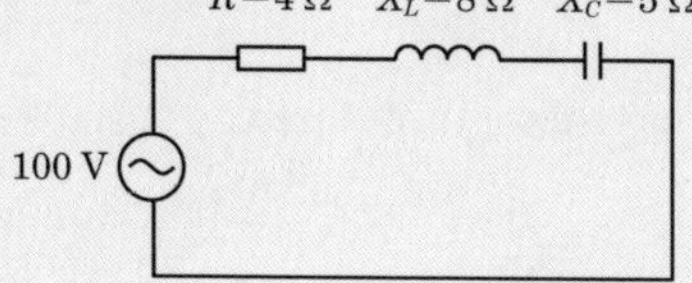

☑問 44　一次巻線と二次巻線との巻数比が 10：1 の理想変圧器がある。
この変圧器の説明として、正しいものは次のうちどれか。

（1）　二次側の電流は、一次側の電流の 10 倍になる。

（2）　二次側の出力は、一次側の入力の 10 倍になる。

（3）　二次側の電圧は、一次側の電圧の 10 倍になる。

（4）　二次側の電力は、一次側の電力の 10 倍になる。

☑問 45　正弦波交流について、次のうち誤っているものはどれか。

（1）　正弦波交流の電圧の平均値は、その最大値の $\frac{2}{\pi}$ 倍である。

（2）　正弦波交流の電流の実効値は、その最大値の $\frac{\sqrt{2}}{\pi}$ 倍である。

（3）　インダクタンスだけをもつ回路に、正弦波交流の電圧を加えると、電流の位相は電圧の位相よりも $\frac{\pi}{2}$〔rad〕だけ遅れる。

（4）　静電容量だけをもつ回路に、正弦波交流の電圧を加えると、電流の位相は電圧の位相よりも $\frac{\pi}{2}$〔rad〕だけ進む。

<実　技>

5 鑑　別

問１　次の写真に示す弁類について、名称及び開閉状態を示す図を選び答えなさい。

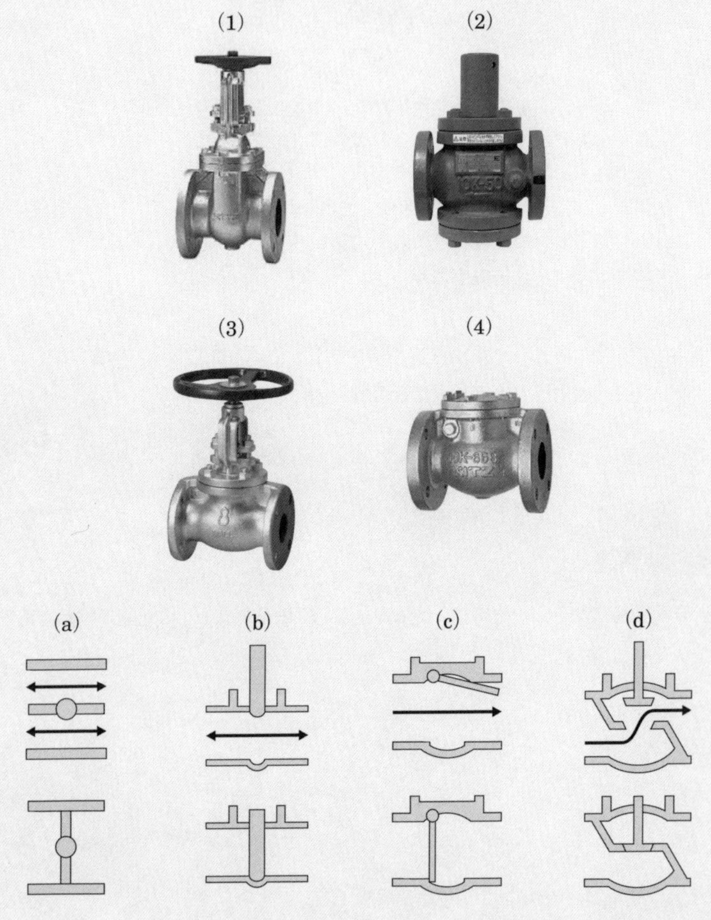

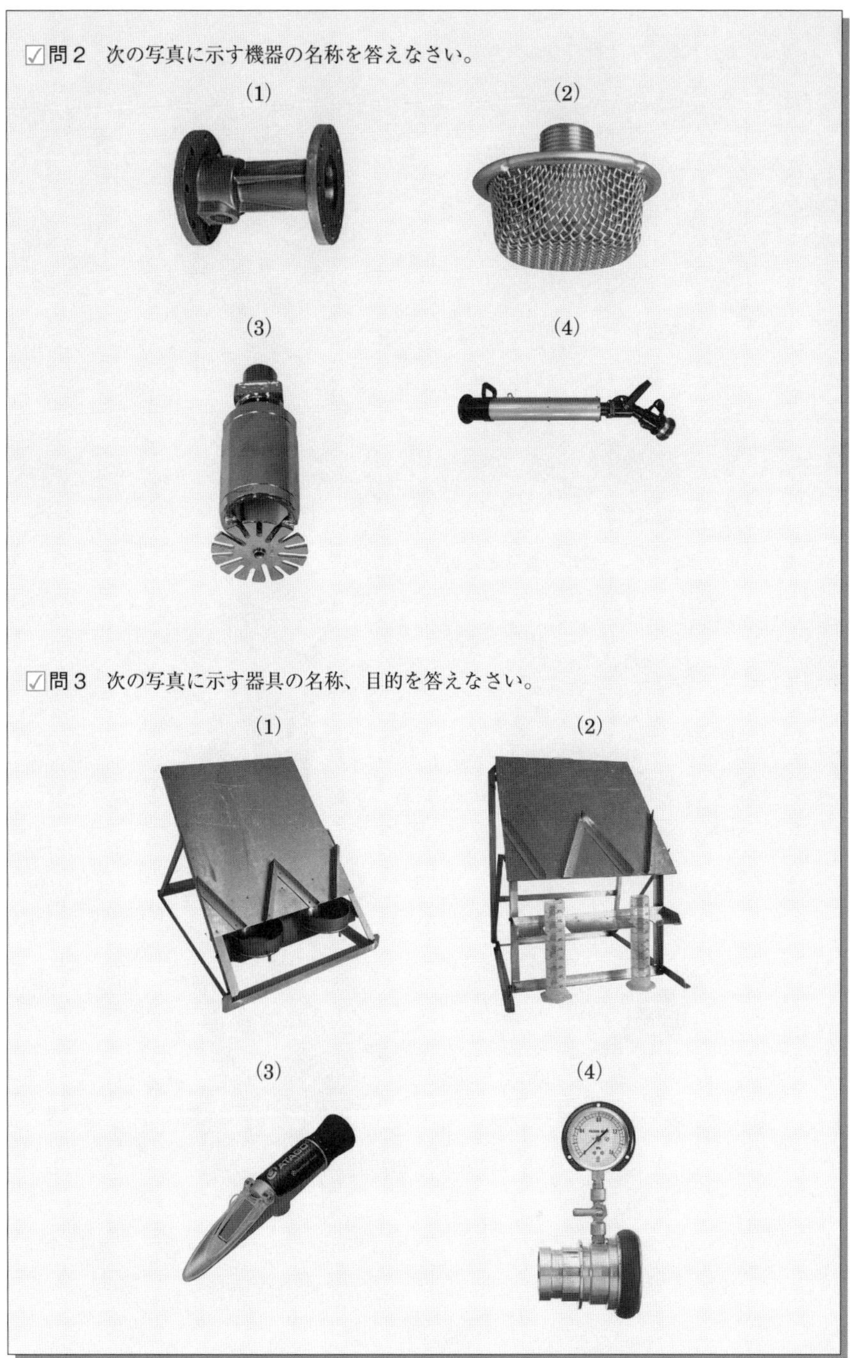

☑問２　次の写真に示す機器の名称を答えなさい。

(1)　(2)

(3)　(4)

☑問３　次の写真に示す器具の名称、目的を答えなさい。

(1)　(2)

(3)　(4)

☑問４　次の写真に示す継手類の名称及び使用目的を答えなさい。

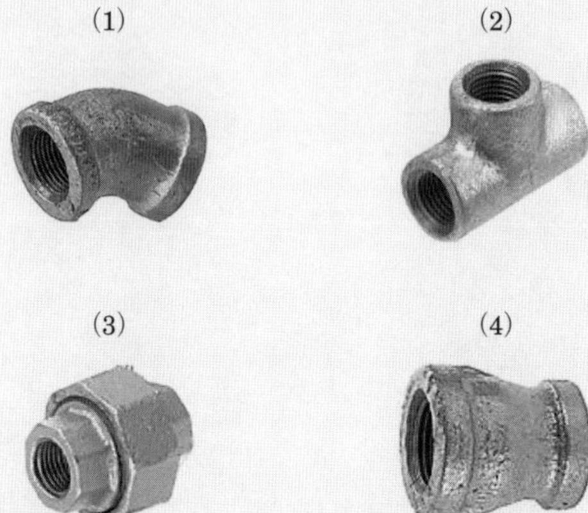

☑問５　次の写真に示す工具の名称と使用する目的を答えなさい。

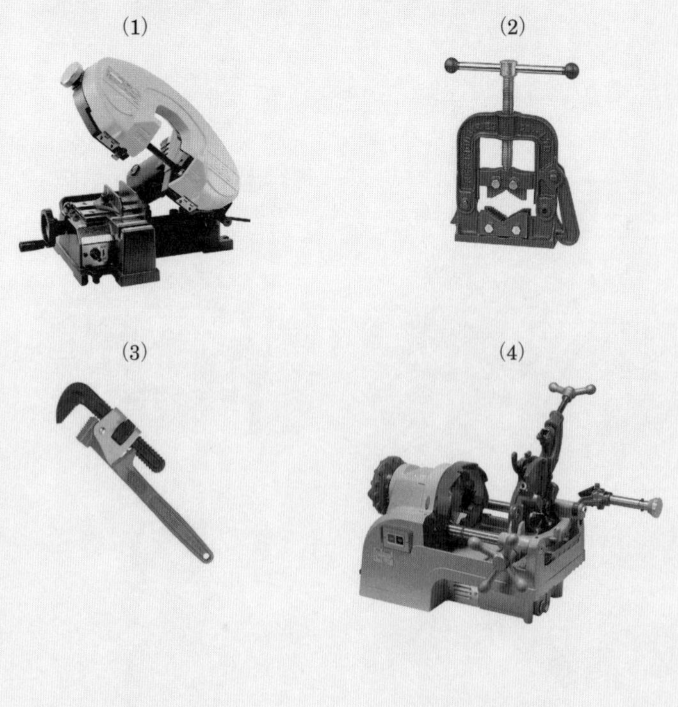

6 製　図

☑問１　次の図は、固定式泡消火設備の系統図である。次の各設問に答えなさい。

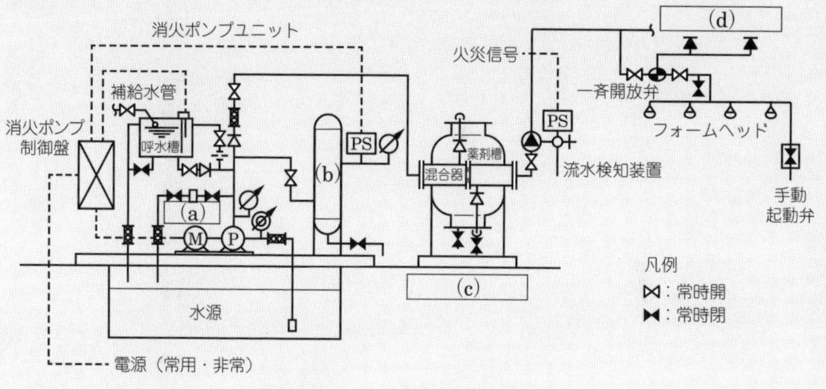

(1)　系統図中の間違いを４か所指摘し、修正しなさい。

(2)　(a)、(b)、(c)、(d) の機器の名称を答えなさい。

☑問２　次の図は、自動車の整備場に設置される固定式泡消火設備における一放射区域のフォームヘッドの配置を示した平面図である。下記の条件に基づき、次の各設問に答えなさい。

≪条件≫

1	配管は配管用炭素鋼鋼管を使用し、各口径の断面積は以下のとおりとする。〔単位：cm^2〕
2	使用する泡消火薬剤は、３％型水成膜泡消火薬剤とする。
3	管内充満量は無視するものとする。

口　径	15	20	25	32	40	50	65	80	100	150
断面積	2.04	3.66	5.98	10.0	13.6	22.0	36.2	51.1	87.1	189

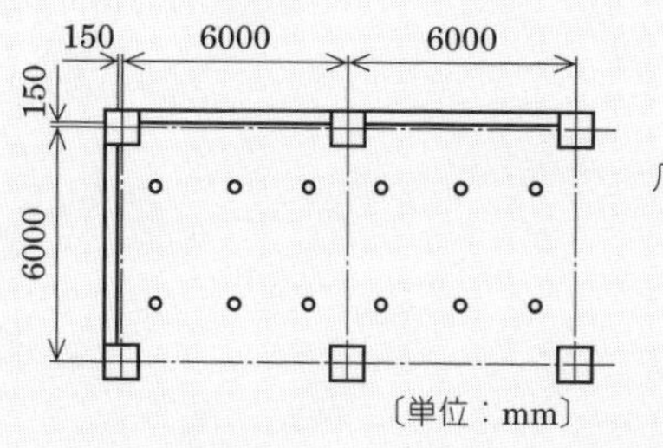

凡例　○　フォームヘッド（35 ℓ/min）
□　柱
—·—　はりの中心線
（はりの深さ 450mm）

1学期 → 筆記試験対策
2学期 → 実技試験対策
3学期 → 模擬試験

(1)　各フォームヘッドを配管で接続し、流速 3 m/s 以下とした場合の最適な一斉開放弁の口径を答えなさい。

(2)　一放射区域に必要な泡水溶液量を求めなさい。

(3)　この一放射区域に必要な泡消火薬剤量を求めなさい。

(4)　この一放射区域に必要な水源水量を求めなさい。

模擬試験　解答・解説

<筆　記>

☑ **問 1**　解答－(3)

解説　消防法第 2 条〔用語の定義〕4 項に「関係者とは、防火対象物又は消防対象物の所有者、管理者又は占有者をいう。」と定義され、設計者は含まれていません。

☑ **問 2**　解答－(2)

解説　特定防火対象物は、消防法第 17 条の 2 の 5 第 2 項第 4 号に規定されており、多数の者が出入りするものとして、令別表第 1 (1) 項から (4) 項、(5) 項イ、(6) 項、(9) 項イ、(16) 項イ、(16 の 2) 項、(16 の 3) 項が該当します。

B の博物館 (8) 項、倉庫 (14) 項、D の倉庫 (14) 項、E の共同住宅 (5) 項ロは該当しません。

したがって、正しいものは A と C の二つです。

☑ **問 3**　解答－(3)

解説　(3) は消防組織法第 9 条により、市町村はその消防事務を処理するため、消防本部、消防署、消防団の全部又は一部を設けなければならない（少なくとも消防本部又は消防団のいずれかを設けなければならない）とされています。

☑ **問 4**　解答－(2)

解説　(2) の点検結果の報告は、消防法施行規則第 31 条の 6 第 3 項により、防火対象物の関係者がしなければなりません。

☑ **問 5**　解答－(2)

解説　A の免状を亡失し、滅失し、汚損し、又は破損した場合には、再交付を申請することができます（“しなければならない”ではありません）。

D は 10 日以内です。したがって、誤っているものは A と D の二つです。

☑ **問 6**　解答－(1)

解説　防火管理者の責務は、消防法施行令第 3 条の 2 第 1 項、2 項により規定されており、防火管理に係る消防計画を作成し、消火、通報及び避難の訓練を実施する必要があります。

☑ **問 7**　解答－(2)

解説　消防法第 7 条第 1 項及び 1 学期レッスン 1-5 を参照してください。

C と D が正しいので、正解は二つです。

☑ **問 8**　解答－(1)

解説　消防法第 21 条の第 2 項により、型式承認は総務大臣が行います。

☑問9　解答－(3)

解説　消防法施行令第13条第1項により、2階以上の階にあっては、泡消火設備の設置対象200 m^{2}以上であるので、150 m^{2}であれば設置対象外となります。

☑問10　解答－(2)

解説　(1) の自動車の修理工場、(3) の航空機の格納庫、(4) の指定可燃物の貯蔵庫は、階層及び面積条件があり泡消火設備が適用されます。

(2) の電気室は泡消火設備の対象ではなく、不活性ガス消火設備、ハロゲン化物消火設備又は粉末消火設備が適応されます。

☑問11　解答－(3)

解説　Aのボイラー室、Cの発電機室及びDの通信機器室は、泡消火設備を含む水系消火設備が不適な防火対象物で、主としてガス系の消火設備が設置されます。Bの指定可燃物は、種類の詳細に関係なく泡消火設備が適応されます。したがって、適応しないものは三つです。

☑問12　解答－(3)

解説　手動式の起動装置について、2か所設置する規定はありません。

☑問13　解答－(3)

解説　消防法施行規則第18条第4項第3号に「移動式の泡消火設備に用いる泡消火薬剤は、低発泡のものに限ること」と規定されています。

☑問14　解答－(3)

解説　膨張比による泡の種別と泡放出口の種別は、以下のとおりです。

低発砲（膨張比20以下）	泡ヘッド
高発泡（膨張比80以上1000未満）	高発泡用泡放出口

☑問15　解答－(2)

解説　屋外タンク貯蔵所のタンクにあっては、第6類を除く液体の危険物を貯蔵する場合、液表面積が40 m^{2}以上、高さが6 m以上のものは、著しく消火困難な製造所等（危険物の規制に関する規則第33条）に適合し、消火設備を設置しなければならないとされています。

☑問16　解答－(3)

解説　グランドパッキンが損傷している場合には、空気漏れで吸水できない等は考えられるが、軸受が熱くなる原因になるとは考えられません。

軸受が熱くなる原因としては、軸（シャフト）が曲がっている。軸継手の芯出しが不良である。長時間締切運転をしている。潤滑油の不足、劣化、汚損、軸受の損傷などが考えられます。

☑問 17　解答－(4)

解説　漏水が止まるまで締め付けるとグランドパッキンを損傷するおそれがあるので、間欠的な滴下程度は正常です。

☑問 18　解答－(1)

解説　発泡機能を有しているものは、(1) の固定泡放出口です。

☑問 19　解答－(2)

解説　1 学期レッスン 3 - 8 を参照してください。

☑問 20　解答－(4)

解説　消防法施行規則第 18 条第 4 項第 10 号ロ（ハ）に、起動装置の操作部は、火災のとき容易に接近することができ、かつ、床面からの高さが 0.8 m 以上 1.5 m 以下の箇所に設けることと規定されています。

☑問 21　解答－(3)

解説　消防法施行規則第 18 条第 2 項第 4 号及び「消防用設備等の試験基準」に、道路、修理・整備、駐車の用に供される部分に設置されるものは、ノズル 1 個あたり 100 ℓ/min 以上であり、200 ℓ/min はその他の部分であると規定されています。

☑問 22　解答－(1)

解説　ねじ込み接続の場合の組合せで、(2) (3) は同じ規格ねじなので正常な接続ができます。

(4) は雌ねじの端部がテーパ雄ねじに密着し固定されます。

(1) は雄ねじと雌ねじが 2 山程度しかかみ合わず、テーパ雌ねじの端部に空間が生じ、管の固定ができずに漏れの原因となります。

マメ知識 ➡➡➡ 管用ねじの種類と使い方について

配管を接続するねじは、配管内に圧力を加えても漏れないようにしなければなりません。そのため、一般的なねじではなく、管用テーパねじ（JIS B 0203）または管用平行ねじ（JIS B 0202）を使用します。

管用ねじを使用して結合する場合、ほとんどは図 (a) のようなテーパねじどうしですが、使える組合せとして図 (b) の場合もよいとされています。

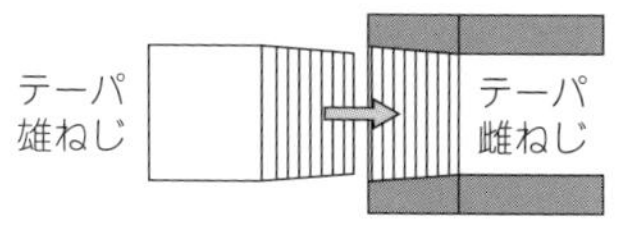

(a) テーパねじどうし

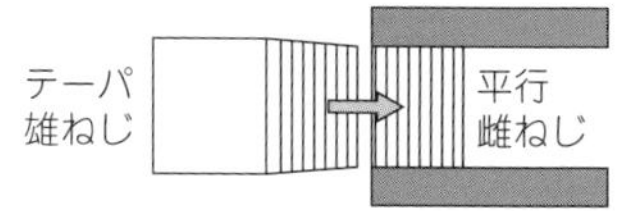

(b) テーパ雄ねじと平行雌ねじ

● 図　管用ねじを使用して結合する例 ●

☑ **問 23**　解答－(1)

解説　消防法施行規則第 18 条第 1 項第 3 号イ（イ）に、冠泡体積とは、防護対象物の最高位より 0.5 m 高い位置までの体積をいうと規定されています。

☑ **問 24**　解答－(4)

解説　泡試料の正味質量が 100 g（100 mℓ）であるから、25 %還元量は

$$\frac{100}{4}=25\ \mathrm{m}\ell$$

となります。還元量の測定結果より、25 %還元量の 25 mℓ は 2 分と 3 分の間にあることがわかります。よって

$$\frac{25\ \%\text{容量値}-2\ \text{分時の還元量}}{3\ \text{分時の還元量}-2\ \text{分時の還元量}}=\frac{25-20}{30-20}=\frac{5}{10}=0.5$$

から、25 %還元時間は、2 分 + 0.5 分 = 2.5 分 = 150 秒となります。

☑ **問 25**　解答－(3)

解説　合成界面活性剤泡消火薬剤の発泡倍率は

$$\text{発泡倍率}=\frac{1400\ \mathrm{m}\ell}{\text{コンテナ重量を除いた全重量〔g〕}}$$

で求められるから、与えられた数値を代入し

$$\text{発泡倍率}=\frac{1400}{575-400}=8\ \text{倍}$$

となります。

☑ **問 26**　解答－(1)

解説　電動機容量は

$$\text{電動機容量}=\frac{0.163\times\text{吐出量〔m}^3\text{/min〕}\times\text{全揚程〔m〕}}{\text{ポンプ効率}}\times\text{伝達係数}$$

となるので、電動機容量は吐出量、全揚程、伝達係数に比例し、ポンプ効率に反比例します。

☑ **問 27**　解答－(3)

解説　充電装置と蓄電池とを同一の室に設ける場合は、充電装置を鋼製の箱に収納するとともに、その箱の前面に 1 m 以上の空地を有しなければなりません。

(1) の蓄電池設備を同一の室に二つ以上設ける場合には、蓄電池設備の相互の間は 0.6 m 以上離れていなければなりません。

(2) の蓄電池設備を設置する部屋には、屋外に通じる有効な換気装置を設けなければなりません。

(4) の架台等を設けることによってそれらの高さが 1.6 m を超える場合には、蓄電池設備の相互の間は 1 m 以上離れていなければなりません。

☑ **問 28** 解答 –（1）
解説 1 学期レッスン 6 - 13 の（3）を参照してください。

☑ **問 29** 解答 –（2）
解説 （2）の 600 V 2 種ビニル絶縁電線を合成樹脂管に収め、耐火構造とした壁等の表面から 20 mm 以上埋設した場合に耐火配線となります。
10 mm 以上の場合は、金属管、可とう電線管の場合です。

☑ **問 30** 解答 –（3）
解説 （3）のレドックスフロー電池の単電池あたりの公称電圧は 1.3 V です。

☑ **問 31** 解答 –（2）
解説 （1）の AC100V 電路の接地工事は D 種接地工事とし接地抵抗値は 100 Ω 以下で接地線直径は 1.6 mm 以上としなければなりません。
（3）の AC400V の電動機の接地工事は C 種接地工事とし、接地抵抗は 10 Ω 以下で、接地線の直径は 1.6 mm 以上としなければなりません。
（4）の AC400V の電動機の接地工事は C 種接地工事とし、接地抵抗は 100 Ω 以下で、接地線の直径は 1.6 mm 以上としなければなりません。

☑ **問 32** 解答 –（4）
解説 泡消火設備の火災感知用ヘッドに使用する閉鎖型スプリンクラーヘッドには、「火災感知用ヘッド」と表示しなければならない規定はありません。

☑ **問 33** 解答 –（1）
解説 「泡消火薬剤の技術上の規格を定める省令」第 5 条により、水成膜泡消火薬剤の比重の範囲は 1.00 以上 1.15 以下、合成界面活性剤泡消火薬剤の比重の範囲は 0.90 以上 1.20 以下であることと規定されています。

☑ **問 34** 解答 –（3）
解説 「一斉開放弁の技術上の規格を定める省令」により、呼び 10 K の一斉開放弁の弁箱の耐圧力は、2.0 MPa の圧力を 2 分間加えた場合に、漏水、変形、損傷及び破壊を生じないことと規定されています。

☑ **問 35** 解答 –（4）
解説 消防法施行令第 41 条により、消防用ホース及び結合金具は、自主表示対象機械器具の範囲です。

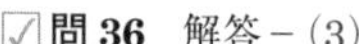

☑問 **36**　解答－(3)

解説　ボイル・シャルルの法則に関する問題です。

$$\frac{P_1 \times V_1}{T_1} = \frac{P_2 \times V_2}{T_2} = 一定$$

より、容積は一定として数値を代入すると

$$\frac{1}{27 + 273} = \frac{x}{127 + 273}$$

よって

$$x = \frac{400}{300} = 1.33\ \mathrm{MPa}$$

となります。

☑問 **37**　解答－(1)

解説　パスカルの原理により、$A_1 \times P_B = B_1 \times P_A$ が成立します。

ピストンAの断面積はピストンBの断面積の $\frac{1}{2}$ ですから

$$A_1 = \frac{B_1}{2}$$

となります。この関係を式に代入すると

$$\frac{B_1}{2} \times P_B = B_1 \times P_A$$

よって、$P_A = \frac{P_B}{2}$ となり、P_A は P_B の半分となります。

☑問 **38**　解答－(4)

解説　鉄鋼は鉄を主成分とする材料の総称として使用されますが、一般的には鉄と炭素2.0％以下の合金をいいます。なお、炭素鋼は、鉄と炭素の合金である鋼の一種で、炭素以外の含有元素の量が合金鋼に分類されない量以下である鋼です。

銅合金のうち、青銅は銅とすずの合金、黄銅は銅と亜鉛の合金です。

青銅をブロンズ（砲金）、黄銅をブラス（真鍮）ともいいます。

☑問 **39**　解答－(1)

解説　　直径20 mm丸棒の断面積 $= \frac{\pi \times 20^2}{4} = 314\ \mathrm{mm^2} = 3.14\ \mathrm{cm^2}$

となります。鋼材の許容せん断応力は12838 N/cm² であるので

$$12838\ \mathrm{N/cm^2} \times 3.14\ \mathrm{cm^2} = 40311.32\ \mathrm{N} \fallingdotseq 40311\ \mathrm{N}$$

となります。

☑ **問 40**　解答 − (1)

解説　ひずみ ε は、$\varepsilon = \dfrac{l_1 - l}{l}$ で求められます。よって、式に数値を代入すると

$$\varepsilon = \frac{105 - 100}{100} = \frac{5}{100} = 0.05$$

となります。

☑ **問 41**　解答 − (2)

解説　曲げモーメント M は、$M = L \times F$ で求められます。

よって、$M = 1.5\ \mathrm{m} \times 2\ \mathrm{kN} = 3\ \mathrm{kN \cdot m}$ となります。

☑ **問 42**　解答 − (3)

解説　まず、回路全体の合成抵抗 R を求めます。

$$R = \frac{3 \times 6}{3 + 6} + 8 = 10\ \Omega$$

よって、この回路に流れる電流は

$$I = \frac{30}{10} = 3\ \mathrm{A}$$

となります。3 Ω の抵抗に流れる電流は、回路全体に流れる電流 I を 3 Ω と 6 Ω の抵抗に分配したものなので、与えられた数値を代入すると

$$I_1 = \frac{R_2}{R_1 + R_2} \times I = \frac{6}{3 + 6} \times 3 = 2\ \mathrm{A}$$

となります。

☑ **問 43**　解答 − (4)

解説　直列合成回路の問題です。負荷が抵抗のみの電力 P は、$P = VI = I^2R$ で求めることができますが、負荷にコイルやコンデンサがある場合には、合成インピーダンス Z を求めてから電流 I を求めます。

合成インピーダンスを Z、抵抗負荷 R、リアクタンス負荷 X とすると

$$Z^2 = R^2 + X^2、Z = \sqrt{R^2 + (X_L - X_C)^2}$$

の関係があります。

ここで、与えられた数値を代入すると

$$Z = \sqrt{4^2 + (8 - 5)^2} = 5\ \Omega、I = \frac{V}{Z} = \frac{100}{5} = 20\ \mathrm{A}$$

よって

$$消費電力\ P = R \times I^2 = 4 \times 20^2 = 1600\ \mathrm{W}$$

となります。

1 学期 ➡ 筆記試験対策　2 学期 ➡ 実技試験対策　3 学期 ➡ 模擬試験

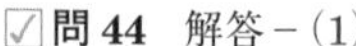

☑ **問 44**　解答－(1)

解説　変圧器の一次巻線と二次巻線の巻線比と、一次側、二次側の電圧及び電流には次の関係があります。

電圧比（電圧比は巻線数と等しい）：$\dfrac{v_2}{V_1} = \dfrac{n_2}{N_1}$

電流比（電流比は電圧比、巻線数の逆数）：$\dfrac{i_2}{I_1} = \dfrac{N_1}{n_2}$

☑ **問 45**　解答－(2)

解説　(1) の平均値は、交流の正負の平均値をとってしまうと 0 になってしまいますので、平均値は正又は負のどちらかの半サイクルを平均化して交流の「平均値」としています。下図の正の半サイクルの面積と灰色の部分の面積が等しくなる点の値 E_a が平均値となり

$$E_a = \frac{2}{\pi} \times E_m$$

で表すことができます。つまり、交流の平均値は最大値の $\dfrac{2}{\pi}$ 倍ということになります。

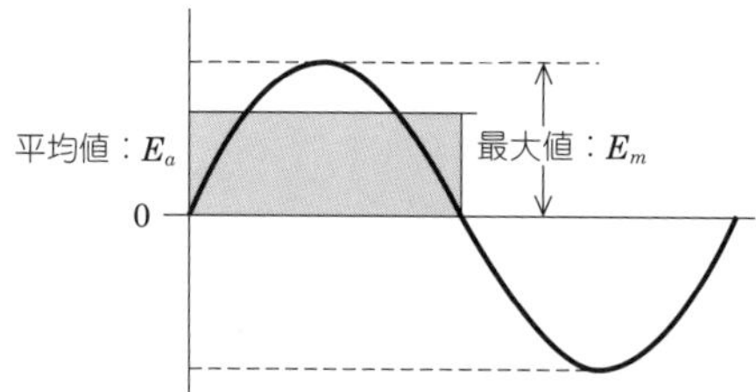

(2) の実効値は、$V = \dfrac{E_m}{\sqrt{2}}$ で表すことができ、逆に交流の最大値から $E_m = V \times \sqrt{2}$ 式を用いて実効値を求めることもできます。

(3)、(4) については、1 学期レッスン 6 - 14 (3) を参照してください。

<実技（鑑別）>

☑ **問 1**　解答

(1)	**(b)**	(2)	**(d)**	(3)	**(d)**	(4)	**(c)**

解説　(1) は仕切弁（ゲート弁）、(2) は加圧開放型一斉開放弁、(3) が玉形弁（グローブ弁）、(4) はスイング式の逆止弁を示します。
ちなみに (a) はバタフライ弁の開閉状態を示します。

☑ **問 2**　解答

(1)	ベンチュリー型混合器
(2)	フォームヘッド
(3)	下向型フォーム・ウォーター・スプリンクラーヘッド
(4)	泡ノズル

☑ **問 3**　解答

(1)	名　称	泡試料コレクタ
	使用目的	たん白泡消火薬剤又は合成界面活性剤泡消火薬剤を使用する場合における発泡倍率及び 25 %還元時間の測定に使用する。
(2)	名　称	泡試料コレクタ
	使用目的	水成膜泡消火薬剤を使用する場合における発泡倍率及び 25 %還元時間の測定に使用する。
(3)	名　称	糖度計（屈折計）
	使用目的	泡水溶液の希釈容量濃度の測定に使用する。
(4)	名　称	圧力計付媒介金具
	使用目的	泡ノズルの放射圧力の測定に使用する。

☑問 4　解答

(1)	名称	45°エルボ
	使用目的	配管を 45°に曲げて接続する目的で使用する。
(2)	名称	チーズ（ティー）
	使用目的	配管を分岐して接続する目的で使用する。
(3)	名称	ユニオン
	使用目的	分解する必要がある部分の配管接続に使用する。
(4)	名称	レジューサー（径違いソケット）
	使用目的	配管を縮小又は拡大して接続する目的で使用する。

☑問 5　解答

(1)	名称	バンドソー
	使用目的	配管、鉄鋼材の切断に使用する。
(2)	名称	パイプバイス
	使用目的	配管を加工する場合に配管を固定するために使用する。
(3)	名称	パイプレンチ
	使用目的	配管のねじ込み（締付け）又は取り外しに使用する。
(4)	名称	電動ねじ切り機
	使用目的	配管にねじ切りをする目的で使用する。

＜実技（製図）＞

☑ **問 1**　（解答）

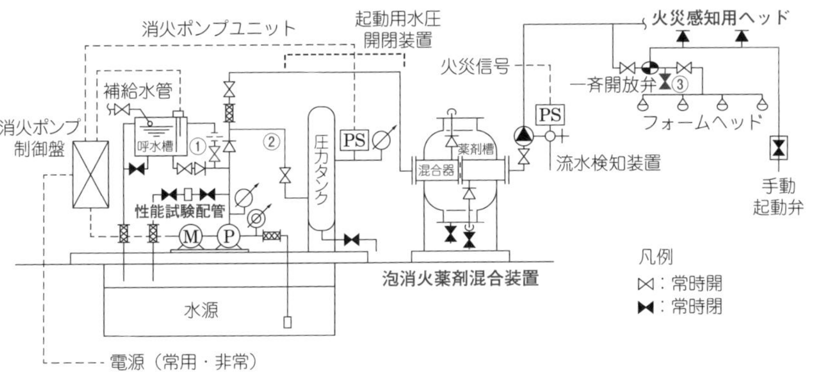

解説

設問（1）	①	オリフィスと仕切弁の順序が逆です。
	②	圧力タンクへの接続は、逆止弁の二次側になります。
	③	試験用排水弁は、一斉開放弁と点検用止水弁の間に設置します。
	④	手動起動弁の配管は、火災感知用ヘッドの配管に接続します。
設問（2）	(a)	性能試験配管
	(b)	起動用水圧開閉装置の圧力タンク
	(c)	泡消火薬剤混合装置 ※　泡消火薬剤貯蔵槽と混合器を合わせて泡消火薬剤混合装置といいます。
	(d)	火災感知用ヘッド

✓ **問 2**　（解答）

設問（1）

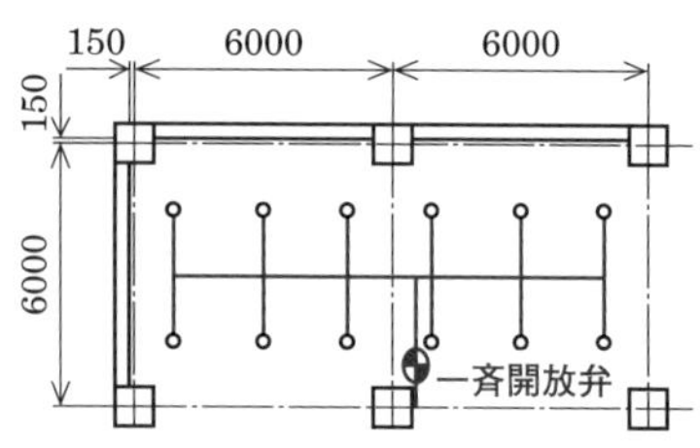

一斉開放弁の口径は、流量 12 個 × 35 ℓ/min = 420 ℓ/min ですから、

連続の式　流量 Q = 流速 v × 断面積 A、断面積 $A = \dfrac{流量\,Q}{流速\,v}$ となります。

ここで、流速は 3 m/s ですから、単位を合わせ、

流量：0.007 m^3/s、流速：3 m/s とすると

必要とする断面積 $A = \dfrac{0.007}{3} \fallingdotseq 0.0024\ m^2 \fallingdotseq 24\ cm^2$

となります。

与えられた条件より、断面積 24 cm^2 を満足する口径は、**65 A**（断面積：36.2 cm^2）となります。

設問（2）　フォームヘッドの設置個数が 12 個なので

12 個 × 35 ℓ/min × 10 min = **4200 ℓ**

となります。

設問（3）　必要泡水溶液量が 4200 ℓ なので、必要泡消火薬剤量は

4200 ℓ × 0.03 = **126 ℓ**

となります。

設問（4）　水源水量は

$$水源水量 = 必要泡消火薬剤量 \times \frac{(1-0.03)}{0.03}$$

で求められます。

よって、水源水量 $= 126 \times \dfrac{(1-0.03)}{0.03} \fallingdotseq$ **4074 ℓ = 4.074 m^3** となります。

―掲載写真 / 提供・協力等―

一般社団法人 日本消火装置工業会
上田消防建設株式会社松山店
株式会社イシザキ
株式会社大阪継手バルブ製作所
株式会社カスタム
株式会社川本製作所
株式会社ケー・エフ・シー
株式会社テクノフレックス
佐藤商事株式会社
清水工業株式会社
シンワ測定株式会社
トラスコ中山株式会社
日栄インテック株式会社
能美防災株式会社
ホーチキ株式会社
深田工業株式会社
ヤマトプロテック株式会社
有限会社ヤマダ防災
レッキス工業株式会社

（50音順）

ラクラクわかる！
2類消防設備士 集中ゼミ（改訂2版）

2017年4月25日　第1版第1刷発行
2024年7月1日　改訂2版第1刷発行

編　集　オーム社
発行者　村上和夫
発行所　株式会社 オーム社
郵便番号　101-8460
東京都千代田区神田錦町3-1
電話　03(3233)0641(代表)
URL　https://www.ohmsha.co.jp/

組版　新生社　　印刷　三美印刷　　製本　協栄製本
ISBN978-4-274-23218-3　Printed in Japan

好評既刊

ラクラクわかる！
シリーズ

ラクラクわかる！
1類消防設備士 集中ゼミ（改訂2版）
松岡 浩史 著
A5判・356頁・定価（本体2500円【税別】） ISBN978-4-274-22419-5

ラクラクわかる！
2類消防設備士 集中ゼミ（改訂2版）
オーム社 編
A5判・304頁・定価（本体2700円【税別】） ISBN978-4-274-23218-3

ラクラクわかる！
3類消防設備士 集中ゼミ（改訂2版）
オーム社 編
A5判・280頁・定価（本体2500円【税別】） ISBN978-4-274-23107-0

ラクラクわかる！
4類消防設備士 集中ゼミ（改訂2版）
オーム社 編
A5判・272頁・定価（本体2300円【税別】） ISBN978-4-274-22249-8

ラクラクわかる！
5類消防設備士 集中ゼミ（改訂2版）
オーム社 編
A5判・272頁・定価（本体2600円【税別】） ISBN978-4-274-23188-9

ラクラクわかる！
6類消防設備士 集中ゼミ（改訂3版）
オーム社 編
A5判・304頁・定価（本体2600円【税別】） ISBN978-4-274-23165-0

ラクラクわかる！
7類消防設備士 集中ゼミ（改訂2版）
オーム社 編
A5判・208頁・定価（本体2500円【税別】） ISBN978-4-274-23169-8

もっと詳しい情報をお届けできます.
◎書店に商品がない場合または直接ご注文の場合も
右記宛にご連絡ください.

ホームページ https://www.ohmsha.co.jp/
TEL／FAX TEL.03-3233-0643 FAX.03-3233-3440

（定価は変更される場合があります）

D-2407-157

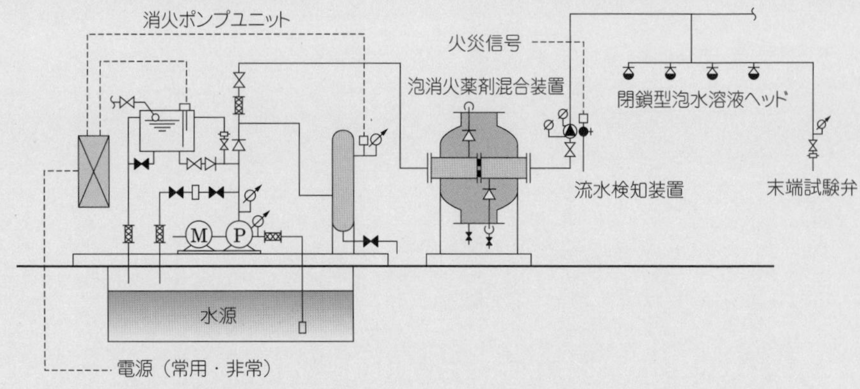

● **特定駐車場用泡消火設備の構成例（単純型平面式）（p.54 参照）** ●

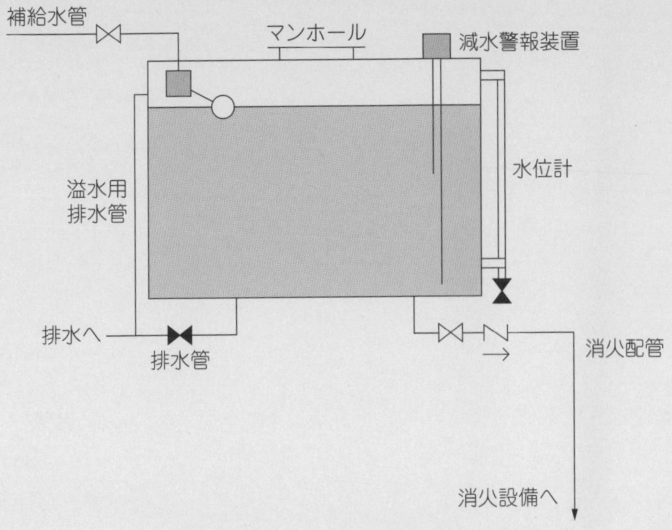

● 高架水槽方式の構成例（p.68 参照）●

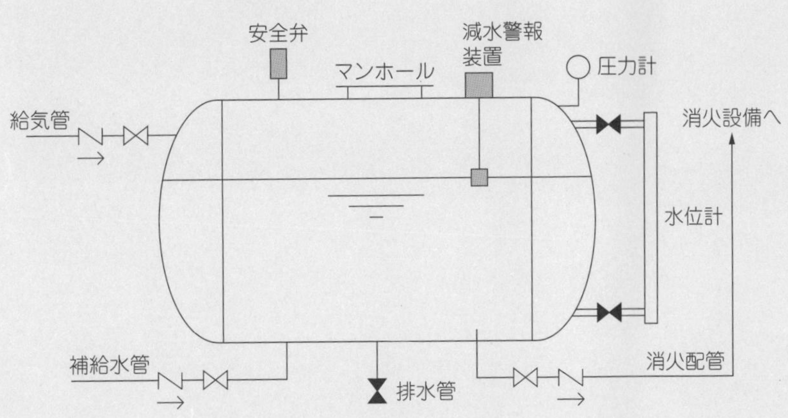

● 圧力水槽方式の構成例（p.68 参照）●